750 Jahre Literatur in Brandenburg – Lesebuch

Musen und Grazien in der Mark

750 Jahre Literatur in Brandenburg

Ein Lesebuch

Herausgegeben von Jürgen Israel und Peter Walther

Lukas Verlag

Das vorliegende Buch erscheint als Band I des Katalogs zur Ausstellung »Musen und Grazien in der Mark. 750 Jahre Literatur in Brandenburg«. Buch und Ausstellung wurden gefördert durch das Ministerium für Wissenschaft, Forschung und Kultur des Landes Brandenburg, die Ostdeutsche Sparkassenstiftung im Land Brandenburg gemeinsam mit der Mittelbrandenburgischen Sparkasse (Potsdam), die Akademie der Künste Berlin-Brandenburg und die Arbeitsgemeinschaft Literarischer Gesellschaften und Gedenkstätten aus Mitteln des Beauftragten der Bundesregierung für Angelegenheiten der Kultur und der Medien.

Die Deutsche Bibliothek – CIP-Einheitsaufnahme

Musen und Grazien in der Mark : 750 Jahre Literatur in Brandenburg ; [zur Ausstellung Musen und Grazien in der Mark. 750 Jahre Literatur in Brandenburg]. Berlin : Lukas-Verl.

Bd. 1. Ein Lesebuch / hrsg. von Jürgen Israel und Peter Walther. – Erstausg., 1. Aufl.. – 2002
ISBN 3-931836-68-1

Lukas Verlag für Kunst- und Geistesgeschichte
Kollwitzstraße 57
D-10405 Berlin
http://www.lukasverlag.com

Layout und Satz: Verlag
Umschlag: Heike Grebin, blotto design, Berlin
Druck: Elbe-Druckerei Wittenberg
Bindung: Kunst- und Verlagsbuchbinderei, Leipzig

Printed in Germany
ISBN 3-931836-68-1

Inhalt

Von brandenburk der hof stet wol

Üb' immer Treu und Redlichkeit

In unverwelkten Bildern bleibt noch die Welt zu schaun

Gott, ist die Gegend runtergekommen!

Dann sind's die besten Köpfe, die man hängt

Nun alles abgesunken

Anhang

Von brandenburk der hof stet wol

Hermann Kasack

Märkischer Abend

Wenn wir von der Mark Brandenburg sprechen, so meinen wir damit weniger das geographisch genau umgrenzte Gebiet, sondern wir verbinden mit dem Begriff der Mark eine bestimmte geistige und seelische Vorstellung. Zwei Dinge sind es, die hier zusammenwirken. Einmal die Natur, wie sie uns allen in der spezifisch märkischen Landschaft entgegentritt, und andrerseits die Zeitgeschichte, die auf diesem Boden die brandenburgisch-preußische, die junkerliche wie hohenzollerische Tradition prägte.

Indessen: die Bilder der Landschaft und die Bilder der Geschichte wandeln sich. Und es scheint, als verändere sich selbst die Natur, durch die veränderte Lebenshaltung des Menschen.

Die Traumversponnenheit des märkischen Waldes, mit seinem Geäder von Flüssen und Seen, die Abgeschiedenheit des alten märkischen Dorfes, mit seinen Sitten, Gebräuchen und Trachten, ist im Laufe des letzten Jahrhunderts mehr und mehr den Einwirkungen und Mächten von Technik und Industrie gewichen. Und die Ausbreitung und Absolutierung Berlins als Reichshauptstadt hat, in den letzten Jahrzehnten, in räumlicher, kultureller und seelischer Hinsicht das ihre dazu getan. Der ursprünglich primitive Charakter der märkischen Landschaft gleicht sich organisch nur schwer den notwendigen technischen Errungenschaften an: Heute überspinnt ein Netz von Schienen, Lichtdrähten, Telefonstangen, Radioantennen –, von Eisenbahn, Kanälen, Flugzeug, Auto und Autobussen die Mark wie jedes andere (der Civilisation ausgelieferte) Land: Der Verkehr von Menschen und Waren, der Austausch von Nachrichten beherrscht Gesicht und Gefüge der Landschaft. Gegensätze vermischen sich: der Dorfbewohner wird großstädtisch, der Großstädter beginnt, sich anzusiedeln ...

Es scheint, als ob das Tempo der Zeit keine unmittelbare Beziehung zur Gegenwart und zur Natur mehr finden läßt. Zwar der Sand, die berüchtigte Streusandbüchse der Mark ist für den abseits von den Chausseen Wandernden vielfach geblieben, und die kargen Kiefernstämme im Grunewald und an den Havelufern vor den Toren Berlins sind dieselben –, und auch das Wirtshaus, das in der Mark zu allen Jahreszeiten nicht fehlen darf, steht noch überall, wo es gesucht wird, wenn es auch heute als Hotel und Café-Restaurant aufgemacht ist –, aber das, was uns Maler und Dichter von dem Geist, vom Leben, von der Seele der Mark künden, und worauf wir uns berufen, wenn wir von der Mark sprechen, wird immer mehr zum Bild einer vergangenen Landschaft oder einer vergangenen Zeit. Es liegt mehr und mehr: abseits.

Gleich drängt sich ein Name auf unsere Lippen, dessen Werk unlöslich mit unserer Mark verbunden ist: Theodor Fontane. »Blaue Havel, Grunewald, Grüß mir alle beide, Grüß und sag, ich käme bald, und die Tegler Heide.« – Fontane, in

Neuruppin in der Mark, als Sohn des dortigen Löwenapothekers 1819 geboren, fast achtzigjährig, 1898, in Berlin, in der Potsdamer Straße, gestorben. Er ist wohl der am meisten charakteristische »Dichter der Bismarckzeit«, und seine berlinisch-märkischen Romane sind typisch für das Leben und Treiben jener Zeit. Denken wir an Romane wie »Irrungen, Wirrungen« – die Liebesgeschichte zwischen Offizier und Bürgermädchen mit einem untragischen Ausgang in zwei Durchschnittsehen –, oder an »Frau Jenny Treibel« – die Verspottung des Bürgertums – und an »Effi Briest« – »die junkerliche Ehetragödie« –, an »Schach von Wuthenow« – eine preußische Offizierstragödie von 1806, an die »Poggenpuhls« und an den »Stechlin«: Fontane umspannt mit gleicher Teilnahme das Bürgertum und das Junkertum – die eben in ihren Gegensätzen, Beziehungen, Neben- und Ineinanderläufen einen Wesenszug der märkischen Eigenart verkörpern. Bei allem Lokalkolorit von Milieu und Gesprächsthemen in seinen Romanen würde man ihre Bedeutung verkleinern, wenn man sie als Heimatromane im engern Sinn bezeichnete. Wohl sind sie zeitgebunden, zeitgeschichtlich in ihrer sachlichen Poesie, und gewiß ist ein Hauptreiz ihrer Lektüre das seiner Zeit Aktuelle gewesen, Anspielungen auf Tagesereignisse des damaligen Lebens und Treibens, die für uns heute nur noch historisches Detail sind. Aber es bleiben eine Reihe von Zügen, wo das Märkische mehr als Hintergrund und Kulisse ist, wo es sich in das allgemein Menschliche erhebt, wo über die Kenntnis von Ort und Zeit die Kenntnis des menschlichen Herzens triumphiert. Der vor einigen Jahren verstorbene Moritz Heimann, auf den wir nachher noch als einen besonderen Kenner und Schilderer der märkischen Landschaft und des märkischen Dorfes unserer Tage werden zu sprechen kommen, Moritz Heimann hat einmal vom »Stechlin«, Fontanes Alterswerk und zugleich seinem Meisterwerk, die Worte geprägt: »In ihm ragt das Märkische ins Ewige hinein«.

Das Aktuelle, das Zeitlebendige, das immer bei Fontane einen Glanz der eigenen dichterischen Persönlichkeit trägt, ist es auch, was einen Hauptreiz seiner berühmten »Wanderungen durch die Mark Brandenburg« ausmachte – und ausmacht. Er entspricht den tatsächlichen Gegebenheiten von Landschaft und Geschichte, wie sie damals im Volksbewußtsein lebendig waren. Diese märkischen Wanderungen sind »aus Liebe und Anhänglichkeit an die Heimat geboren worden«, wie er es selbst im Vorwort des ersten Bandes formulierte. Worin er sagt: »Ich bin die Mark durchzogen und habe sie reicher gefunden als ich je zu hoffen gewagt hatte. Jeder Fußbreit Erde belebte sich und gab Gestalten heraus [...] Das immerhin Umfangreiche, das ich [...] biete, ist auf im ganzen genommen wenigen Meilen eingesammelt worden: am Ruppiner See und vor den Toren Berlins. Und sorglos habe ich es gesammelt, nicht wie einer, der mit der Sichel zur Ernte geht, sondern wie ein Spaziergänger, der einzelne Ähren aus dem reichen Felde zieht. Es ist ein Buntes, Mannigfaches, das ich zusammengestellt habe: Landschaftliches und Historisches, Sitten- und Charaktergeschichte –«.

Sie wissen, daß Fontane später seine Wanderungen ausdehnte, und die vier Bände behandeln die Grafschaft Ruppin, das Oderland, das Havelland, das Spreeland und ein Ergänzungsband: »Fünf Schlösser«. Es ist immer der Bekenntnisdrang zur

Heimat, als einem Boden, der Geschichtliches und Landschaftliches in einem trägt. Wenn Sie [...] sein Gedicht »Havelland« mit seinen berühmt gewordenen Reimen der märkischen Dörfer hören, so wird Ihnen diese Verbindung von Geschichte und Landschaft, von Sage und Natur typisch vor Augen treten; es ist der Schlüssel, der Fontane die Welt, und der uns Fontane erschließt.

Aber schon Fontane beklagt zuweilen den entschwundenen Hauch von Poesie, von jener Zeit und jenem Leben, das charakteristisch für das eine oder andere Fleckchen Erde der Mark gewesen ist. Über Paretz z.B. heißt es: »Die Glanztage von Paretz sind nicht wiedergekehrt und sie werden kaum wiederkehren (...) Paretz selbst ist nicht mehr was es war. Kein Sehnsuchtspunkt mehr, nur noch ein Punkt für Erinnerung und stille Betrachtung.« – Was Fontane vermittelt: ist die Gegenwart der Mark in der Mitte des vorigen Jahrhunderts! Und aus dem Boden der Tradition jener Zeit heraus! Es ist ein literarisches Denkmal einer vergangenen Wirklichkeit, und der Romantiker mag um das verlorene Idyll klagen, es bleibt: Erinnerung; es ist Vergangenheit. Wohl verstanden: thematisch stofflich! denn auch Fontanes Wanderungen durch die Mark des vorigen Jahrhunderts haben durch den Zauber seiner Persönlichkeit, durch die bildgewordene Form seiner Darstellung einen Rang, der den lokalpatriotischen Horizont einer bloßen Heimatkunst durchaus übersteigt.

Denn es gab natürlich vor Fontane eine märkische, oder besser: brandenburg-hohenzollerische Literatur, oder jedenfalls typische Bestrebungen dorthin, die heute zum Teil unbekannt, zum Teil Jugendlektüre sind. Mehr und mehr historischer Begriff, und keine lebende Gültigkeit. Ein gewisser Adalbert Kuhn aus Königsberg in der Neumark z.B. hat Sagen und volkskundliche Schriften vermittelt, ein anderer, der Berliner Friedrich von Kloeden, hat durch Urkunden und Plaudereien zur brandenburger Ortsgeschichte Material geschaffen, der Schauspieler Ludwig Schneider hob das Militärische in der märkischen Literatur hervor, gab 1833 eine außerordentlich verbreitet gewesene Zeitschrift »Der Soldatenfreund« heraus. Das war der Boden, aus dem die vaterländisch-märkischen Romane und Dramen späterer Zeit sprossen. Etwa die marktschreierischen Romane des George Hesekiel, deren papierene Plattheiten nur noch überboten wurden von den geschichtlichen Familienromanen der Berlinerin Henriette Paalzow, die in der ersten Hälfte des vorigen Jahrhunderts zu den meistgelesensten Modebüchern des preußischen Hofes und der Gesellschaft gehört haben. Künstlerisch von höherem Rang steht das Werk des Willibald Alexis, der Schriftstellername des Schlesiers Wilhelm Häring. Er ist der Begründer der märkischen Geschichtsmalerei epischen Stils, literarhistorisch gesehen übrigens ebenso wie Fontane an den Vorbildern von Walter Scott (Ivanhoe) geschult. Auch er, übrigens wie Fontane, Sproß einer Hugenottenfamilie. Gegenstand seiner Romane waren historisch bedeutende und interessante Ereignisse der Mark. Am bekanntesten geblieben und auch heute noch gelesen ist der Roman »Die Hosen des Herrn von Bredow«, die Geschichte des alten märkischen Junkers aus der kurfürstlichen Zeit Joachims – hier, wie auch im »Falschen Waldemar« oder im »Werwolf«, eine Reihe von markanten, typisch märkischen Zügen, in seinem Roman »Der Roland von Berlin« ist kulturhistorisch das Leben und Treiben der Mark im

Hermann Kasack

15. Jahrhundert veranschaulicht. Kulturhistorisch – damit ist der Wert, aber auch die Grenze von Willibald Alexis' Romanen umschrieben. Die vaterländische, und eigentlich hohenzollerische Wendung der märkischen Dichtung vollzog sich später in den Dramen von Ernst von Wildenbruch und Josef von Lauff – beide seinerzeit bedeutend überschätzt – so etwas rächt sich immer –. Wildenbruchs dramatische Geschichtsballaden von Fürst, Junker und Bürger wirken heute, kaum zwanzig Jahre nach seinem Tode, unlebendig-theatergemacht – für ein Theater, das es heute nicht mehr gibt!

Gemeinplätze, auch edel vorgetragen, machen noch keine Dichtung. Und das ist, im Grunde genommen, auch ganz unmärkisch, hat nichts mehr mit der Mark zu tun – obwohl es von den stets vorhandenen Lokalüberpatrioten dafür gehalten wird; oder: gehalten wurde.

Mißverstandene Romantik, bestenfalls. Keine Wirklichkeit. Die war da, diese märkische Wirklichkeit, bei einem – ob die Stoffe aus dem Historischen genommen sind oder aus der Tagesgeschichte in eine Anekdote gebannt: bei Kleist. Im »Prinzen von Homburg«. Im »Kohlhaas« vor allem; in einigen der berlinischen Anekdoten.

Denn der »Kohlhaas« ist sowenig ein »kulturhistorisches Bild aus dem sechzehnten Jahrhundert«, wie der »Prinz von Homburg« dramatisierte Geschichte ist. Sondern: Hier ist das märkische Element ein Bestandteil der seelischen Eigenart der Menschen, der Charaktere; gerade im Kohlhaas ist nicht etwa der bedeutungslos erbärmliche Junker von Tronka ein Charakterbild des damaligen Junkertums; wäre er's nicht und sein Trabantenkreis, so würde ein anderer dem Kohlhaas das metaphysische Leid schaffen, das sein Schicksal wird; das ihn zwingt, Recht und Gerechtigkeit auf eigene Faust zu suchen, und mit der tiefen Logik seines bäuerischen Dickkopfs. Was dann in der Praxis vielfach wie Rechthaberei aussieht; Rechthaberei setzt aber auch immer ein natürliches Rechtsempfinden voraus. Es geht um mein Recht, wie es der Natur, der natürlichen Gesellschaftsordnung entspricht – und wenn die Justiz nicht Genüge leisten kann oder will, dann bin ich der Sachverwalter meines eigenen Rechts. So Kohlhaas. Das heißt –: damals nannte man das nicht Justiz, sondern Kleist läßt sich Kohlhaas vor Luther dadurch erklären, daß ihm »der Schutz der Gesetze versagt« worden ist. Der Kampf um die Freiheit im eigenen Wirkungskreis – Berufs-, Lebens-Kreis – wird hier mit märkischem Blut, mit märkisch-bäuerischer Gradlinigkeit, Schlichtheit, Primitivität, wenn man will, geführt – Kohlhaas ist nur das auf die Spitze getriebene Beispiel für einen typischen Fall, der auch heute noch nicht ausgestorben ist. Das macht das mitunter Historische zum innerlich Lebendigen. Bei Kleist, und das ließe sich natürlich noch im einzelnen nachweisen, durchdringt das Märkische das Allgemein-Menschliche der Seele. Es verschmilzt miteinander. Das märkische Erbe, das unbewußt im Märker ruht, formt seine eigenwillige Haltung dem Leben gegenüber. Das wird bei Heinrich von Kleist im besonderen sichtbar. Bei einigen seiner Anekdoten – ich erinnere z.B. an die köstliche vom »Branntweinsäufer und den Berliner Glocken« [...] – lebt auch noch das Märkische in Berlin selbst auf. Ich wies eingangs darauf hin, daß sich inzwischen Berlin ganz vom Märkischen entfernt hat und heute das allgemeine Schicksal der typischen Großstadt aufweist. Schon hatte sich um die Mitte des Jahrhunderts gegen den brandenburgisch-hohenzollerischen Zug, der mit Alexis begann, die sogenannte Berliner Volkspoesie behauptet. Ich brauche nur den Namen des Berliners Alfred Glaßbrenner zu erwähnen, mit seinen Heften »Berlin wie es ist und trinkt« mit mundartlichen und lokalen Spottversen, den Volksgestalten von anno Dazumal. Mit ihm zusammen, dem Zeichner Hosemann, aus Brandenburg an der Havel gebürtig, der volkstümlicher und beliebt war, wie es heute etwa Heinrich Zille ist, – wie auf der anderen, der brandenburgisch-preußischen Seite der Mark Adolph Menzel den charakteristischen Maler und Zeichner abgibt. Während beispielsweise das landschaftliche Motiv der Mark viel stärker in den Bildern von Max Liebermann lebendig ist als etwa in den zahlreichen Gemälden, die Theo von Brockhusen von Baumgartenbrück und Werder im stark impressionistischen Stil gemalt hat. –

Und die Gegenwart? Das heutige Bild der Mark? Verflogen ist das Idyll vom Tegler See, das Gottfried Keller in seinen Wanderbildern noch besang, alte Gelegenheits- und Lokalpoesien wichen neuen – die auch ihre Grenzen innerhalb engerer Heimats- und Zeitpoesie haben. Es ist wirklich merkwürdig, obwohl doch eine ganze Reihe von Dichtern nicht nur in der Mark geboren sind, sondern auch in der Mark eine Zeitlang gelebt haben, es ist merkwürdig, wie wenig bei Gedichten von Rang und Dauer das märkische Landschaftsbild motivistisch und auch seelisch zum Ausdruck kommt. Im Gegensatz zu vielen anderen Landschaften, dem Rhein, Westfalen, dem schwäbischen Hügelland, den bayrischen Bergen und Seen. Vielleicht liegt es etwas daran, daß die Mark überwiegend flächig wirkt: denn die »Berliner Schweiz«, über Grünau hinaus, am Seddinsee, am Fuß der Gosener Berge, oder die »Märkische Schweiz«, bei Buckow, maßen sich ja nur den Namen von Gebirge an, ohne wirklichen Gebirgscharakter zu tragen. [...] Dabei kann man objektiv durchaus nicht von einer Einförmigkeit der Mark sprechen. Und wo etwa der Rhythmus Berlin aufsteigt, bei Georg Heym, Loerke, Becher, Brecht, Döblin zum Beispiel, da ist es nicht mehr das märkische Berlin, nicht mehr das romantische »Spree-Athen«, sondern das steinerne Meer der Großstadt, der Großstadttechnik. – Von Tucholsky gibt es ein kleines Bilderbuch für Verliebte: »Rheinsberg«, aber es ist mehr novellistisch gehalten und enthält nur zuweilen den Zauber dieses Frühlingsortes. Von Alfred Kerr gibt es in den Reisebänden »Die Welt im Licht« einige märkische Skizzen, und es ist interessant zu sehen, wie sich das vorhin schon erwähnte »Paretz« von Fontane zu dem von Alfred Kerr verhält. Der veränderte Eindruck von Landschaft und Ortschaft, der sich mitteilt. Und dieses Thema der veränderten Landschaft, von dem ich eingangs sprach, findet einen menschlich und dichterisch gleich schönen Ausdruck in einer Prosa über Kalkberge-Rüdersdorf von Moritz Heimann [...]. Sie finden überhaupt in dem Schaffen von Moritz Heimann, der Jahrzehnte in dem abgelegenen Dörfchen Kagel in der Mark gelebt hat, in vielen seiner Novellen und in dem dritten Band seiner »Prosaischen Schriften« noch vieles, das von der unmittelbaren Lebensatmosphäre des märkischen Dorfes Zeugnis ablegt.

So scheint der seelische Stimmungsgehalt der Mark mehr und mehr in historischen Betrachtungspunkten, historischen Stätten und Zeiten, man denke an den Geist des Rokoko, zu ruhen; er scheint als Landschaftscharakter nur noch in abseits gelegenen Dörfern, Wald- und Seenpartien in seiner ursprünglichen Art vorhanden; seine Lebensart ist noch sichtbar in einzelnen Gestalten und Gesichten der einfachen Landbevölkerung; überall da, wo sich Leben und Überlieferung mit dem Begriff der »engeren Heimat« decken; und überall da in der Kunst, wo sich das Märkische in das Allgemein-Menschliche steigert.

Der Vortrag wurde von der Funkstunde Berlin (Berliner Rundfunk) am 20.6.1928, 20.30 Uhr, ausgestrahlt. Hermann Kasack (1896–1966) war seit 1925 Mitarbeiter der Literarischen Abteilung des Berliner Senders und einer der ersten überhaupt, die den Rundfunk für die Vermittlung von Literatur nutzten. Erst im November 1923 war der regelmäßige Rundfunkbetrieb in Deutschland aufgenommen worden. Kasack arbeitete zugleich – als Nachfolger von Moritz Heimann – als Lektor im S. Fischer Verlag. Gleichfalls an der literarischen Abteilung der Berliner Funkstunde arbeitete ein ehemaliger Schulfreund Kasacks, der Schriftsteller Edlef Köppen (1893–1939), der in Wilhelmshorst bei Potsdam lebte; Köppen wurde 1933 entlassen, Kasack erhielt zur gleichen Zeit Sendeverbot. Der Beitrag ist hier nach einem Typoskript des Deutschen Literaturarchivs in Marbach zum ersten Mal gedruckt.

Widukind

Die Eroberung von Brandenburg an der Havel (928)

Während er noch die Bürger an solche Einrichtungen und Zucht gewöhnte, fiel er plötzlich über den Slawenstamm der Heveller her, ermüdete sie durch viele Kämpfe, schlug bei einem sehr heftigen Froste auf dem Eise ein Lager auf und eroberte die Stadt Brennaburg durch Hunger, Schwert und Kälte. Mit dem Falle der Stadt bemächtigte er sich des ganzen Landes. Dann wandte er sich gegen Daleminzien, dessen Bekriegung ihm schon sein Vater vorzeiten überlassen hatte, belagerte die Stadt Cana und eroberte sie endlich am zwanzigsten Tage. Die Stadt überließ er seinen Kriegern zur Plünderung; alle Erwachsenen wurden niedergemacht, die Knaben und die Mädchen für die Gefangenschaft aufbewahrt.

Die aus der Zeit um 1000 stammenden Aufzeichnungen von Widukind (gest. 1004), einem Mönch im Kloster Corvey, berichten von den kriegerischen Auseinandersetzungen, die der deutsche König Heinrich I. zur Sicherung der östlichen Reichsgrenze gegen die Slawenstämme zwischen Elbe und Oder führte. Der Name »Brennaburg« ist hier zum ersten Mal belegt. Bis zum Tode Heinrichs I. (936) war die Landschaft zwischen Elbe und Oder in die weltliche Herrschaft des Reiches mit einbezogen; 948 wurden auf dem Fürstentag in Magdeburg die beiden Bistümer Havelberg und Brandenburg gegründet und somit die kirchliche Ordnung auf das eroberte Gebiet ausgedehnt.

Thietmar von Merseburg

Die Zerstörung Havelbergs und Brandenburgs (983)

Die fremden Völker, die nach Annahme des Christentums unseren Königen und Kaisern tributpflichtig und untertan waren, griffen, bedrückt von dem Übermut des Herzogs Thiedrich, in einmütigem Entschlusse zu den Waffen [...] Die Freveltaten der Empörer begannen am 29. Juni, indem die Besatzung in Havelberg niedergehauen und der Bischofssitz ebendort zerstört wurde. Nach Verlauf von drei Tagen aber überfiel die vereinte Macht der Slawen das Stift Brandenburg, als zur ersten Messe geläutet wurde. Vorher war aber der Bischof Wolkmer, der dritte Bischof des Stifts, entflohen, und sein Verteidiger Thiedrich und seine Krieger entkamen nur noch mit genauer Not an demselben Tage. Die Geistlichkeit ebendort wurde gefangengenommen, und Dodilo, der zweite Bischof des Stifts, der von den Seinen erdrosselt worden und seit drei Jahren begraben war, wurde aus dem Grabe gerissen und seines Priesterschmuckes, der wie der Leichnam noch ganz unversehrt war, von den gierigen Hunden beraubt und ohne weiteres wieder hineingeworfen. Der ganze Schatz der Kirche wurde verschleudert und das Blut vieler auf klägliche Weise vergossen. Anstatt Christi und seines Fischers, des ehrwürdigen Petrus, wurde darauf ein vielfacher Götzendienst eingeführt und diese beweinenswerte Veränderung nicht nur von den Heiden, sondern auch von Christen bis in den Himmel erhoben.

Zu dieser Zeit wurde die Kirche zu Zeitz von einem Böhmenheere unter Führung des Grafen Dedi eingenommen und geplündert, und Hugo, der erste Bischof dort, vertrieben.

Danach leerten sie das Kloster des heiligen Märtyrers Laurentius in der Stadt Kalbe aus und verfolgten die Unsrigen, die wie Hirsche flohen, denn unsere Missetaten erweckten in uns Furcht und Schrecken, in ihnen aber Mut und Kraft [...]

Als aber damals bereits alle Städte und Dörfer bis an den Fluß Tanger mit Plünderung und Brand heimgesucht waren, kamen von den Slawen mehr als 30 000 Mann zu Fuß und Roß zusammen und trugen keine Scheu, mit Hilfe ihrer Götter alles, was noch übrig war, zu vernichten.

Der Chronist Thietmar (975–1018), Bischof von Merseburg, beschreibt die Rückeroberung der ostelbischen Gebiete durch die Slawen im Zuge des großen Slawenaufstandes 983. Der Aufstand richtete sich sowohl gegen die weltliche Herrschaft der Sachsen als auch gegen die christliche Missionierung. Abgesehen von Eroberungserfolgen, die jeweils nur von kurzer Dauer waren, war das Land für die Sachsen nun für die kommenden anderthalb Jahrhunderte verloren; ihr Anspruch auf die weltliche und geistliche Herrschaft dokumentierte sich jedoch darin, daß für die Nordmark Markgrafen und für die Bistümer Brandenburg und Havelberg Bischöfe benannt wurden, die ihr Amt allerdings nicht ausüben konnten. Erst im Juni 1157 wurde die Stadt Brandenburg durch Albrecht den Bären wieder eingenommen. Seitdem nannte sich Albrecht »Markgraf in Brandenburg«.

Sage

Von dem Wendischen Abgott Trigla, der vorzeitten in diesen Landen ist geehret und angebetet worden

Der wendische Abgott Trigla, sonst auch Triglaff und Triglatt genennet, ist ein dreyköpfiger Gott gewesen, der vor Brandenburg in der Kirchen S. Marien auff dem Harlungerberge gestanden. Sabinus im Tractetlein von der Stadt Brandenburg giebt davon diesen Bericht und saget: Vor Zeiten war in dieser Kirchen nemlich auf dem Harlungerberge ein dreyköpfichter Abgott, TRIGLA genandt, den die Wenden höchst geehret haben. Es war aber ein Bildnüß der Abgöttin Dianä. Denn der Griechische Scribent Eustathius meldet, daß die Diana ehemals sey Trigla genennet worden.

Man hat aber solchen Abgott nicht allein hie zu Lande unnd sonderlich zu Brandenburg geehret, sondern die Wenden in Pommern zu Stettin, zu Grimm in Meissen, in Mechelburg und in Rügen haben solches ebenso wohl gethan und sein Bildnüß bey sich gehabt, wie die Historien außweisen. Valentinus von Eickstädt, weyland Hertzog Philippi in Pommern Cantzler, schreibt von der Stettiner Trigla also: Der fürnehmbste Stettiner Abgott ist damals gewesen Trigeloff mit dreyen Köpffen, daher er auch genennet worden. Diesen haben sie gar höchlich geehret als einen Gott des Himmels, der Erden und der Höllen; da sie aber zum schriftlichen Glauben gebracht worden, haben sie diesen ihren Abgott S. Otten geschenckt, der ihn ferner dem Bapst Honorio zugeschickt. D. David Chyträus in Prooemio Metropolis helts dafür, daß die Wenden von etlichen ihren Landßleuten, so in Italia und Affrica gekrieget, etwas von der heiligen Dreyfaltigkeit gehöret, und daher dieselbe in diesem Abgott haben abbilden wollen.

Helmold

Die Kolonisation des Landes östlich von der Elbe

In jener Zeit stand das östliche Slawenland unter dem Markgrafen Albrecht mit dem Beinamen der »Bär«, der unter Gottes Beistand seinen Länderbesitz weithin auszudehnen vermochte. Denn das ganze Land der Brizaner, Stoderaner und vieler anderer Volksstämme, die an der Havel und Elbe wohnten, unterjochte er und bändigte die Widerspenstigen unter ihnen. Zuletzt als die Slawen allmählich zusammengeschmolzen waren, sandte er nach Utrecht und in die Gegenden am Rhein und zu denen, die am Ozean wohnen und unter den Überschwemmungen des Meeres zu leiden haben, nämlich zu den Holländern, Seeländern und Flamländern, ließ viele von ihnen herüberkommen und siedelte sie in den Städten und festen Plätzen der Slawen an. Infolge der Ankunft dieser Fremdlinge wurden die Bistümer Brandenburg und Havelberg sehr gehoben, weil neue Kirchen entstanden und die Einkünfte aus den Zehnten stark wuchsen. Aber auch die südliche Elbgegend begannen zu derselben Zeit die Holländer zu bevölkern. Von der Stadt Salzwedel an bebauten sie alles Sumpf- und Ackerland, das Balsamerland und Marcinerland heißt.

Der Bericht über die Kolonisation des Landes östlich von der Elbe ist in der Chronica Slavorum des Helmold von Bosau (um 1120 – um 1180) überliefert.

Willibald Alexis

Legende von der Gründung des Klosters Lehnin

»Hier, gebt mir Eure Hand, Junker! Oder faßt lieber meine Stange an! Ein Schritt links oder rechts ab – und Ihr seid verloren«, sprach der Knecht Ruprecht zu Hans Jürgen von Bredow.

Sie waren aus dem Dickicht des Waldes in die sumpfige Niederung hinabgestiegen, die sich in weitem Halbkreis um Ort und Kloster Lehnin fortzog. Hier war kein Steg, kein Pfad zu sehen. Nur Elsenbüsche, verräterisches Schilf und offene Lachen. An dieser Stelle ging der Führer selbst unschlüssig und prüfte vor das trügerische, zitternde Erdreich. Hier wand er sich in weitem Umkreis um mannshohe Rohrbüschel und gelangte nur durch einen Sprung mit der Stange hinüber, die er dann seinem Gefährten zu gleichem Dienste zurückreichte.

Jetzt standen sie ungefähr in der Mitte des Moors. Weithin zur Linken blinkten einige Lichter aus den Klostergebäuden, während ringsum nur die dunklen Föhrenwälder im Nachtkleide ihre ungastlichen Schatten warfen. Ruprecht blieb stehen und schaute, nicht unruhig aber bedächtig, nach Luft und Erde und den vier Winden.

»Wir hätten doch besser getan, den großen Weg über den Damm und durch den Ort einzuschlagen!«, meinte Hans Jürgen.

Ruprecht schüttelte den Kopf: »Daß wir die Hunde wecken und dem Dieb die Spur zeigen!«

»Ruprecht, bleiben wir länger stehen? Unter mir bricht es schon!«

Der Knecht winkte ihm, die Stellung zu wechseln, wie er selbst tat: »Hört Ihr die Glocken!«

Es läutete vom Kloster zur Frühmette. Ruprecht faltete still die Hände. Hans Jürgen folgte unwillkürlich seinem Beispiel. Nach einer Weile hörte man über das Wasser den Chorgesang der Mönche. Als sie ausgesungen, wandte sich der Knecht zum Junker: »Will's Euch nur gestehen, wußte 'nen Augenblick auch nicht aus und ein! So, nun sehe ich wieder klar! Ich finde schon! Wie muß denen zu Mute gewesen sein in der alten Zeit, die hier verirrten und in der Wildnis weder Licht, noch Glocken, noch Gesang spürten!«

»Sie sagen, das sei das erste Kloster, das sie in den Marken gebaut.«

Ruprecht nickte: »Muß doch grauslich gewesen sein in solchem Land, wo der Teufel sein Unwesen trieb! Ungestört und überall umher nichts als Wald und Sumpf, voll Bären und Heidenmenschen! Wo kein Heiliger war und keiner einen Schutzpatron hatte. Wie man da nur durchkam durch die Finsternis und das Kobolds- und Nixenzeug, das jetzt noch so festsitzt, daß die Geistlichen es nicht ausrotten können?!«

Hans Jürgen hatte gehört, das komme davon, daß die Mönche jetzt nicht wären wie sonst.

»Sie sind Schlemmer und Tunichtgute, das ist schon recht! Aber die Glocken haben sie noch! Ohne die hätten die Geister schon längst wieder Oberwasser. Das war wohl ein gut Werk, daß sie grad' hier das Stift gründeten, was es auch kosten tat an saurer Arbeit und Menschenblut. Da drüben bei Namitz erschlugen die Wendischen den Abt Seebald. Man sieht noch den Stock des Baumes, von dem sie ihn 'runterschütteln wollten. Aber da er sich festhielt, sägten sie den Baum ab und schlugen ihn dann tot, obgleich auch die Mönche den Heiden Lösegeld boten. Frieden seiner Seele! Ob sie den Frieden hat, das weiß ich nun nicht. Denn die Leute hierherum sprechen anders, als in den Kirchenbüchern zu lesen steht. Mehr als einer sah ihn im Dämmerlicht auf dem Stumpf sitzen. Und wenn man ihn anrief, huschte er in den Wald.«

Hans Jürgen hatte aber immer nur gehört von dem frommen Abt Seebald, der ein Märtyrer geworden, weil er zu den Bauern in die schlechteste Hütte ging, um sie zu bekehren.

Ruprecht machte ein eigen Gesicht: »Davon sollte man eigentlich hier nicht sprechen! Aber die Bauern meinen, zum Belehren ist er wohl ausgegangen. Doch ihm war's mehr um die Frauen zu tun, als um die Männer! ?– Einst kam er in Namitz in eines Fischers Haus. Die junge Frau, die gerade backte, kriegt einen Schreck und wußte sich nicht anders zu verstecken, als daß sie unter den Backtrog kroch. Als der Abt sie nicht sah, setzte er sich auf den Trog und wollte warten, bis sie käme. Doch ihre kleine Tochter lief erschrocken auf Feld und schrie: ›Vater! Der Abt sitzt auf der Mutter!‹ – Da liefen sie alle vom Felde und schwuren ihm den Tod. Als der Abt sie nun herankommen hörte, mit Mistgabeln und Sensen, lief er, was er laufen konnte, aus dem Hof in den Wald. Sie hinter ihm drein. Und da er nicht weiter konnte – denn er war dick –, kletterte er auf eine alte Rüster. Und darauf geschah die Geschichte. – Alle Mönche waren erschrocken über den wilden Grimm der Heiden, so daß sie das Kloster wieder verlassen wollten und auswandern. Und das wäre geschehen, wäre ihnen nicht am Ausgang der heilige Johannes erschienen, grad' wie er dem Wußo erschienen war!« –

Derweil hatten sie das Ende der Niederung erreicht, zwar oft bis unter die Knöchel im Wasser schreitend, doch ohne weitere Fährlichkeiten. Und die Hallen des alten Lehniner Waldes – schlanke, himmelhohe Kiefern mit uralten Eichen untersprenkelt – nahmen die Wanderer nun unter ihrem Schattendach auf.

Wohl hatte Hans Jürgen von seinem Ahnherrn Wußo gehört, aber das war dunkles Gerede gewesen, auf das er wenig geachtet. Hier in den feierlichen Waldhallen, durchschauert vom Morgenhauch, klang es jedoch anders.

Wußo war ein wilder Heide gewesen, der nur gedürstet nach dem Blute der Fremden, die eine fremde Sitte und einen fremden Gott in das Land seiner Väter einführen wollten. Oft hatte er sich der wilden Gewalt unterworfen, weil er nicht länger widerstehen konnte. Aber ebenso oft, wenn die Gelegenheit sich bot, hatte er in das Horn des Urs gestoßen, die alten Freunde und Genossen gerufen, die Kruzifixe niedergerissen, die Kapellen zerstört und verbrannt und das Joch abgeworfen, das ihn eine Schmach dünkte. Und auch jetzt, als die Herrschaft der Sachsen in

Willibald Alexis,
Holzschnitt von A. Neumann,
1872

der Nordmark gefestet schien, diente er nur mit innerem Grollen den Söhnen des Bären Albrecht.

Da war er einst zur Jagd ausgeritten mit dem Markgrafen Otto. Und sie waren in eine Wildnis gekommen, die der Markgraf noch nicht kannte. Darauf rechnete Wußo. Der Böse gab es ihm ein, daß er den Markgraf verlocken sollte, fern von den Seinen und ihn da töten, wo keiner es sah und keiner die Spur finde. Dann werde alles bleiben und werden, wie es gewesen. Denn was tue das Neue, das die Christen gebracht, dem Lande und Volke gut, als daß es die Leute unzufrieden machte mit dem, was sie hätten. Die an Eicheln und Buchnüssen sich genügen ließen, wollten nun Brot essen. Und die auf fauler Streu lagen, wollten in Betten schlafen und aus Hohlen und Hütten in Häuser und Türme übersiedeln. So überredete sich Wußo und machte seine schwarzen Gedanken weiß, weil doch auch diesem Heiden – denn das war er trotz des Taufwassers – das Gewissen schlug, daß Markgraf Otto ihm so viel Liebes erzeigt und sein Vertrauen auf ihn gesetzt. –

Damals war die Gegend ganz anders, als sie jetzt ist. Wo jetzt die Fichten lustig und schlank ins Blaue schießen, war ein Dickicht von Eichen und Rüstern und Buchen, die ineinanderwuchsen und Krieg führten um das bißchen Boden und Luft. Da lagen umgeworfene Stämme faulend, einer über dem anderen. Und Gewürm, Kröten und Schlangen wimmelten am Boden, auf den nie ein Lichtstrahl fiel. Und wo der Wald aufhörte, war die Heide mit stachligen Ginster- und Wacholdersträuchen besetzt. Wo die Heide aufhörte, war das Bruchland. Verwachsene Elsen und Schlingpflanzen, daß kein Lüftchen durchdrang. Und in dem warmen, feuchten Dunst nisteten Schwärme giftiger Stechfliegen. Wer sich verirrte und nicht untersank, blieb stecken in den Dornen und kam jämmerlich um vor Hunger und Qual unter den Stichen des Geschmeißes. Auch das Wasser, wo es zutage lag, spiegelte nicht die Sonne und die Sterne und den blauen Himmel. Da trieben umgefallene Bäume umher, mit dickem Moos und Pflanzen überzogen. Inseln schwammen. Und ein buntes, schillerndes Netz von faulenden Stoffen schien darüber ausgebreitet. Die wilden Katzen kletterten in den verwachsenen Baumkronen, Krieg führend mit den Habichten, den Raben und Krähen. Der Bär schlich noch brummend in den Schatten um, ein Schrecken der andern Tiere. Und die Waldameise baute ihre hohen Kegelhäuser, das einzige geordnete Gemeinwesen. Nur den Auerochsen hatte schon der Mensch vertrieben. Und auf die stolzen und wilden Elentiere richtete er eine verderbliche Jagd, daß sie weiter gen Osten flohen und die wenigen, die noch waren, scheu im tiefsten Dickicht sich verbargen.

»Wird Euch in der Wüstenei nicht bang, Herr Markgraf?« fragte Wußo, da sie nun auf der Spur eines großen Elenhirsches ganz abseits waren von dem Gefolge. Die Stöße ins Hifthorn riefen keinen. Die Luft war schwül. Gewitterwolken zogen am Himmel auf. Und Wußo war doch selbst bang geworden. Denn vorhin, als der Fürst über einen Baumstamm setzte und sein Tier zu kurz sprang, daß er herabglitt, hatte der grimme Mann schon die Axt geschwungen, die ihm am Sattel hing, um dem Herrn den Garaus zu machen. Aber sein Arm blieb in der Luft hängen; ein ferner Donner rollte über die Wälder.

»Was soll mir bange werden?« antwortete Otto. »Da ja Sankt Johannes bei mir ist in den Wüsteneien, der mein Schutzpatron ist und auch Deiner, Wußo!«

Nun dachte Wußo heimlich: Ob Dir der Sankt Johannes jetzt den Weg zeigen wird? Und er blieb tückisch zurück, da der Fürst, den Speer über sich schwingend, der Fährte des Elens folgte, ohne viel auf den Boden zu sehen.

Ihre Rosse, die nicht weiter konnten durch das Moor, hatten sie nämlich verlassen und anbinden müssen. Und Otto ging mit kühnen Schritten den Tapfen des Hirsches nach. Nur Wußo kannte den einzigen, schmalen Weg durch das Bruchland. Und bei jedem Schritt meinte er, der Fürst werde sinken. Dann überhob ihn der Morast der Mordarbeit. Denn wie viele Deutsche waren in den Kriegen, vor den tückischen Wenden in die Moräste gelockt, da versunken!

Aber der Fürst fand den Weg, ohne daß er ihn kannte. Sein Fuß traf immer das Feste und sank nie ein. Da er fast drüben war, rief er dem Wenden zu: »Was scheust du, Wußo! Kommst du mir nicht nach?« – Wußo machte sich nun auf den Weg, den er so oft zurückgelegt. Aber seine Augen waren wie geblendet. Oder war es die Unruhe in ihm? Er sank mit dem Fuß ein-, zweimal. Und plötzlich, als der ganze Boden unter ihm zu zittern anfing, ward er inne, daß er falsch gegangen. Und es war zu spät, die Richtung zu ändern. Da rief er in seinen höchsten Nöten: »Ach, Sankt Johannes, wie Du den herübergebracht, hilf auch mir, wenn Du den Weg kennst.«

Und ihm war's, als liege um ihn eine Wolke. Und als reiche ein Mann, halb nackt, mit zottigem Haar und einem Fell um die Schulter, aber einen lichten Schein um die Stirn, ihm, dem Versinkenden, die Hand und hübe ihn und führe ihn sicher hinüber. Und der Fürst lächelte danach: »Ei, Wußo, kennst Du so wenig Dein Land, daß Du selbst eines Führers bedarfst?« –

Der Tag war heiß. Und die beiden wurden müde von der Jagd. Denn der Hirsch, wie oft sie ihn auch sahen, verschwand immer wieder. Da rief Markgraf Otto: »Den Hirsch muß ich zum Stehen bringen! Ist mir doch, als hinge mein Heil und Leben von seinem Leben ab! Ich hab's gelobt dem heiligen Hubertus! Aber jetzt kann ich nicht mehr!« Und er sank um, den Speer in der Hand, todmüde unter einer alten Eiche.

Aber Wußo hatte auch gelobt bei seinem Götzen, dem Teufel, sein Heil und Leben solle davon abhängen, daß er das Leben des Markgrafen nehme, was es ihm auch koste. Schwer ward es ihm. Denn er war kein schlechter Mann und glaubte es nur zu tun um seines Landes Wohl. Nun, da es Nacht wurde von den Wolken, die aufzogen, drückte er die Augen zu und faßte den Wurfspieß mit beiden Fäusten und rannte wild auf den schlafenden Fürsten zu.

Da fuhr ein Blitz aus der Eiche nieder. Und ein Donner krachte, als wäre der Baum von seinen Wurzeln gebrochen. Vor dem Mörder stand wieder derselbe Mann, der ihn über den Bruch geführt, drohend den Arm hebend. Und Wußos Wurfspieß blieb wie angelötet in der Hand: »Ist das Dein Dank, daß ich Dich hergeführt?« sprach Sankt Johannes! Und in demselben Augenblick fuhr auch der schlafende Fürst in die Höhe, mit einem Schrei, der Wußo wie die Trompete des Gerichts durch die Seele ging: »Ha, es ist überstanden!« Und Wußo lag auf den Knien und wollte Worte stammeln. Aber seine Zunge klebte am Gaumen. Und in ihm brannte es wie stilles Feuer.

Markgraf Otto rieb den Schlaf vom Auge: »Wo ist nun das Ungetüm? Es stürzte mir ja zu Füßen?«

»Hier, Herr!« sprach Wußo, »zertritt es!« –

Der Fürst schüttelte das Haupt und stierte in die Wolken, wie noch im Traum: »Den großen Hirsch meine ich, mit seinem gezacktem Geweih! Sein Rachen sprühte Flammen. Heiß setzte er mir zu. Und ich hatte schweren Kampf. Nun ist er überwunden, der mir will streitig machen das Reich, das mein Kaiser mir zuwies, daß ich lichten soll in der Finsternis, ausroden die alte, schlimme Weise und bauen und bahnen die Wege zur Erkenntnis des wahren Gottes! Sein Licht war über mir. Es schmetterte ihn nieder. Aber wo ist der Feind? Ein Haufen Goldes dem, der ihn mir schafft!« –

Unterdes waren die vom Gefolge des Fürsten herangekommen. Und als er ihnen erzählte, was er geträumt, erkannten alle Gottes Finger. Sie meinten, der grimmige Elenhirsch, der ihn im Schlafe umbringen wollte, könnte nur der Satan gewesen sein, der Wut schnaube und zittere in seinem Ingrimm, weil der Markgraf schon so Großes vollbracht und noch mehr vollbringen wolle, daß seine Herrschaft der Finsternis aufhöre. Der Markgraf erkannte, daß sie recht hatten. Und er gelobte zur Stunde, daß er zum Gedächtnis des schrecklichen Traumes und auf derselben Stelle, wo er gelegen, ein Kloster bauen wolle. Von da solle das Licht des Glaubens, gute Sitte und ehrbarer Fleiß ausgehen über das ganze Heidenland! Und er wolle es reich begaben mit Gütern und es fest machen zum eigenen Schutz gegen jeden Angriff und darin eine Gruft bauen, in der man ihn, wenn er zur Ruhe gegangen, die letzte irdische Stätte bereiten solle und nach ihm seinen Kindern und seinem ganzen Geschlechte.

So stiftete Markgraf Otto, nachdem er die Wälder gelichtet, Sümpfe getrocknet, Wege in das Holz gehauen, die Abtei und das Kloster Lehnin, das erste in diesen Marken. Und er ließ Zisterziensermönche dahin kommen aus Seevenbeeke drüben im Mansfeldischen, die die hohe Kirche bauten und Türme und die Klostergebäude und die Wälle und die Mauern zum Schutz gegen die heidnischen Wenden, denen diese Stätte des Herrn noch lange ein Stein des Anstoßes und des Ärgernisses war. Lehnin aber nannte er das Kloster, weil auf Wendisch der Elenhirsch den Namen führt. Und noch heutzutage ist im Chor der Kirche der Eichenstamm zu sehen, unter dessen Wipfel der Markgraf Otto geschlafen und den schweren Traum gehabt. ––

So ungefähr hatte Ruprecht auf dem langen Weg dem Junker die Legende von der Stiftung des Klosters Lehnin erzählt. – Aber was hatte der Ahnherr seiner Familie damit zu tun? War er vom Markgrafen bestraft worden?

Er strafte sich selbst! Er stürzte fort. Und lange Zeit wußte niemand, wo er geblieben. Aber er irrte im Wahnsinn durch Wald und Heide. Und war er irgendwo hingestürzt, müd' und erschöpft, so fuhr er wieder auf, wenn er Hundekläffen und ein Jagdhorn hörte. Denn so hatte der Wahnsinn sein Hirn umdüstert: Er glaubte der Hirsch zu sein, den der Markgraf niedergestoßen, und hinter ihm jage die wilde Jagd, geführt von Sankt Johannes, daß sie den letzten Elenhirsch fange, auf den der Fürst den großen Preis gesetzt.

Er nährte sich von Wurzeln und Gras, trank das Wasser aus dem Fließ und scharrte sein Lager in den Gebüschen. Im Traum zuckte er auf, von den Speeren und Pfeilen durchbohrt. Er stöhnte vor Schmerz und wünschte doch, daß seine Stunde komme.

So hatte der Wahnbetörte sich hineingedacht in die Seele eines Tieres, das dem Untergang geweiht war, als eines Nachts der Mann mit dem zottigen Haar und dem Fell über dem Nacken ihm auf die Schulter klopfte: »Nun hast Du gebüßt Deine bösen Gedanken durch böse Gedanken! Aber das ist nicht genug! Du warst ein Tier und folgtest Deinem Triebe! Nun wache auf als Mensch und büße durch freie Tat Dein böses Tun! Töte und zerfleische Dich selbst! Dann erst wirst Du rein sein von der Schuld!« –

Als Wußo aufsprang, war der heilige Johannes verschwunden, aber unfern, an einem Quell, sah er den großen Elenhirsch seinen Morgentrunk schlürfen. Da war er erwacht aus seinem Träume und seinem Wahnsinn. Den Hirsch muß er töten! Das war seine Aufgabe. Sein Herr, dem er das Leben verwirkt, hatte es geboten.

Der Hirsch floh. Wer aber kannte wie Wußo die Schluchten des Waldes, die jähen Seeufer, die Erdstürze, die Fährten des Wildes durch das Dickicht!

Er jagte das Tier. Endlich hatte er es in die Enge getrieben, wo es nicht mehr fliehen konnte. Es machte kehrt und stand. Aber nicht mit der Wut des gehetzten Wildes, das sein Leben im letzten Verzweiflungskampfe teuer verkaufen will. Das kluge Tier schien sein Los zu kennen. Nicht wie ein grimmer Feind, wie ein Opfer, das den Todesstreich erwartet, stand es vor ihm.

Den Jäger, der den Elch endlich stehen sieht nach langer, heißer Jagd, ergreift ein sonderbares Gefühl. Der Elch mit dem langen weit ausgreifenden Geweih, wie ein König des Waldes, mit den klugen, schönen Augen, wie ein Mensch, mit dem struppigen grauen Bart, wie ein Geist aus einer anderen Welt! Dem rauhesten Jäger schlägt das Herz; der Finger zittert ihm am Rohr. Er glaubte, der Elch spreche mit ihm und sein Auge strafe ihn.

»Was mußt Du mich vernichten? Bin ja doch dem Untergang geweiht!«

So sprachen die Augen des Hirsches zu Wußo – Und in ihm sprach es: Mußt Du mich töten, so totest Du Dich selbst! Leben kann ich nicht mehr, wo ich der Einzige bin meiner Art, der nur umschleicht wie das Gespenst auf den Grabhügeln derer, die mit ihm lebendig waren! Und ihnen gehörten der Wald, die Wiese, das blaue Wasser. Nun gehören sie anderen, die uns nicht dulden wollen! Die den Wald, die Wiese, das Wasser anders machen wollen, als der Herr es machte, der uns hineinsetzte! Bist Du nicht ich? Fühlst Du Dich heimisch noch in dem Lande, wo die Fremden Deine Wälder roden, in denen Du Schatten hattest und Luft? Wo sie Deine Götterbilder verbrennen, vor denen Du betetest? Die Grabhügel Deiner Väter durchwühlen? Wo sie Türme bauen in den Himmel, der frei war? Wo sie Kruzifixe aufrichten, daß Du denken sollst mit Zittern und Grauen nur an Qual und Graus? Und unter Deinen alten Göttern ging der Pokal um in Freude und Lust. Ist's noch Dein Land und Dein Geschlecht, wo die fremde Zunge die Sprache verdrängt, die Deine Väter sprachen und die Du lalltest schon als Kind! Magst Du leben in Freudigkeit, wo sie auf Dich und Deine Brüder herabschauen, als Wesen schlechterer Art, nur aus Gnaden aufgenommen! Und Du warst frei wie der Vogel in der Luft, wie der Fisch im Wasser, wie wir im Walde! Du bist der letzte Deines Geschlechts! Willst Du's nicht sein, willst Du Dich fügen als ein Knecht in die fremde Knechtschaft, so hilf sie ausrotten! Hilf ihnen, den Boden der Väter umackern, ihre Gräber zerstören, ihre Heiligtümer verbrennen.

Mit zugedrücktem Auge warf Wußo seinen Speer. Er hoffte, daß wieder der heilige Mann mit dem zottigen Haar den Speer fassen werden. Aber die Luft sauste. Es krachte. Und niederstürzte der stolze Zehnender. Die Bäume rauschten wie vor Schrecken. Wußo konnte den letzten Blick des Elchs nicht ertragen. Er sah sich selbst in den sterbenden Zügen. Zusammenstürzte auch er. Doch nicht in seinem Blute, sondern im hitzigen Fieber.

Als er genas, wollte er nicht mehr in den Wald, auch nicht zu Hof und nicht ausreiten mit dem Fürsten. Sein Sinn war dieser Welt erstorben. Und er pries den Herrn, daß es so war. Ein hären Gewand zog er um den nackten Leib und ging in das Kloster Lehnin zu den Zisterziensern.

Da hörte man ihn oft seltsame Gebete murmeln, daß es die anderen Mönche graute. Die dachten, es sei etwas Heidnisches darin. An keinen Heiligen waren sie gerichtet, auch nicht an Gottes Sohn und nicht an die Gottesmutter. Er wagte zu beten zu Gott Vater selbst, der Himmel und Erde geschaffen, er, der noch vor wenigen Jahren ein Götzendiener gewesen. Und es graute die frommen Mönche vor der Vermessenheit.

Wenn sie das hörten, glaubten sie, daß er wieder in seinen alten Irrsinn verfallen sei und scheuten vor ihm. Und schon nach wenigen Jahren starb er, an den Stufen des Chors, mit den Armen den Stamm der Eiche umklammernd, wo dazumal der Markgraf geschlafen.

Markgraf Otto aber schenkte den letzten Elenhirsch zum Andenken Wußos Nachkommen.

Auf dem Tore ihrer Burg prangte noch lange der Kopf des Elens mit seinem Geweih und später auch auf dem Wappen des Hauses.

Die Formschneider und Maler aus Franken, die es nicht verstanden, weil sie nie ein Elentier gesehen, machten daraus einen Widderkopf.

Mit dem Fell des Hirsches hat mancher sich des Nachts zugedeckt, bis die weichlichere Sitte kam – weiß der Himmel woher –, daß sie den Gänsen die Federn ausrupften, in einen Sack stopften und damit ihren Leib zudeckten. So war das schöne Fell in die Rumpelkammer geworfen und nur den Fremden der Sippschaft als eine Reliquie gezeigt, aus der Zeit, wo es noch Elenhirsche in der Mark gab.

Als jedoch einmal eine Kranke, die man drauf legte, genesen war, kam die Haut wieder zu Ehren. Dann aber wollte ein Besitzer, der geizig war und alles, was ihm im Hause unnütz schien, zu Gelde machte, sie einem Handelsmann verkaufen. Seine Ehefrau berief sich indes auf die Eigenschaft des Felles. Und endlich kam man überein, daß man es gerbe und zu einem paar Hosen zurechtschneiderte. Nun war es kein unnütz Stück mehr. Und wenn Heilkraft darin steckte, meinte der Mann, sei es ihr unbenommen, sie auch in der neuen Gestalt zu zeigen.

Die Hosen erbten sich immer vom Vater auf den Sohn fort. Und wurden die berühmten Hosen des Herrn von Bredow!

»Die Hosen des Herrn von Bredow«, zuerst 1846 erschienen, ist das wohl bekannteste Buch von Willibald Alexis (1798–1871), der in einer Reihe von Romanen Ereignisse aus der brandenburgisch-preußischen Geschichte thematisiert hat. Das Kloster Lehnin wurde 1180 gegründet. Alexis stützt sich bei der Schilderung der Gründungslegende auf den in der »Chronica Marchionum Brandenburgensium« überlieferten Hergang.

Sage

Das allererste Gericht »Erbsensuppe mit Schweinsohren«

Als das Kloster Lehnin einst von einem Kaiser besucht wurde, kam der Bruder Kellermeister in große Verlegenheit, da er hörte, daß der hohe Herr seine Mittagsmahlzeit im Kloster einnehmen wollte. Es war nämlich das letzte Stücklein Fleisch verzehrt, und die Speisekammer war völlig leer. Wohl hatte der Kellermeister einige fettgewordene Schweine im Stalle, aber die zu opfern vermochte er nicht. Er ging etwas sparsamer mit den Tieren um und begnügte sich damit, ihnen die lang herabhängenden Ohren abzuschneiden, ob die Tiere auch gar jämmerlich quiekten. Erbsen waren noch zur Stelle, daraus eine kräftige Suppe gekocht wurde. Dahinein kamen die Schweinsohren und wurden mit der Erbssuppe dem Kaiser vorgesetzt, der daran viel Gefallen fand und ein gar schmackhaftes Gericht daraus machte. Der Ruf dieses Gerichts verbreitete sich über die Klostermauern, und bald wurde Erbssuppe mit Schweinsohren ein bevorzugtes Gericht in märkischen Landen.

Wichmann von Arnstein

Briefe an Klosterfrauen

Geliebte in Christo, an welche dieses Schreiben heute ergeht, Bruder Wichmann aus dem Predigerorden, Prior in Ruppin, verzehrt sich im Feuer der reinen Liebe sowie zugleich in süßer Buße.

Aus der Liebe zu mir, welche ich Unwürdiger in Euch gefunden habe, sowie getrieben von der Liebe zum Lobe Jesu Christi, will ich, da ich nicht einmal ein wenig persönlich mit Euch sprechen kann, Euch etwas schreiben. Ich denke dabei an die Reinheit und die Leidenschaft der göttlichen Liebe, von der ich annehme, daß Ihr sie mit allergrößter Sehnsucht anstrebt. Ich glaube ohne Zweifel, daß dafür die allergrößte Armut nötig ist, damit die gläubige Seele nicht sich selbst lebe, sondern in Übereinstimmung mit dem Wort des Apostels: »Wer lebt, lebe nicht mehr sich selbst, sondern dem, der für alle gestorben ist« und mit jenem Wort: »Ich lebe; aber nicht mehr ich lebe, sondern Christus lebt in mir«. Nichts soll er für sich besitzen, daß er mit Petrus sagen kann: »Siehe, wir haben alles verlassen.« Und er hat es ein Kennzeichen genannt, das ausnahmslos in allen segensreichen Disputationen der Gelehrten vorkommt. So bei Salomo: »Mit Freuden habe ich alles gegeben.« Es ist wichtig, daß er sagt: alles. Nichts hat er für sich gewollt, nicht einmal Gott. Habt eine Weile Geduld, daß der gläubigen Seele, die ihr Elend und Gottes Größe erkennt, alles verabscheuungswürdiger und unvernünftiger erscheint als das, was Gott will, seine große, würdige Majestät.

Wichmann von Arnstein (auch Wichmann von Ruppin) (um 1180–1270), vermutlich verwandt mit Mechthild von Magdeburg, war seit 1246 erster Prior des von seinem Bruder Gebhard gegründeten Dominikanerklosters in Ruppin. Im Mittelalter wurde er als Heiliger und Wundertäter verehrt. Die zwischen 1252 und 1270 von ihm verfaßten Briefe an Klosterfrauen, aus denen wir eine Passage drucken, sind von der Liebesmystik des Bernhard von Clairvaux bestimmt. Das Wirken von Wichmann ist Gegenstand zahlreicher Sagen. Eine Sandsteinfigur (ca. 1380) in der Klosterkirche von Neuruppin soll den Pater Wichmann darstellen. (Aus dem Lateinischen von Jürgen Israel)

33

Der Tannhäuser

Preis auf die Brandenburgischen Markgrafen

Von Brandenburk der hof stet wol
dem ist also ze muote
daz siu sind wishit vol
diu wisheit stet nach guote

Das Preislied des Lied- und Leichdichters Tannhäuser, der in der zweiten Hälfte des 13. Jahrhunderts lebte, ist in der Großen Heidelberger Liederhandschrift überliefert, in der auch die Verse Otto IV. stehen.

Otto IV. mit dem Pfeile

Winterlied

1
Winter dine trüben stunde.
Und din kelte manigvalt.
Ob ich das erwenden kunde.
do siu wurden bas gestalt.
Das liesse ich dur die lange naht.
und durh die vil minneklichen
diu mir fröiden vil hat braht.

2.
Ich sach die vil minnekliche:
vor mir stan in richer wat.
zehant do wart ich fröiden riche.
davon min müt vil hohe stat.
mich gruoste ir minneklicher munt.
der duhte mich in solher röte
sam ein fürig flamme enzunt.

3.
Hey herre got durh dine güte.
ruoche der minnekliche pflegen.
Mit steten trüwen sie behüte.
und sende ir dinen süssen segen.
do hat sie verschuldet gar.
wol gegen al der werlte gemeine
ey herre got nu nim ir war.

4.
Uns kumt aber ein liehter meie.
der machet manig herze fruot.
er bringt bluomen mangerleye.
wer gesach ie süsser bluot.
vogelin döne sind manigvalt.
wol geloubet stet der walt.
des wirt vil trurig herze halt.

1.
Winter, deine trüben Stunden,
deine Kälte mannigfalt,
hätt' den Zauber ich gefunden,
daß sie würden schön gestalt't.
Ich ließ es um die lange Nacht
und um die viel Minnigliche,
die mir Freuden viel gebracht.

2.
Als ich sie in reichem Kleide
lieblich vor mir stehen sah,
ward ich frei von allem Leide,
da mir solches Glück geschah.
Ihr Mund, der seinen Gruß mir bot,
deuchte mich von solcher Röte
wie ein Feuer, das da loht.

3.
Ach, Herr Gott, in deiner Güte
pflege dieser holden Frau
und in Treuen sie behüte,
send' ihr deines Segens Tau!
Solches hat sie doch fürwahr
um die ganze Welt verdient:
Gott und Herr, nimm ihrer wahr!

4.
O, wieder will der Mai entspringen,
der macht fröhlich manch Gemüt.
Bunte Blumen will er bringen,
wie sie holder nie erblüht.
Vogelsang tönt mannigfalt,
wohl belaubet steht der Wald,
des wird sehr traurig mein Herze bald.

5.
Ich will nah ir hulde ringen.
alle mine lebenden tage
sol mir niht an ir gelingen.
seht so stirbe ich sender klage.
si entröste mich zestunt.
ir durlühtig roter munt
hat mich uf den tot verwunt.

5.
Ich will nach ihrer Liebe ringen
alle meine Lebenstage.
Wird mir's aber nicht gelingen,
seht, so sterb' ich sonder Klage,
tröstet sie mich nicht zur Stund'.
Ihr durchleuchtig roter Mund,
davon lieg' ich todeswund.

Siegel Otto IV.

Markgraf Otto IV. von Brandenburg regierte das Land nach dem Tod seines Onkels (1267) zunächst gemeinsam mit seinen Brüdern und Vettern, nahm unter ihnen aber schon bald die führende Rolle ein. Seinen Beinamen »mit dem Pfeile« erhielt er, nachdem er 1278 bei der Belagerung von Staßfurt durch einen Pfeil verwundet worden war, der sich lange Zeit nicht aus seinem Haupt hatte entfernen lassen. Otto hat nicht nur selbst gedichtet, sondern ist auch von anderen Dichtern wie Konrad von Würzburg, dem Meißner und Regenbogen besungen worden. Überliefert sind die Verse Ottos in der Großen Heidelberger Liederhandschrift.

Volkslied

Die Schlacht am Kremmer Damm (1331)

Als Barnim de fast lütke man,
averst im kriege nicht quade,
am langen damme käm heran,
ging he flitig to rade.

He sprak: »dat is en garstig lock,
da mitten wi nich dorchriden,
et mögt uns kosten unsen rock,
wi willen man hir bliven.

Wie willen schriven ut de stür;
de uns de nich will geven,
den willen wi brüden mit dat für,
un nach det veh em streven.«

Det rad gefel en allen wol,
sie fingen an to graven,
se makten in de erd en hol,
brachten dat unnerste baven.

Marggraf Ludwig, de tappre held,
hielt up den kremmschen huwen,
und dachte, dat sik da int feld
de Pommern schöllen truwen.

Da averst kener kam hervör,
liet he rupen sinen Peter,
und sprak: »krig dine trumpet her,
rid hen as en trumpeter.

Dat segge hertog Barnim an:
ik hedde grot verlangen,
em as den gast und sinen man
im felde to empfangen.

Wo averst em dat nicht behagt,
so will ik em tospräken,
un ok im luge sin unverzagt,
de lanz mit em to bräken.«

De hertog sprak, he wäre da,
uns lichtlich ok to finnen,
det spöt, det stünde op de wach,
wolle sihen, we wird gewinnen!

Drup ging et up den damm hinob,
de was voll luter köppe,
et gaf da manchen harten knop,
de schall ging in de zöppe.

De Märker kunden nich bestan,
de lug was er verderben,
dar mußte mancher liggen gan
un one wunne sterven.

Drum weken se up dise sit
Un menen da to fechten,
de Pamer folgt in vullen trit,
schlog herren mit den knechten.

To Kremmen ging em dat nich an,
he mußte buten bliven,
det futvolk stund da man vör man,
hulp en turücke driven.

Sie schaten up de strat henut,
de man van Pamern krevelt,
un fülen em so up de hud,
Dat em dat harte wewelt.

»Det«, sprak Schwerin, »dut hir ken gud,
lat uns den damm erfoten,
oder wi werden unser blud
hie alle möten laten!«

Se trekten weder hen tum damm
Un samelten ere büte,
damit de krieg en ende nam,
davor uns god behüte!

Weil die pommerschen Herzöge Otto und Barnim III. die märkische Oberlehensherrlichkeit nicht anerkennen wollten, kam es zwischen ihnen (und den mit ihnen verbündeten Herzögen von Mecklenburg und dem Grafen von Schwerin) und dem Markgrafen Ludwig dem Älteren von Brandenburg zu einem Kampf, der von 1329 bis 1333 dauerte. Da das Lied erst später entstand, ist mit Blick auf den Stoff eine Verwechslung mit dem Sieg der pommerschen Herzöge Otto und Kasimir, der zweiten »Schlacht am Kremmerdamm« von 1412, nicht ausgeschlossen. Fontane zitiert das Lied im 11. Kapitel von »Fünf Schlösser«.

Sage

Die Sage von dem falschen Waldemar

Wes wunderbarlicher Sache sich unter Otto, dem einundreißigsten Erzbischoffe von Magdeburg zugetragen, ob sie wol einer Fabel mehr denn einer Geschichte ähnlich, mag ich doch an dieser Stelle mit Stillschweigen nicht übergehen, sonderlich weil wir fast dergl. Historias von Herzog Carle von Burgund (welcher Anno Christi 1477 gelebt und am Abend Trium Regum itzgenannten Jahres vor Nonsen erschlagen worden) bey glaubwürdigen Scribenten lesen. So ists auch bey vielen noch unvergessen, wes Abentheur sich bey Querfurt vor wenig Jahren zugetragen, da sich ein Eisgrauer alter Mann aus einem Berge herausgemacht und den männiglichem vorgeben dürffen, als daß er der verstorbene Keyser Fridrich wäre. [...]

Es ist zu dieses Herrn Zeiten ein Mann in der Marck Brandenburg hervor kommen, welcher sich vor einen Marggrafen zu Brandenburg außgegeben, und Woldemarum nennen lassen, ungeachtet daß Marggraff Woldemar zu dieser Zeit allbereit vor neun und zwantzig Jahren in Gott verschieden und in vieler Leute Gegenwart, die damals noch im Leben, im Kloster Corin, cistercienser Ordens, war begraben worden.

Dieser weil er dem abgestorbenen Woldemaro von Leibesgestalt und Angesicht durchaus ähnlich, hat er dadurch viel guter Leute hohes und niedriges Standes gleichsam verzaubert und geäffet. Denn da er hierüber zur Rede gesetzt worden, ob er denn Marggraf Woldemar wäre, so vor Jahren allbereit gestorben und begraben, hat er beständiglich darauff geantwortet, daß ers ja sey, aber er sey damals weder gestorben noch begraben worden, sondern er hab sich kranck gestellet und habe einen andern an seine stell begraben lassen. Er sey aber mittlerweile willig in das Exilium gegangen und diese schwere Wallfahrt auff sich genommen. Da man ihn aber weiter gefraget: warumb er denn sein erbliches Fürstenthumb so eine geraume Zeit verlassen hätte? Da hat er geantwortet: er hätte solches seines Gemahls halben gerne gethan, welche er im verbotenen Grad, und also viel zu nahe ins Geblüte gefreiet, damit er nun für diese Mißhandlung schuldige Buße wircken und seinem Gemahl an anderweiter Verheiratung keine Verhindernis zufügen möchte, habe er aus guter Vorbedachtung sich also von ihr abgesondert.

Auff solche und mehr dergleichen Anschläge ist erfolget, daß auch etliche von Fürsten, Graffen, auch viel vom Adel, und etliche erbare Städte ihn vor Marggraffen Woldemarum auffgenommen und erkennet haben, darunter auch dieser Erz Bischoff Otto, die Hertzogen von Sachsen, die Hertzogen von Stettin und Sunde, auch die Fürsten von Anhalt, neben etliche Städten Berlin, Brandenburg, Stendal und andere gewesen seyn, welchen doch ein gut Theil baldt wiederumb von ihm abgelassen haben. Ja auch Kaiser Carolus Quartus selbst hat ihme im Reichstagen und andern Versammlungen den Sitz der Marggraffen zu Brandenburg willig eingeräumet. Nachdem er nun neun Jahr lang in solcher reputation gesessen, ist er gestorben und zu Dessaw in einer Capelle vor Marggraff Woldemarum honoritice begraben worden.

39

Sage

Treuenbrietzen

Die Stadt Treuenbrietzen hat ehemals nur Brietzen geheißen. Da ist's geschehen, erzählt man, daß sie einmal vom Feinde hart belagert wurde, der namentlich gegen das Seitentor gewaltig herangestürmt ist. Die Bürger aber haben sich tapfer gewehrt, und einer derselben hat den feindlichen Obersten mit einem silbernen Knopf erschossen. Da hat denn der Kurfürst der Stadt den Namen Treuenbrietzen gegeben. Mit mehr Recht wird aber wohl behauptet, der Name stamme aus der Zeit, wo der sogenannte falsche Waldemar hier in der Mark eine Rolle spielte. Damals soll nämlich Brietzen zu den wenigen Städten gehört haben, welche treu zu Ludwig dem Bayern hielten, und daher soll es seitdem »Treuenbrietzen« genannt sein, zum Unterschied namentlich auch von dem anderen Brietzen (Wriezen) an der Oder.

Dietrich von Quitzow

Drohbrief an die Bauern in Blankenburg bei Berlin (um 1400)

Tu Blanckenborch

Wetet Schulze vnd bure tu Blanckenborch, wu gy my von stund an nicht entrichten sesteyn schock bemesche grossen, tu der Hans Strobandynnen vor myn rente, dy my Juwe herren van den Berlin genommen hebben tu Kopenick, vnd wo gy ock van stund an nicht an kamen med juwen wegene tu Botzow vnd furen my holt, so will ick Jw nehmen allent, dat gy hebben. Juwe antwort.

Wisset, Schulze und Bauern in Blankenburg, wenn Ihr mir nicht von Stund an 16 Schock böhmischer Groschen zu Händen des Hans Strobandtin als meine Rente entrichtet, die mir Eure Herren von Berlin genommen haben zu Köpenick, und wenn Ihr nicht auch von Stund an mit Euren Wagen nach Bötzow kommt und mir Holz anfahrt, so will ich Euch nehmen alles, was Ihr habt. Eure Antwort (erwarte ich).

Dietrich von Quitzow

Befördert durch die Wirren um die Herrschaft in der Mark Brandenburg, deren Gebiet vom Markgrafen Sigismund 1388 an seine Vettern Jost und Prokop von Mähren verpfändet worden war, machte sich das Raubritterunwesen in der Mark Brandenburg breit. Die Städte versuchten, sich durch die Gründung von Städtebünden gegen die Angriffe der Ritter zu wehren. Zu den berüchtigten Raubrittern gehörten die Brüder Dietrich und Hans von Quitzow.

Volkslied

Fall der Quitzows (1414)

De milde Christ van hemelrik
der mark to troste sekerlik
het geben marggraf Friderik
den edlen fursten lobesamen.

Hi ist ein furste von hoger ard,
hen und hen war hi sich kart,
hi si leie ader wolgeclard
di loven alle sinen namen.

Die werlich wol to loven stat:
god selber in siner majestat
mit des ganzen hemels rad
den fursten het erwecket.

Sint uns der kaiser ist entwesen,
het kein man werlich ni gelesen,
dat enich furste wer gewesen
di di rober het erschrecket.

Alse her Fridrik het getan,
di weder sinen hulden wolden stan,
so de kuckuk weder der kran,
di dar vleget swinde.

Die Quitzoen haben gesworen ein eid,
wi sie den fursten machden leid,
dar to weren se mit liste bereid
mit erem ingesinde.

Sie wugen den fursten so ein scherf,
hi was er tand von Nurenberg:
»het hi vor unse flote gewerf,
des willn wi wol genesen!

Vor dusent si wi ane var,
aber regent fursten noch ein jar,
des achten wi kleine so ein har,
si bringen Hunen aber resen.

Sie komen varen aber riden
mit bussen tartzen ader mit bliden,
di willn wi werlich so verschiden,
dat twei den dridden laden!«

Di furste wolden fechten sunder swerd,
hi gaf den Quitzowen panzer und perd,
doch was hi vor en onververt
und wuch der lande schaden,

So hi rede hade vorloren
den graven von Hohenloh wolgeboren,
Darto sinen andern rad gesworen,
di god behude vor aller swer!

Dat leid di furste vorbedachte,
na striden jagede hi gar sachte,
lifliken mit en kosede und lachde
na frede stund all sin beger.

Di Quitzowen weren van dollen mod,
sic spraken »gulde it hand oder fot:
wi hebben di flote in unser hod,
hi schal uns nicht verjagen!«

Des worden di fursten balde voreint,
di mit ritterschap weren beleint
und sik mit truwen haden vorseint
mit frunden und mit magen.

Di reise ward lenger nicht gespart:
di edelen fursten van hoger ard
si togen to der herevard,
si wolden striden alle.

Di bischop von Meideborg quam
to hand,
er Gunter von Swarzborg is hi genant,
to Plawe vor dem flote gerant
mit groten loveschalle.

Den edlen heren von Sassen
schal man furstlichen passen
tor Golzow upper gassen
vor di gode veste.

Hi let dar sweven sine van,
hi sprak »gi ritter, wol hir an!
it will hir an ein stormen gan,
ein iederman do dat beste!«

Darnegest sach man wanken
to Frisik bi den planken
vil manigen stolten Franken,
di wolden ritter werden.

Die sprungen hoch als di duwen,
si worden geschoten durch die huwen,
dat man di pile must utcluwen,
und velen do der erden.

Sie schoten mit bussen grote stein,
di ritter repen algemein:
»help uns Maria, maget rein,
dat wi disen homod sturen!«

Maria was dar schire bereit,
so si noch vil manigem deit,
di na eren hulden steit
und halp die bannir schuren.

Dat weder was gar ungestalt,
it regende, snide und was gar kald,
her Friderik kreich der flote gewald,
so it god sulwer wolde.

Plawe, Frisick und Rathenow
di hulden den heren, des weren
si frow,
darto di van Buten und Golzow,
recht so dat wesen scholde.

Des togen dun di fursten van ein,
ein iderman na siner heim,
vil was er geschoten dorch di bein,
da sie di krucken reden.

Ach riker god, du furste god,
alle tid si hi van di behob
dorch din vil hilge dure blod,
hi steit na guden freden.

Darto sine edle frawe zart,
lat si von di nicht sin geschart,
so sint si beide wol bewart
in dinem ewigen rike.

Dat wi alle kamen aldar
des helpe uns Maria sunder var
an der hiligen engel schar,
dar wi leben ewiglike.

Di uns dissen reigen sang,
Niclaus Uppslacht is he genant,
to Brandenborch is he wol bekannt,
hi lovet di fursten mit flite!

Das Volkslied ist in der Chronik des Rathenower Chronisten Thomas Neumann überliefert. Nikolaus Upslacht lebte in der ersten Hälfte des 15. Jahrhunderts in Brandenburg/Havel.

Sage

Die Pest

Wenn sich die Pest einem Dorf nähert, so muß man mit dem Henkel eines kupfernen Kessels, welcher aus einem ausgestorbenen Hause stammt, einen Kreis um das Dorf ziehen. Diesen Kreis kann die Pest nicht überschreiten; es sei denn, daß sie mit Gewalt hinübergezogen wird. Daß dem so ist, haben auch die Leute in einem Dorfe bei Cottbus erfahren.

Die Pest wütete im Land, die Bauern des Dorfes aber hatten sich vor ihr durch den Kreis, welchen sie um das Dorf gezogen hatten, gesichert. Eines Tages fuhr aus diesem Dorf der Müller nach seiner auswärts gelegenen Mühle. Bei seiner Rückfahrt sah er am Weg eine weißgekleidete Frau liegen, welche ihn dringend bat, er möchte sie doch mit auf den Wagen nehmen, sie wolle auch nach dem Dorf. Der Müller ging auf die Bitte der Frau ein. Unterwegs erkundigte sie sich nach allen Bewohnern seines Hauses. Der Müller nannte die Namen aller, bis auf einen, welchen er zufällig vergaß. So waren sie bis an den Ring gekommen, welcher um das Dorf gezogen war. In demselben Augenblicke fiel die Frau vom Wagen. Der Mann half ihr wieder auf den Wagen, sie fiel aber noch einmal herunter.

Jetzt wollte der Müller die Frau liegen lassen, sie aber bat und klagte so, daß er sie seinem Wagen, welchen die Pferde einige Schritte weitergezogen hatten, an der Hand nachschleppte. Darauf half er der Frau wieder auf den Wagen und kam mit ihr glücklich zu Hause an. Als er auf seinem Hof stillhielt, bemerkte er, daß die Frau verschwunden war. Der Müller aber hatte noch immer kein Arges von allen diesen Vorgängen. Er setzte sich mit seiner Familie zu Tisch. Plötzlich hörte er, wie sich die Tür öffnete und die weißgekleidete Frau in das Zimmer trat. Er sah, wie sie unter ihrer Schürze eine hölzerne Kelle hervornahm und damit dem auf den Kopf schlug, dessen Namen er zu nennen vergessen hatte. Der Geschlagene fing plötzlich an, über Kopfschmerz zu klagen. Das aber waren die ersten Anzeichen der Pest. Da merkte der Müller, was er für ein Unheil angerichtet, daß er die weißgekleidete Frau in das Dorf gebracht hatte.

Nun war die Pest im Dorf, und bald starben fast alle seiner Bewohner.

Sage

Die Herkunft derer von Bredow

Der Teufel hat einmal Musterung auf der Erde gehalten, und alle die Edelleute, die nicht mehr gut tun wollten, in einen großen Sack gesteckt, den auf den Rücken getan und ist lustig damit zur Hölle geflogen. Wie er nun über der Stadt Friesack ist, so streift der Sack etwas hart an der Spitze des Kirchturms, so daß ein Loch hineinreißt und eine ganze Gesellschaft von Edelleuten, wohl ein Viertel der Bewohner des Sacks, ohne daß der Teufel es gemerkt hätte, herausfällt. Das sind aber die Herren von Bredow gewesen, die nun nicht wenig froh waren, den Krallen des Teufels für diesmal entkommen zu sein. Zum Andenken nannten sie die Stadt, wo der Sack das Loch bekommen und sie befreit hatte, Frie-Sack, und von hier haben sie sich dann über das ganze Havelland verbreitet, wo bekanntlich eine große Menge von Rittergütern in ihrem Besitz sind. Die Namen haben sie ihnen ebenfalls gegeben, und zwar meist nach der Richtung des Weges, den sie nahmen; der älteste der Brüder nämlich, der in Friesack blieb, sagte zum zweiten: »Ga beß (besser) hin« , da nannte der den Ort, wo er sich niederließ, Beßhin, woraus nachher Pessin wurde; ein dritter ging von Friesack, das am Rand des mächtigen havelländischen Luchs liegt, landeinwärts, darum nannte er seine Ansiedlung »Land in« oder Landin; ein vierter ging denselben Weg entlang wie der zweite und baute Selbelang; ein fünfter ging rechts zu (rechts too) und baute Retzow, ein sechster nannte sein Dorf nach seinem eigenen Namen Bredow.

Sage

Der Ursprung derer von Ziethen

Bei Wildberg, das ehemals eine Stadt gewesen sein soll (woher auch noch die Reste von Wällen um den Ort stammen und der Schulze den Titel Richter führt), liegt hart an der Temnitz in der Wiese ein Hügel, um den dieser kleine Fluß herumgeleitet worden ist, wodurch er in früherer Zeit ein bedeutend befestigter Platz gewesen sein muß. Dieser Hügel heißt der Schloßberg, und es soll hier ein Schloß der Grafen von Ruppin gestanden haben; in ihm wurde einer von ihnen einst von einem überlegenen feindlichen Heer belagert und war schon so mutlos, daß er sich ergeben wollte. Bei dem Rat, den er aber noch zum letzten Mal hielt, war auch sein Koch zugegen, der ihm tüchtig Mut einsprach und zuredete, er solle doch noch einen Ausfall wagen, und wenn der Graf selber nicht mitziehen könne, so wolle er die Reisigen anführen und sei überzeugt, sie würden die Feinde besiegen. Der Graf glaubte zwar nicht an einen solchen Erfolg, indes wollte er doch das letzte noch versuchen und gab dem Koch die Erlaubnis zu dem Ausfall mit den Worten: »Zieht hen!« Da ging er mit seiner Mannschaft mutig auf den Feind los, der bei Lüchfeld stand, und in wenigen Stunden war die Schlacht gewonnen, und sie kehrten triumphierend in die Burg zurück. Da schlug der Graf von Ruppin seinen treuen Koch aus Dankbarkeit zum Ritter und gab ihm, wegen der Worte, mit denen er ihn entlassen, den Namen Ziethen, und gebot ihm fortan als ein Zeichen seines ehemaligen Standes, einen Kesselhaken im Wappen zu fuhren.
Andere erzählen, der Koch habe geraten, viele Kessel mit Brei zu kochen und diesen so heiß wie möglich den Feinden beim nächsten Sturm auf den Kopf zu schütten; der Graf habe an dem Erfolg dieses Mittels zwar gezweifelt, aber doch endlich mit den Worten »Zieht hen« seine Zustimmung gegeben; worauf der Feind wirklich vertrieben und der Koch mit dem Namen Ziethen in den Ritterstand erhoben worden sei.

Joachim I. Nestor

Die Stiftung der Universität zu Frankfurt an der Oder (1505)

Da für das ganze Menschengeschlecht zu keiner Zeit jemals etwas Hervorragenderes, Ausgezeichneteres und Nützlicheres ans Licht getreten ist als das Studium der Wissenschaften, denn auf den Wissenschaften beruht die Unsterblichkeit, auf sie stützt sich die ewige Dauer der Erinnerung, durch sie werden die vor vielen Jahrhunderten geschehenen Ereignisse und aller Wissenschaften Kenntnisse erfaßt, der zu Anfang unkundige Geist, des menschlichen Lebens Führer und Leiter, gebildet, so hat es Uns, Joachim, durch des Allerhöchsten Güte des heiligen Römischen Reiches Erzkämmerer und Kurfürsten, Markgrafen von Brandenburg, Herzog von Stettin, Pommern, der Kassuben und Wenden, Burggrafen zu Nürnberg, Fürsten von Rügen, gar häufig wundergenommen, welche Ursachen vorhanden wären, weshalb in Unserem Deutschland nach der Erinnerung Unserer Vorfahren, Unserer Väter und Unser selbst es mehr bewunderungsvolle Männer auf dem Gebiete aller Künste gegeben hat und zur Zeit noch gibt als auf dem Gebiete des gerühmten Studiums der Wissenschaften, so daß ein jeder einen weißen Raben zu sehen meint, wenn er jemand erblickt, der in den Wissenschaften sich auszeichnet. Bei der Untersuchung dieser Sache stießen Uns mannigfache Ursachen auf, daß Leute von geringerem Vermögen über die Größe der Kosten klagen, die mit größeren Mitteln Ausgestatteten aber entweder über die Barbarei oder über die Trägheit oder was vorzugsweise zu vermeiden ist, über das Aussetzen der Vorlesungen seitens der Lehrer. Die meisten, wenn Sie über die Alpen gelangt sind und die Universitäten Italiens besuchen, vertragen dort das Klima und die Luft nicht, so daß sie wider ihren Willen mitten in der Zeit heimzukehren gezwungen sind, andere werden selbst auf dem Wege dorthin fortgerafft, bevor sie noch den erwünschten Hafen erreichen konnten.

Von Uns haben nun Kandidaten der Wissenschaften und Professoren unter beständigen Ermahnungen und täglichen Bitten verlangt, daß Wir, damit ferner nicht noch mehr von den Wissenschaften und dem Studium abgeschreckt würden, eine Universität gründeten, damit zu ihr wie zu einem Asyl alle jene scharenweise strömen könnten, die ihren Geist durch Belehrung, ihre Sprache durch Redekunst zu bilden und ihre Gärtchen durch die Quellen der Bildung zu bewässern wünschen.

Wir besitzen nun in Unserer Herrschaft eine besuchte Stadt, Frankfurt an der Oder genannt, den Markt vieler Völker. Sie zeichnet sich aus durch heitere und milde Luft, wird nach Sonnenaufgang von der Oder bespült, einem sehr hellen, sehr fischreichen, für die Schiffahrt, die Ein- und Ausfuhr aller Handelsartikel geeigneten Fluß, liegt am Fuße von Hügeln, die, mit Weinbergen und Fruchtgärten aufs anmutigste bekleidet, sie vom Mittag her umgürten, und die Ärzte, und zwar die durch ihre Tätigkeit und Erfahrung erfahrensten, bestätigen, daß sie der Gesundheit außerordentlich zuträglich sei; von Sonnenuntergang aber und von Norden ist sie von blühenden Wiesen, heilkräftigen Wäldern und fruchtbaren Äckern umgeben. So groß ist der Reichtum und Überfluß an Feldfrüchten, daß Frankfurt der Speicher für die benachbarten Völker ist, so reich die Weinernte, daß dort der Vater Bacchus mit der Ceres einen großen Wettkampf eingehen kann, so groß die Fülle von zahmem Schlachtvieh und Wild, von Geflügel und den besten Fischen, von Holz, Futter, kurz von allen Gegenständen, deren das menschliche Leben nicht gut entbehren kann, daß davon die meisten Städte und Provinzen unterhalten werden können.

Da Wir es also mit Unserer Pflicht und Unserem Amte in keiner Weise vereinigen konnten, die ebenso ehrenhaften wie ausgezeichneten Bitten gebildeter Männer zurückzuweisen, weil es, wie Symmachus fein sagt, das besondere Merkmal eines blühenden Reiches ist, den Lehrern der Wissenschaften reichliche Belohnung zu gewähren, so werden Wir zu Frankfurt an der Oder unter Gottes des Allmächtigen Leitung eine Stätte feinerer Bildung und vielfältiger Kenntnis, einen täglichen Markt des Lernens und Lehrens, eine Universität, wie man es nennt, einrichten und sie, die bereits die päpstliche und kaiserliche Bestätigung erhalten hat, im nächsten Jahre am Sonntage nach dem seligen Markus, dem 26. April, einweihen und feierlich eröffnen.

Wir versprechen außerdem für den Zeitraum von drei Jahren nach Eröffnung der Universität Unentgeltlichkeit der Erlangung der akademischen Grade. Wenn jemand aber auch erst nach Veröffentlichung dieses Briefes sich dahin begibt, so soll er nichtsdestoweniger der grammatischen und rhetorischen Vorlesungen und aller Ausnahmestellungen, Immunitäten, Freiheiten, Privilegien, mit denen Wir Unsere Universität nach dem Vorbilde anderer, und zwar reicher, begabt haben, sich bedienen und erfreuen.

Bereits Johann Cicero verfolgte den Plan, in Frankfurt (Oder) eine Universität zu gründen. Erst seinem Sohn, Johannes I., gelang es, den päpstlichen und den kaiserlichen Konsens zur Universitätsgründung einzuholen. Erster Rektor wurde der Dominikaner Conrad Wimpina von Buchen. Allerdings standen die frühen Jahrzehnte der Universität unter keinem guten Stern: Die wegen der Pest mehrfach notwendig gewordene Verlegung des Lehrbetriebs, die Konkurrenz zur Universität in Wittenberg und die antireformatorische Ausrichtung der Viadrina hatten zur Folge, daß die Universität 1536 nur noch vierzig Studenten zählte.

Ulrich von Hutten

Loblied auf die Mark (1507)

Markland, unter dem träg sich bewegenden Bären gelegen,
läßt an Üppigkeit weit Gargaras Trift hinter sich.
Äpfel schenkt den Bewohnern der Herbst und saftige Birnen,
während der Sommer ihm reich spendet der Ernten Ertrag.
Kaum verspürt es des Boreas Frost bei den pechenen Fackeln,
wimmelt von Blüten, daraus Honig ihm fließet, im Lenz.
Rechne dazu die Zucht der Ochsen, die hier wohl in Unzahl
grasen, wie kaum sie der Strand bietet des Ionischen Meers;
rüstige Pferd' auch besitzt es und lastengehärtete Esel;
zahllos zur Weide treibt Herden von Schafen der Hirt;
aber stille von dem; den Reichtum mehrend durch Fische,
strömet die Oder hier breit durch das fröhliche Land,
[...]
Karpfen führt man in Menge daher vom Oderbewohner,
auch den dicken Polyp, sowie den bläulichen Wolf.
Waren werden durch Tausch von fremden Zonen gewonnen,
welche Arabien uns, welche uns Indien beut.
Herrliche Städte besitzt es und hoch erhabene Burgen,
Tempel auch, welche gebaut du von den Himmlischen glaubst.
Fürst Joachim, des Fürsten Szepters Erbe – damit auch
dieser Ruhm nicht dem Lande fehle, worüber er herrscht –,
führt eine Hochschule auf, mit hochanstrebenden Säulen,
da, wo Frankfurt emporragt, die gewaltige Stadt.
[...]

Ulrich von Hutten,
Holzschnitt von 1521

Ulrich von Hutten (1488–1523) schrieb sich im Mai 1506 in die Matrikel der neu gegründeten Universität Viadrina in Frankfurt (Oder) ein. Huttens lateinisches Loblied auf die Mark ist in der Neuauflage einer Festschrift enthalten, die anläßlich der Gründung der Universität erschien.

Sabinus (Georg Schuler)

Frankfurt a. O.

Hier einst löschte den Durst Eobanus, der Hesse, auch Hutten
(Wer war mutig wie er?) stärkte hier Seele und Leib.
Seen verschönen den Ort und grünlich schimmernde Teiche,
Die in unendlicher Zahl Fische enthalten im Grund.
Hier sanft gleitet, gewunden im Bogen, die liebliche Oder,
Schmücket das Ufer ihr doch Bacchus hier prächtig mit Wein;
Drüben erhebt sich ein schatt'ger Wald an dem andern Ufer,
Grünend auf bergigen Höh'n, die um das Ganze sich zieh'n
Hier in der Stille des Waldes der Vöglein Weisen zu lauschen,
Scheucht aus dem Herzen die Sorg', daß es bald freier sich hebt.
Hier auch flechten die Nymphen des Tales die blumigen Kränze,
Während der Satyrn Schar schäkernd die Auen durchschwärmt.
Reich auch ist sie, die Stadt, an dem mancherlei Gut, das man herführt
Flink auf dem Flusse von fern, der hier von Schiffen belebt.
Dazu man füge die Bildung des Volkes, das, wohnt's auch im Norden,
Rauheit nicht trägt hier zur Schau, sondern italischen Schliff.
Hohe und prächtige Häuser bewohnt der gebildete Städter.
Nirgends ist hier Verfall, wie man ihn anderswo sieht.
Hochauf streben zum Himmel die Zinnen der schönen Gebäude,
Wie einst der Fürsten Palast, die die Geschichte uns rühmt.
Franken trojanischen Stammes begründeten einst diese Mauern:
Davon der Name der Stadt, den sie bis heute noch trägt.

Der neulateinische Lyriker und Humanist Georg Sabinus (eigentlich Georg Schuler, 1508–1560), ein Schwiegersohn Melanchthons, lehrte 1538–1543 Rhetorik an der Viadrina und war seit 1544 Gründungsrektor der Universität in Königsberg. 1555 kehrte er nach Frankfurt (Oder) zurück. Er verstarb auf der Rückreise aus Italien und wurde in Frankfurt beigesetzt. Das Lobgedicht auf Frankfurt (Oder) entstand anläßlich der Rückverlegung der Universität von Cottbus, wohin sie wegen der Pest ausgelagert worden war, nach Frankfurt.

Sage

Ulenschpel uppen Oaderdam

Ulenschpel schtunt in Wriäzen uppen Oaderdamm un schütte in Sak vul Koelköppe uet, so det si alle deän Dam runger renden. Ener trulte doahen, deär eänger doahen, un ener rende jeroade innen Kruoch, deär ungen dicht annen Dam schtunt. Doa reep Ulenschpel: »Veäle Köppe, veäle Sinne! Aber deär het jeroade minen Sin!« – leep hingerdran un drunk in ordentlichen Schluk.

Sage

Die rote Heide bei Frankfurt

Nicht weit von Frankfurt ist einst eine furchtbare Schlacht zwischen den Wenden und Deutschen geschlagen worden, welche so blutig gewesen ist, daß noch heute dort die Heide rot gefärbt ist von dem vergossenen Wendenblut. Um Mitternacht erwachen die dort erschlagenen Wenden und weinen und klagen um das Schicksal ihres Volkes; wenn aber der Hahn kräht, so kehren sie wieder in ihre Ruhestätten zurück.

Sage

Der Oderberger Drak

Gewisse Familien besitzen einen Drak und mit ihm eine Quelle großen Wohlstandes. Der Drak muß aber wie ein kleines Kind sehr sorgfältig mit Grütze gefüttert werden und ist auch auf Familienangehörige übertragbar. Eine alte, bereits kränkliche Frau verheiratete ihre einzige Tochter, die in der letzten Zeit während der Kränklichkeit den Drak verpflegt hatte. Als diese vom mütterlichen Anwesen Abschied nahm, erhob sich im Keller ein lautes Winseln. Die Mutter sagt darauf zur Tochter: »Nimm ihn schon mit, ich bin zu alt, und es wird noch mein Tod sein, wenn ich ihn behalte.« Darauf sagt die Tochter laut: »Na, dann will ich ihn nehmen!«, und ein lauter Knall erfolgte, und gleich einem feurigen Besen fuhr es zur Esse hinaus durch die Luft und in die Esse der neuen Wohnung der Tochter hinein.

Abzählreim aus Joachimsthal

Eine kleine Kaffeebohne
wollte gern nach Biesenthal,
Biesenthal war zugeschlossen,
und der Schlüssel war zerbrochen;
wieviel Stunden willst du gehen?

Abzählreim aus Brandenburg

Ene bene nipen
kumm, wie will'n uns gripen,
will'n dem Buren in't Keller krupen,
will'n em all dat Bier utsupen.
Wenn er kömmt un will uns schloan,
segg'n wi, wi hebben's nich gedoan.
Ene bene baff,
ich oder du bis aff.

Abzählreim aus Alt-Töplitz bei Potsdam

Sip, sap, sepe,
mock mi ne Flöte
von Timejöan
un Meieroan –
det müt hulderdebulder goan!

Heilreim aus Forst

Heile, heile, heile!
Die Katze hat vier Beine,
der Hund hat einen langen Schwanz,
morgen ist es wieder ganz.

Alter Märkischer Spruch

Wiese, Wasser, Sand,
das ist des Märkers Land;
und die grüne Heide,
das ist seine Freude.

Hausinschrift aus Perleberg

Treve det is en seltgen Gast,
wer den het, de hölt em fast.
Distel und dahrn de steken ser,
valsche tongen noch völ mer.
Ick will mi liber in distel und dahrn baden,
as ick will sin mit valsche tonge beladen.

Bartholomäus Krüger

Hans Clauert – der märkische Eulenspiegel

Wie Clauert zum Sturme bläst, als Pest und Ofen gestürmt ward.

Da Hans Clauert also mit der Trompete herum terminierte und die Kriegsleute aus Ungarn wenig Geld mitbrachten, weshalb man auch nicht viel von ihnen bekommen konnte, da kommt er in eine Stadt, darin zwei Wirtshäuser und ein Domkapitel waren, und fragte nach dem besten Wirtshaus, in das er auch ging und um Herberge bat. Die Wirtin entschuldigte sich, daß sie in Abwesenheit ihres Mannes niemand beherbergen durfte; und je mehr er um Herberge anhielt, je mehr und ungestümer sie ihm solche versagte, so daß er zuletzt davon zu gehen willens war. Gleich wohl gedachte er bei sich selbst, sollte er in eine schlimme Herberge einkehren, wohin nur einfache Leute kämen, die wenig Geld hätten, so würde ihm sein Beutel wohl so leer bleiben wie er vorher gewesen. Und indem er zur Stubenthür hinaustritt, ersieht er gegenüber im Hause ein kleines Stüblein etwas offen stehen, darin ein wohlbereitetes Bett stand. In diesem Stüblein verkroch er sich unter dem Bette und wartete, ob etwa Gäste in die Herberge kommen möchten, zu denen er sich heimlicherweise gesellen und seine freie Nahrung erhalten könnte.

Da aber keine Gäste kamen und Clauerten unter dem Bette die Zeit sehr lang ward, kommt unversehens die Wirtin und führet mit sich einen Dompfaffen hinein, dem sie das beste Essen und Trinken selber auftrug und mit dem sie freundlich scherzte. Sie lief zu und ab, bis sie all ihr Hausgesinde zu Bette getrieben. Da kam sie und setzte sich zu dem Pfaffen nieder, und sie aßen und tranken miteinander, bis sie genug hatten. Zuletzt fing der Dompfaffe an von der neuen Zeitung aus Ungarn zu reden, wie der Türke Pest und Ofen gestürmet und eingenommen hatte, welche Tragödie sie beide spielen wollten. Die Frau sollte sich nackt ausziehen, an das Bett treten und Pest und Ofen sein, so wollte der Pfaffe also nackt der Türke sein und Pest und Ofen stürmen. Sie hatten sich bald zum Streit gerüstet.

Als nun der Lärm wollte angehen und der Pfaffe in vollen Sprüngen daher rannte, blies Clauert mit Ungestüm unter dem Bette heraus zum Sturme, daß die beiden nicht anders dachten, als der lebendige Teufel wäre da, und vor Schrecken nackend davon liefen, auch ihre Kleider, Essen und Trinken vergaßen und stehen ließen. Clauert konnte es sich nicht besser wünschen, als es ihm erging. Er setzte sich hin, aß, was ihm schmeckte, schenkte sich ein und trank aus bis an den lichten Morgen. Dann hängte er des Pfaffen braunen Mantel um, band den einen Ärmel zu und steckte die beiden silbernen Becher hinein, warf die Trompete über den Pfaffenmantel und ging damit in das andere Wirtshaus, das in der Stadt war, legte sich auf die Bank, bis der Wirt aufstand. Den bat er um Herberge. Derselbe nahm ihn auf. Jedoch sowohl er wie andere Leute dachten nicht anders, als daß Clauert ein Narr wäre.

Als aber Clauert über dem Mittagsmahl Wein forderte, wollte ihn der Wirt keinen verabreichen lassen, er hätte ihn denn zuvor bezahlt. Da aber Clauert kein Geld hatte, suchte er den einen Becher heraus und begehrte etwas Geld darauf zu haben. Der Wirt erkannte an dem Merkzeichen bald, daß der Becher seinem Nachbar gehörte, schickte deshalb heimlich zu der Wirtin, wo Clauert dieselben bekommen hatte, und ließ sie fragen, ob sie nicht etliche Becher verloren hätte, denn ihm wäre einer unter die Hände gekommen. Die Wirtin läuft ganz unbesonnen dahin und zeihet Clauert, daß er ihr die Becher gestohlen hätte. Darauf sagte Clauert: »Ich habe niemand etwas gestohlen, sondern die Becher bekommen, als man Pest und Ofen stürmte, denn ich habe daselbst zum Sturme geblasen«, bat auch dieselbe Wirtin, sie wolle ihn mit solchen Worten forthin verschonen, und sagte, so ihr die Becher gefielen, könnten sie ihr um billige Bezahlung wohl werden.

Die Wirtin wußte sich schuldig, daß sie wider die Ehre gehandelt hatte, weshalb sie Clauerten winkte, daß er zu ihr herauskäme. Dieser verstand die Kreide wohl, ging zu der Frau hinaus, von welcher er fünfzig Thaler empfing und ihr dagegen die zwei Becher zustellte, deswegen auch viel fröhlicher war als zuvor, sang, sprang und tanzte mit dem braunen Mantel und der Trompete, die er übergehängt hatte, auf der Gasse herum, zu versuchen, ob auch jemand den Rock kennen würde.

Wie Clauert beim Kurfürsten zu Brandenburg von seinem Weibe verklagt ward und wie er den kurfürstlichen Befehl in die Spree warf.

Hans Clauerts Weib predigte ihm täglich so viel von dem verspielten Gelde, daß er ihr oftmals mit einem Prügel zu folgen verursacht war. Das vermeinte sie besser zu machen und verklagte ihren Mann bei ihrem Herrn, dem Kurfürsten von Brandenburg. Dieser hatte voher den Clauert viel gehört, weshalb ihm solche Klage angenehm war; und er ließ Clauert auf einen bestimmten Tag vor sich bescheiden, der gehorsam an dem bestimmten Tage erschien und nach Verhör der Sache vom Kurfürsten an Eustachium von Schlieben, der dazumal Hauptmann von Trebbin und Zossen war, einen Befehl bekam, daß der von Schlieben Clauerten wegen des verspielten Geldes bis zu des Fürsten Ankunft sollte gefänglich verwahren lassen, denn der Kurfürst war willens, wenige Tage hernach ein Nachtlager zu Trebbin zu halten. Daneben befahl der Kurfürst, daß Clauert den Brief ja eilends dem von Schlieben bringen sollte.

Clauert vermerkte aus etlichen Umständen wohl, daß der Befehl ihm nicht zuträglich sein würde, weshalb er den Brief aufbrach und einem Knaben drei Pfennige gab, der ihm denselben las. Und als er den Inhalt vernommen, warf er den Brief in die Spree und ließ ihn schwimmen, ging hin in den Bernauischen Keller und verharrte noch drei Tage daselbst.

Den fünften Tag hernach kam der Kurfürst gen Trebbin und fragte Eustachium von Schlieben, wie es um Clauert stände, ob er ihn noch gefangen hielte oder ihn freigelassen hätte. Der von Schlieben gab dem Kurfürsten zur Antwort, daß ihm von

Clauerts Gefängnis nichts bewußt wäre. Der Kurfürst fragte weiter, ob ihm Clauert nicht einen Befehl gebracht hätte, wovon Schlieben noch viel weniger wußte. Der Kurfürst schickte nach Clauerten, stellte sich sehr zornig und sagte: »Wo hast du den Brief gelassen, den wir dir gegeben haben.« Clauert antwortete: »Hoho, gnädigster Herr, ist der Brief noch nicht hier?« Der Kurfürst sagte: »Wie soll er hier ein, wenn du ihn nicht hast hergebracht«, und fragte noch einmal, wo er denselben gelassen hätte. Clauert sagte: »Gnädiger Kurfürst und Herr, Ew. Kurfürstliche Gnaden haben mir befohlen, daß ich den Brief ja eilends her gen Trebbin sollte bringen. Nun hatte ich zu Berlin noch viel auszurichten, so daß ich in zween Tagen noch nicht von dannen kommen konnte, darum warf ich den Brief in die Spree, daß er vorausschwimmen und desto zeitiger ankommen möchte, und es wundert mich nicht wenig, daß er über Erwarten so lange ist ausgeblieben.«

Der Hochlöbliche Kurfürst, ob er schon Ernst wider Clauert zu gebrauchen willens war, vermochte doch vor Lachen nichts vorzunehmen, sondern ließ Clauerten mit seiner Sache hinfahren. Und von dem Tage an ward Clauert beim Kurfürsten also bekannt, daß er zu ihm kommen konnte, wann er wollte.

Moral.
Merk': wenn ein Topf ist zugedeckt,
Weiß niemand, was darinnen steckt;
Doch kann den Inhalt merken man
Am Duft, wenn er wird aufgethan.
So ward der Kurfürst auch gewahr,
Daß Clauert solcher Stockfisch war,
Indem er diesen Brief wegwarf,
Worin ihm keiner folgen darf.
Denn was bei andern schlecht steht an,
das ist von Narren wohlgethan.

Wie Clauert einem Wirt das Bettgewand zusammenraffte.

Dieweil Clauert stets hin und herreiste und viel Herbergen besuchen mußte, so kam er auch einmal zu einem Wirt, der sehr kurzweilig war. Clauert hatte dem den ganzen Abend zugehört und als derselbe des Nachts aus der Stube in seine Schlafkammer gehen wollte, ließ er einen großen Wind und sagte zu Clauerten: »Diesen magst du dir unterlegen und als Bett gebrauchen.« Und bald darauf ließ er noch einen gehen und sagte zu Clauerten: »Diesen leg' unter den Kopf.« Und alsbald folgte der dritte Wind, mit dem sich Clauert zudecken sollte. Der Wirt ging also weg und verschloß die Stube auswendig.

Da nun Clauert in der Nacht etwas von nöten ward und er nicht zur Stube hinaus kommen konnte, setze er sich auf den Tisch und legte einen großen Haufen dahin, so daß man kaum darüber hätte springen können, machte sich auch fertig und sobald die Stubenthür des Morgens geöffnet ward, ging er heraus vor des Wirts Kammer, rief und sprach: »Herr Wirt, ich habe all' Euer Bettgewand zusammengewickelt und auf den Tisch gelegt, woselbst Ihr's wohl finden werdet«, und ging damit seiner Straßen.

Der Wirt gedachte, der Gast hätte seiner gespottet, weil er ihm weder Stroh noch Betten hätte geben lassen, darauf er die Nacht geschlafen. Als er aber aufstand und an des Gasts Worte gedachte, siehet er auf dem Tisch einen solchen Haufen Bettgewand liegen, daß jedermann davor grausete, und sagte: »Mein Gast hat mich recht bezahlt, denn er hat mir viel mehr gelassen, als ich ihm überantwortet habe, und soll mir dies eine Warnung sein, daß ich's hinfort keinem Menschen mehr thun will.«

Moral.
Von großen Streichen mancher schwatzt
Und hat noch keine Maus gekratzt,
Kann brauchen weder Spieß noch Schwert,
(Sein Herz ist nicht drei Heller wert)
Und will sich doch so hoch vermessen,
Als wollt' er all die andern treffen;
Doch hat er nichts gesetzt ins Werk
Mit Kunst, Geschicklichkeit und Stärk'.
Dagegen schweiget mancher still
Und weiß doch wohl zehnmal so viel;
Er braucht's nicht zur gelegnen Zeit
Und übertrifft doch den Schnarcher weit,
Der sich hernach und dessen schämen
Und neue Weise an sich nehmen,
Wie Clauert diesen Wirt auch lehrte,
Daß er hinfort nicht mehr begehrte,
Die Leute so zu tribulieren,
Sonst könnt' ein andrer ihn vexieren.
Drum soll sich keiner rühmen je,
Sein Glück in voller Blüte steh':
Es kommt ein Reif wol über Nacht,
Der solchen Blumen raubt die Macht.

Wie Hans Clauert sein Ende genommen.

Bald auf den Brandschaden, das nächste Jahr hernach, folgte das Sterben zu Trebbin und in den umliegenden Dörfern, weswegen sich Clauert aus der Stadt begab und in Derer von Thümen Holzung sich eine gute Zeit aufhielt, wo er den Fisch und Vogel fing, wovon er und seine Konsorten, so mit ihm ausgezogen waren, sich sättigten, so daß auch Die von Thümen ihm zuletzt sagen ließen, wenn sie nicht von dannen sich begeben würden, wollte man sie mit Gewalt wegtreiben.

Da aber Clauert die Kundschaft hatte, daß sie am folgenden Tage kommen würden, bedeckte er ein Stück Holz mit einem weißen Tuch, als ob's ein Mensch wäre. Das Derer von Thümen Gesinde ersah und vermeinte, daß ihrer eins gestorben wäre, ließen Clauerten und seine Gesellschaft bleiben und ritten davon.

So lange sie aber in dem Busche lagen, sagte Clauert stets zu seinen Mitgesellen: »Ach, wie wird der Tod Clauerten in der Stadt suchen, aber daselbst nicht finden.« Als er sich daselbst aber vor Kälte nicht länger verbergen konnte, da begab er sich von dannen auf den Thürdamm, wo ihn der Tod fand. Und als er zu merken begann, daß der Tod bei ihm anklopfen wollte, machte er sich näher zur Stadt in eine Scheune vor dem Thor, und ehe er sich recht zum Sterben begab, sagte er: »Ho, sachte Tod, sachte, du wirst mich doch noch wohl würgen.« Als er immer schwächer wurde, kam von ungefähr seiner guten Freunde einer vor die Scheune geritten, darin er lag. Der fragte Clauerten, wie es ginge. Clauert sagte: »Hei, der Tod will Sankt Velten haben und zwar ist es allhier gut sterben, denn man wird hier nicht behindert, weil wenig Leute zu einem kommen.« Er konnte also seine Büberei nicht lassen und sprach noch kurz vor seinem Ende zu seinem Weibe: »Ach, liebe Grieta, ich merke wohl, daß ich nun nicht weiter entlaufen kann. So will ich dich noch eins bitten, das wolltest du mir ja gewähren.« Sie fragte, was es sein sollte. Er sprach weiter: »Du weißt die Maßen wohl, daß ich den Bauern mein Lebenlang wenig Gutes bewiesen habe, und jetzo werden alle Bauern, so in den umliegenden Dörfern sterben, allhier vor dem Thore auf diesem Kirchhof begraben. Darum bitte ich dich, du wollest so wohl an mir thun und mich ja auf diesen Kirchhof bei den Bauern nicht begraben lassen, oder wir würden uns miteinander raufen und schlagen, worüber ich dann meine grauen Haare verlieren könnte.«

Als sie ihm solche Bitte zugesagt, hat er ganz kurz sein Testament gemacht und erstens Gott dem Herrn getreulich seine Seele befohlen, Eustachio von Schlieben das Vogelnetz, den Amboß dem Schmiede, die Karten und Würfel aber dem Teufel und ist alsbald darauf in Gott verschieden. Da ist also das Ende dem Leben gleich gewesen, wie ihn denn seine Margreta ihrer Zusagung nach, auch in die Stadt hat tragen lassen, wo er auf dem Kirchhof bei den Bürgern begraben liegt.

Moral.

Was man gewohnt ist in der Jugend,
Es sei gleich Laster oder Tugend,
Das hanget einem immer an,
Denn jung gewohnt ist alt gethan.
Darum von Jugend dich befleiße,
Zu leben nach der besten Weise,
Dieweil zum Bösen alle Frist
Des Menschen Herz geneiget ist.
Doch kann noch alles werden gut,

Wenn man die Sünde bekennen thut,
Gedenkt der Seel' am letzten End',
Befiehl sie Gott in seine Händ',
So ist's ein köstlich Testament.

Clauerts Lügengedichte, womit er oft die Leute vom Schlafe ermunterte und wach machte.

Clauert pflegte oftmals von sich selber zu erzählen. Wenn er bei guten Leuten war und sah, daß sie unlustig wurden, so fing er zuerst von seiner Kindheit an bis zu seinem Alter mit nachfolgenden Worten: »Als ich ein kleines Kindlein war und oftmals ersah, daß unsere Nachbarkinder aus dem Holze kamen und junge Vögel nach Haus brachten, die sie aus den Nestern genommen hatten, gedachte ich, auch einmal in den Wald zu gehen und Vogelnester zu suchen. Da ich aber in den Wald kam, sah ich ein kleines Vöglein aus einem Baum fliehen. Ich ging hinzu, da fand ich ein kleines Löchlein, daß ich kaum einen Finger hineinbringen konnte. Und als ich den Finger hineinsteckte, fiel ich mit dem ganzen Leib hinterher in den Baum hinab. Darunter fand ich einen Teich, darin gebratene Fische gingen, und über dem Teiche war ein Butterberg, von dem die Butter von dem warmen Sonnenschein herab auf die gebratenen Fische troff. Von diesen Fischen aß ich mich so satt, daß ich aus dem Baum nicht wieder heraus kommen konnte. Ich lief deshalben heim, holte eine Barte und hieb mich aus dem Baum heraus. Jedoch war mir's leid, daß ich der gebratenen Fische nicht etliche mit mir genommen, davon ich hätte rühmen können. Es trug sich gleichwohl zu, daß am Wege ein großer Haufen Tauben saß. Darunter warf ich, daß die Federn so dick liegen bleiben, daß ich meine Barte nicht wieder finden konnte. Ich lief eilends nach Haus, holte Feuer und zündete die Federn an. Da verbrannte die Barte und der Stiel blieb liegen, so daß ich also zu meinen Eltern nicht wieder zu kommen wagte. Ich gedachte mich deswegen auf die Wanderschaft zu begeben und kam zu einem Bauern. Da hätte ich gern getrunken, wußte jedoch nicht, worin ich Wasser schöpfen sollte. Weil mir aber als einem gar jungen und kleinen Kinde die Hirnschalen noch nicht recht zusammengewachsen waren, nahm ich den halben Teil derselben vom Kopf herab, schöpfte Wasser darein und trank daraus. Es schmeckte mir auch das Wasser so wohl, daß ich darüber entschlief. Und als ich erwachte, war es fast Abend geworden. Darüber erschrak ich sehr und lief ganz unbesonnen davon, kam in ein Dorf; da drosch ein Bauer die Erbsen auf dem Balken und das Stroh fiel herab, die Erbsen aber blieben auf dem Balken liegen. Dessen verwunderte ich mich sehr und fragte den Bauern, wie solches käme, daß die Erbsen auf dem Balken blieben. Der frage mich wieder, wie ich mit dem halben Kopfe daher käme. Da gedachte ich erst an meine Hirnschale, lief alsbald zurück, fand sie auch und sieben Enteneier darin. Dieselben legte ich unter eine Henne und ließ sie ausbrüten. Daraus ward ein Pferd, sieben Meilen lang. Mit demselben verdiente ich viel Geld. Denn wenn die Leute über Land reisen wollten und am Kopf aufsaßen und das Pferd sich nur umwendete, so waren sie vierzehn Meilen weg. Und einstmals hatte ich etliche von Adel angenommen, die gern eilends wären an ihrem bestimmten Ort gewesen. Und als sie fast dahin gekommen waren, mistete das Pferd, wendete sich auch und wollte daran riechen und brachte die Edelleute noch einmal so weit zurück, als sie zuvor sich aufgesetzt hatten, weshalb sie vor Zorn mein Pferd mitten entzwei hieben. Dem wußte ich nicht besser zu helfen, als daß ich rote Weiden nahm und das Pferd damit wieder zusammen band. Die Weiden blieben in dem Pferde sitzen und wuchsen so sehr, daß ein ganzer Wald auf dem Pferde entstand, so daß auch die, so darauf ritten, zur Sommerszeit im kühlen Schatten saßen. Dadurch erwarb mir das Pferd hernach viel mehr als zuvor; und gegen den Winter ließ ich die Weiden jährlich verhauen und löste aus denselben Holze so viel Geld, daß ich auf den heutigen Tag noch einen Zehrpfennig habe, sonst wäre ich längst zum Bettler geworden.«

Hans Clauert,
nach einer Tuschzeichnung
in den Libri picturati

Das Buch des Trebbiner Stadtschreibers Bartholomäus Krüger (um 1540 – nach 1597) erschien erstmals 1587 in Berlin. Im Mittelpunkt der Schwankgeschichten Krügers, der die Eulenspiegel-Geschichten gekannt hat und sich teilweise an sie anlehnt, steht der Trebbiner Schlosser und Büchsenmacher Hans Clauert (†1566). Bis 1609 erlebte das Buch sechs Auflagen, eine erste wissenschaftliche Ausgabe erschien 1882. Die Geschichten dienten Klabund (1890–1928) als Vorlage für seinen »Bracke«-Roman; Johannes Bobrowski (1917–1965) hat die Clauert-Geschichten 1956 für Kinder neu erzählt.

Paul Albers

Die Brauer von Bernau

»Wer noch kein Bier getrunken
In Bernaus Schenken hat,
Daß er vom Stuhl gesunken,
Berauscht und übersatt, –

Ob Ritter oder Bauer,
Er ist kein zünft'ger Mann.«
So rühmten sich die Brauer
Von Bernau lobesam.

»Wollt ihr euch also loben«,
Rief da die Bürgerschaft,
»So zeigt die Wunderproben,
Von eures Bieres Kraft!

Zwölf Mannen woll'n wir losen
Mit dickem Bauch und Kinn,
Die setzt in Lederhosen
Hier auf die Bierbank hin.

Die Bank sollt ihr bestreichen
Mit eurem besten Bier;
Trunk sollt ihr ihnen reichen
Bis morgens um halb vier.

Wenn sie sich dann erheben
Nicht können von der Bank,
Weil fest die Hosen kleben,
Ist malzig euer Trank.« –

Es gossen Bernaus Brauer
Wohl auf die Bank das Bier;
Es saßen wie eine Mauer
Die zwölf bis halber vier.

Und als sie nun die Reste
Getrunken von der Zech',
Da klebten alle feste,
Als säßen sie im Pech.

Sie konnten sich nicht heben
Und von der Stelle gehn,
Sie blieben weiter kleben
Bis morgens um halb zehn.

Doch staunend lief jetzunder
Herbei die Bürgerschaft
Und schrie: »Das Bier tut Wunder!
Das Bier hat Malz und Kraft!«

Sage

Das Straßenpflaster von Potsdam

Um 1540 war das Pflaster in den Straßen Potsdams in einen unleidlichen Zustand geraten: Kein Wagen, kein Reiter kam mehr glatt hindurch, die Fußgänger kollerten gegeneinander und bedachten sich dann ausgiebig mit freien Titeln, die sie vorzugsweise aus dem Reich der Vierfüßler wählten. So war Potsdam berühmt geworden durch sein schlechtes Pflaster und sein vieles Schimpfen. Da fand der Magistrat ein Mittel, um ohne Kosten beiden Übeln gleich zu steuern: er erließ eine Verordnung, nach welcher jeder, der einen Mitbürger einen Schafskopf nannte, zwei Ruten ins Geviert zu pflastern hatte. Der »Ochse« ward mit drei Ruten neuem Pflaster gesühnt, der »Esel« mit vier, und so hatte jedes Tierlein seine Taxe. Die Stadtknechte paßten brav auf, und hatten bald so viele Übertreter gefaßt, daß die Plätze bei der Kirche und beim Rathaus ihr neues Pflaster bekamen, und mit der Zeit konnten auch die anderen Straßen alle herankommen. Zugleich ward der Ton des Verkehrs um vieles freundlicher und zuletzt fast anmutig.

Georg Hesekiel

Sein unecht Weib

Joachim über die Heide ritt
Vor Taue noch und Tagen,
Die allerschönste Dirne mit,
Den roten Hirsch zu jagen.

Da gab das Hifthorn hellen Ton,
Verheißend die reichste Beute,
Da klang aus frischer Fährte schon
Der Bracken stolz Geläute.

Von Müggelsbergen zum Müggelsee
Der Jagdzug brauste nieder,
Und lustig in der Fern' und Näh'
Die Wälder hallten wider.

Und als die Jagd vorüber war,
Da lagert' unter der Linde,
Den Bruch am Hut, die Jägerschar,
Die Treiber und Gesinde.

Da schmauste von dem grünen Tisch
Der Kurfürst mit den Knechten,
Da ging herum der Becher frisch,
Nach Jägerbrauch, zur Rechten.

Und an Joachims Seite sitzt
Die allerschönste Dirne;
Manch köstliches Geschmeide blitzt
An Nacken ihr und Stirne.

Die schöne Gießerwitwe war's,
Die tät mit süßen Blicken
Und in den Flechten ihres Haars
Joachims Herz verstricken.

Der Kurfürst schwang voll Lust den Hut,
So war's nach seiner Weise –
Da hört' er – Waidmanns Ohr ist gut –
Die Treiber flüstern leise:

»Die schmucke Dirne bei ihm, schau!
Wie helle funkeln die Steine!« –
»Das ist des Herrn unechte Frau,
Ihr wißt schon, was ich meine?« –

»Wie darf er haben ein unecht Weib,
Was uns ist schwere Sünde?
Dem ging's nach Rechten an den Leib,
Wer das sich unterstünde!«

Heiß flog's dem Fürsten übers Gesicht,
Scheu sanken die Blicke nieder;
Die scharfe Rede der Bauern schlicht,
Im Herzen hallte sie wider.

Und zu der schönen Gießerin
Hat er sich leise gewendet:
»Zur Seite tritt, zur Seite hin,
Bis wir das Mahl geendet!«

Wie fest ihn auch die Liebe band,
In der sein Herz gefangen,
So ist er doch an ihrer Hand
Nie mehr durchs Volk gegangen.

Georg Hesekiel (1818–1874), Schriftsteller, Mitglied im »Tunnel über der Spree«, Freund Fontanes, thematisiert das Liebesverhältnis des brandenburgischen Kurfürsten Joachim II. mit der bürgerlichen Anna Sydow, der Tochter eines Gießers. Johann Georg, der Sohn und Nachfolger Joachim II., ließ Anna Sydow nach dem Tod seines Vaters auf der Festung Spandau festsetzen, wo sie 1575 starb. Der Stoff hat Anlaß zur historischen Legendenbildung gegeben. Die vielerorts kursierende Sage von der Weißen Frau wird in Spandau auf Anna Sydow bezogen. Literarisch wurde das Thema u.a. von Dorothea Goebeler aufgenommen.

Sage

Das Königsgrab bei Seddin

Vor langer, langer Zeit herrschte der mächtige König Hinz über die Prignitz. Er war ein Riesenkönig und hatte sein Schloß in der Nähe des heutigen Neudorf. Als König Hinz starb, gaben ihm seine Getreuen einen dreifachen Sarg: einen aus Bronze, einen aus Silber und einen dritten aus Gold. In dem Grab liegt auch das goldene Schwert des Königs. Das Grab selbst befindet sich in einem Berg.

Sage

Die Ludki

Die Wenden stammen von den Ludkis ab, diese aber sind ganz kleine Menschen gewesen, nicht länger als ein Finger. Die Ludki mähten das Korn nicht ab, wenn es herangereift war, sondern stachen die Ähren mit einem Pfriemen vom Halm los. Die Ähren selbst droschen sie in einem Backofen. Da die Ludki so klein waren, konnten sich im Backofen immer ihrer neun an die Arbeit machen.
Dies alles ist lange her, aber man sagt, es wird eine Zeit kommen, in welcher die Wenden wieder so klein wie Finger werden.

Sage

Der Wendenkönig

In der Gegend des Spreewaldes wohnen noch zahlreiche Reste der alten wendischen Bewohner der Mark, die insgeheim einigen Vorzug und Nachlaß von den alten Oberherren ihrer Nation und gleichsam einen König unter sich haben, der nicht nur jährlich von ihnen ein Gewisses an Geld erhält, sondern auch im Besitz von Krone und Zepter ist. Jacobus Tholdius erzählt, was er von dem Kurfürsten Friedrich Wilhelm dem Großen selbst gehört hat, daß dieser einen großen und starken Menschen dieser Art in eigner hoher Person gesehen, dem aber ein anderer alter Bauer dieses Volks, der ohne Zweifel auch eine Person von Bedeutung gewesen, als er gemerkt, daß der Kurfürst etwas genauer auf jenen jungen Menschen achtgegeben, einen Schlag mit seinem Stock gegeben und ihn wie einen feilen Sklaven davongetrieben habe.

Sage

Der wendische Bauernkönig

Der große Kurfürst von Brandenburg hatte das Schwiebuser Gebiet, welches gegenwärtig dem Züllichauer Kreise einverleibt ist, von dem Kaiser Leopold wenn auch nicht unter der Absicht dauernder Ueberweisung abgetreten erhalten; er wollte diesen und einige andere Theile seines Landes persönlich in Augenschein nehmen. Wie er selbst dem Duisburger Jacob Tollius in Potsdam erzählt haben soll, interessirte ihn unter seinen neuen Unterthanen deren König, von welchem er wußte, daß die Wenden ihn noch immer fort wählten, so daß ein wendischer Bauer in der gewöhnlichen Tracht einherging und doch in seinem Bauernhause die Abzeichen der wendischen Königswürde verwahrte. Wirklich stand auch im Volkshaufen ein Bauernjüngling von auffallender Gestalt, welcher fast als Wendenkönig erkannt worden wäre. Aber ein alter Wende sah in dieser Entdeckung Gefahr und verhütete sie dadurch, daß er dem Jüngling einen heftigen Stockschlag gab und ihn wie einen unbefugt dastehenden Müssiggänger davonjagte.

Paul Gerhardt

Nun ruhen alle Wälder

Nun ruhen alle Wälder,
Vieh, Menschen, Städt' und Felder,
Es schläft die ganze Welt;
Ihr aber, meine Sinnen,
Auf, auf, ihr sollt beginnen,
Was eurem Schöpfer wohlgefällt!

Wo bist du, Sonne, blieben?
Die Nacht hat dich vertrieben,
Die Nacht, des Tages Feind.
Fahr hin! Ein' andre Sonne,
Mein Jesus, meine Wonne,
Gar hell in meinem Herzen scheint.

Der Tag ist nun vergangen,
Die güldnen Sternlein prangen
Am blauen Himmelssaal;
So, so werd' ich auch stehen,
Wenn mich wird heißen gehen
Mein Gott aus diesem Jammertal.

Der Leib eilt nun zur Ruhe,
Legt ab das Kleid und Schuhe,
Das Bild der Sterblichkeit;
Die zieh' ich aus, dagegen
Wird Christus mir anlegen
Den Rock der Ehr' und Herrlichkeit.

Das Häupt, die Füß und Hände
Sind froh, daß nun zu Ende
Die Arbeit kommen sei;
Herz, freu dich, du sollst werden
Vom Elend dieser Erden
Und von der Sünden Arbeit frei.

Nun geht ihr matten Glieder,
Geht hin und legt euch nieder,
Der Betten ihr begehrt;
Es kommen Stund und Zeiten,
Da man Euch wird bereiten
Zur Ruh ein Bettlein in der Erd.

Mein Augen stehn verdrossen,
Im Hui sind sie geschlossen,
Wo bleibt denn Leib und Seel?
Nimm sie zu deinen Gnaden,
Sei gut für allen Schaden,
Du Aug und Wächter Israel!

Breit aus die Flügel beide,
O Jesu, meine Freude,
Und nimm dein Küchlein ein!
Will Satan mich verschlingen,
So laß die Englein singen:
Dies Kind soll unverletzet sein!

Auch euch, ihr meine Lieben,
Soll heute nicht betrüben
Kein Unfall nicht Gefahr.
Gott lass' euch ruhig schlafen,
Stell' euch die güldnen Waffen
Ums Bett und seiner Helden Schar.

Paul Gerhardt (1607–1676) ist der bedeutendste deutsche evangelische Liederdichter des 17. Jahrhunderts. Da er sich weigerte, ein Toleranzedikt zu unterschreiben, das den dogmatischen Streit zwischen Lutheranern und Reformierten untersagte, wurde er 1666 vom brandenburgischen Kurfürsten seines Amtes als Diakon an der Berliner Nikolaikirche enthoben.1668 wurde er zum Archidiakonus in Lübben berufen, das damals zu Sachsen-Merseburg gehörte. Das hier abgedruckte, aus dem Jahr 1648 stammende Lied fand mit der Melodie von Heinrich Isaac (um 1450–1517) Eingang in viele Kirchengesangbücher.
Erste Buchveröffentlichung: D. M. Luthers Und anderer vornehmen geistreichen und gelehrten Männer, Geistliche Lieder und Psalmen. Berlin 1653

Johann von Besser

Trost aus anderes Unglück.

Als dem würcklichen geheimten Staats-Rath / Herrn Baron von Canitz, / Seine geliebteste Eh-Gemahlin / Dorothea Emerentia von Arnimb / Anno 1695. Verstarb, und er zu Erleichterung seines / Schmertzens die Niederlande besuchen wollte.

So ungeneigt ich auch zum Schreiben:
Kanst du dennoch, betrübter Freund,
Indem dein treues Auge weint,
Von mir nicht ungetröstet bleiben.
Ich rühre, wie du mir gethan,
Mitleidig deine Wunden an.

Dir wird dein Eh-Gemahl entrissen,
Was dir der Tod mit ihr entwandt,
Ist beydes Hof und Stadt bekannt;
Doch wer kan deinen Kummer wissen?
Weh dem! Den die Erfahrung lehrt,
wie sehr dich dieser Fall beschwert.

[...]

Oh wer begreifft dann itzt das Leyden?
Da wir das schon erbaute Weib,
Und mit ihr unser Seel und Leib,
sehn in das Grab auf ewig scheiden!
Da man uns, wer es nur erkennt,
Wie mitten von einander trennt!

Der in Frauenburg (Frombork/Polen) geborene Johann von Besser (1654–1729) kam 1680 nach Berlin, wo er am Hofe des späteren Königs Friedrich I. unterschiedliche Ämter innehatte. 1684/85 war er als Gesandter in London, 1690 wurde er in den Adelsstand erhoben und zum Zeremonienmeister ernannt, 1701 zum Oberzeremonienmeister und zum Geheimen Rat. Nach dem Tod Friedrich I. im Jahr 1713 entließ ihn dessen Nachfolger Friedrich Wilhelm I. sofort. Noch im selben Jahr ging Besser nach Dresden an den Hof August des Starken. Der überwiegende Teil seines Werkes ist von den Bedürfnissen des höfischen Zeremoniells bestimmt. Die Trauergedichte zum Tode seiner eigenen Frau sowie zum Tode der Ehefrau seines Freundes Canitz 1695 gehören zu den heute noch lesenswerten Dichtungen Bessers. Das an Canitz gerichtete Trostgedicht umfaßt 45 Strophen. Wir veröffentlichen einen Ausschnitt. In der ersten Strophe bezieht sich Besser darauf, daß Canitz an der Beerdigung von Bessers Frau teilgenommen hatte.

Friedrich Rudolf Ludwig von Canitz

Klag-Ode über den Tod seiner ersten Gemahlin Dorothea Emerentia von Arnim (1695)

1.
Soll ich meine Doris missen?
Hat sie mir der Tod entrissen?
Oder bringt die Phantasei
Mir vielleicht ein Schrecken bei?
Lebt sie? Nein, sie ist verschwunden,
Meine Doris deckt ein Grab.
Schneid, Verhängnis, meinen Stunden
Ungesäumt den Faden ab!

2.
Sollt ich dich noch überleben!
Der ich mehr als mir ergeben,
Die ich in mein Herz gedrückt;
Dich, die du mich so beglückt
Daß die Welt mit Kron und Reichen
Mich zu keinem Neid gebracht,
Weil ich sie, dir zu vergleichen,
Niemals groß genug geacht?

4.
Was für Wellen und für Flammen
Schlagen über mich zusammen!
Unaussprechlicher Verlust,
Wie beklemmst du meine Brust!
Und wie kömmt's? Da ich mich kränke,
Werd ich gleichsam wie ergötzt,
Wenn ich nur an die gedenke,
Die mich in dies Leid gesetzt.

Friedrich Rudolf Ludwig von Canitz

Abend-Lied

1.
Es ist, o Mensch, heut abermal
Ein Tag von deiner Jahre Zahl
Verflogen und in Nichts verwandelt:
Du näherst dich zu deiner Gruft,
und zu der Stimme, die dir ruft:
Tu Rechnung, wie du hast gehandelt!

2.
Wer aber gibt dir Sicherheit,
Daß morgen noch, um diese Zeit,
Du dieses Leben wirst genießen?
GOTT kennt und ordnet, was geschieht,
Vielleicht ist man alsdann bemüht,
Dich in vier Bretter einzuschließen.

3.
Die Zeit rückt unvermerkt heran,
In der dein Nachbar sagen kann
Von dir: Auch dieser ist verschieden.
Weil du nun nicht die Stunde weißt,
Wohlan, so rüste deinen Geist,
Daß er hinfahren mag in Frieden.

Canitz (1654-1699) stand als Diplomat im Dienst des Kurfürsten von Brandenburg. 1681 hatte er seine erste Frau geheiratet, die 1695 starb. Seine Gedichte erschienen gesammelt erst 1700 unter dem Titel »Neben-Stunden unterschiedener Gedichte«.
Aus der »Klag-Ode« veröffentlichen wir drei von 27 Strophen, aus dem »Abend-Lied« drei von 15.

Martin Heinsius

Ach nimm mich auf mit allen Gnaden

Ach nimm mich auf mit allen Gnaden
Wie meiner Liebsten auch geschach.
Getrew ist, der Mich hat geladen,
Der wird woll fodern meine sach,
Vnd mich zu seinem lob und Preiß
Verhelfen in das Paradeiß.

Martin Heinsius

Das schriftstellerische Werk des evangelischen Geistlichen Martin Heinsius (1611–1667) besteht vor allem aus Leichenpredigten und theologischen Abhandlungen. 1642 wurde er Stiftspfarrer am Dom in Brandenburg/Havel, 1645 Pfarrer an der Marienkirche Frankfurt/Oder. Auf dem Titelblatt einer Leichenpredigt von 1656 wird er als »Pfarrer an der Ober Kirche in Frankfurt«, 1651 und 1658 als »Pastor und Inspector« in Frankfurt bezeichnet. Den Anlaß für die obenstehenden Verse war der Verlust seiner Frau, die nach nur einjähriger Ehe verstarb.

Johann Christian Günther

An seine Magdalis

Mein Kind, ich bin der Huld nicht wert,
Die mir von deiner Hand so häufig widerfährt.
Drum zürne nicht, wenn ich
Mich in dies seltne Glücke
Nicht, wie ich sollte, schicke,
Und glaube sicherlich:
Würdiget dein Gnadenstrahl
Meine Lippen noch einmal,
Deinen schönen Mund zu küssen,
So werd ich fürchten müssen,
Daß nicht die Wollust dieser Zeit
Durch ihre Süßigkeit
Mir die Lust zum Himmel raube
Und ich der Gegenwart mehr als der Zukunft glaube.

Johann Christian Günther (1695–1723) stammt aus Striegau (heute Strzegom/Polen). Er studierte in Frankfurt/Oder, Wittenberg und Jena. Das hier abgedruckte Gedicht entstand in Frankfurt/Oder. Günther trug sich am 11. November 1715 als Medizinstudent in die Matrikel der Universität Frankfurt ein. Hinter dem Namen Magdalis verbirgt sich die 1689 geborene Magdalena Eleonora Jochmann, die Tochter des Schweidnitzer Stadtarztes Georg Jochmann. In vielen Gedichten Günthers wird sie Leonore genannt.
Erste vollständige Ausgabe von Günthers Gedichten: Sammlung von Johann Christian Günthers, aus Schlesien, bis anhero edierten deutschen und lateinischen Gedichten, wie auch in einer bessern Wahl und Ordnung an das Licht gestellet. Breslau, Leipzig 1735. Die Sammlung wurde von Gottfried Fessel herausgegeben, dessen Name nicht genannt wird.

Üb' immer Treu und Redlichkeit

Friedrich Wilhelm I.

Das Potsdamer Edikt (1685)

Wir, Friedrich Wilhelm, von Gottes Gnaden usw., tun kund und gegen jedermann hiermit zu wissen:

Nachdem die harten Verfolgungen und rigorosen Maßnahmen, mit denen man bisher in dem Königreich Frankreich wider Unsere, der evangelisch-reformierten Religion zugetanen Glaubensgenossen verfahren, viel Familien veranlaßt, ihren Stab zu versetzen und aus demselben Königreich hinweg in andere Lande sich zu begeben, daß Wir daher aus gerechtem Mitleiden, welches Wir mit solchen Unseren wegen des heiligen Evangeliums und dessen reiner Lehre angefochtenen und bedrängten Glaubensgenossen billig haben müssen, bewogen werden, vermittelst dieses von Uns eigenhändig unterschriebenen Ediktes denselben eine sichere und freie Zufluchtsstätte in allen Unseren Ländern und Provinzen in Gnaden anzubieten und ihnen daneben kundzutun, was für Gerechtigkeiten, Freiheiten und Prärogativen Wir ihnen zuzugestehen gnädigst gesonnen sind, um dadurch die große Not und Trübsal, womit es dem Allerhöchsten nach seinem allein weisen, unerforschlichen Rat gefallen hat, einen so ansehnlichen Teil seiner Kirche heimzusuchen, auf einige Weise zu erleichtern und erträglicher zu machen.

3.
Weil Unsere Länder nicht allein mit allen zu des Lebens Unterhalt erforderlichen Notwendigkeiten wohl und reichlich versehen, besonders auch zur Etablierung allerhand Manufakturen, Handels und Wandels zu Wasser und zu Land sehr bequem ist, also stellen Wir denen, die darin sich werden setzen wollen, vor allen Dingen frei, denjenigen Ort, welchen sie in Unserem Herzogtum Kleve, den Grafschaften der Mark und Ravensberg, Fürstentümern Halberstadt und Minden oder auch in dem Herzogtum Magdeburg, Kurmark Brandenburg und Herzogtumern Pommern und Preußen zu ihrer Profession und Lebensart am bequemsten finden werden, zu erwählen. Und gleichwie Wir dafür halten, daß in gedachter Unserer Kurmark Brandenburg die Städte Stendal, Werben, Rathenow, Brandenburg und Frankfurt und in dem Herzogtum Magdeburg die Städte Magdeburg, Halle und Kalbe wie auch in Preußen die Stadt Königsberg sowohl deshalb, weil daselbst sehr wohlfeil zu leben, als auch wegen der allda sich befindenden Leichtigkeit zur Nahrung und Gewerk für sie am bequemsten sein werden, also haben Wir die Anstalten machen lassen, befehlen auch hiermit und kraft dieses, sobald einige von den erwähnten evangelisch-reformierten französischen Leuten daselbst ankommen werden, daß alsdann dieselben wohl aufgenommen, und zu allem dem, so zu ihrem Etablissement nötig, ihnen nach aller Möglichkeit verholfen werden soll […].

5.
Sofern in den Städten, Flecken und Dörfern, wo mehr gedachte Leute von der Religion sich niederlassen und ihre Wohnung aufschlagen werden, einige verfallene, wüste und ruinierte Häuser vorhanden sind, deren Besitzer nicht des Vermögens waren, dieselben wieder aufzurichten und in guten baulichen Zustand zu setzen, so wollen Wir dieselben gedachten Unseren französischen Glaubensgenossen für sie, ihre Erben und Erbeserben als Eigentum anweisen und geben, dabei auch dahin sehen lassen, daß die vorigen Besitzer wegen des Wertes sotaner Häuser befriedigt werden und dieselben von allen Lasten, Hypotheken, Kontributionsnöten und anderen dergleichen Schulden, welche vorhin darauf gehaftet, gänzlich befreit und frei gemacht werden sollen. Dergestalt Wir ihnen denn auch Holz, Kalk und andere Materialien, deren sie zur Reparierung dergleichen wüster Häuser benötigen, unentgeltlich anschaffen lassen und ihnen eine sechsjährige Freiheit von allen Auflagen, Einquartierung und anderen öffentlichen Lasten [...] verstatten [...].

8.
Diejenigen, welche einige Manufakturen von Tuch, Stoffen, Hüten oder was sonst ihre Profession mit sich bringt, anzurichten willens sind, wollen Wir nicht allein mit allen desfalls verlangten Freiheiten, Privilegien und Begnadigung versehen, sondern auch dahin bedacht sein und die Anstalt machen, daß ihnen auch mit Geld und anderen Notwendigkeiten, deren sie zur Fortsetzung ihres Vorhabens bedürfen werden, soviel als möglich, beigestanden und an die Hand gegangen werden soll.

11.
In einer jeden Stadt wollen Wir gedachten Unseren französischen Glaubensgenossen einen besonderen Prediger halten, auch einen bequemen Ort anweisen lassen, woselbst die Ausübung der reformierten Religion in französischer Sprache und der Gottesdienst mit eben den Gebräuchen und Zeremonien gehalten werden soll, wie es bisher bei den evangelisch-reformierten Kirchen in Frankreich gebräuchlich gewesen ist.

14.
In allen und jeden Unseren Landen und Provinzen wollen Wir gewisse Kommissare bestellen lassen, zu welchen die oft gedachten französischen Leute sowohl bei ihrer Ankunft als auch nachgehends ihre Zuflucht nehmen und bei denselben Rat und Beistand sich holen sollen [...].
Urkundlich haben Wir dieses Edikt eigenhändig unterschrieben und mit Unserem Gnadensiegel bedrucken lassen.
So geschehen zu Potsdam den 29. Oktober (8. Nov.) 1685.

Infolge des Potsdamer Edikts wanderten bis 1700 etwa 10 000 der seit der Aufhebung des Edikts von Nantes in ihrer Heimat verfolgten Hugenotten in die Mark Brandenburg ein. Sie siedelten sich vor allem in Berlin und der Uckermark an. In Berlin machten die Hugenotten um 1700 etwa ein Fünftel der Bevölkerung aus.

Jochen Klepper

Der Vater

Die Furcht vor »Dem König von Preußen«, der die Generationen des Geschlechtes überdauerte und dessen Knecht er lediglich war, teilte Friedrich Wilhelm I. auch seinem ältesten Sohn mit, der dem gleichen Schicksal, wie er selbst es trug, entgegenwuchs. Die Furcht vor jenem unbekannten Herrn verband ihn mit dem Sohn wohl am tiefsten; er wollte Friedrich wappnen gegen solche Forderung und Härte. Aber die eigene Strenge gegen den Sohn, die daraus folgte, stieß seinen Ältesten von ihm. Der Vater war der ewig Warnende, der unablässig Fordernde, Gebietende, die Mutter begegnete ihm als die tagtäglich Schenkende, Lockende, Verheißende. Der Vater vereidigte seinen Ältesten auf die Instruktion eines preußischen Militärs und Beamten; die Mutter steckte ihm den schönen Roman zu, der von der Großen Welt der Könige erzählte.

Sie ahnte nicht, daß diese ihre Große Welt dem lesenden Knaben gar bald sehr eng werden würde und daß neue Gefilde sich vor ihm eröffneten, von deren Weite sie nicht eine ferne Ahnung hatte. Die Mutter gelobte ihm ein glanzvolles Königreich, wo der Vater ihm nur sandverwehte Äcker zu hinterlassen versprach. Der Sohn aber begründete sich selbst eine Welt. Er hatte vor dem stetig Fordernden die Flucht in die Bücher gelernt.

Vom Vater kamen nur Verbote, die schlechthin alles betrafen, was nicht unmittelbar der Vorbereitung auf das Amt des Königs von Preußen zu dienen imstande war. Die drei Erzieher, die beiden Preußenoffiziere und Duhan, der Refugié, Männer von reicher Bildung und ungewöhnlicher Redlichkeit, Kriegsveteranen und Glaubensmärtyrer, konnten die Pläne nicht völlig billigen und die Absichten der Mutter nicht gänzlich verurteilen. Sie wollten ihr Amt nach dem Geist und nicht nach dem Buchstaben erfüllen. Wo nun die beiden Offiziere solchen Konflikt mit der wörtlichen Instruktion des Königs spürten, schreckten sie freilich immer wieder vor der freien Auslegung des Textes zurück. Duhan, der Emigrant, den der König schon in den Laufgräben von Stralsund zum Lehrer des Sohnes erkor, wurde eigentlich aus Zutrauen zur oft erfahrenen Güte des Königs allmählich der heimliche Verbündete des Kronprinzen gegen den Vater. Er hoffte auf wachsende Einsicht sowohl beim Herrscher wie beim Thronfolger. Wozu gab der König schließlich seinem Sohn so gebildete Männer zur Seite? Schon existierte als ihrer beider verborgen gehaltenes Werk eine regelrechte Bibliothek, in fremdem Hause, dreitausend Bände des Englischen, Französischen, Spanischen, Italienischen umfassend. Lehrer und Schüler arbeiteten mit Hingabe an dem Katalog. Kein Buch, das nicht von Friedrichs eigener Hand verzeichnet worden wäre, mit gleicher Inbrunst, wie ein Creutz die Zahlen eintrug. Das Verzeichnis umschloß die Literatur der alten und der neuen Welt, des Himmels, der Erde und der Hölle, aber nur einen einzigen kurzen Abriß der brandenburgischen Geschichte in französischer Sprache.

In einem abgelegenen Hause zwischen der Königswohnung und den Räumen des Generaldirektoriums und Schloß Monbijou war ein neuer Kosmos erstanden. Vater und Mutter, beide lenkten sie den Sohn auf das Große, und in beider Munde war das Große zweierlei und sehr verschieden. Der Prinz, sehr schmal, sehr klug, sehr erregbar, glaubte sich dem wahrhaft Großen, das jenseits aller Deutungsmöglichkeiten und Unterschiede ist, auf beglückend naher Spur.

Vor Friedrichs jungem Geist entrollte sich ein ungeheurer Horizont, an dem Deutschland nur einen kleinen Platz einnahm und Brandenburg fast ganz verschwand. Sein Sinnen und Trachten war nur noch darauf gerichtet, die Vorbildung zu erlangen, um alle seine Bücher wirklich verstehen zu können. Der vom Vater eingeteilte Tag reichte nicht aus. Aber auch Friedrichs Nächte waren auf königliches Geheiß streng bewacht. Schliefen die Hüter, dann schlich sich der Prinz aus dem Bett; er warf sich einen der seidenen Schlafröcke über, wie die Mutter sie ihm schickte. Den Schein der Kerze suchte er ängstlich zu verbergen. Nirgends war Schutz als in der tiefen Wölbung des Kamins. Dort hockte dann der Knabe stundenlang mit seinem Buche.

In den flüchtigen Gesprächen des Tages meinte mitunter die älteste Schwester, das Wissen müsse ihm wohl über Nacht zugeflogen sein, von so viel Neuem war der Bruder jedesmal erfüllt. Das also war aus dem geworden, der als kleiner Knabe, statt zu spielen, zu den Füßen ihres eigenen Lehrers hockte, wenn der unendlich dicke und weise La Croze ihr Unterricht gab –; La Croze, jene wandelnde Bibliothek, jenes Magazin der wissenschaftlichen Kuriositäten; La Croze, der aus dem Stegreif zwölf Verse Leibnizens in zwölf verschiedenen Sprachen zitierte, nachdem er sie ein einziges Mal hörte. Das waren die Zauberkunststücke gewesen, mit denen man Wilhelmines Brüderchen begeisterte –. Nun waren Himmel, Erde und Hölle von ihm durchstreift. Das ganze All lag vor den Königskindern offen, und der begeisterte Blick konnte ungehemmt schweifen. Die Weißbegier war weltumspannend, und eine ungeheure Belesenheit – denn Bände aus Friedrichs heimlicher Bibliothek fanden gar nicht so selten den Weg in Wilhelmines Appartement – gab den Geschwistern gar die Illusion, daß sie bald alles Wissenswerte wüßten. Sie lebten in einem geistigen Festrausch, wie er über die ganze gebildete Welt hereinzubrechen schien und wie die Erde ihn vielleicht auch nie mehr sehen sollte.

Ungeklärt bliebt nur die nächstliegende Frage, wie das Loch im kronprinzlichen Etat, verschuldet durch die Bücherkäufe, zugestopft oder auch nur verschleiert werden könne.

So ganz allgemein, wohl im Hinblick auf ihre Revenuen, hatte man zwar vor Mama ein ganz klein wenig von den finanziellen Sorgen angedeutet. Aber die Königin, so glänzend ihr Vermögen auch vom Gatten angelegt war, erklärte sich ganz außerstande, einzuspringen. Sie müsse doch Monbijou noch viel prächtiger ausgestalten. Es gebe ja sonst am Hofe keine einzige Stätte würdiger Repräsentation, wenn nun vielleicht viel häufiger als bisher Besuch aus England kommen würde. –

Durch die Kreise ihrer Damen machte Königin Sophie Dorothea bekannt, daß man in London den preußischen Thronfolger als eine aufgehende Sonne, das war das Modewort an den Höfen, betrachte. Niemand, der am Aufstieg ihres Sohnes tätigen Anteil nehme, werde je von England sein Lohn vorenthalten werden. »Je vous en ferai la cascade«, schloß die Königin mit dem zweiten Modewort und glaubte mit dieser allgemeinen Redensart, die lediglich Erörterungen verhieß, hinlängliche Garantien gegeben zu haben. Daraufhin begann man wirklich da und dort auf jene größere Zukunft Preußens zu spekulieren und bot dem Kronprinzen Geld an.

Noch ehe er sechzehn Jahre alt wurde und konfirmiert war, galt Kronprinz Friedrich als tief verschuldet, und Mama schien ganz entzückt davon, daß er sich nun einmal genau wie sie und ihr Vater und ihr Bruder durchaus nicht an beschränkte Verhältnisse gewöhnen konnte. Es war so nebensächlich, ob er Schulden hatte. Die englische Mitgift würde in diesem Falle einmal eine ganze Sturmflut für ein kleines, heißes Steinchen sein.

Der Prinz verzehrte sich im Lesen. Das nächste Buch und nicht die nächste Rechnung bedrängte ihn. Die Nächte in dem riesigen, zugigen Kamin taten das Ihre. Der Prinz war sehr krank.

Der König, der ihn um des unbewältigten Pensums willen von sich fernhielt, erkundigte sich erregt nach dem Gewichtsverlust. Er sandte ihm seinen englischen Koch und gab auch diesem noch genaueste Anweisungen. Mittags riet er eine Suppe von zwei Pfund Fleisch an, ein Frikassee oder Fisch und Braten. So auch abends. Er wartete gespannt auf die Wirkung seiner kräftigen Brühe.

Inzwischen, bis Meldung kam, bereitete er in einem Brief den Dessauer, den söhnereichen Vater, auf das vor, was er entsetzlich drohend nach dem Knabensterben seines Hauses vor sich sah: »Mein ältester Sohn ist sehr krank und wie eine Abzehrung, isset nits ich halte Ihn kaput wo es sich in kurtzen nit enderdt den ich so viell exempels habe. Sie können sich einbilden, wie mir zumute dazu ist. Ich will bis Montag abwarten; wo es dann nit besser wird, ein Konsilium aller Doctor halten; denn sie nit sagen könen, wo es ihm sitzet, und er so mager als ein Schatten wird, doch nit hustet. Also Gott sei anbefohlen, dem müssen wir uns alle unterwerfen. Aber indessen gehet es sehr hart, da ich soll itzo von die Früchte genießen, da er anfenget, raisonnabel zu werden, und müßte ihn in seiner Blüte einbüßen. Enfin, ist es Gottes Wille, der machet Alles recht; er hat es gegeben, er kann es nehmen, auch wiedergeben. Sein Will gescheh im Himmel als auf Erden. Ich wünsche Eurer Liebden von Herzen, daß Sie der liebe Gott möge vor alle Unglücke und solche Chagrin bewahren. Wenn die Kinder gesund sein, dann weiß man nit, daß man sie lieb hat ...«

Friedrichs Konfirmation konnte jedoch zum vorgesehenen Zeitpunkt stattfinden. Allerdings mußte in letzter Zeit noch ein besonderer geistlicher Lehrer den Erziehern beigegeben werden. Die Glaubenslehre saß gar nicht recht fest. Vom Religionsunterricht hatte er laut Gouverneursgutachten seit acht Monaten nicht viel profitiert. Der Vater schrieb es der Krankheit zu. Er wußte nicht, daß sein Sohn die Nächte, die dem tiefen Knabenschlaf gehören sollten, zu vielen, vielen Stunden unter den Weisen der Antike und unter den Fackelträgern einer neuen Epoche der Vernunft verbrachte.

Die Mutter nahm von dem ganzen Ereignis nur wenig Notiz. Sie sah in ihrem großen Sohn nicht einen Konfirmanden. Das war ihr schlechterdings unmöglich. Sie vermochte in dem Kronprinzen von Preußen einzig und allein den aussichtsreichsten Bräutigam Europas zu erblicken. Um der englischen Besuche willen, begann sie sich allmählich sogar auch für die Bauten des Gatten zu interessieren. Sie hoffte, einigen Einfluß nehmen zu können, damit ihre beiden ältesten Kinder und sie vielleicht in der neuen Residenz doch einen nicht gar zu unwürdigen Rahmen erhielten.

In allem war Potsdam das Bild: für Kampf und Wachstum des Landes, für Hoffnung und Verzicht, für Wille und Gebiet des Königs.

Den ersten Ring von Mauern, den er um seine neue Stadt gezogen hatte – weit und fern, um ihm das Maß seines Glaubens zu geben –, hatte König Friedrich Wilhelm wieder niederlegen lassen. Die Menschen fragten sich, was es bedeute; wo wollte der König denn hin?! Im Süden, im Osten ragte die Stadt schon bis dicht an die Ufer der Havel; im Westen geboten die Wälder, für die Jagd und das Bauholz der Zukunft bestimmt, solchem Vordringen ein Halt; im Norden lag dicht vor der Mauer der träge Sumpf des Faulen Sees.

Sie bestürmten den König, die Wälder vorerst nicht weiter schlagen zu lassen. Der Herr sprach auch vernünftig und einsichtsvoll: »Diese Wälder müssen noch bleiben.«

Dann ritt er durch die Trümmer der zerschlagenen Mauer dicht an den Rand des Faulen Sees.

»Ich brauche undurchbrochenes Bauland«, sagte der Herr und deutete weit über den Sumpf hin. »Das ist tot, das ist faul, eine abgestorbene Bucht der großen Seen, die man zuschütten müßte. Dann könnte man bauen!«

Proteste und Eingaben häuften sich; wer sollte denn im Sumpfe wohnen?! Warnungen und Ratschläge gingen ein. In einer nahezu schon kühnen Weise wurde der Plan des Königs abgetan. Er aber wollte das Faule, das Träge, das Tote vernichten, und aus dem drohenden Sumpf sollte ihn der blühendste und schönste Teil der neuen Stadt erstehen: lichte, große, ja festliche Häuser denn zuvor in einer lieblichen Plantage. Nun durften wieder Gärten sein in Brandenburg. Nun forderte die Vollkommenheit des Bildes das erste, starke Blühen von dem todesschwangeren Grunde. Und solche Forderung stellte er, der die unzähligen Statuen von Sandstein in den Gärten seines Vaters verwittern und zerbröckeln und die Zierteiche verschilfen ließ; er, der für die Erhaltung der aus den Wipfeln geschnittenen Tore und Ehrenpforten nicht sorgte und nicht danach fragte, daß die prächtigen, für die Gartenwagen hoch aufgeschütteten Dammwege vergingen.

Aber nun erweckte es sogar den Anschein, als wolle der Herr sich endlich doch ein eigenes Lustschloß bauen. Den Bauplatz suchend, ritt er durch den Wald. Er ritt im Kreise quer über die vierzehn Alleen alten kurfürstlichen Jagdgrundes. Weit ging sein Blick in die Tiefe der Waldwege, haftete auf einer Eiche inmitten der Kiefern, suchte die leichtfüßige Flucht eines Rehes zu verfolgen und betrachtete den rauschenden Lauf eines Hirsches in Ästen und Laub mit wachsender Jagdlust. Der Herr zog den Kreis von Allee zu Allee immer enger und enger. Hier, wo sie alle sich kreuzten als ein Stern im tiefen Walde; hier, wo die Sonne aus den schwarzen Kiefernwipfeln brach, sollte das einzige Schlößchen stehen, das er sich als Heger und Weidmann zu gönnen gedachte.

Als es dastand, ein holländisches Häuschen mit einer Muschel im Giebel als einzigem Schmuck, meinten die, welche es besichtigen kamen, es sei die Bauhütte, und nun beginne der Schloßbau.

Aber nun bebaute der Herr schon den Sumpf. Er ließ den Saum der Wälder schlagen, die er durchritten hatte; und die Kiefern, eben erst zum Schlage reif geworden, wurden Pfahl um Pfahl in das Sumpfland gerammt, kaum daß in den tiefgezogenen Gräben das träge, stinkende Gewässer versickert war. Bis zum Dunkelwerden hatte der König dabeigestanden, wie sie die letzten Pfähle noch mit Weidenseilen aneinanderkoppelten, kreuz und quer und längs und breit. Schon fand der Blick eine ebene Fläche. Schon war ein sichtbarer Anfang.

Um die Morgendämmerung brachen in dem aufgewühlten Grunde unterirdische Strömungen hervor, hoben das Pfahlwerk brodelnd empor, zerweichten das Weidengeflecht und quollen in Blasen und kleinen Sturzbächen zur Oberfläche.

Früh, als die ersten Arbeiter kamen, sahen sie, wie sich die untersten Spitzen der Pfähle in langsamer und unaufhaltsam starker Drehung nach oben kehrten. Schreiend liefen sie vor die Fenster des Königs. Der sprang aus dem Bett und aufs Pferd, nicht einmal vollständig angekleidet. Er hielt nicht an, als er die wogenden und treibenden Pfähle erblickte; er stieg nicht ab, als er das dumpfe Poltern und unablässige Rauschen und Glucksen hörte; bis hinunter ans überschwemmende Ufer trabte er und ließ sich nicht rufen und halten, als gelte es einer verlorenen Schlacht im äußersten Wagnis die Wendung zu gebe. Sein Reitknecht folgte ihm ängstlich. Plötzlich war es, als wollte der König ihn in jäher, harter Kehrtwendung zurückstoßen, als müsse er ihn vor einem Unheil bewahren. Da versanken sie beide. »Mein Pferd ist stark«, schrie der König, »rettet den Jungen!« Mächtig arbeiteten die Pferde. Das des Reitknechts schluckte schwer am Schlamm und hielt nur noch den hoch emporgerissenen Kopf aus dem Sumpf. Der König hörte dicht an seiner Seite das Gurgeln, als das Lehmwasser über dem Reitknechtspferd zusammenschlug. Den Jungen zogen sie mühsam an Stangen heraus; den Schimmel des Königs, der sich schon zu festerem Grunde durchgestapft hatte, zerrten sie, zu vielen in den Sattel und die Riemen greifend, vorwärts. Den König hoben sie durchnäßt und schlammbedeckt herab. Sie schickten Boten nach Wagen, Tüchern und Mantel. Der König war nur mit dem jungen Reitknecht befaßt; er blickte gar niemand an, wich den besorgten Fragen aus und überhörte all das laute Preisen seiner Rettung. Sichtlich war etwas von Befangenheit in seinem ganzen Verhalten, spürbar selbst dann, als er sich abtrocknen ließ, den Mantel umnahm und den Wagen bestieg.

Zum Exerzieren erschien er wie immer. Bei Tische wurde übermäßig viel von dem Unglück und dem Unfall des Königs geredet; er selber war schweigsam. Den ganzen Tag über pilgerte man zu der Stätte des großen Begebnisses hinaus. Die Gegner des Königs oder zum mindestens seines Faulen-See-Projektes triumphierten. Creutz sah endlich wieder solchem Verschwenden ein Ende gesetzt. Beinahe fragte man den König gar nicht erst, wie er nun von der ganzen Sache denke. So sicher war man sich seines Verzichtes.

Die Woche ging mit den Aufräumungsarbeiten hin. Am nächsten Montag waren alle Bauarbeiter zur gewohnten Stunde wieder an den Faulen See bestellt. Auch der König erschien.

»Das Ganze von neuem beginnen«, sagte der Herr, und abermals verschwanden große Kiefernwaldungen als Pfahlroste für die neuen Häuser im Sumpf.

Gleichzeitig gab der König den Befehl, zur Rechen und Linken des Schlosses, an der Havel und an seinem neuen Kanal, eine Kirche zu errichten, als seien die Kirchen als die Grenzpfähle gedacht, mit denen er die Stadt abstach, und als wollte er dadurch die Menschen lehren, daß das, was er am Sumpf begann und auf sich nahm, nicht Trotz war, sondern Glaube.

Jochen Klepper (1903–1942) entwarf mit seinem 1937 veröffentlichten Roman »Der Vater« das Bild eines Herrschers, der aus christlicher Verantwortung handelt und moralisch integer bleibt. Daß diese idealisierte Sicht des Soldatenkönigs ein Gegenentwurf gegen den Führerkult der Faschisten war, wurde von deren Gegnern und Parteigängern sofort verstanden.

Ewald Christian von Kleist

Der gelähmte Kranich

Eine Fabel

Der Herbst entlaubte schon den bunten Hayn,
Und streut aus kalter Luft Reif auf die Flur,
Als am Gestad ein Heer von Kranichen
Zusammen kam, um in ein wirthbar Land,
Jenseits des Meers, zu ziehn. Ein Kranich, den
Des Jägers Pfeil am Fuß getroffen, saß
Allein, betrübt und stumm, und mehrte nicht
Das wilde Lustgeschrey der Schwärmenden,
Und war der laute Spott der frohen Schar.

Ich bin durch meine Schuld nicht lahm, dacht er
In sich gekehrt, ich half so viel als ihr,
Zum Wohl von unserm Staat. Mich trift mit Recht
Spott und Verachtung nicht. Nur ach! wie wirds
Mir auf der Reis ergehn! Mir, dem der Schmertz
Muth und Vermögen raubt zum weiten Flug!

Ewald von Kleist

Ich Unglückseeliger, das Waßer wird
Bald mein gewißes Grab! – Warum erschoß
Der Grausame mich nicht! – Indeßen weht
Gewogner Wind vom Land ins Meer. Die Schaar
Beginnt, geordnet, jezt die Reis, und eilt
Mit schnellen Flügeln fort und schreyt für Lust.
Der Kranke nur blieb weit zurück und ruht
Auf Lotos Blättern oft, womit die See
Bestreuet war, und seufzt für Gram und Schmerz. –

Nach vielen Ruhn, sah er das beßre Land,
Den gütgern Himmel, der ihn plötzlich heilt.
Die Fürsicht leitet ihn beglückt dahin,
Und vielen Spöttern ward die Fluth zum Grab.

Ihr, die die schwere Hand des Unglücks drückt,
Ihr Redlichen, die ihr mit Harm erfüllt,
Das Leben oft verwünscht, verzaget nicht,
Und wagt die Reise durch das Leben nur!
Jenseits dem Ufer giebts ein beßer Land,
Gefilde voller Lust erwarten euch!

Ewald Christian von Kleist (1715–1759) war mit den wichtigsten Dichtern der deutschen Aufklärung befreundet. Lessing diente er als Urbild für den Major Tellheim in »Minna von Barnhelm«. An der Schlacht bei Kunersdorf nahm er als Major teil. Den dort erlittenen Verwundungen erlag er in Frankfurt (Oder).
Die Fabel »Der gelähmte Kranich« erschien erstmals 1758.

85

(Verfasser umstritten)

Lehninsche Weissagungen

Nun will ich dir, Lehnin! Dein künftig Schicksal sagen,
Das mir der Herr der Welt selbst angezeiget hat.
Denn ob du gleich itzund wie eine Sonne glänzest,
Und ein unsträfliches und heiligs Leben führst,
Auch keinen Mangel spürst an Ruh und Wohlergehen;
So kommt doch eine Zeit, die dich wird anders sehen,
Da du kaum was wirst sein, wo nur nicht gar vergehen.
Das Volck, das dich gebaut, hat allzeit dich geliebet.
Mit diesem fühlst du auch, und bist nicht mehr so lieb.
Nun hebt sich bald drauf an die höchstbetrübte Stunde,
Darinn Ottonis Stamm auch gänzlich geht zu Grunde,
Dieweil kein eintziger Sohn von selbem überbleibt.
Da fällst du nun zuerst, jedoch nicht gar zu Boden.
Indessen wird die Marck viel schwere Drangsal leiden,
Denn Otton's Wohnung nimmt die Brut der Löwen ein,
Da wird der rechte Erb' alsdann verstoßen sein.
Wenn fremde Völcker sich bis nach Corin begeben,
Wird ihren Stolz gar bald der schlaue Kayser heben.
Doch wird ob diesem Schutz die Marck sich wenig freun.
Der königliche Löw' wird wieder abwärts gehen,
Und dieses Land nicht mehr die rechten Herren sehen.
Viel Herrscher machen dann dem Lande große Pein.
Der reiche Adel wird die Bürger unterdrücken,
Und manchen Geistlichen ohn Recht ins Elend schicken.
Es wird gehn, wie es ist zu Christi Zeit gelauffen,
Man wird ohn alle Scheu viel Menschen selbst verkauffen.
Doch daß du liebe Marck nicht ohne Haupt mögst sein,
Wirst durch zwey Burge du zu größern Ehren steigen
Und dich, doch nur zum Schein, zur Ruh und Friede neigen,
Und durch der Wölfe Tod triffst du der Schaafe Hertz,
Diß sag ich: Dieser Stamm wird lang im Flor bekleiden,
Und deines kleinen Staats viel Jahr Beherrscher bleiben,
Bis die erleget sind, die damahls hochgeehrt,
Die Städte wüst gemacht, den Herrn ihr Recht gewehrt
[...]
Ihr Brüder betet nur! vergießt, ihr Mütter, Thränen!
Des Nahmens Deutung treugt von frohem Regiment.
Es ist nicht gutes mehr: eilt alle Bürger fort!

Es ist nun gäntzlich aus, und keine Hoffnung übrig.
Bald knirscht ein Jüngling, da die große Mutter seufzet,
Allein wer kann den Staat, der so verwirrt, verbessern?
Die Fahne greifft er an, doch nur zu seinem Schaden,
Bei kaltem Norden-Wind will der ins Kloster gehen;
Der folget, ahmet nach der Väter schlimmen Sitten,
Den Seinen fehlt die Kraft, dem Volcke Stern und Glück;
Der, dessen Hülff er sucht, hat wider ihn gestritten,
Und kommt durchs Wasser um, da alles er umkehrt.
Der Sohn wird blüh'n, und das, was er nicht hofft, erlangen,
Doch hat ein traurig Volck alsdann bethränte Wangen.
Denn nun kommt, wie es scheint, ein seltnes Glücks-Gesicht;
Das Wachsthum seiner Macht weiß selbst der Fürste nicht.
Zuletzt den Scepter trägt der letzte von dem Stamm.
Israel wagt eine That, die kaum des Todes würdig.
Der Hirt nimmt auf die Schaaf, und Deutschland ihn zum König.
Die Marck vergißt durchaus, was übels vor geschehen;
Sie nährt die Ihrgen selbst, mag keinen Fremden sehn.
Lehnin und Corin wird von neuem aufgebaut:
Es kommt die Clerisey zu ihren alten Ehren,
Auch stellt der Wolf nicht mehr dem edlen Schaaf-Stall nach.

Die sogenannte Lehninsche Weissagung, ein Langgedicht in lateinischer Sprache in 100 leonischen Versen, wurde als Werk eines im 13. /14. Jahrhundert in der Zisterzienserabtei Lehnin lebenden »Mönchs Hermann« ausgegeben, ist tatsächlich jedoch eine politisch motivierte Fälschung, die zum Ziel hatte, den Einfluß der katholischen Kirche in dem nach dem Tod des Großen Kurfürsten politisch geschwächte Brandenburg wieder stärker zur Geltung zu bringen. Vorausgesagt wird darin der Sieg des Papismus in Deutschland, der Untergang des Hohenzollern-Hauses und die Unterwerfung des Landes unter einen katholischen Monarchen. Die Lehninsche Weissagung wurden zuerst 1708 in der Berliner Monatsschrift »Curieuse Natur-Kunst-Staats- und Sitten-Präsente« erwähnt und im Juli 1723 in der Zeitschrift »Galahrtes Preußen« erstmals (teil-)abgedruckt. Eine philologische Untersuchung des Textes brachte Erkenntnisse über die Quellen der Weissagungen (Werke von A. Angelus und Johann Wolfgang Rentsch) und den wahrscheinlichen Entstehungszeitpunkt (um 1690) zutage, konnte jedoch keinen sicheren Aufschluß über die Person des Verfassers geben. In den Verdacht der Autorenschaft kamen u.a. Andreas Fromm, Martin Friedrich Seidel, Nikolaus von Zitzewitz, Christoph Heinrich Oelven und Friedrich Wolff.

(*Haude-Spenersche Zeitung*)

Zum Regierungsantritt Friedrich des Großen

Berlin, vom 12. Julii. [...] Niemals hat ein Prinz mit grössern Vorzügen den Thron bestiegen als unser Monarch, und ein jeder anderer Platz würde seinem Geiste zu klein seyn. Wir entfernen uns bey Ihm von aller Schmeichely, welche die wahren Eigenschaften der Fürsten nur verstellen kann. Was haben wir es nöthig, von einem Prinzen einen falschen Abriß zu machen, der uns keinen Fehler zeigt, den wir zu beschönen Ursache haben. Wahrheit und Freyheit sind die Kennzeichen dieses Blattes, beyde sollen ihren Vorzug beständig darinn behaupten, und die Nachrichten, welche wir hier von unserem Könige geben, müssen künftig als unentbehrliche Stücke der Geschichte seines glorwürdigen Lebens einverleibet werden. Schmeichely und Niedertrachtigkeit schicken sich nicht für die Grösse Seiner Regierung, und für die Glückseligkeit unserer Tage ... Den Wissenschaften und Künsten, den Stützen und dem Ruhme eines Volckes, ist hier ein Schicksal bestimmt, welches seine Folgen in gantz Europa ausbreiten wird. Unser Vater will nichts als die Glückseligkeit seiner Völcker, und Tugend, Verdienste und Wahrheit werden hier eine ungestöhrte Freystatt antreffen.

In der sechsten Nummer seiner gerade gegründeten »Berlinischen Nachrichten von Staats- und gelehrten Sachen« läßt der Buchdrucker und Verleger Ambrosius Haude (1690–1748) 1740 den Regierungsantritt Friedrichs II. als den Beginn einer neuen Epoche ankündigen. Friedrich hatte sich in seiner Zeit als Kronprinz eine umfangreiche Bibliothek angelegt, die er vor den Augen des sparsamen Vaters in den Geschäftsräumen Haudes versteckt hielt. Nach seinem Fluchtversuch wurde die Bibliothek entdeckt und in Amsterdam versteigert. Das späterhin nach ihrem Gründer sowie nach dem späteren Herausgeber Johann Carl Spener »Haude-Spenersche Zeitung« genannte Blatt trat in Konkurrenz zu der 1721 unter königlicher Gunst gegründeten »Berlinischen privilegierten Zeitung« (nach ihrem Herausgeber Christian Friedrich Voss kurz »Vossische« genannt). Beide Zeitungen führten den Preußenadler im Titel.

Leopold von Ranke

Friedrich der Große

Friedrich II., König von Preußen, ist am 24. Januar 1712 im Schlosse zu Berlin geboren worden. Seine Geburt wurde von seinem Großvater Friedrich I., welcher sich hauptsächlich darin glücklich fühlte, daß er dem Hause Brandenburg die königliche Würde verschafft hatte, mit Freude begrüßt, weil ihm in dem Sohne seines einzigen Sohnes ein fernerer Erbe der neuen Krone geboren war. Nur in der Familie aber ward dies eigentlich beachtet; denn die Krone war noch schwach und nach allen Seiten hin abhängig. – Als Friedrich II. am 17. August 1786 in Sanssouci starb, hatten Europa und Amerika ihre Augen auf diesen Platz geheftet; ein Staat war geschaffen, welcher der königlichen Würde allgemeine Bedeutung gab. Friedrich II. hatte sich einen Ruhm erworben, der die Welt erfüllte. Manchem Fürsten ist der Name des Großen nur bei seinen Lebzeiten beigelegt, dann aber wieder weggelassen worden; Friedrich II. hat denselben bei der Nachwelt behauptet.

Friedrich II. hat in seiner Jugend sehnlich gewünscht, sich mit einer englischen Prinzessin zu vermählen, andere dachten ihm die Erbtochter von Österreich, noch andere die Thronfolgerin von Rußland zu. Aber Friedrichs Bestimmung war es, in der Mitte dieser Potenzen, im Kampfe besonders mit den beiden Kaiserinnen von Rußland und von Österreich eine selbständige Macht zu gründen.

Die Mittel dazu lieferte ihm sein strenger Vater, Friedrich Wilhelm I., der die preußische Armee zwar nicht von Grund aus geschaffen, aber doch in der ihr dann gebliebenen Form eingerichtet und durch den Staatshaushalt, den er einführte, aufrecht zu erhalten verstanden hat.

Friedrich Wilhelm I. sagt in seinem schon achtzehn Jahre vor seinem Tode abgefaßten politischen Testamente, sein Großvater habe das Haus Brandenburg in Aufnahme gebracht, sein Vater demselben die königliche Würde verschafft, er selbst Armee und Land instandgesetzt, an seinem Sohne sei es nun, zu behaupten, was seine Vorfahren erworben, und dasjenige herbeizuschaffen, was ihm von Gott und Rechtswegen gehöre. Für diesen Beruf dachte er den Sohn zu erziehen; er hielt ihn vor allen Dingen von Kindheit auf zu militärischen Übungen an, denn einen Offizier wollte er aus ihm bilden, wie seine besten Offiziere waren, und einen solchen, der einmal die Armee ins Feld führen könne. So sollte er auch in geistigen und geistlichen Dingen sich als Nachkomme und Fortsetzer erweisen; bibelgläubig zwar nach der calvinistischen Auffassung, aber doch in einem der wichtigsten Dogmen nach lutherischer Form; so sollte er sich auch an den kaiserlichen Hof halten, von dem das nächste Unrecht des Hauses, der Erbanspruch an Berg, soeben garantiert worden war. Indes der Sohn, in vielem folgsam und gelehrig, entwickelte doch in der Tiefe eine andere Gesinnung; er war mit vollem Eifer Soldat, aber er hielt es nicht für seine ausschließliche Bestimmung, das zu sein; er suchte sich selbst zu unterrichten und auszubilden, hauptsächlich durch Lektüre französischer Bücher, poetischer namentlich, in deren Nachahmung er sich bereits versuchte. Die Phantasien der Jugend zogen ihn mehr nach St. James als nach der Hofburg in Wien, zwei politischen Mittelpunkten, die eben in den heftigsten Gegensatz gerieten. Während der König zu Österreich, dem Kaiser hielt, war sein Sohn wie der Hof überhaupt mehr eingenommen für England, wie denn seine Mutter Sophia Dorothea eine hannoverisch-englische Prinzessin war. Die Differenzierung aber zwischen dem aufbrausenden unnachsichtigen Vater, der seine Familie und sein Land ganz nach seinem Sinne zu lenken wünschte, und dem Prinzen, der seinem eigenen Genius folgte und abweichende Gesichtspunkte ins Auge faßte, brachte eine Krisis hervor, welche einen funesten Ausgang zu nehmen drohte. Ungeduldig über den Druck, der ihm auferlegt wurde, und zugleich in seinem Ehrgefühl beleidigt, faßte der Sohn den Entschluß, den Vater zu verlassen. Es war auf einer Reise, welche König Friedrich Wilhelm I., eigentlich im Interesse des Kaisers, nach Oberdeutschland unternahm, im Juli 1730, daß der Prinz sich Pferde verschaffte, um aus dem Nachtlager das in dem Dorfe Steinfurt bei Mannheim genommen wurde, davonzureiten, noch ehe der Vater aufbrach. Allein er war viel zu gut überwacht, als daß er das hätte ausführen können; das Vorhaben aber wurde ruchbar, weil der Page, der die Pferde herbeigeführt, Reue fühlte und dem Könige kurz darauf alles entdeckte. Friedrich Wilhelm I., der darin eine Handlung politischer Widersetzlichkeit und zugleich ein Verbrechen gegen die militärische Disziplin erblickte, geriet in die heftigste Aufwallung und ließ seinen eigenen Sohn vor ein Kriegsgericht stellen. So weit ist es nicht gekommen, was man oft gesagt hat: der König habe seinen Sohn hinrichten lassen wollen und sei nur durch die Dazwischenkunft des Kaisers und anderer befreundeter Fürsten davon abgehalten worden.

Das Kriegsgericht fand in der Handlung nicht einmal eine Desertion, da das Vorhaben nicht zur Ausführung gekommen war; in die Streitigkeiten zwischen Vater und Sohn sich einzulassen, vermied es, weil das den Mitgliedern als Untertanen nicht zukommen würde; es findet sich nicht, daß der König etwas dagegen eingewendet hätte, und Friedrich war viel zu besonnen, als daß er ein Wort sich hätte entschlüpfen lasen, was auf die politischen Verhältnisse Bezug gehabt hätte. Ganz anders aber sah der König das Verhalten eines früheren Vertrauten des Kronprinzen, Katte, an, welcher um das Vorhaben wußte und für das Gelingen desselben außerordentliche Vorbereitungen getroffen hatte; er gab ihm das Verbrechen der beleidigten Majestät schuld und ließ sich nicht abhalten, ihn dafür zum Tode zu verurteilen. Welch eine Strafe für den Prinzen, daß er gezwungen wurde, aus dem Fenster seines Gefängnisses in Küstrin die Vorbereitungen zur Hinrichtung seines Freundes anzusehen; er fiel in Ohnmacht, ehe sie vollzogen wurde. Aber er selbst fürchtete seinen Tod.

Er sah sich wegen einer geringen Schuld mit dem schwersten Verluste heimgesucht, mit der äußersten Gefahr bedroht; wenn etwas hätte erdacht werden sollen, um einem jungen Menschen den Ernst des Lebens zum Bewußtsein zu bringen, so hätte sich nichts Geeigneteres auffinden lassen. Die Disziplin des Schreckens stählte die Seele Friedrichs, die dadurch doch nicht unterjocht wurde. Er war genötigt, dem Willen des Vaters in jeder Beziehung nachzuleben und sich die Aussöhnung mit

Leopold von Ranke in Syrakus

demselben zu verdienen. Er nahm eine Gemahlin nicht nach seiner Wahl, sondern der des Vaters. Zusammenleben konnten Vater und Sohn seitdem nicht weiter. Der Prinz kommandierte fortan sein Regiment in Ruppin; den militärischen Pflichten kam er mit pünktlichem Gehorsam nach; er macht im Jahr 1734 den kurzen Feldzug der Kaiserlichen unter dem Prinzen Eugen, an dem die Preußen teilnahmen, mit; er gab bei kleinen zufälligen Ereignissen viel persönliche Unerschrockenheit kund. Die Hauptsache war, daß er den berühmten Kriegführer kennenlernte. Dann aber zog er sich auf seinen Landsitz Rheinsberg zurück, um sich mit seiner Musik und seinen Büchern zu beschäftigen; mit den Studien der früheren Jahre machte er nun ernst; sie erhoben ihn über den geistigen Horizont seines Vaters.

Leopold von Ranke (1795–1886) gilt neben Theodor Mommsen als der bedeutendste deutsche Historiker des 19. Jahrhunderts und als Begründer der modernen quellenkritischen Historiographie. Bevor er 1825 eine Professur in Berlin erhielt, war Ranke als Oberlehrer am Gymnasium in Frankfurt (Oder) tätig.

Voltaire

Am königlichen Hof

Als ich in Berlin eintraf, gab mir der König Wohnung in seinem Schloß, wie er es bei meinen vorhergehenden Reisen getan hatte. Er führte in Potsdam das Leben, das er seit seiner Thronbesteigung stets geführt hat, und dieses Leben verdient, daß man auf seine Einzelheiten ein wenig näher eingeht.

Im Sommer pflegte er um fünf Uhr morgens aufzustehen und im Winter um sechs Uhr. Wenn man mich fragen sollte, wie sich die Zeremonien der Morgenaufwartung beim König vollzogen, wer dabei zugegen war und welche Verrichtungen bei diesem Anlaß seinem Großalmosenier, seinem Ersten Kammerherrn, seinem Ersten Kammerjunker und seinen Türhütern zufielen, so würde ich antworten: Es kam lediglich ein Lakai, um beim König Feuer anzumachen, ihn anzukleiden und zu rasieren; überdies kleidete er sich fast ganz allein an. Sein Zimmer war recht hübsch: ein kostbares Geländer aus silbernen, mit sehr gut geschnitzten kleinen Amoretten verzierten Säulen umgab eine Estrade, auf der ein Bett hinter den Vorhängen, die man da sah, zu stehen schien; aber hinter den Vorhängen stand statt eines Bettes, ein Bücherschrank, denn der König schlief auf einem hinter einem Wandschirm verborgenen Feldbett mit dünner Matratze. Marcus Aurelius und Julianus, seine beiden Apostel und die bedeutendsten Männer des Stoizismus, haben nachts nicht härter gelegen als er.

Wenn Seine Majestät angekleidet war und die Stiefel angezogen hatte, widmete der Stoiker einige Augenblicke den Anhängern Epikurs. Er ließ zwei oder drei Günstlinge kommen, Leutnants seines Regiments, Pagen, Heiducken oder junge Kadetten, und nahm mit ihnen den Kaffee. Derjenige, dem er ein Taschentuch zuwarf, blieb ein kleines Viertelstündchen mit ihm allein. In Anbetracht dessen, daß der Fürst zu Lebzeiten seines Vaters bei seinen flüchtigen Liebesabenteuern sehr schlecht gefahren war und nicht weniger schlecht geheilt wurde, kam es dabei nicht zum Alleräußersten. Er konnte nicht die erste Rolle spielen und mußte sich mit der zweiten begnügen.

Wenn diese Schuljungenvergnügen beendet, so kamen die Staatsgeschäfte an die Reihe. Sein Premierminister kam mit einem dicken Aktenbündel unter dem Arm über eine Geheimtreppe. Dieser Premierminister war ein Schreiber, der im zweiten Stockwerk von Fredersdorfs Haus wohnte, dem Haus jenes Soldaten, der Kammerdiener und Günstling geworden war und der einst den König als Gefangenen auf der Festung Küstrin bedient hatte. Die Staatssekretäre übersandten alle ihre Zuschriften dem Schreiber des Königs. Er brachte Auszüge davon mit, und der König ließ in zwei Worten am Rande vermerken, was zu antworten sei. Alle Angelegenheit den Königreichs ließen sich so in einer Stunde erledigen. Selten trugen ihm die Staatssekretäre oder die verantwortlichen Minister etwas vor. Ja es hat sogar welche unter ihnen gegeben, mit denen er nie gesprochen hat. Sein Vater, der König, hatte eine solche

Ordnung im Finanzwesen geschaffen, alles wurde so militärisch ausgeführt, und es herrschte so blinder Gehorsam, daß vierhundert Meilen Land verwaltet wurden wie eine Abtei.

Gegen elf Uhr nahm der König in Stiefeln die Besichtigung seines Garderegiments in seinem Park vor, und zur gleichen Stunde taten alle Obersten in allen Provinzen das gleiche. Zwischen der Parade und der Hauptmahlzeit speisten seine Brüder, Prinzen, die Generäle und ein oder zwei Kammerherren an seiner Tafel; die war so gut bestellt, wie sie es in einer Gegend sein konnte, wo es weder Wildbret noch leidliches Schlachtvieh, noch Masthühner gab und wo man den Weizen aus Magdeburg beziehen mußte.

Nach der Mahlzeit zog er sich in sein Arbeitszimmer zurück und verfaßte Verse bis fünf oder sechs Uhr. Dann kam ein junger Mann namens d'Argent, der Vorleser des Königs und vormals Sekretär bei Valori, dem französischen Gesandten. Um sieben Uhr begann ein kleines Konzert; der König spielte dabei die Flöte ebensogut wie der beste Künstler. Oft trugen die Musizierenden seine eigenen Kompositionen vor, denn es gab keine Kunst, die er nicht betrieb; und bei den Griechen hätte er nicht die Kränkung hinzunehmen brauchen, die Epaminodas einzustecken hatte, als er zugeben mußte, daß er nichts von Musik verstehe.

Das Souper wurde in einem kleinen Saal eingenommen, dessen sonderbarster Schmuck aus einem Bild bestand, zu dem er seinem Maler Pesne, einem unserer besten Koloristen, die Anregung gegeben hatte. Es war ein schönes priapeisches Gemälde. Man sah Frauen umarmende Männer, Nymphen unter Satyrn, Amoretten, die das Spiel des Eukolpios und des Giton spielten, etliche Leute, die beim Anblick dieser Kämpfe vor Wonne vergingen, schnäbelnde Turteltauben, Böcke, die Ziegen und Widder, die Mutterschafe besprangen.

Die Mahlzeiten waren oft nicht weniger philosophisch. Wenn jemand unvermutet dazugekommen wäre, unseren Gesprächen gelauscht und dabei dieses Gemälde gesehen hätte, so würde er geglaubt haben, die Sieben Weisen Griechenlands im Freudenhaus zu hören. An keinem Ort der Welt ist wohl je so frei über allen Aberglauben der Menschen gesprochen und dieser mit mehr Spott und Verachtung abgetan worden. Gott selbst wurde nicht angetastet, aber allen denjenigen, die in seinem Namen die Menschen betrogen hatten, ließ man keine Schonung widerfahren.

Weder Frauen noch Priester betraten jemals das Schloß. Mit einem Wort, Friedrich lebte ohne Hof, ohne Ministerrat und ohne Kult.

François Marie Arouet de Voltaire (1694–1778) lebte seit Juli 1750 am Hof Friedrichs des Großen. Bereits 1736 hatte Kronprinz Friedrich die Korrespondenz mit Voltaire aufgenommen. Voltaire ermutigte den Kronprinzen, den »Antimachiavell« zu schreiben, den Friedrich im Jahr seiner Thronbesteigung anonym drucken ließ. Nach zwei Finanzaffären, die er heraufbeschworen hatte, erfolgte Ende März 1753 unter demütigenden Umständen die Abreise Voltaires aus Potsdam. Der Philosoph revanchierte sich mit einer bissigen Schilderung seines Aufenthaltes am Hof Friedrichs.

Friedrich der Große

An Voltaire (8. September 1751)

Ein Fünklein war es, das entglimmt;
Ein heilig Feuer schien's dem jungen Toren;
Er hielt sich selber hochgestimmt
Für einen Dichter auserkoren.

Der Dichtkunst sklavisch untertan,
Hab' ruhelos ich Reim um Reim gepaart.
Als ich erwacht aus meinem Wahn,
Erkannt' ich, daß cin Irrlicht mich genarrt.
Streng hat mich Vernunft nun aufgeklärt;
Ihr Blick, durchdringend, klar und hehr,
Hat von dem Wahn und Dünkel mich bekehrt.
So laß ich denn dem strahlenden Voltaire
Apollos Reich, das Zepter des Homer.
Kein andrer Wunsch ist mir zu eigen,
Als ihm zu lauschen und zu schweigen.

Friedrich der Große

An Voltaire (9. Juli 1777)

Da sitzt er nun, der alte Mann,
Phlegmatisch, schweigsam, herzenskalt;
Fängt er einmal zu sprechen an,
So gähnt ein jeder Hörer bald;
Statt launiger Rede, die ein Gran
Attischen Salzes leidlich würzte,
In guten Tagen dann und wann
Die Stunden angenehm verkürzte,
Gibt's heute nichts als Politik
Und dunkelste Metaphysik;
So langweilig hört sich das an
Wie irgendein moderner Roman.
Luftsprünge früher, heut' schleicht das an Krücken,
Einst Kraft und Leben, heut' Lumpen und Flicken!
Ach Gott, so ändern sich die Zeiten!
Als wenn der milde Zephyrus
Die Herrschaft in des Luftreichs Weiten
Dem Nordwind überlassen muß.
Nun ist's wie Sterben in der Welt:
So welk und öde liegt das Feld,
Der Baum steht da von Blättern bloß,
Der Garten kahl und blütenlos.
So spürt der Mensch mit leisem Beben
Die Hand der Zeit an seinem Leben.
Die Jugend geht im Irrtum dahin;
Kaum lernt man erkennen, kaum schärft sich der Sinn,
Da kommt die Mühsal, da kommen die Leiden,
Und es dauert nicht lange, da heißt es scheiden.

Emanuel Geibel

Sanssouci

Dies ist der Königspark. Rings Bäume, Blumen, Rasen!
Siehe, wie ins Muschelhorn die Steintritonen blasen!
Die Nymphe spiegelt klar sich in des Beckens Schoß:
Sieh hier der Flora Bild in hoher Rosen Mitten,
Die Laubengänge sieh, so regelrecht geschnitten,
Als wären's Verse Boileaus!

Vorbei am lust'gen Haus voll Vögelstimmen,
Laß uns den Hang empor zu den Terrassen klimmen,
Die der Orange Wuchs umkränzt mit falbem Grün!
Dort oben ragt, wo frisch sich Tann' und Buche mischen,
Das schmucklos heit're Schloß mit breiten Fensternischen,
Darin des Abends Feuer glüh'n.

Dort lehnt ein Mann im Stuhl: sein Haupt ist vorgesunken,
Sein blaues Auge sinnt, und oft in hellen Funken
Entzündet sich's; so sprüht aus dunkler Luft ein Blitz.
Ein dreigespitzter Hut bedeckt der Schläfe Weichen,
Sein Krückstock irrt im Sand und schreibt verworr'ne Zeichen –
Nicht irrst du, das ist König Fritz.

Er sitzt und sinnt und schreibt. Kannst du sein Brüten deuten?
Denkt er an Kunersdorf, an Roßbach oder Leuthen,
An Hochkirchs Nacht, durchglüht von Flammen hundertfach?
Wie dort im roten Qualm gegrollt die Feldkanonen,
Indes die Reiterei mit rasselnden Schwadronen
Der Grenadiere Viereck brach.

Schwebt ein Gesetz ihm vor, mit dem er weis' und milde
Sein schlachterstarktes Volk zu schöner Menschheit bilde,
Ein Friedensgruß, wo jüngst die Kriegespauke scholl?
Ersinnt er einen Reim, der seinen Sieg verkläre,
Oder ein Epigramm, mit dem bei Tisch Voltaire,
Der Schalk, gezüchtigt werden soll?

Vielleicht auch treten ihm die Bilder nah', die alten,
Da er im Mondenlicht in seines Schlafrocks Falten
Die sanfte Flöt' ergriff, des Vaters Ärgernis;

Des treuen Freundes Geist will er heraufbeschwören,
Dem – ach, um ihn! – das Blei aus sieben Feuerröhren
Die kühne Jünglingsbrust zerriß.

Träumt in die Zukunft er? Zeigt ihm den immer vollern,
Den immer kühnern Flug des Aars von Hohenzollern,
Der schon den Doppelaar gebändigt, ein Gesicht?
Gedenkt er, wie dereinst ganz Deutschland hoffend lausche
Und bangend, wenn daher sein schwarzer Fittich rausche? –
O nein, das alles ist es nicht.

Er murrt: »O Schmerz, als Held gesandt sein einem Volke,
Dem nie der Muse Bild erschien auf goldner Wolke!
August sein auf dem Thron, wenn kein Horaz ihm singt!
Was hilft's, vom fremden Schwan die weißen Federn borgen!
Und doch, was bleibt uns sonst? – Erschein', erschein', o Morgen,
Der uns den Götterliebling bringt!«

Er spricht's und ahnet nicht, daß jene Morgenröte
Den Horizont schon küßt, daß schon der junge Goethe
Mit seiner Rechten fast den vollen Kranz berührt,
Er, der das scheue Kind, noch rot von süßem Schrecken,
Die deutsche Poesie, aus welschen Taxushecken
Zum freien Dichterwalde führt.

Emanuel von Geibel (1815–1884) war der erfolgreichste deutsche Lyriker seiner Zeit. Seine 1840 erschienenen »Gedichte« erlebten bis zu seinem Todesjahr 100 Auflagen. Zeitlebens hielt sich Geibel in der Nähe von Regenten auf. Vom preußischen König wurde ihm bereits 1842 eine Ehrenpension ausgesetzt. 1852 folgte er einem Ruf des bayerischen Königs Maximilian II. nach München, kehrte jedoch, nachdem er ein enthusiastisches Gedicht auf den preußischen König Wilhelm veröffentlicht hatte und seine Dotierung in München gestrichen worden war, 1868 in seine Geburtsstadt Lübeck zurück, entschädigt durch den späteren ersten deutschen Kaiser Wilhelm, der ihm einen hohen Ehrensold aussetzte. Das traditionelle, vor allem an Platen geschulte Lyrikverständnis Geibels ließ ihn – in Verbindung mit seinen konservativen politischen Ansichten – zu einem preußischen Vorzeigedichter werden.

Ludwig Hölty

Der alte Landmann an seinen Sohn

1.
Üb' immer Treu und Redlichkeit
Bis an dein kühles Grab,
Und weiche keinen Finger breit
Von Gottes Wegen ab.

2.
Dann wirst du wie auf grünen Au'n,
Durch's Pilgerleben geh'n
Dann kannst du sonder Furcht und Grau'n
Dem Tod ins Antlitz seh'n.

3.
Dann wird die Sichel und der Pflug
In deiner Hand so leicht,
Dann singest du beim Wasserkrug,
Als wär' dir Wein gereicht.

4.
Dem Bösewicht wird alles schwer,
Er tue was er tu,
Ihm gönnt der Tag nicht Freude mehr,
Die Nacht ihm keine Ruh.

5.
Der schöne Frühling lacht ihm nicht,
Ihm lacht kein Ährenfeld,
Er ist auf Lug und Trug erpicht,
Und wünscht sich nichts als Geld.

6.
Der Wind im Hain, das Laub im Baum
Saust ihm Entsetzen zu,
Er findet, nach des Lebens Traum,
Im Grabe keine Ruh.

7.
Drum übe Treu und Redlichkeit
Bis an dein kühles Grab,
Und weiche keinen Finger breit
Von Gottes Wegen ab!

8.
Dann suchen Enkel deine Gruft
Und weinen Tränen drauf,
Und Sonnenblumen, voll von Duft,
Blüh'n aus den Tränen auf.

Das Gedicht Ludwig Höltys (1748–1776) entstand 1776 und wurde von Johann Heinrich Voß im Musenalmanach 1779 veröffentlicht. Dem Text wurde eine Melodie aus Mozarts Oper »Die Zauberflöte« unterlegt; als Lied gewann er weite Verbreitung. Das Glockenspiel der Potsdamer Garnisonskirche spielte diese Melodie von 1797 bis zu ihrer Zerstörung am 14. April 1945 zu jeder halben Stunde. 1987 wurde das Glockenspiel von den Iserlohner Fallschirmjägern wiederaufgebaut und 1991 der Stadt Potsdam übergeben.

Sage

Nowawes

Wie der Ort Nowawes seinen Namen erhielt, darüber berichtet eine scherzhafte Überlieferung. Bekanntlich wurde die Kolonie im Jahre 1751 von Friedrich dem Großen angelegt, um den eingewanderten Webern aus Böhmen und Sachsen ein Heim zu bereiten. Als der Ort in seinen ersten Anfängen fertig war, ging der König mit seinem Baumeister, gefolgt von zahlreichen Bauern, durch die Hauptstraße und sagte zu seinem Begleiter: »Der Ort ist nun fertig, wie werden wir ihn aber nennen?« Noch ehe der Gefragte antworten konnte, rief ein hinter dem König gehender Bauer: »No wer weeß?« Friedrich drehte sich lachend um und sagte: »Guter Vorschlag, wir nennen die Kolonie Nowawes!« Das war die wortgetreue böhmische Übersetzung des Namens Neuendorf, wie das um einige Jahrhunderte ältere, nebenliegende Dorf heißt. Die geschichtliche Überlieferung besagt allerdings, daß der König gleich von vornherein seiner neugegründeten Weberkolonie den böhmischen Namen gegeben habe, ohne den originellen Vorschlag des vorlauten Bauern zu hören.

Friedrich August Ludwig von der Marwitz

Brief an Marie von Clausewitz

Friedersdorf, den 27. Oktober 1804.

Dein Brief vom 12ten, liebe Marie, hat 14 Tage unbeantwortet in meinem Tische gelegen, weil trockne Geschäfte und sogar eine beinahe 8 tägige Reise in denselben, mich abhielten. –

Ich habe Friedrichs des zweiten herrliche Schöpfung jetzt ganz genau kennen lernen, ein Werk, das seinen Namen allein unsterblich machen würde, wenn er es nicht schon wäre, und das ihn auch in meinen Augen weit höher erhebt, als alle seine Schlachten. Den oft reißenden Gewässern der Oder zwei Meilen weit, zum Teil durch 50 Fuß hohe Berge, einen neuen Lauf gegeben, und dadurch einen ehemaligen Sumpf in eine fruchtbare Ebene umgeschaffen, die über 20 000 Einwohner zählt, und nicht nur diese, sondern zum großen Theil auch die ungeheure Residenz ernährt! – Ein solcher Anblick, – denn man übersieht das Ganze von mehreren Punkten, und der Gedanke des so durch einen einzigen über viele Tausende verbreiteten Seegens, ist fähig, das Herz des Kältesten zu erheben, und gegen den zu wenden, der solchem Riesenkopfe Riesengedanken eingab. – Mir macht es aber grade den entgegengesezten Eindruck, – so wie eine Empfindung durch schöne Natur oder schöne Werke in mir geweckt wird, – so schreckt sie auch sogleich mit unnennbarer Bitterkeit wieder zurück, und ich habe nie herbere Gefühle, als in schönen Gegenden. Beständig welche zu sehen, wäre die größte Plage für mich, und in der wüstesten Steppe wäre mir leichter zu Muthe. Die Erinnerung ihres lebendigen Gefühls und der kindlich frohen Art, mit der sie dergleichen Eindrücke aufnahm, ist der Kelch, der mir solche Augenblicke grade am allermeisten verbittert. Was mich sonst erhob, zieht mich nun zu Boden:

»Denn Sie stand neben mir, wie meine Jugend,
Sie machte mir das Wirkliche zum Traum,
Um die gemeine Deutlichkeit der Dinge
Den goldnen Duft der Morgenröte webend,
Im Schimmer ihres kindlichen Gefühls
Erhoben sich, mir selber zum Erstaunen,
Des Lebens flach alltägliche Gestalten –«

Was Wunder nun, daß das Flache mir flächer wird, und das Hohe mich abstößt?

Der Glaube an eine Zukunft, die für den, der es verdient, besser sein wird, als die Gegenwart, – nur einem Bösewicht oder einem Idioten wird der fehlen! Mir steht er fest! Was mich quält, hast Du nicht verstanden, – und jetzt würde ich mir Vorwürfe machen, wenn ich es Dir gestehen und die Ruhe, welche Du mir mit hohem Rechte lobst, erschüttern, oder wenigstens ihren reinen Spiegel trüben wollte. […]

Wenn man die Leute auf die möglich schnellste Art trösten oder erheitern will, so schickt man sie reisen. Ich habe das oft verlacht, denn, dachte ich, den Gram im Busen, den führt er doch mit sich herum! und das bleibt wahr. – Dessen ungeachtet liegt etwas richtiges in der Prozedur. – Es ist der Körper, auf den das Reisen gar mächtig wirkt, und so wie der Kerker etwas besser wird, so wird dem armen Gefangenen darin auch wohler! Er freut sich, etwas mehr Spielraum zu haben. Ich war so matt den ganzen Sommer durch – ich wünschte und hoffte sogar zu sterben; ich glaubte, ich würden den Winter nicht überleben, und hatte mir die schönsten Pläne gemacht, wie oft war ich bis auf's äußerste erschöpft, daß mir alle Glieder flogen! Ich erinnere mich noch, daß ich ganz weg war, als ich den Abend zu Deiner Mutter nach Ziethen ritt, ehe ich die Reise antrat. Nun ist es nicht mehr so, und ich glaube, alle die schönen Pläne werden zu Wasser werden, – ich werde dem natürlichen Laufe nach noch nicht sterben, – und mich quälen, bis ein glückliches Ereignis ... Oh mein Gott! wie sind diese so unbegreiflich ausgetheilt! Es war diesen Sommer Nachmittags ein entsetzliches Gewitter; ich ging durch den Garten, unter dichten Bäumen, und wie es von fern donnerte, bat ich Gott recht inbrünstig in meinem Herzen, daß er, wenn er es für gut fände, einen wohltätigen Blitz senden möchte, und in dem Augenblick fiel Blitz und Schlag mit solchem Krachen, daß ein jeder andere erschrocken seyn würde, hatte ich sogleich das wehmüthige Bewußtseyn, daß meine Bitte nicht erhört worden war. Aber an dem nemlichen Tage, bei dem nemlichen Gewitter, vielleicht durch den nemlichen Schlag, wurde 1 ½ Meile von hier ein Prediger erschlagen, der auch unter einen Baum getreten war. – Er hatte vermuthlich nicht darum gebeten, denn er hatte seine Frau und viele Kinder hinterlassen! –

Wenn Du das unglückliche Wurm siehst, so küsse es von mir, vielleicht wird Gott es, auch ohne Mutter, glücklich machen, oder es bald zu ihr bringen. Lebe recht wohl und glücklich! Ich bitte Dich, Dich nicht zu bemühen, um mir pünktlich zu antworten, – ich weiß recht gut, daß es oft eine wirkliche Mühe für Dich seyn muß, und bleibe Dir auch ohnedem zugethan, wie ich es immer gewesen, denn das ist es, warum ich, wohl mit Recht, sagte: Du habest schlecht von mir gedacht, denn Du hast gestanden, geglaubt zu haben: daß ich blos, weil Du Fannys Schwester, Dich so behandelt, wie ich sonst gethan. Dies konnte nicht in meine Seele kommen, aus solchem Bewegungsgrund wäre ich blos höflich gewesen. [...]

Der Brief ist an die Schwägerin von Ludwig von der Marwitz, Marie von Brühl (1779–1836), gerichtet. Im März 1804 war dessen Frau, Fanny Gräfin Brühl (geb. 1784), gestorben. Die Grabinschrift auf dem Friedhof in Friedersdorf lautet: »Hier liegt mein Glück. Caroline Franziska Gräfin Brühl / ward geboren 1783, den 23. März, / vermählt 1803, den 12. May / an Friedrich August Ludwig von der Marwitz / Erbherrn auf Friedersdorf / Der verließ sie gesund am 14. März 1804, / Vierzehn Tage nach einer glücklichen Entbindung, / kehrte am 16ten zurück und fand sie tot! / Sie war die Freude aller, die sie kannten.« Die im Brief zitierten Verse stammen aus dem 5. Aufzug von Schillers Drama »Wallensteinsteins Tod«. Der Textpassage Wallensteins folgt die Antwort der Gräfin: »Verzag nicht an der eignen Kraft. Dein Herz / Ist reich genug, sich selber zu beleben. / Du liebst und preisest Tugenden an ihm, / Die du in ihm gepflanzt, in ihm entfaltet.«

Eberhard von Rochow

Die Fremden

Ein Mann und seine Frau, die aus ihrem Vaterlande durch böse Leute vertrieben waren, kamen im harten Winter in ein kleines Dorf. Sie stellten der Gemeine ihre Noth aufrichtig und beweglich vor, und baten um die Erlaubniß, bey ihnen zu wohnen. In diesem Dorfe waren gute gastfreye Leute; daher wurden die beyden Fremden liebreich aufgenommen. Man wies ihnen eine Stelle zur Wohnung an, und versorgte sie mit den nöthigsten Bedürfnissen.

Seht, Kinder, wie Gott diese Gastfreyheit belohnte. Diese Fremden lehrten aus Dankbarkeit die Leute im Dorfe viele neue und nützliche Dinge, und verschiedene Handgriffe, wodurch ihr Ackerbau besser von statten ging, als vorher. Sie machten sie mit Futterkräutern bekannt, so daß sie die Stallfütterung einführen konnten. Und auf diese Weise wurden die Leute im Dorfe sehr rasch wohlhabend.

Brich dem Hungrigen dein Brodt; und die im Elend sind, führe ins Haus. Es. 58, 7.

Gastfrey zu seyn vergesset nicht. Denn mancher ist um seiner guten Absicht willen dadurch sehr glücklich geworden. Ebr. 13, 2.

Das Lehrstück stammt aus dem ersten deutschen Volksschullesebuch, das der Bildungsreformer Friedrich Eberhard von Rochow (1734–1805) unter dem Titel »Der Kinderfreund« 1776 (ein zweiter Teil erschien 1779) herausgegeben hat. Das Buch war in den Volksschulen bis 1871 in Gebrauch. Von Rochow richtete auf seinen Gütern in Reckahn, Göttin (heute zu Brandenburg/Havel), Krahne und Brückermark Musterschulen ein, die über Preußen hinaus Beachtung fanden. Die Forderung von Rochows nach einer staatlichen Volksschule war seinerzeit keineswegs unumstritten. 1788 kritisierte das »Leipziger Intelligenzblatt« die »Volksaufklärung« und äußerte die Befürchtung, die Bauern würden »bey einem offenen Kopfe, zu viel für ihren Stand und ihre Bildung« lernen.

Mme. de Staël

Preußen

Friedrichs Regierung fußte auf der militärischen Kraft und der zivilen Gerechtigkeit: Er versöhnte beide durch seine Weisheit. Es war jedoch schwierig, zwei so entgegengesetzte Lebenskräfte miteinander zu verbinden. Friedrich wollte, daß seine Soldaten blindlings gehorchende Maschinen und seine Untertanen aufgeklärte, der Vaterlandsliebe fähige Bürger wären. Er setzte in den preußischen Städten keine Unterbehörden, keine Gemeinderäte ein, wie sie im übrigen Deutschland existierten, weil er fürchtete, daß die unmittelbare Ausübung des Kriegsdienstes behindert würde; gleichzeitig wünschte er, daß es in seinem Reich Freiheitssinn genug gäbe, damit der Gehorsam freiwillig schien. Er wollte den Soldatenstand zum ersten von allen machen, weil ihm dieser am unentbehrlichsten war; aber er hätte auch gern gesehen, daß der Bürgerstand sich unabhängig von der Gewalt behauptete. Kurzum, Friedrich wollte überall Stützen, nirgends aber Hindernisse haben.

Die wunderbare Verschmelzung aller Gesellschaftsklassen wird nur durch die Herrschaft des für alle gleichen Gesetzes erreicht. Ein Mensch kann wohl entgegengesetzte Elemente zusammenfügen, »nach seinem Tode aber trennen sich dieselben wieder«. Der Einfluß Friedrichs war dank der Weisheit seiner Nachfolger noch eine Zeitlang spürbar, doch fühlte man in Preußen stets die beiden Nationen, die nur dürftig ein Ganzes bildeten: das Heer und den Bürgerstand. Die adeligen Vorurteile bestanden neben den ausgeprägtesten liberalen Prinzipien. Kurzum, Preußen zeigte ein Doppelgesicht wie der Januskopf: ein militärisches und ein philosophisches.

Eine der größten Ungerechtigkeiten, die Friedrich sich zuschulden kommen ließ, war, daß er zur Teilung Polens die Hand bot. Schlesien war durch Waffengewalt erworben worden, Polen war eine machiavellistische Eroberung, »und man konnte nie erwarten, daß auf solche Weise geraubte Untertanen dem Diebe treu sein würden, der sich ihr Souverän nannte«. Zudem können Deutsche und Slawen sich nie unzertrennlich miteinander verbinden, und wenn eine Nation feindliche Ausländer als Untertanen in ihren Schoß aufnimmt, tut sie sich beinahe ebensoviel Schaden, als wenn sie dieselben als Gebieter annimmt, denn alsdann bildet der politische Körper nicht mehr jenes Ganze, das den Staat personifiziert und den Patriotismus begründet.

Diese Bemerkungen über Preußen beziehen sich nämlich auf die Mittel, die es zu seiner Verteidigung und Erhaltung nach außen hin besaß, denn im Inneren war nichts der Selbständigkeit oder der Sicherheit nachteilig: Preußen war eines von den Ländern Europas, wo man das Wissen am meisten ehrte und wo die tatsächliche, wenn auch nicht rechtlich festgestellte Freiheit am gewissenhaftesten respektiert wurde. In ganz Preußen habe ich nicht eine einzige Person gefunden, die sich über Willkürakte der Regierung beklagt hätte, und doch hätte das ohne jede Gefahr für den Kläger geschehen können. Wenn aber in einem Staate das Glück sozusagen nur ein glücklicher Zufall und nicht auf dauernden Institutionen begründet ist, die dem Menschen für seine Kraft und seine Würde Gewähr leisten, so fehlt es dem Patriotismus bald an Ausdauer, und man gibt leicht dem Zufall die Vorteile preis, die man ihm allein zu verdanken glaubt. Friedrich II., der selbst eine der wertvollsten Gaben dieses Zufalls war, der über Preußen zu wachen schien, hatte es verstanden, sich wirkliche Liebe bei seinen Untertanen zu erwerben, und man verehrt ihn, seitdem er tot ist, noch ebenso wie zu seinen Lebzeiten. Doch hat das Schicksal Preußens nur zu deutlich gezeigt, was der Einfluß sogar eines großen Mannes ist, wenn derselbe während seiner Regierung nicht voller Selbstverleugnung danach strebt, sich entbehrlich zu machen; die ganze Nation gründete ihre Existenz auf ihren König und schien mit ihm zu enden.

Friedrich II. hätte es gern gesehen, wenn die französische Literatur zur Staatsliteratur geworden wäre. Er legte keinen Wert auf die deutsche. Keineswegs war dieselbe zu seiner Zeit so bedeutend wie jetzt, aber ein deutscher Fürst muß unbedingt alles ermuntern, was deutsch ist. Friedrich schwebte vor, Berlin zu einem Klein-Paris zu machen, und er schmeichelte sich mit der Hoffnung, unter den französischen Flüchtlingen einige so bedeutende Schriftsteller zu finden, um eine französische Literatur ins Leben zu rufen. Eine solche Hoffnung mußte notwendigerweise getäuscht werden, weil eine nachgeahmte Kultur nie gedeiht. Einzelne Menschen können wohl gegen die Schwierigkeiten ankämpfen, die sich ergeben, die große Menge aber folgte stets ihrem natürlichen Hang. Friedrich hat seinem Land wirklichen Schaden zugefügt, indem er dem Genie der Deutschen Verachtung bezeugte. Eine Folge davon war, daß der deutsche Staatskörper häufig ungerechtfertigten Argwohn gegen Preußen faßte.

Mehrere mit Recht berühmte deutsche Schriftsteller machten sich gegen Ende der Regierung Friedrichs öffentlich bemerkbar, aber die ungünstige Meinung, die der große Monarch in seiner Jugend über die Literatur seines Landes gefaßt hatte, blieb bestehen, und noch wenige Jahre vor seinem Tode verfaßte er eine kleine Schrift, in der er unter anderem vorschlug, man solle jedem Zeitwort einen Vokal anhängen, um dadurch den rauhen Klang der deutschen Sprache zu mildern. Dies italienisch ausstaffierte Deutsch hätte die komischste Wirkung hervorgebracht. Aber keines Monarchen Macht, nicht einmal im Orient, dürfte groß genug sein, um auf diese Weise nicht den Sinn, aber den Klang jedes Wortes zu beeinflussen, das in seinem Reich gesprochen wird.

Klopstock hat Friedrich II. in edlen Worten den Vorwurf gemacht, daß er die deutsche Muse vernachlässige, die, von ihm unbemerkt, dahin wirkte, der Welt seinen Ruhm zu verkünden. Friedrich begriff nicht im entferntesten, welche Bedeutung die Deutschen auf dem Gebiete der Literatur und der Philosophie haben. Er traute ihnen keinen Schöpfergeist zu. Er wollte die Schriftsteller unter Manneszucht stellen wie seine Heere. »In der Medizin«, schrieb er in schlechtem Deutsch in seinen Instruktionen für die Akademie, »muß die Methode Boerhaaves, in der Metaphysik die Lockes und für die Naturwissenschaften die des Thomasius befolgt werden.« Seine Ratschläge wurden nicht befolgt. Er ahnte nicht, daß von allen Menschen gerade die Deutschen am wenigsten geeignet waren, sich einer literarischen und philosophischen Schablone zu fügen. Noch gab es keine Anzeichen der Kühnheit, die sie danach auf dem Gebiete der Abstraktion entfalteten.

Friedrich betrachtete seine Untertanen wie Fremde und die Franzosen von Geist als seine Landsleute. Es war durchaus verständlich, daß man sich durch alles das verführen ließ, was den französischen Schriftstellern jeder Epoche an Glanz und Kraft eigen war; doch würde Friedrich noch weit nachhaltiger zum Ruhme seines Landes beigetragen haben, wenn er die Fähigkeiten, die der von ihm beherrschten Nation innewohnten, erkannt und ausgebildet hätte. Aber wie kann jemand dem Einfluß seines Zeitalters widerstehen, und wo ist der Mann, dessen Genie nicht in vielen Beziehungen das Werk seines Jahrhunderts wäre?

Germaine de Staël (1766–1817) floh 1792 vor dem jakobinischen Terror in die Schweiz. Auf dem väterlichen Schloß Coppet am Genfer See bildete sie den Mittelpunkt eines Kreises von bedeutenden europäischen Intellektuellen. Goethe schickte ihr den »Wilhelm Meister«, Wilhelm von Humboldt gab ihr Unterricht in der deutschen Sprache. Auf mehreren Reisen durch Deutschland lernte sie u.a. Goethe, Schiller und Wieland persönlich kennen. Goethe und Schiller standen Madame de Staël, von der sie sich Impulse für die Verbreitung der deutschen Literatur in Frankreich versprachen, zunächst mit viel Sympathie gegenüber, die nach der persönlichen Begegnung jedoch in Reserviertheit umschlug. Das Buch *De l'Allemagne* (*Über Deutschland,* 1810), von dem hier ein Ausschnitt des Preußen-Kapitels abgedruckt ist, entstand unter dem Eindruck ihrer Reisen durch Deutschland und der Begegnungen mit den Repräsentanten der zeitgenössischen Kultur des Landes.

Anna Louisa Karsch

Trostgesang für Neu-Ruppin bey den Ruinen

Am 31sten August 1787

Blick auf! Blick auf von deinem Aschenhügel,
Hinauf zum Herrn den keiner fragen darf,
Warum er schnell durch seines Sturmwinds Flügel
In deinen Kranz den Feuerwirbel warf?

Im vollen Schmuck sah dich der Mittag schimmern,
Und traurig sah die Abendsonne sich
Noch einmal um, da lagst bei deinen Trümmern
Verhüllt in Dampf, und weintest bitterlich.

Gott hört die Brut verlaßner Waldesnester,
Er hört nach Brod auch kleine Kinder schreyn;
Er haucht in deine königliche Schwester,
In sein Berlin, den Geist des Mittleids ein.

Blick auf! und schon dahin nach jener Seite,
Da kam der Sturm, gewaltig wie das Meer,
Und stürzte dich zum Staub herab, und heute
Kömmt wie vom Himmel Trost für dich daher.

Da kommen Wagen dir so vollgehäufet*
Wie Wagen, die das Erndtevolk regiert,
Wenns Weizen, den die Sonnenglut gereifet,
Mit Lobgesang ins frohe Dörfchen führt.

Die Männer und die Frauen frommer Sitte
Die theilten ihren Kleiderschrank mit dir,
Vom Pallast an bis zu der kleinsten Hütte
Herrscht Thätigkeit für deine Hülfbegier.

Kaum kann der Mai mehr auszuschütteln haben,
Wenn ihn die Zeit sein Füllhorn schwingen läßt;
Kaum giebt der Herbst uns mehr Erquickungsgaben,
Als dir Berlin zum süßen Labefest.

Im Umfang ihrer Mauern wohnet keiner,
Der nicht für dich zum Wohlthun ward gerührt;
Die Nation gedenkt auch thätig deiner,
Die mächtig aus Egypten ward geführt**. –

Nimm was da kömmt, und eile Dank zu sagen
(Im Tempel, den die Flamme nicht berührt)
Der Vaterhand, die dich so hart geschlagen,
Und die zum Heil die Herzen jetzt regiert.

Sie hats der Flamme, hats dem Sturm geboten:
Bis hierher und nicht weiter sollt ihr gehn.
Sie heißt im Glanz, wie auferweckte Todten,
Die Häuser und die Tempel neu entstehn.

Du wirst es sehn, wirst nicht die Hand verkennen,
Wenn höher dich dein König hebt empor;
Dann werden dich die Schwestern schöner nennen,
Und seliger dich preisen wie zuvor.

Sie seufzen alle mit in deine Klagen,
Und stellen einen edlen Wettlauf an.
Dir wie auf Windesflügeln zuzutragen
Trost der dich wieder freudig machen kann.

* Es ist bekannt, wie wetteifernd das Mitleid der Berliner sich gegen die verunglückten Ruppiner verhielt; nicht allein die Großen und Edlen, sondern auch die armen Dienstboten trugen zur Unterstützung bei, und wol niemals sahe man die angeborne Güte des menschlichen Herzens so allgemein, als bei dieser traurigen Gelegenheit.

** Die löbliche Judenschaft

Anna Louisa Karsch

Am frühen Nachmittag des 26.8.1787 brach in einer Scheune in Neuruppin ein Feuer aus, das die Stadt bis zum Abend beinahe völlig zerstörte. Das Unglück löste eine Welle der Solidarität aus. Daniel Chodowiecki fertigte einen allegorischen Stich an, den er den »abgebrannten Ruppinern« widmete. Die Karschin mag in ihrem dichterischen Engagement für Neuruppin zusätzlich durch den Umstand bestärkt worden sein, daß ihr Sohn aus erster Ehe, Johann Christian Hiersekorn, in Neuruppin als Lehrer tätig war. Friedrich Wilhelm II. ließ den Wiederaufbau der Stadt aus öffentlichen Mitteln vornehmen.

Giacomo Casanova

Mein Aufenthalt in Preußen

Am fünften Tage nach meiner Ankunft in Berlin stellte ich mich dem Lordmarschall vor, der seit dem Tode seines Bruders Keith genannt wurde. Ich hatte ihn zum letzten Male in London gesehen, als er von Schottland zurückreiste; man hatte ihm die Familiengüter zurückgegeben, die von der Regierung konfisziert worden waren, als er dem König Jakob folgte. Er verdankte seine Begnadigung dem König von Preußen. Er lebte nun in Berlin, wo er sich auf seinen Lorbeeren ausruhte und des Friedens erfreute. Er war noch immer ein Liebling des Königs, mischte sich aber mit seinen achtzig Jahren in keine Hofangelegenheiten mehr ein. Er sagte mir in der ihm eigenen einfachen Art, er sehe mich mit Vergnügen wieder; hierauf fragte er mich, ob ich auf der Durchreise sei oder die Absicht habe, eine Zeitlang in Berlin zu bleiben. Da er zum Teil die Wechselfälle meines Lebens kannte, so antworte ich ihm, ich würde mich gern dauernd niederlassen, wenn der König mir eine angemessene Anstellung gäbe, die meinen geringen Fähigkeiten entspräche. Als ich ihn aber um seine Protektion zur Erlangung einer solchen Stellung bat, antwortete er mir: »Ich würde Ihnen mehr schaden als nützen, wenn ich versuchen wollte, den König vorher zu Ihren Gunsten zu beeinflussen. Seine Majestät tut sich nämlich etwas darauf zugute, ein ganz besonderer Menschenkenner zu sein und urteilt daher gerne nach eigener Überzeugung. So kommt es denn ziemlich oft vor, daß er Vorzüge entdeckt, wo kein Mensch solche auch nur vermutet hätte, und umgekehrt. Ich rate Ihnen, dem König zu schreiben, daß Sie nach der Ehre einer Unterredung streben. Wenn Sie mit ihm sprechen, können Sie ihm beiläufig sagen, daß Sie mich kennen, und ich zweifle nicht, daß er mir dann Gelegenheit geben wird, von Ihnen zu sprechen; Sie können sich denken, daß meine Ankunft Ihnen nicht schaden wird.«

»Ich, ein Unbekannter, soll an einen König schreiben, zu dem ich nicht die geringsten Beziehungen habe? Ich weiß gar nicht, wie ein solcher Antrag aussehen soll.«

»Das glaube ich wohl, aber wünschen Sie nicht mit ihm zu sprechen?«

»Gewiß.«

»Nun, da haben Sie ja die Beziehungen. Ihr Brief braucht weiter nichts zu enthalten, als daß Sie ihn zu sprechen wünschen.«

»Wird der König mir antworten?«

»Ohne allen Zweifel; denn er antwortet einem jeden. Er wird Ihnen mitteilen, wo und zu welcher Stunde er Sie empfangen will. Folgen Sie meinem Rat! Seine Majestät ist jetzt in Sanssouci. Ich bin neugierig auf das Gespräch, das Sie mit dem Monarchen haben werden, der, wie Sie sehen, keine Furcht hat, daß jemand seine Achtung ihm gegenüber vermissen läßt.«

Ich ging nach Hause, setzte mich an meinen Schreibtisch und schrieb dem König einen ganz einfachen und sehr ehrfurchtsvollen Brief, in dem ich fragte, wo und wann ich mich Seiner Majestät vorstellen dürfte. Ich unterschrieb und fügte noch Veneziainer hinzu, dann gab ich in dem Brief noch den Gasthof an, wo ich wohnte.

Am zweiten Tage darauf erhielt ich einen Brief mit der Unterschrift ›Fédéric‹, der jedoch von einem Sekretär geschrieben war. Man bestätigte mir den Empfang meines Briefes und teilte mir mit, daß der König sich um vier Uhr im Park von Sanssouci befinden würde.

In einen schwarzen Anzug gekleidet, begab ich mich um drei Uhr nach Sanssouci. Durch ein kleines Tor betrat ich den Schloßhof, sah keinen Menschen, nicht einmal eine Schildwache, auch keinen Pförtner, keinen Lakaien. Alles war ruhig: ich ging eine kleine Treppe hinauf, öffnete eine Tür und befand mich in einer Bildergalerie. Der Aufseher kam auf mich zu und erbot sich, mich zu führen. Ich antwortete ihm: »Ich komme nicht, um diese Meisterwerke der Malerei zu bewundern, sondern um den König zu sprechen, der mir geschrieben hat, daß er im Park sein werde.«

»Er ist in diesem Augenblick bei seinem kleinen Konzert, wo er die Flöte spielt. Das tut er jeden Tag nach Tisch. Hat er Ihnen die Stunde bezeichnet?«

»Ja, um vier Uhr ; aber er wird es vergessen haben.«

»Der König vergißt niemals etwas; er wird pünktlich sein, und Sie tun gut daran, wenn Sie ihn im Park erwarten.«

Ich befand mich seit einigen Augenblicken im Park, als ich ihn mit seinem Vorleser Catt und einem hübschen Spaniel erscheinen sah. Sobald er mich bemerkte, ging er auf mich zu, nahm mit kecker Miene seinen alten Hut ab, nannte meinen Namen und fragte mich in barschem Ton, was ich von ihm wolle. Überrascht von diesem Empfang, konnte ich kein Wort hervorbringen; ich sah ihn nur an, ohne ihm zu antworten.

»Nun, so sprechen Sie doch! Haben Sie mir denn nicht geschrieben?«

»Ja, Majestät; aber ich erinnere mich an nichts mehr. Ich konnte wohl glauben, daß die Erhabenheit eines Königs mich nicht blenden würde! Doch in Zukunft sollt mir dies nicht wieder begegnen. Der Lordmarschall hätte mich warnen sollen.«

»Er kennt Sie also? Wir wollen ein wenig spazierengehen. Worüber wollten Sie mit mir sprechen? Was sagen Sie zu meinem Park?«

Während er mich fragt, worüber ich mit ihm sprechen wollte, befiehlt er mir zugleich, mein Urteil über seinen Park zu sagen. Jedem anderen hätte ich geantwortet, daß ich nichts davon verstände; aber da der König geruhte, mich für einen Kenner zu halten, so hätte es ausgesehen, als wenn ich ihm unrecht geben wollte, und das verzeiht ein König niemals, selbst wenn er ein Philosoph ist. Auf die Gefahr hin, einen schlechten Geschmack zu zeigen, antwortet ich daher, ich fände den Garten prachtvoll.

»Aber der Park von Versailles ist doch viel schöner.«

»Allerdings, Majestät, aber hauptsächlich wegen der Wasserspiele.«

»Ganz recht; aber das ist nicht meine Schuld: hier gibt es kein Wasser. Ich habe mehr als dreihunderttausend Taler ausgegeben, um Wasser zu bekommen; aber ohne Erfolg.«

»Dreihunderttausend Taler, Majestät! Wenn Eure Majestät die ganze Summe auf einmal ausgegeben hätte, müßte Wasser da sein.«

»Ah, ich sehe, Sie haben sich mit dem Wasserbau befaßt.«

Hätte ich ihm sagen sollen, daß er sich täuscht? Ich fürchtete, ihm zu mißfallen und senkte nur den Kopf: das hieß weder ja noch nein. Glücklicherweise dachte der König nicht daran, mit mir über diesen Gegenstand zu sprechen; so blieb mir eine große Verlegenheit erspart, denn ich kannte nicht einmal die ersten Anfangsgründe dieser Wissenschaft. Im selben Atemzug fragte er mich, wie groß die Streitkräfte der Republik in Venedig im Kriegsfalle seien.

»Zwanzig Schlachtschiffe, Majestät, und eine große Menge Galeeren.«

»Und wieviel Landtruppen?«

»Siebzigtausend Mann, Majestät; lauter Untertanen der Republik, auf jedes Dorf nur einen einzigen Mann gerechnet.«

»Das ist nicht wahr. Sie wollen mich wohl zum Lachen bringen, indem Sie mir derartige Fabeln erzählen? Aber Sie sind sicherlich Finanzmann. Sagen Sie mir, was Sie von der Steuer halten?«

Es war die erste Unterredung, die ich mit einem König hatte. Es kam mir vor, als wenn ich eine Szene in einer italienischen Komödie zu spielen hätte, wo der Schauspieler zu improvisieren hat und, wenn er steckenbleibt, sofort ausgepfiffen wird. Ich legte also mein Gesicht in würdige Falten und antwortete dem stolzen König, ich könnte über die Theorie der Steuer sprechen.

»Das will ich ja gerade; denn die Praxis geht Sie nichts an.«

»Im Hinblick auf die Wirkungen sind drei Arten von Steuern zu unterscheiden: die eine ist verderblich: die zweite leider notwendig, die dritte stets ausgezeichnet.«

»Gut so. Nur weiter!«

»Die verderbliche Steuer ist die königliche: die notwendige ist die militärische; die ausgezeichnete ist die Steuer, die dem Volks zugute kommt.«

»Wie soll ich das verstehen?«

Ich mußte ausführlich werden und warf einige Gedanken hin, wie sie mir in den Sinn kamen.

»Die königliche Steuer, Majestät, ist diejenige, die die Börsen der Untertanen erschöpft, um die Schatzkammern des Monarchen zu füllen.«

»Und diese Steuer ist stets verderblich, sagen Sie?«

»Stets, Majestät; denn sie schadet dem Geldumlauf, der die Seele des Handels und die Stütze des Staates ist.«

»Aber Sie finden die Steuer notwendig, die zur Unterhaltung der Heere dient?«

»Sie ist leider notwendig. Leider – denn der Krieg ist zweifellos ein Unglück.«

»Das kann wohl sein; und die Steuer, die dem Volk dient?«

»Diese ist stets ausgezeichnet, denn der König nimmt seinen Untertanen mit der einen Hand und gibt sie ihnen mit der anderen durch gemeinnützige Bauwerke und Regelungen, die das allgemeine Wohlbefinden erhöhen, wieder zurück.«

»Sie kennen ohne Zweifel Calzabigi?«

»Ich muß ihn wohl kennen, Majestät; denn vor sieben Jahren haben wir beide zusammen die Genueser Lotterie in Paris eingeführt.«

»Und zu welcher der drei Arten rechnen Sie diese Steuer? Denn Sie werden mir zugeben, daß die Lotterie eine Steuer ist.«

»Gewiß, und zwar keine von den unbedeutendsten. Es ist eine Steuer von der guten Art, wenn der König die Erträgnisse zu nützlichen Ausgaben verwendet.«

»Aber der König kann daran verlieren.«

»Einmal unter zehn.«

»Ist dies das Ergebnis einer sicheren Berechnung?«

»Einer so sicheren, Majestät, wie alle wirtschaftspolitischen Berechnungen sind.«

»Diese sind oft fehlerhaft.«

»Niemals, Majestät, wenn Gott neutral bleibt.«

»Das lasse ich gelten. Übrigens denke ich vielleicht wie Sie über moralische Rechtfertigung; aber Ihre Genueser Lotterie liebe ich nicht. Sie scheint mir eine richtige Gaunerei zu sein, und ich möchte nichts von ihr wissen, selbst wenn ich die tatsächliche Sicherheit hätte, daß ich niemals verlieren könnte.«

»Eure Majestät denken wie ein Weiser; denn das unwissende Volk kann nur in der Lotterie spielen, wenn es sich von einem trügerischen Vertrauen hinreißen läßt.«

Nach diesem etwas zusammenhanglosen Dialog, der dem hohen Geiste des erlauchten Herrschers alle Ehre machte, schien er ein wenig zornig, fand mich aber um Antworten nicht verlegen. Als wir bei einem Peristyl mit doppelter Säulenreihe angekommen waren, blieb er vor mir stehen, sah mich vom Kopf bis zu den Füßen an und sagte nach einigen Sekunden: »Wissen Sie, Sie sind ein sehr schöner Mann.«

»Ist es möglich, daß Eure Majestät nach einer langen wissenschaftlichen Unterhaltung an mir den geringsten der Vorzüge bemerken können, durch die Ihre Grenadiere sich auszeichnen?«

Der König lächelte fein und sagte dann zu mir: »Da Lordmarschall Keith Sie kennt, werde ich mit ihm über Sie sprechen.«

Hierauf nahm er seinen Hut ab – mit dieser Höflichkeit geizte er überhaupt gegen keinen Menschen – und grüßte mich.

Drei oder vier Tage darauf machte der Lordmarschall mir die angenehme Mitteilung, daß ich dem König gefallen hätte und daß Seine Majestät daran dächte, mir irgendeine Anstellung zu geben.

Der italienischer Abenteurer und Schriftsteller Giacomo Girolamo Casanova (1725–1798) hielt sich im Sommer 1764 besuchsweise am Hof Friedrichs des Großen in Potsdam auf. Die ihm von Friedrich zugedachte Anstellung als Erzieher in einer Kadettenanstalt lehnte Casanova ab.

August Kopisch

Friedrich des Zweiten Kutscher

Des Alten Fritz Leibkutscher soll aus Stein
Zu Potsdam auf dem Stall zu sehen sein –
Da fährt er so einher,
Als ob er lebend wär':
Aller Kutscher Muster, treu und fest und grob,
Pfund genannt, umschmeißen kannt' er nicht: das war sein Lob.

Mordwege fuhr er ohne Furcht, sein Mut
Hielt aus in Schnee, Nacht, Sturm und Wasserflut.
Ihm war das einerlei,
Er fand gar nichts dabei:
In dem Schnurrbart fest und steif blieb sein Gesicht,
Und man sah darauf kein schlimmes Wetter niemals nicht.

Doch rührte man an seinem Kutscherstolz,
War jedes Wort von ihm ein Kloben Holz;
Woher es auch geschah,
Daß er es einst versah
Und dem Alten Fritz etwas zu gröblich kam,
Wessenhalb derselbe eine starke Prise nahm

Und sprach: »Ein grober Knüppel, wie Er ist,
Der fährt fortan mit Eseln Knüppel oder Mist!«
Und so geschah's. Ein Jahr
Bereits verflossen war,
Als der Pfund einst Knüppel fuhr, und guten Muts
Ihm begegnete der Alte Fritz; der frug: »Wie tut's?« –

»I nu, wenn ich nur fahre,« sagte Pfund,
Indem er fest auf seinem Fahrzeug stund,
»So ist mir's einerlei
Und weiter nichts dabei,
Ob's mit Pferden oder ob's mit Eseln geht,
fahr' ich Knüppel oder fahr' ich Eure Majestät.«

Da nahm der Alte Fritz Tabak gemach
Und sah den groben Pfund sich an und sprach:
»Hm, find't Er nichts dabei
Und ist's Ihm einerlei,
Ob es Pferd, ob Esel, Knüppel oder ich –
Lad' Er ab und spann Er um und fahr' Er wieder mich!«

Der Maler und Schriftsteller August Kopisch (1799–1853) hatte in Italien den damaligen Kronprinzen und späteren preußischen König Friedrich Wilhelm IV. kennengelernt, der ihn nach Berlin und Potsdam zog und ihm – verbunden mit dem Auftrag, eine Geschichte der königlichen Schlösser und Gärten bei Potsdam zu schreiben – ein Jahresgehalt aussetzte. Kopisch bevorzugte die literarische Kleinform und schrieb neben seinem »Heinzelmännchen«-Gedicht, das ihn bis heute bei einer breiteren Öffentlichkeit bekannt gemacht hat, zahlreiche Balladen zu Themen der brandenburgisch-preußischen Geschichte. Eine Skulptur auf dem Kutschstall am Neuen Markt in Potsdam stellt den Kutscher Pfund dar.

Sage

Die Bittschriften-Linde

Friedrich II., dem bekanntlich Potsdam alles, was in dieser Stadt schön und großartig ist, seine Paläste, Stiftungen und Manufakturen, verdankt, bewohnte die Eckzimmer im Schloß nach der Teltower Brücke zu, von wo aus er die freundliche Aussicht auf die Havel und den Brauhausberg genießen und selbst von seinem Schreibtisch aus mittels dreier Spiegel den Lustgarten, die Brücke und die ganze Umgebung des Schlosses übersehen konnte. Unter dem Fenster nahe der Brücke steht eine alte Linde, die noch jetzt die Bittschriften-Linde genannt wird, weil an ihr diejenigen ihren Standplatz wählten, die ein Gesuch in die Hände des Königs zu bringen wünschten. Sah sie der König hier stehen, so schickte er meist herab, um ihnen die Bittschriften abnehmen zu lassen. Allein zuweilen mußten die Bittsteller, welche nicht etwa bloß aus Potsdam, sondern aus dem ganzen Land dorthin kamen, lange stehen, und da sollen sie denn oft in der Angst ihres Herzens unbewußt in die Rinde des Baumes Figuren und Namen eingegraben haben. Davon mögen wohl die halbverwachsenen Narben, die einige Fuß von der Erde ringsum in der äußeren Oberfläche des Baumes zu sehen sind, herrühren; der Volksglaube hat es sich nicht nehmen lassen, daß der König auch jetzt noch, umspielt von seinen Lieblingshunden, des Nachts als Schatten über die gewohnten Pfade der Terrasse von Sanssouci oder durch die Alleen im Rehgarten nach dem Neuen Palais zu dahinschwebe oder einsam und ernst an seinem Schreibtisch sitze oder sich auch im Zwielicht oder Mondschein am Fenster seines Arbeitszimmers zeige.

Sage

Der alte Fritz geht um

Die Potsdamer Garnisonkirche, in deren Gruft der alte Fritz begraben liegt, wird manchmal um Mitternacht ganz hell im Innern, Orgelspiel ertönt, es öffnen sich die Türen weit, und der alte Fritz kommt hoch zu Roß herausgeritten. Die Schildwachen haben den König deutlich erkannt und vor ihm präsentiert; aber das Pferd des Königs ist ohne Kopf gewesen. Er reitet nun durch die nächtliche Stadt bis hinaus nach Sanssouci, kehrt auf gleichem Wege zurück und betritt wieder die Kirche, deren Türen sich dann schließen. Das Reiterstandbild im Park von Sanssouci aber soll sich jedesmal umwenden, wenn der König die Gruft verläßt.

Heinrich von Kleist

Betrachtungen über den Weltlauf

Es gibt Leute, die sich die Epochen, in welchen die Bildung einer Nation fortschreitet, in einer gar wunderlichen Ordnung vorstellen. Sie bilden sich ein, daß ein Volk zuerst in tierischer Roheit und Wildheit daniederläge; daß man nach Verlauf einiger Zeit, das Bedürfnis einer Sittenverbesserung empfinden, und somit die Wissenschaft von der Tugend aufstellen müsse; daß man, um den Lehren derselben Eingang zu verschaffen, daran denken würde, sie in schönen Beispielen zu versinnlichen, und daß somit die Ästhetik erfunden werden würde: daß man nunmehr, nach den Vorschriften derselben, schöne Versinnlichungen verfertigen, und somit die Kunst selbst ihren Ursprung nehmen würde: und daß vermittelst der Kunst endlich das Volk auf die höchste Stufe menschlicher Kultur hinaufgeführt werden würde. Diesen Leuten dient zur Nachricht, daß alles, wenigstens bei den Griechen und Römern, in ganz umgekehrter Ordnung erfolgt ist. Diese Völker machten mit der heroischen Epoche, welches ohne Zweifel die höchste ist, die erschwungen werden kann, den Anfang; als sie in keiner menschlichen und bürgerlichen Tugend mehr Helden hatten, dichteten sie welche; als sie keine mehr dichten konnten, erfanden sie dafür die Regeln; als sie sich in den Regeln verwirrten, abstrahierten sie die Weltweisheit selbst; und als sie damit fertig waren, wurden sie schlecht.

Der Text erschien zuerst in den von Kleist herausgegebenen »Berliner Abendblättern« vom 9. Oktober 1810.

In unverwelkten Bildern
bleibt noch die Welt zu schaun

Achim von Arnim

Gebet

Gieb Liebe mir und einen frohen Mund,
Daß ich dich, Herr, der Erde thue kund,
Gesundheit gieb bei sorgenfreyem Gut,
Ein frommes Herz und einen festen Muth;
Gieb Kinder mir, die aller Mühe werth,
Verscheuch die Feinde von dem trauten Heerd;
Gieb Flügel dann und einen Hügel Sand,
Den Hügel Sand im lieben Vaterland,
Die Flügel schenk dem abschiedschweren Geist,
Daß er sich leicht der schönen Welt entreißt.

Achim von Arnim,
Zeichnung von Clemens Brentano

Achim von Arnim (1781–1831) gab mit Clemens Brentano die Volksliedersammlung »Des Knaben Wunderhorn« heraus und wurde damit zu einem der einflußreichsten Anreger der deutschen romantischen Dichtung. 1811 heiratete er Brentanos Schwester Bettina, 1814 zogen sie nach Schloß Wiepersdorf bei Jüterbog. Später ging Bettina mit den Kindern nach Berlin zurück, während Achim bis zu seinem Tod auf dem Land wohnen blieb und die Güter Bärwalde und Wiepersdorf, deren Ertrag knapp für den Lebensunterhalt der ständig wachsenden Familie ausreichte, bewirtschaftete. Bettina und Achim von Arnim liegen neben der Wiepersorfer Kirche, an deren Außenmauer das hier abgedruckte Gedicht steht, begraben. Das Gedicht ist zuerst im ersten Band von Achim von Arnims Roman »Die Kronenwächter« (Berlin 1817) erschienen.

Bettina und Achim von Arnim

Aus dem Briefwechsel

Bettina an Arnim

2. Mai 1825

Lieber Arnim,
ich danke Dir tausendmal für Deinen Brief und auch für die an die Kinder, der Siegmund war voll Freuden. Freimund ist noch in der Schule und hat den seinigen noch nicht empfangen. Ich kann Dir sagen, daß Deiner Ansicht von Siegmund durch sein ganzes Betragen widersprochen ist, sein Verhältnis zu seinem Lehrer ist durchaus edel, er kömmt ihm in allem zuvor, lernt mehr als er soll, Sonntag Morgens steht er um 4 Uhr auf, läuft zu ihm, um ihn zu wecken und – geht dann mit ihm und allen übrigen Medizinern und dem Professor botanisieren; er holt ihnen die Pflanzen aus dem Wasser und war schon glücklich im Finden mehrerer seltner Pflanzen, sie heißen ihn den kleinen Botanikus, dessen freut er sich sehr. Von Geheul ist keine Rede, kein einziger hat, solange Hohl bei ihnen ist, geweint; Du kannst glauben, daß Kallenbach nicht der beste Lehrer war und vorzüglich keine Ordnung hatte; der jetzige ist ganz frisch und hat von Natur, was die andern nicht durch Verstand hatten; heute hat Friedmund zum ersten Mal bei ihm gelernt und sich ganz glücklich gefühlt dabei. Der arme Junge war sehr krank, noch einen Anfall hatte er nach meinem Brief, der mich eine ganze Nacht an seinem Bette magnetisierend erhielt, wobei ich erstaunt war über die Wirkung. Denn solange ich magnetisierte, hörte der Krampfhusten auf, und er schlief; und wenn ich ermüdete, fing er wieder an. Mehrere Bäder, in denen er unbändig schwitzte und eine gute Portion Opium haben ihn ganz hergestellt – er schläft doch noch in meinem Zimmer, allein, er befindet sich ganz wohl und ißt wie ein Drescher. Das Sonderbare ist, daß es mich nicht angegriffen hat, ich befinde mich in diesem Augenblick ganz wohl, obschon ich beinah 9 bis 10 Nächte gewacht habe und mich auf die fest schlafenden Leute nicht verlassen könnte. Er hat sich manchmal 6 mal in einer Nacht erbrochen und 2 bis 3 mal Kamillentee getrunken. Jetzt ist nun alles wohl, und Du darfst keine Sorge haben. Wenn mir auch manches andre abgeht, so habe ich doch die glückliche Natur, nicht leicht niedergeschlagen zu werden, und ein Gefühl der Sicherheit. Wolfart wird mir allemal lieber bei solchen Gelegenheiten. –

Die Kinder gehn auf die Zeichenakademie und o wunder, Siegmund arbeitet mit großer Reinlichkeit und Präzision, ja er macht es beinah besser wie Freimund. Dieser hat von Bellermann schon mehrmals auszeichnendes Lob erhalten, er hat einen ruhigen aber sehr festen Eifer, er hat eine ungemeine Ordnung, ißt lieber nicht zu Mittag, als daß er ein paar Minuten später ginge, um nicht erhitzt in der Schule zu sein; er hat sich bei seinen Mitschülern schon sehr in Respekt gesetzt, wie mir Singer versichert, der sich nach ihm erkundigt hat.– Morgen gehn sie unter der

Aufsicht von Hohl und Franz, der sie sehr lieb hat, zum Hallorenschwimmen, was sie ungemein glücklich macht. Klage mir nur nicht mehr über den Siegmund, er hat einen Charakter, der Dir gewiß noch lieb werden wird, er hat Wahrhaftigkeit in sich und Treue. Kallenbach war eigensinnig ohne Konsequenz und oft erbärmlich eigensinnig. Mit dem Lehrer von Strauß konnte es nichts werden, denn der wollte 250 Taler und dabei konnte er nur die alten Sprachen; nicht Französisch, nicht zeichnen, nicht Musik.

Savigny ist so geneigt zum Kranksein, daß jedes Gelegenheit wird, ihm den Kopf auf die Schultern zu ziehen. Der Schlingel von Bedienten in Jägeruniform, der jetzt den Dienst verlassen muß, hat ihn ganz malade gemacht; er warf sich auf das Sofa, um mit mehr Bequemlichkeit die Last, einen neuen Bedienten zu suchen, zu bejammern. Er möchte nun gar zu gern unsern Robert zum Bedienten haben. Wenn er wüßte, wie der stinkt, so daß ich ihn von den Kindern weg auf den Boden logieren mußte, so würde er nicht so nach ihm seufzen. Bei Servieres ist auch was Romantisches vorgefallen; sie haben entdeckt, daß ihre Tochter mit dem abgewiesenen Liebhaber Denant eine Correspondance in Versen in dem Watzeckschen Wochenblatt unterhielt; die Verse waren besonders von ihrer Seite gar nicht schlecht; und was die väterliche Eitelkeit nicht tut – es gefiel dem Alten so wohl, daß er ihr erlaubt, es fortzutreiben, und sie hat so große Freude daran, sich gedruckt zu sehen, daß sie ihm eine zierliche Liebeserklärung nach der andern schreibt, ohne Lust zu haben, eine in Erfüllung gehen zu lassen. [...] Die Geschichte mit Liepen beweist, daß überall Dinge vorgehen, bei denen man sich eher des Himmels Einfall gedacht hätte. Die Mairose ist eine Hexe und ich rate Dir, auf Deiner Hut zu sein. –

Um frische Luft und Bewegung bei den Kindern sei unbesorgt, sie haben den Universitätsgarten ganz nah, wo sie häufig Ball schlagen. Wie steht es mit einer Wirtschafterin, soll ich Dir eine für Wiepersdorf mieten? Ich habe bald Lust Dir die zu geben, die ich jetzt habe, sie hat immer Landwirtschaft getrieben, ist ehrlich, geduldig, läßt sich was sagen, sie kann melken und buttern, kocht nicht übel, und da ich eine bekomme, die recht gut Französisch spricht, so zu den Kindern, so würde mir diese überflüssig sein. Behalte ja die andre nicht, sie würde nur um so weniger taugen.

Schinkels Frau hat mich vorige Woche besucht und mich vorgestern zum Abendessen eingeladen, wo General Schöler auch war nebst Gattin und Kindern; dieser lange Mann ist auch sehr länglich in seinen Reden, und man machte da viel Sonnenschein mit den Gesichtern.

Lasse nur alle Butter verkaufen, die mir nicht nötig, denn sie gilt hier wahrscheinlich nicht mehr wie dort. Die Eier hab ich zu 17 gr. verkauft im Schock. Adieu, behalte mich lieb und erwarte Dir, daß Deine Kinder Dich einst glücklich machen; sie werden gewiß alle gut und brav. Und hab Nachsicht mit meinen Schwächen und Rücksicht auf meinen besten Willen, und mache Dir keine Sorgen, denn sie sind gut besorgt, und reise ja noch jetzt in die sächsische Schweiz, es würde mich grämen, wenn Du Dir etwas dieser Art zu gewähren vermagst und es nicht tun wolltest. Du bist Dir' s schuldig, da Du selbst weißt, wieviel Genuß

Leib und Seele dabei hat; mache mich so glücklich, mir zu schreiben, daß Du Dir diese Freude machest.

Behalte mich lieb

Bettine

Bettina an Arnim

26. März 1826

Lieber Arnim,

soeben habe ich Deinen Brief erhalten. [...] Was nun das Geld anbelangt, so hab ich mir von Savigny welches von dem meinen geben lassen, um das letzte Quartal zu bezahlen, denn mit 84 Taler Staatsschuldschein kann ich nicht 100 Taler Miete bezahlen; mit den andern 80 Talern, die Du mir hier gelassen und die auf 30 zusammengeschmolzen, werde ich ohnedem die Lohngelder der Domestiken und das Ziehen nicht bestreiten. Wenn ich hier einen Platz hätte, wo ich das nötige Geld aufnehmen könnte, das täte mir sehr wohl; indessen lasse ich mir alle Unbequemlichkeit gefallen, lebe so lang Gott will, und sterbe zu rechter Zeit, wo es am Ende einerlei ist, wie man sich durchgeplackt hat; viel schwerer ist es, im Getümmel aller verkehrten Lebensanstalten sich selber nicht zu verlieren oder sich nicht hinreißen zu lassen zu allen Verkehrtheiten, wozu ich auch die rechne, daß man mit solchem Eifer für manches leibliche Bedürfnis sorgt, daß man der Seele oder dem Gemüt aufs Maul schlägt, wenn es einmal muckst und auch etwas verlangt, oder sich selbst so abspannt, daß man nichts mehr verlangt, als was der zufällige Tag mit sich bringt, und nicht ein Glied rühren mag nach etwas Freude und Neues-Leben-geben-dürfen; ich sage Dir dies hier, weil es doch möglich wär, daß Savigny noch über Wiepersdorf käme, um Dich zu einer Reise vielleicht nach Kassel zu engagieren und 10 wollt ich gegen 1 wetten, Du es aus lauter Philisterei abschlügest. Ich habe es nicht zu einem geringsten Kummer anzuschlagen, daß Du aus einem freien, mutigen Staats- und Freudenpferd einen schlechten Ackergaul aus Dir machst und Dir nichts gönnst, was Dir am wesentlichsten ist. Nun will ich Dir meine ganze Intrigue mitteilen: ich suche schon die ganze Zeit Savigny zu bewegen, über Wiepersdorf zu reisen, damit Du bewogen werdest, mit ihm zu gehen; ich sage ihm, daß Du große Lust habest, mit ihm nach Kassel zu reisen; nun kann es sehr möglich sein, daß Du aus dummen Gründen Dir diese Freude mißgönnest, die Du Dir und den Freunden schuldig bist; der eine Grund besteht darin, daß es Dir zu entfernt ist, welcher Grund doch dadurch, daß Du ein paar Poststationen weiter reisest ganz gehoben wird, der zweite Grund ist daß Du sagen wirst: bin ich so weit, so möchte ich auch wohl weiter reisen, und da ich dies nicht kann, so lasse ich es lieber ganz bleiben. Dieser Grund, den ich bei Dir zu meinem Ärger schon mehrmals wirksam gefunden, ist ganz dumm; der dritte Grund sind die Kinder, die jetzt dort sind. Wenn Du dem Kampz eine Spezialaufsicht aufträgst, so wüßte ich nicht, was sie groß dadurch entbehrten; wenn Du nur voraus bestelltest, daß sie zu rechter Zeit wieder hergeschickt werden, nebst allem Küchenvorrat, den ich diesmal sehr schnell, bis aufs Brot zu Geld gemacht habe.

Adieu – Gott gebe Dir gute Lebegedanken, die Deine Seele erheben zu Genuß und Lust.

Bettine

Arnim an Bettina

Wiepersdorf, d. 11. Mai 1827

Liebe Bettine!

Die Zeit vergeht schnell in dem blühenden, singenden Garten, dabei vielerlei zu tun an allen Orten, so kommt's, daß ich erst heute schreibe. Meine Umreise über Potsdam ward reichlich belohnt, ich bedauerte, daß Du mein Anerbieten nicht angenommen hattest, bis dahin mitzugehen. In Sanssouci unzählige Nachtigallen, ein neuer schöner Garten als notwendiger Zusatz und das zierliche kleine Schlößl des Kronprinzen fast beendigt und meines Wissens nach Schinkels Zeichnung. Wie er drin Platz haben will und kann, was kümmert mich das (ein Stockwerk und nur drei Fenster auf jeder Seite) vielleicht wohnt sein Hofstaat im neuen Schlosse; aber der Garten ist mit viel Einsicht angelegt, der Vorplatz mit den Säulen zur Weinlaube gar reizend, sag dem Schinkel in meinem Namen viel Ehrendes. Auch eine neue Unteroffizierschule ist im Bau, die ihm alle Ehre macht. Zur rechten Zeit sprach ich den Präs. Bassewitz dort, der mir erzählte, wie ich einen neuen Wahltag zur endlichen Gewinnung eines Landrats anstellen sollte, was denn auch auf morgen ausgeschrieben ist. Hätte mich das nicht abgehalten, so wäre ich nach Machern zum Bockskauf und auch auf einen Tag nach Leipzig gereist. An der Elbe war ich wegen Pferdekauf und sah die Zerstörung der Deichbrücke. Die menschliche Betriebsamkeit hatte die verdorbenen Saaten schon wieder durch andere ersetzt, ehe noch die Deiche erhöht und geschlossen waren, ein starker Regen, und es steht alles wieder unter Wasser, das selbst in die Stuben der Leute drang. Und doch gebe ich willig meinen sichern Grund und Boden gegen die schwellende Fruchtbarkeit jener reichen Auen hin.

Über die Kinder, wie sich besonders der Siegmund und der Kühnemund in der Schule machen, lasse sie ausführlich selbst schreiben. Die Briefe können mit dem Wagen hieher gelangen, den ich nächstens schicke, sobald es die Saatzeit irgend erlaubt. Aber schreibe mir auch recht bald darüber durch die Post.

Mit dem Wagen schicke doch auch die Einlette der Betten, welche Du wolltest nähen lassen, oder insofern Du keinen Näher hast, so schicke sie zugeschnitten, so mag August nähen.

Wolltest Du selber kommen, wie Du einmal Lust hattest, so müßte wenigsten für eine Aufsicht bei den Kindern gesorgt werden, freilich da weiß ich niemand. Versäumen dürfen sie jetzt nicht, es ist hohe Zeit, daß sie endlich ihre Zeit zu nutzen lernen. Schreib mir von Savigny etwas Neues, ich küsse Dich tausendmal, so auch die Kinder.

Achim Arnim

Arnim an Bettina

Wiepersdorf, d. 7. Mai 1828

Liebe Bettine!
Ich habe seit der Abreise von Berlin keine Nachricht von Dir und den Kindern. Vorgestern schrieb ich deswegen über Jüterbog; über Dahme hatte ich Dir am 23ten einen Brief mit 80 rh gesendet. Ich habe nur noch Erfindung für allerlei mögliches Unglück und bin beständig dadurch gestört. Du erhältst, was sich jetzt zusammenbringen ließ; selbst durch zwei Stuten, die gefohlt haben, bin ich in meinen Sendungen beschränkt und kann diesmal nur 2 Pferde vorspannen. Das Hühnervieh und die Enten legen jetzt, Puten sollen brüten. Ich denke, daß 4 Bibeln angekommen sind von Dümmler, 2 Basler sind für Freimund und Siegmund bestimmt, die beiden Hallischen für Friedmund und Kühnemund. Ermahne recht ernstlich den Kühne zur Ordnung, er hat von allen die meiste Unbesonnenheit.

Mein Bauwesen in Bärwalde beschäftigt mich jetzt sehr, ich tue es wahrlich nicht zum Vergnügen, aber die Stallung läßt sich mit allem Stützen nicht mehr halten, und ich besorge, daß ein Sturm mein Vieh zusammenschlagen kann. Da muß ich auf und nieder, nach allen Richtungen, um das Richtigste auszumitteln, ich kann mich wohl dem Archimedes vergleichen.

Aber der Mai wirkt noch in seltsamen Träumen, und so erfreute mich diese Nacht eine treffliche Musik, viel schöner als die Kantate auf Dürer, die Spielerin aber, gewiß eine Muse, geigte mit einem gewöhnlichen Violinbogen auf einer sehr faltenreich eingeknifften Halskrause, vier Stimmen sangen dazu und der Clemens riß allerlei Witze; die Lieder waren alle von mir, und zwar war es sehr merkwürdig, während ich sie sagte, sangen jene alle gleich vierstimmig. Zelter zog schon im voraus die Augenbrauen, schlug den Takt, und während die Leute sangen schrien sie zugleich, daß sie sich erstaunlich gut amüsierten.

Noch muß ich erwähnen, daß Du den Kalbskopf ja sogleich abkochen läßt, wie er ankommt, er verdirbt sonst.

Spargel war heut so wenig, daß Du für 2 Groschen in Berlin Dir denselben Genuß verschaffen kannst.

Über meine Badereise bin ich mit mir selbst noch nicht einig, in jedem Fall würde ich für den Juli nicht fortkommen und wähle vielleicht als das Wohlfeilste eins der schlesischen Bäder.

Ich küsse Dich und Heiderlitzchen und die andren Kinder. Der Himmel erhalte Euch gesund.

A. Arnim

Bettina an Arnim

28. August 1829 [abgeg.]

Lieber Arnim,
Du solltest mich nicht so lange ohne Antwort lassen, es peinigt mich manche Stunde in die Nacht hinein, daß ich nicht weiß, wie Dir's geht. Ich denke immer, daß Dich Erntegeschäfte so sehr in Beschlag nehmen, daß Du meiner vergissest und auch des Geldes, was ich bedarf, Du bist jetzt schon über 2 Monate abwesend und noch weiß ich nicht einmal, wann ich auf Dich rechnen kann. Die arme Giesel hat wirklich ein Schicksal wie eine arme Waise, wenn ich doch auf die Zukunft rechnen könnte, daß Du in etwas mehr der Familie zuteil würdest; über Dein Baden habe ich auch gedacht und gesprochen, ich habe garnicht gewußt, daß es so notwendig und allgemein bekannt ist, daß man Aachen zwei Jahr hintereinander brauchen muß, und zwar um dieselbe Zeit, weil man sonst gerade um diese Zeit den Gichtanfall – wie es bei Dir eingetroffen – bekommt; schreibe mir, ob Du noch baden wirst, vielleicht in Wiesbaden; dann will ich Deine Abwesenheit gern noch ertragen. Auf alle Fälle sei nicht so ängstlich, das Bad nur kurze Zeit zu brauchen, sondern wirklich ordentlich bis auf die letzte Stunde, wo Dirs nützlich sein kann. Warum willst Du nach Teplitz gehen, wo Du Langweile haben wirst, und nicht lieber dahin, wo Du Freunde findest; wenn ich Dirs nur begreiflich machen könnte, daß Du Dich an Dir selbst versündigst, indem Du alle Deine höheren Bedürfnisse Dir als Luxusartikel versagst, da doch alles Andere Luxusartikel ist, eher als das, was dein Gemüte zusagt, und dem Geist wohl bekömmt und dem Körper zugleich, und Dir bekömmt es allemal wohl, wenn Du reisest, und denen, zu denen Du gehest, auch. –

Reimer hat gestern seines 25jährigen Sohnes Hochzeit gehalten, zwei seiner Töchter sind auch Bräute, und so wird bald das kindervolle Haus leer werden. Neues kann ich Dir nicht sagen, die Giesel hockt mir den ganzen Tag auf dem Rücken; daß ich abends ganz müde und früh zu Bett gehe und wenig Menschen sehe. Gestern war ich bei Schleiermachers zufällig, es wurde der Fischer ihr Geburtstag gefeiert, sie hat eben das Quartier verlassen müssen und ist nun unten mitsamt ihrer Bedienung ins Quartier geplumpt, das ohnedem voll genug ist. Ich ging früh weg; Schleiermacher seufzte schwer über die Last des Lärm und Durcheinanderrennens und sagte mir leise: Gott weiß, wie nötig mir die Ruhe war, aber im Schlafzimmer wird Braten aufgeschnitten, da muß ich warten, bis die Gäste abgefertigt sind, in meinen späten Tagen bin ich wie ein Kind, das durch tolles Treiben aus dem Schlaf geweckt wird und vor Betäubung vergißt zu schreien.

Adieu, lieber Arnim, die Savigny steht da und will mich mitschleppen, ich hoffe, Du lässest mich nicht lange ohne Antwort und ohne Geld, ich habe zwar etwas aufgenommen, es ist schon wieder alle. Ich küsse Dich und im Glauben an Deine Gesundheit fühle ich mich erleichtert.

Bettine

Sarah Kirsch

Wiepersdorf

1
Hier ist das Versmaß elegisch
Das Tempus Praeteritum
Eine hübsche blaßrosa Melancholia
Durch die geschorenen Hecken gewebt

2
Hinter Jüterbog öffneten sich
Der erste, der zweite Himmel, ließen herab-
Strömen, was sich gesammelt hat, siehe
Es wurde ein mächtiger blasenschlagender
Landregen draus, es goß sogar Schwefel.
Später in Wiepersdorf, als zwischen zwei
Windhosen die Möglichkeit war sich zu ergehen
Das liebe freie Land
Recht ins Auge zu fassen, war Freude
Freude. Die schönen Fenster im Malsaal
Öfters sechs mal vier kleine Scheiben, die Flügel
Von zierlichen Knebeln gehalten. Innen
Bizarres altes schlängelndes zipfelbemütztes
Kakteengewirr, außen
Maifrischer Park.
Die Steinbilder lächeln – ich ging
Gleich bis zum Zeus, der hielt den Blitz an der Stelle
Wo der Park mit dem Wald schläft. Englischer Rasen
Den bläuliches Waldgras verstrickt hat, es reckt
Noch ein Fliederbusch wirklich!
Vergißmeinnichtblaue Finger zum Himmel und
Selbstverständlich Unmassen Vögel ringsum
In Büsche und Bäume geworfen. Ich staunte
Vor Stunden noch enge im Hochhaus
In der verletzenden viereckigen Gegend, nun
Das – ich dachte bloß noch: Bettina! Hier
Hast du mit sieben Kindern gesessen, und wenn
Landregen abging
Muß es genauso geklappert haben Ende Mai
Auf die frischgespannten Blätter – ich sollte
Mal an den König schreiben

5
Ehrwürdiges schönes Haus
Mit dem zwiefachen Dach – doppelt
Allein bin ich da und dem Wetter, dem hellen
Dem knatternden Hagel, so mildem Mond
Ausgesetzt. Auch ich gedenke
Der rührenden Zeit, als fast eines Bruders
Zärtliche Hand mich morgens geweckt hat und fröhlich
Ein Tag der Zwilling des vorigen war. Was bin ich
Inzwischen umhergefahren. Und eifrig
War ich bemüht, Apollon zu fassen und gleichfalls
Ein hübsch klopfendes menschliches Herz erbeuten -
Vergebens. Deshalb
Hab ich nur mich, einen winzigen Knaben und die sich mehrende
Anzahl der Jahre und hin und wieder
Schön schwimmendes Wolkengetier

9
Dieser Abend, Bettina, es ist
Alles beim alten. Immer
Sind wir allein, wenn wir den Königen schreiben
Denen des Herzens und jenen
Des Staats. Und noch
Erschrickt unser Herz
Wenn auf der anderen Seite des Hauses
Ein Wagen zu hören ist.

Sarah Kirsch, geb. 1935, lebte seit 1968 in (Ost-)Berlin. Nachdem sie eine Erklärung gegen die Ausbürgerung Wolf Biermanns unterschrieben hatte, ging sie 1977 in den Westteil der Stadt. Seit 1983 wohnt sie in Schleswig-Holstein. In Wiepersdorf war sie im Mai 1973.

Günter Eich

Wiepersdorf, Die Arnimschen Gräber

Die Rosen am Verwildern,
verwachsen Weg und Zaun, –
in unverwelkten Bildern
bleibt noch die Welt zu schaun.

Tönt doch das Unkenläuten
zart durch den Krähenschrei,
will es dem Ohr bedeuten
den Hauch der Zauberei.

Umspinnt die Gräberhügel
Geißblatt und Rosendorn,
hört im Libellenflügel
des Knaben Wunderhorn!

Die Gräser atmen Kühle
im gelben Mittagslicht.
Dem wilden Laubgefühle
versank die Stunde nicht.

Schloß Wiepersdorf,
Bleistiftzeichnung aus
dem 19. Jahrhundert

Im Vogelruf gefangen,
im Kiefernwind vertauscht
der Schritt, den sie gegangen,
das Wort, dem sie gelauscht.

Dem Leben, wie sies litten,
aufs Grab der Blume Lohn:
Für Achim Margeriten
und für Bettina Mohn!

Nicht unter Stein und Ranke
schläft oder schlägt ihr Herz,
ein ahnender Gedanke
weht her von anderwärts.

Verstummen uns die Zeichen,
wenn Lurch und Krähe schwieg,
hallt aus den Sternbereichen
die andere Musik.

Günter Eich (1907–1972) wurde in Lebus auf der östlichen Oderseite geboren. Erstveröffentlichung: Die Gegenwart. Eine Halbmonatszeitschrift. (Freiburg) 1 (1946), Nr. 20/21 (Oktober).

Peter Huchel

Wiepersdorf

Wie du nun gehst im späten Regen,
der Mond und Himmel kälter flößt
und auf den laubverschwemmten Wegen
den Riß in die Gespinste stößt,
flammt über Tor und Efeumauer,
die Gräber wärmend, noch ein Blitz.
Und flatternd schreit im hellen Schauer
das düstre Volk am Krähensitz.

Dann ist es still. Der Teich der Unken,
das schuppiggrüne Algenglimmen
tönt klagend nur und dünn und hohl,
metallner Hall in Nacht versunken.

Wo gingt ihr hin? – Geliebte Stimmen,
unsterbliche, wo seid ihr wohl?

Den Anlaß zu Peter Huchels (1903–1981) Wiepersdorf-Gedicht lieferte, wie auch für dasjenige Günter Eichs, ein gemeinsamer Ausflug der Freunde Eich, Huchel und Eberhard Meckel Mitte der dreißiger Jahre nach Wiepersdorf.

Heinrich von Kleist

Mutwille des Himmels

Eine Anekdote

Der in Frankfurt an der Oder, wo er ein Infanterieregiment besaß, verstorbene General Dieringshofen, ein Mann von strengem und rechtschaffenem Charakter, aber dabei von manchen Eigentümlichkeiten und Widerlichkeiten, äußerte, als er, in spätem Alter, an einer langwierigen Krankheit, auf den Tod darniederlag, seinen Widerwillen, unter die Hände der Leichenwäscherinnen zu fallen. Er befahl bestimmt, daß niemand, ohne Ausnahme, seinen Leib berühren solle; daß er ganz und gar in dem Zustand, in welchem er sterben würde, mit Nachtmütze, Hosen und Schlafrock, wie er sie trage, in den Sarg gelegt und begraben sein wolle; und bat den damaligen Feldprediger seines Regiments, Herrn P..., welcher der Freund seines Hauses war, die Sorge für die Vollstreckung dieses seines letzten Willens zu übernehmen. Der Feldprediger P... versprach es ihm: er verpflichtete sich, um jedem Zufall vorzubeugen, bis zu seiner Bestattung, von dem Augenblick an, da er verschieden sein würde, nicht von seiner Seite zu weichen. Darauf nach Verlauf mehrerer Wochen, kömmt, bei der ersten Frühe des Tages, der Kammerdiener in das Haus des Feldpredigers, der noch schläft, und meldet ihm, daß der General um die Stunde der Mitternacht schon, sanft und ruhig, wie es vorauszusehen war, gestorben ist. Der Feldprediger P... zieht sich, um seinem Versprechen getreu, sogleich an, und begibt sich in die Wohnung des Generals. Was aber findet er? – Die Leiche des Generals schon eingeseift auf einem Schemel sitzen: der Kammerdiener, der von dem Befehl nichts gewußt, hatte einen Barbier herbeigerufen, um ihm vorläufig, zum Behuf einer schicklichen Ausstellung, den Bart abzunehmen. Was sollte der Feldprediger unter so wunderlichen Umständen machen? Er schalt den Kammerdiener aus, daß er ihn nicht früher herbeigerufen hatte; schickte den Barbier, der den Herrn bei der Nase gefaßt hielt, hinweg, und ließ ihn, weil doch nichts anders übrigblieb, eingeseift und mit halben Bart, wie er ihn vorfand, in den Sarg legen und begraben.

Womöglich stammt die Geschichte aus der Kleistschen Familienüberlieferung. Mit dem Feldprediger P... ist der Frankfurter Regimentspfarrer Karl Samuel Protzen (1745–1817) gemeint, der spätere Oberpfarrer an der Marienkirche, von dem Kleist am 27. Oktober 1777 die Taufe empfangen hatte. General Bernhard Alexander von Dieringshofen war im Jahr zuvor in Frankfurt (Oder) verstorben. Die Anekdote erschien zuerst in den »Berliner Abendblättern« vom 10. Oktober 1810.

Heinrich von Kleist

Der verlegene Magistrat

Eine Anekdote

Ein H...r Stadtsoldat hatte vor nicht gar langer Zeit, ohne Erlaubnis seines Offiziers, die Stadtwache verlassen. Nach einem uralten Gesetz steht auf ein Verbrechen dieser Art, das sonst, der Streitereien des Adels wegen, von großer Wichtigkeit war, eigentlich der Tod. Gleichwohl, ohne das Gesetz, mit bestimmten Worten, aufzuheben, ist davon seit vielen hundert Jahren kein Gebrauch mehr gemacht worden: dergestalt, daß statt auf die Todesstrafe zu erkennen, derjenige, der sich dessen schuldig macht, nach einem feststehenden Gebrauch, zu einer bloßen Geldstrafe, die er an die Stadtkasse zu erlegen hat, verurteilt wird. Der besagte Kerl aber, der keine Lust haben mochte, das Geld zu entrichten, erklärte, zur großen Bestürzung des Magistrats: daß er, weil es ihm einmal zukomme, dem Gesetz gemäß, sterben wolle. Der Magistrat, der ein Mißverständnis vermutete, schickte einen Deputierten an den Kerl ab, und ließ ihm bedeuten, um wieviel vorteilhafter es für ihn wäre, einige Gulden Geld zu erlegen, als arkebusiert zu werden. Doch der Kerl blieb dabei, daß er seines Lebens müde sei, und daß er sterben wolle: dergestalt, daß dem Magistrat, der kein Blut vergießen wollte, nichts übrigblieb, als dem Schelm die Geldstrafe zu erlassen, und noch froh war, als er erklärte, daß er, bei so bewandten Umständen, am Leben bleiben wolle.

Die Anekdote erschien zuerst am 4. Oktober 1810 in Kleists »Berliner Abendblättern«. Vermutlich stellt sie die von Kleist vorgenommene Bearbeitung eines Textes dar, der von Achim von Arnim für die »Abendblätter« geliefert worden war. Arnim erzählt die gleiche Episode im »Preußischen Correspondenten« vom 31. Januar 1814 und löst dabei die Abkürzung der Stadt (»Hamburg«) auf.

Heinrich von Kleist

An die Königin von Preußen

Sonett

Erwäg' ich, wie in jenen Schreckenstagen,
Still deine Brust verschlossen, was sie litt,
Wie du das Unglück, mit der Grazie Tritt,
Auf jungen Schultern herrlich hast getragen,

Wie von des Krieges zerrißnem Schlachtenwagen
Selbst oft die Schar der Männer zu dir schritt,
Wie, trotz der Wunde, die dein Herz durchschnitt,
Du stets der Hoffnung Fahn' uns vorgetragen:

O Herrscherin, die Zeit dann möcht' ich segnen!
Wir sahn dich Anmut endlos niederregnen,
Wie groß du warst, das ahndeten wir nicht!

Dein Haupt scheint wie von Strahlen mir umschimmert;
Du bis der Stern, der voller Pracht erst flimmert,
Wenn er durch finstre Wetterwolken bricht.

Das Sonett ist die dritte Fassung eines Gedichts, das Kleist der Königin Luise aus Anlaß ihres Geburtstages am 10. März 1810 gewidmet hat. Am 19. März 1810 schreibt er seiner Schwester Ulrike: »Ich habe der Königin, an ihrem Geburtstag, ein Gedicht überreicht, das sie, vor den Augen des ganzen Hofes, zu Tränen gerührt hat; ich kann ihrer Gnade, und ihres guten Willens, etwas für mich zu tun, gewiß sein.«

Heinrich von Kleist

Abschiedsbrief an seine Schwester

An Fräulein Ulrike von Kleist Hochwohlgeb. zu Frankfurt a. Oder

Ich kann nicht sterben, ohne mich, zufrieden und heiter wie ich bin, mit der ganzen Welt, und somit auch, vor allen anderen, meine teuerste Ulrike, mit Dir versöhnt zu haben. Laß sie mich, die strenge Äußerung, die in dem Briefe an die Kleisten enthalten ist, laß sie mich zurücknehmen; wirklich, Du hast an mir getan, ich sage nicht, was in Kräften einer Schwester, sondern in Kräften eines Menschen stand, um mich zu retten: die Wahrheit ist, daß mir auf Erden nicht zu helfen war. Und nun lebe wohl; möge Dir der Himmel einen Tod schenken, nur halb an Freude und unaussprechlicher Heiterkeit dem meinigen gleich: das ist der herzlichste und innigste Wunsch, den ich für Dich aufzubringen weiß.

Dein Heinrich

Stimmings bei Potsdam,
d. – am Morgen meines Todes

(Wirt »Zum Stimming«)

Bericht über die letzten Stunden Heinrich von Kleists und Henriette Vogels

Ich heiße Johann Friedrich Stimming, bin 45 Jahr alt, lutherischer Confession, und Besitzer dieses Gasthofes.

Zur Sache.

Es kamen am Mittwoch, den 20ten huj. Nachmittags zwischen 2 u. 3 Uhr zwei mir unbekannte Personen, ein Herr, und eine Dame, mit einem Lohnkutscher von Berlin gefahren, u. stiegen in meinem Gasthofe ab.

Auf ihr Verlangen mußten ihnen zwey Zimmer im obern Stockwerke des Hauses eingerichtet werden, weil sie ihrer Aussage nach, noch die Ankunft einiger Fremden abwarten wollten. Sie bestellten Kaffee, erhielten solchen, und gingen beyde, nachdem sie ihn verzehrt, gemeinschaftlich aus, anscheinend spatzieren. Ihren Weg richteten sie von hier nach Berlin, über die Wilhelms Brücke, doch kann ich nicht sagen, wo sie hingegangen. Sie blieben über eine Stunde aus. Nach ihrer Rückkunft lohnten sie den Kutscher ab, der nach Berlin zurückfuhr. Der Name desselben, so wie der Eigenthümer des Fuhrwerks ist mir unbekannt. Sie verlangten demnächst Abendbrod, erhielten solches, und verblieben beide auf ihren resp. Zimmern. Ob sie zusammen geblieben, oder jeder sich auf seinem Zimmer aufgehalten, ist mir zwar nicht genau bekannt, jedoch weiß ich, daß beide die ganze Nacht aufgeblieben. Sie verlangten am Abend 4 Lichter, im gleichen Schreibzeug, und sowohl ich als meine Hausgenossen haben sie noch spät in der Nacht in den Zimmern umhergehen horen, und auch gesehen. Um 4 Uhr Morgens am Donnerstag früh, verlangten beide jedoch nur eine Portion Caffe, der ihnen gereicht wurde, und um 7 Uhr Morgens abermals eine. Ich vermuthe, daß sie während der Zeit etwas geruht haben, denn gleich darauf mußte mein Dienstmädchen die Dame, welche entkleidet gewesen, anziehen helfen. Der Herr kam indeß herunter, fragte nach der Rechnung, ging dann wieder nach oben, und nachdem mein Dienstmädchen ihnen solche gebracht, kamen beide herunter. Meine Ehefrau fragte sie, ob sie nicht Mittagessen begehrten, sie verneinten dies aber, nahmen aber ein Paar Tassen Bouillon an. Hiernächst ließ der unbekannte Herr sich erkundigen, ob nicht ein Bote vorhanden wäre, der einen Brief nach Berlin tragen könnte. Ich gestellte einen dergl., der zwischen Mittags 11 und 12 Uhr von hier fortging. Hiernächst gingen beide ab und zu, vor dem Hause spatzieren, und unterhielten sich zwischen 2 u. 3 Uhr sehr freundschaftlich mit mir. Beyde ließen hierbey nicht die geringste Unruhe, Furcht oder Betrübniß blicken, sondern erkundigten sich nach den Environs, nach der Pfauen Insel, ob man nach der zunächst gelegenen Insel gelangen könne, ob da Leute wohnten, und dergl. Ich ertheilte Auskunft, fragte, ob sie nicht dorthin spazieren wollten, und gab ihnen die Anweisung, wie sie dorthin gelangen könnten. Sie erklärten, aber diesen Spatziergang nicht machen zu wollen, verlangten vielmehr Caffee, und erkundigten sich wiederholentlich, und dem Anschein nach sehr angelegentlich, ob der Bote mit dem Briefe nun wohl in Berlin seyn könnte. Es war 3 Uhr, und ich erwiederte, daß der Bote zwischen 3 u. 4 Uhr gewiß in Berlin eintreffen könnte. Zugleich bestellten sie Abendessen für zwey Herren, die noch aus Berlin eintreffen würden. Sie gingen hiernächst abermals fort, und hinterließen, daß ihnen der Caffee nachgebracht werden sollte. Meine Ehefrau wunderte sich zwar hierüber, daß die Herrschaften an einem kalten Wintertage den Caffe im freyen verzehren wollten, wir hatten indeß nichts Arges und schickten die Ehefrau des Tagelöhners Riebisch hinter ihnen her, indem wir sie noch vom Hause aus am See sehen konnten, wo beide umhersprangen, und Steine in das Wasser warfen.

Die Riebisch kam gleich zurück, und sagte, daß die Herrschaften einen Tisch und zwey Stühle verlangt hatten. Diese schickte ich durch den Tagelöhner Riebisch, und dessen Ehefrau hin. Der Riebisch ist gleich zurück gegangen; die verehl. Riebisch aber dort geblieben. Noch ehe beide Fremde den Caffe verzehrt hatten, schickten sie die p. Riebisch abermals fort, und verlangten zu wissen, was sie für den Caffee schuldig wären.

Ich ließ ihnen durch dieselbe zurücksagen, daß das nichts ausmache, da sie noch nicht abreißten, und sich wohl finden würde. Nachdem ihnen die Riebisch dies bekannt gemacht, ist sie nach ihrer Angabe von der Dame aufgefordert worden, das Caffezeug zurückzutragen, eine Obertasse, worinn sie die Bezahlung für den Caffee gelegt, rein auszuwaschen und wieder zurück zu bringen. Die Riebisch nimmt den Tassen-Kopf, und hat sich von der Heide bis zur Chaussée entfernt, als sie einen Schuß fallen hört. Sie glaubt, daß die Herrschaften einen Scherz treiben, geht fort, und kömmt ungefähr bis an die Wilhelms Brücke, also 60 Schritt weiter, als sie einen zweiten Schuß fallen hört. Ohne etwas zu ahnden, geht sie fort, kam hier ins Haus, und ging, nachdem die Tasse verlangtermaßen, gereinigt worden, wieder zurück. Bald kömmt sie aber zurückgestürzt, und eilt in ein ihr mir gegenüber liegendes Haus, wo sie denn erzählt, daß sie beide Fremde todt liegen gesehen.

Weil meine Geschäfte es nicht erlaubten, mich von Hause zu entfernen, so ging erst meine Ehefrau nebst Dienstmädchen, und nach ihrer Zurückkunft, ich selbst hinüber. Die beyden Fremden, welche eben dieselben waren, die bey mir logirt hatten, fand ich auf dem Hügel, der an der Machenow u. Heinersdorfschen Heide, und zwar auf Machenofschen Boden, hart an der kleinen Wannsee liegt, von dem man die Aussicht auf den See, und auf die Chaussée nach meinem Hause hat, u. zwar in einer kleinen Grube, die ungefähr 1 Fuß tief ist, und 9 Fuß in Umfang hat, und zwar Fuß an Fuß, die Dame aber rückwärts über liegend, und den Herrn vor ihr sitzend, auch rückwärts über liegend. Der Herr soll früherhin zwar gesessen, mit dem Kopf aber nach vorne herüber, und mehr auf der lincken Seite auf dem Rand der Grube gelegen haben. Den Verstorbenen aber hatte der Tagelöhner Riebisch ohne ihn aus seiner Stellung zu verrücken, blos aufgerichtet, und mit dem Ober Körper, und zwar auf den Rücken auf die Erde gelegt. Ich stellte sogleich zwey Wächter dabey, welche Achtung gegeben, daß Niemand die Leichen berührt hat, und machte eine Anzeige an das Policey Directorium in Potsdam. Da wir die von den Fremden bewohnten Zimmer verschlossen fanden, so hat der Tagelöhner Riebisch in meiner Ehefrau Gegenwart in des Herrn Tasche fassen müssen, und auch sogleich meinen Schlüssel und einen Drücker gefunden, u. herausgenommen. Bei geschehener Nachsuchung auf den Zimmern fand sich nichts, als auf dem Zimmer der Dame ein kleines hölzernes Kästchen ungefähr eines Fußes lang, und in dem Zimmer des Herrn, ein kleines Felleisen beide versiegelt. Diese Sachen, so wie die beide vorgefundenen Pistolen, haben ich den um 7 Uhr Abends eingetroffenen Herrn Rendanten Vogel, und Krieges Rath Peguilhen wovon der erstere sich für den Ehegemal der entleibten Dame ausgab, ausgehändigt.

Weiter ist mir aus eigener Wissenschaft nichts bekannt. Ich habe wie ich bereits angegeben, nicht den leisesten Verdacht oder eine Ahndung gehabt, daß die beiden Fremden, den hernach executirten Vorsatz haben könnten, indem sie, so oft ich sie zu sehen, und mit ihnen zu sprechen Gelegenheit gehabt, nicht das Mindeste bemerkt, was irgend darauf hindeuten könne. Das Aufbleiben in der Nacht vom Mittwoch zum Donnerstag, fiel mir zwar auf, um so mehr da die Fremden, welche sie ihrer Behauptung nach erwarten wollten, nicht eintrafen, da sie indeß am Donnerstag früh einen Brief nach Berlin schickten, glaube ich, daß sie vielleicht einen Grund hätten, ihren Auffenthalt zu verheimlichen. Beyde Personen haben übrigens auch gegen keinen meiner Leute etwas von ihrem Vorsatz geäussert oder solches merken lassen.

Meine Aussage ist der Wahrheit gemäß.
prael. rath. et subs.
Stimming

Der Bericht über die Umstände von Kleists und Henriette Vogels Tod wird nach dem Vernehmungsprotokoll »Johann Friedrich Stimming, Stimmings bei Potsdam, 22.11.1811« wiedergegeben. Der Eintrag im Stahnsdorfer Kirchenbuch lautete: »Am 21sten November 1811 erschoß in der Machnowschen Heide nahe an der Berliner Chaussee Bernd Heinrich Wilhelm von Kleist die Ehefrau des General-Rendanten der Chur-Märkischen Land-und Feuer-Soceität und Landschafts-Buchhalters Friedrich Ludwig Vogel, Adolfine Sophie Henriette geb. Steber, alt 31 Jahre, und dann sich selbst in seinem 34sten Jahre. Beide sind an der Stelle, wo der Mord und Selbstmord geschah, in zwei Särge gelegt und in ein Grab gelegt worden. O tempora! o mores!!«

Ludwig Tieck

Wunder der Liebe

Liebe läßt sich suchen, finden,
Niemals lernen oder lehren;
Wer da will die Flamm entzünden,
ohne selbst sich zu versehren,
Muß sich reinigen der Sünden.
Alles schläft, weil er noch wacht!
Wann der Stern der Liebe lacht,
Goldne Augen auf ihn blicken,
Schaut er trunken von Entzücken
Mondbeglänzte Zaubernacht.

Aber nie darf er erschrecken,
Wenn sich Wolken dunkel jagen,
Finsternis die Sterne decken,
Kaum der Mond es noch will wagen,
Einen Schimmer aufzuwecken.
Ewig steht der Liebe Zelt,
Von dem eignen Licht erhellt;
Aber Mut nur kann zerbrechen,
Was die Furcht will ewig schwächen,
Die den Sinn gefangen hält.

Keiner Liebe hat gefunden,
Dem ein trüber Ernst beschieden;
Flüchtig sind die goldnen Stunden,
Welche immer den vermieden,
Den die bleiche Sorg umwunden:
Wer die Schlange an sich hält,
Dem ist Schatten vorgestellt;
Alles, was die Dichter sangen,
Nennt der Arme, eingefangen,
Wundervolle Märchenwelt.

Herz, im Glauben auferblühend,
Fühlt alsbald die goldnen Scheine,
Die es lieblich in sich ziehend
Macht zu eigen sich und seine,
In der schönsten Flamme glühend.

Ist das Opfer angefacht,
Wird's dem Himmel dargebracht;
Hat dich Liebe angenommen,
Auf dem Altar hell entglommen
Steig auf in der alten Pracht!

Mondbeglänzte Zaubernacht,
Die den Sinn gefangen hält,
Wundervolle Märchenwelt,
Steig auf in der alten Pracht!

Ludwig Tieck

Das Gedicht »Wunder der Liebe« ist 1803 entstanden. Ludwig Tieck (1773–1853) lebte 1802–1819 abwechselnd bei seinem Schulfreund Wilhelm von Burgsdorff, dem Neffen des Regierungspräsidenten von Finckenstein, im neumärkischen Ziebingen sowie in Berlin. 1842 wurde Tieck von Friedrich Wilhelm IV. nach Berlin berufen. Seitdem verbrachte er die Sommermonate bis 1850 regelmäßig in Potsdam.

Friedrich de la Motte Fouqué

Brandenburgisches Erntelied

Sommer 1810

Die Halm' und Ähren winken
Uns reich und mild.
Die hellen Sensen blinken,
Die Garbe schwillt.

Da wollen wir beginnen
Den Erntesang.
Ach! Aber mitten innen
Schallt Glockenklang!

Die Trauerglocke läutet
Vom Dorfe her.
Wir wissen, was es deutet:
Sie ist nicht mehr!

Zwei Augen ruh'n im Grabe,
So fromm und blau,
Und auf die Gottesgabe
Fällt Tränentau.

Friedrich Baron de la Motte Fouqué (1777–1843) wurde in Brandenburg auf der Dominsel geboren, wuchs in Sacrow (bei Potsdam) und in Lentzke (bei Fehrbellin) auf. Er lebte später gemeinsam mit seiner zweiten Frau, der Schriftstellerin Karoline von Rochow, auf deren Gut in Nennhausen.

Ingeborg Arlt

Der Dichter Fouqué

Ein Junge weint nicht Er wird
verschossen ins Erziehungsziel Soldat
zum Mann Ein Preußischer Offizier
(mit normannischen Vorfahren)
weint nicht Er wird
zum vorfahrenden Ritter bei Freunden
deren Häuser er Burgen nennt Ein Ritter
weint nicht Er dient den Frauen

als Vorwand zum Gespött oder als Sprungbrett
für den gesellschaftlichen Aufstieg Ein Mann
auf der Flugbahn des Poeten
verschossen ins Erziehungsziel Soldat
beschreibt
viel Papier
und wenig Leben
und weint auch dann nicht Er teilt sich

ganz mit? Das ist ein Märchen
Undine weint und weint
im Havelland am Tränensee
worauf er seinen Namen reimt
Friedrich de la Motte-Fouqué

Ingeborg Arlt, geb. 1949, lebt in Brandenburg/Havel. Das Fouqué-Gedicht ist 1999 entstanden.

Günter de Bruyn

Pastor Schmidt von Werneuchen

Als Friedrich Zelter, der Leiter der Berliner Singakademie, im Sommer 1821 zum Grafen von Itzenplitz nach Kunersdorf reiste und in Werneuchen das Wechseln der Pferde abwarten mußte, benutzte er die Gelegenheit, um den Pastor des Städtchens zu sehen. Endlich, so berichtete er brieflich dem Duz-Freund Goethe, habe er den »Sandpoeten«, der diese elende Gegend besungen habe, besuchen können, und er meinte mit dem Wort »endlich« die Zeit seit 1796, als das Werk des dichtenden Pastors von Goethe parodiert worden war.

Für Preußen waren diese fünfundzwanzig Jahre eine bewegte Zeit gewesen. Es hatte sich mühsam aus den europäischen Kriegen herausgehalten, war dann doch in sie verwickelt und besiegt und besetzt worden, hatte sich von Napoleon befreit und durch Reformen verändert – an dem dichtenden Pastor aber war das alles fast spurlos vorbeigegangen. Er war, als Goethe ihn parodiert hatte, Prediger in Werneuchen gewesen und blieb es dreiundzwanzig Jahre, bis an das Ende seine Lebens, das, glaubt man seinen Gedichten, ein ruhiges, genügsames, zufriedenes Leben war. Das gußeiserne Grabkreuz neben der Kirche, das heute noch steht, nennt Namen und Datum: Friedrich Wilhelm August Schmidt, gestorben den 26. April 1858. Sein Pfarrhaus daneben wurde 1950 abgerissen und durch ein neues ersetzt.

Als Sohn, Enkel und Urenkel von Pastoren war Schmidt 1764, im ersten Friedensjahr nach dem Siebenjährigen Krieg in Fahrland bei Potsdam, das er später in einem seiner schönsten Gedichte besang, geboren worden; doch dauerten die »süßesten Freuden der frühen Jugend« nur neun Jahre, weil der Vater starb und die Mutter mit fünf Kindern zu Verwandten in das benachbarte Döberitz ziehen mußte, das aber auch nur Durchgangsstation für ihn wurde; denn man verbannte ihn nach Berlin.

Die vorgeschriebene graue Anstaltskleidung des Schindlerschen Waisenhauses, einer privaten Stiftung in der Wilhelmstraße, die ihren Zöglingen durch Stipendien auch eine Berufsausbildung möglich machte, mußte er nun sechs Jahre lang tragen. Dann wechselte er für zwei Jahre über in die Klosterstraße, in das berühmte Gymnasium zum Grauen Kloster, in dem, unter anderen bekannten Männern, auch Karl Philipp Moritz, der Autor des Anton Reiser, sein Lehrer war. Drei Jahre studierte er Theologie in Halle und bekam 1786, als Zweiundzwanzigjähriger, seine erste, miserabel bezahlte Stellung, als Feldprediger, also Militärgeistlicher, am Invalidenhaus in Berlin.

Friedrich II., der das Invalidenhaus im Berliner Norden (an das noch heute die Invalidenstraße erinnert) vierzig Jahre zuvor hatte bauen lassen, war gerade gestorben; der lebenslustige, kunstsinnige Friedrich Wilhelm II. regierte; das Bürgertum wurde in geistigen Bereichen tonangebend; es begann die große Zeit der Klubs und Salons. Jeder, der sich im Berlin dieser Zeit einen Namen machte, gehörte zu einer dieser Gruppen und Zirkel, nur der Feldprediger Schmidt blieb als Dichter ein Einzelgänger: der Mann vom Dorf, dem die Stadt nicht behagt.

Vom Gegensatz zwischen Stadt und Land handeln fast alle Gedichte, die er seit 1787 in Zeitschriften und Almanachen veröffentlichte, ab 1793 besonders in dem von ihm mit herausgegebenen *Neuen berlinischen Musenalmanach.* Als seine Gedichte 1796 gesammelt erschienen, war darin nichts, und sei es nur indirekt, von der durch die Französische Revolution und die Teilung Polens bewegten Zeitgeschichte zu lesen, dafür aber, wie er im Vorwort sagt, von seiner persönlichen Lebensgeschichte, also vom dörflichen Paradies der Kinderjahre, von Liebe, Vermählung und Vaterfreuden und vor allem von »Sehnsucht nach ländlichem Glück«.

Zu dieser Zeit hatte er schon alles erreicht, was er wollte: 1790 war die vielbedichtete Henriette seine Frau geworden, zwei Kinder waren geboren worden (eins davon allerdings wieder gestorben), und er hatte die ersehnte Berufung aufs Land. Sein Gedicht *Abschied von Berlin*, das Anfang 1796 die *Berlinische Monatsschrift* brachte, verkündete den Lesern, daß er den Kerker der Stadt verlassen konnte und fortan sein Glück in Werneuchen finden würde, bei »Boll' und Sellerie«.

Bereut hat er diese Entscheidung wohl nie. Er lebte sein Leben so genügsam und abseitig, wie er es hatte leben wollen, und Enttäuschungen blieben ihm dabei erspart. So zufrieden war er mit dem Erreichten, daß seine poetische Kraft, die die Sehnsucht bewegt hatte, darüber erlahmte, aber da es ihm nie als erstrebenswert gegolten hatte, sich als Lohn für »sauren Fleiß« im Kupferstich »bekucken« zu lassen, nahm er auch das mit Zufriedenheit hin. Seine Gedichte der nächsten Jahre besangen nun nicht mehr ersehntes Glück, sondern genossenes; dann war sein einziges Thema erschöpft. Den 1815 erschienenen Neuesten Gedichten, die durch den frühen Tod seiner Frau ausgelöst worden waren, fehlte, wie seinen Ritter- und Schauerballaden, die naive Originalität seiner früheren Werke. Poeten, deren Ruhm kurzlebig war, hat es viele gegeben, kaum einen aber, der so wenig ruhmsüchtig war wie der weise Schmidt.

Als Zelter ihn 1821 in seiner Pfarre besuchte, schilderte er ihn Goethe als stattlich und rundlich, »mit einer Art Kohlhaupt, dem Augen und Mund eingeschnitten zu sein scheint«. Was damit gemeint ist, zeigt ein anonymes Ölporträt Schmidts, das sich in Halberstadt im Gleim-Haus befindet. Über schwarzem Pastorengewand und Baffchen sitzt ein dicker, fast runder Kopf mit fleischiger Nase und Doppelkinnansatz; die schmalen Augen blicken verschmitzt den Betrachter an. Das Lächeln, das den Mund breit macht, soll sicher Selbstgenügsamkeit ausdrücken, zeigt aber, vielleicht gegen den Willen des Malers, mehr Selbstbewußtheit mit Spuren von Eitelkeit. Wer seine Gedichte liebt, stellt ihn sich anders vor.

Daß er in den wenigen Jahren, in denen er in der Literatur präsent war, beim Lesepublikum ankam, ist anzunehmen. Dafür sprechen nicht nur die mehrfachen Auflagen, sondern auch die Zahl und die Bedeutung der Rezensenten; denn außer Goethe und Wieland gehörten auch Tieck und August Wilhelm Schlegel dazu. Der Außenseiter, so scheint es, befriedigte ein vorhandenes Lesebedürfnis, und die tonangehenden Literaten, mit Ausnahme Wielands, versuchten nachzuweisen, daß das mit unkünstlerischen Mitteln geschah. Daß Goethe, der außer der Parodie auch

Friedrich Wilhelm August Schmidt

zwei Xenien gegen ihn richtete, ihn für unbedeutend und provinziell erklärte, hat seinem Ansehen sicher geschadet, ihm aber auch den kleinen Nachruhm gesichert, den er verdient. Denn ein Name, der in Goethes Gedichten und in den Xenien vorkommt, ist für die Literaturgeschichte nicht tot.

Die meisten Kritiker der Schmidtschen Gedichte nahmen die leichten Gebilde schwerer, als man sie nehmen sollte; sie legten falsche Maßstäbe an. Schulmeisterhaft rügten sie, was sie lustig oder rührend hätten finden sollen: die Unbeholfenheit der Verse, die ungewöhnliche Wortwahl, die Naivität der Gedanken und vor allem die Gegenstände, die da besungen wurden, die Enten und Spinnen, Teiche und Disteln, die als unpoetisch empfunden wurden. Das Alltägliche, fand man, konnte kein Gegenstand der Dichtung sein.

Zu den »Gemeinheiten«, wie Tieck das nannte, gehörten auch die märkischen Wälder, Sandwege und Sümpfe; denn diese schön und poetisch zu finden, fiel sonst keinem ein. »Gewiß«, heißt es in der Jenaer *Allgemeinen Literaturzeitung* vom 5. Dezember 1797, »wenn man Sandgruppen so angenehm findet, als fruchtbare Auen, ebenso gern Unken rufen als Nachtigallen singen hört, eine Entenpfütze lieber ansieht als den Rheinfall, [...] so hat man eine Zufriedenheit mit der gemeinen Natur sehr wohlfeilen Kaufs. Allerdings [...] dürfte der Landschaftsmaler, der bloß Sümpfe, Heiden und Sandhügel darstellen wollte, ebenso wenig Liebhaber finden als ein Prediger viele Zuhörer für seine noch so erbaulichen Betrachtungen über einen Besenstiel.« Und Tieck, der in ähnlichem Sinne argumentierte, war der Meinung, daß Schmidt den »Namen eines Dichters« nur verdiente und »in der Gesellschaft der

Musen gelitten« werden könnte, wenn er es sich abgewöhnte, »alles so durcheinander schön zu finden«, wie in dem Gedicht *Die Dorfkirche*, das er als abschreckendes Beispiel wählt:

»Wie schön die Fensterscheiben, rund und düster!
Des Altars Decke, wo die Motte kreucht!
Die schwarzen Spinngewebe, die der Küster
Selbst mit dem längsten Kehrwisch nicht erreicht!
Wie schön der Todtenkränze Flittern,
Die hier gestäubt am kleinen Chore zittern!«

Daß die Kritik immer wieder auf die Gegenstände seiner Dichtungen zu sprechen kam, hatte Schmidt freilich auch selbst provoziert. Im Vorbericht zu den *Gedichten* von 1796 hatte er nämlich eine Art poetisches Programm verkündet, indem er bescheiden, wenn auch nicht ohne Stolz, behauptet hatte, daß durch ihn Neues in die Dichtung hineingekommen sei. »Der Leser verstehe mich recht, Diktion, Versbau. Bilderwahl u.s.w. in diesen Gedichten machen zwar nicht den geringsten Anspruch auf Neuheit, wohl aber die meisten Gegenstände, die ich poetisch zu bearbeiten versucht habe; und dies sind: simple, kunstlose Naturscenen. Unverschönerte, wilde, ländliche, gemeine Natur ist meine Göttin. Ich bin weit entfernt, mit irgend einem unserer Dichter von Werth mich messen zu wollen; aber das glaube ich mit Wahrheit behaupten zu können: daß selbst von schätzbaren Dichtern die Natur selten wahr kopirt worden sei. Man hat an ihrer Einfalt gekünstelt. Solche Verschönerungen wird man in diesen Blättern vermissen [...]«

Das war eine Herausforderung, die Dichterkollegen und Kritiker bereitwillig annahmen. Man nahm ihn beim Wort »Kopie«, wies ihm (wie es hundert Jahre später die Naturalisten zu hören bekamen) Vorliebe für Häßliches nach (Tieck: »Schöne Natur scheint ihm ein Aberglaube zu sein.«) – und übersah dabei völlig, daß die Gedichte den theoretischen Behauptungen des Verfassers gar nicht entsprachen. Da war doch nichts nur »kopirt«, da war doch alles »verschönert« durch Liebe des Mannes vom Lande zum Land, des Natursüchtigen zur Natur, des Märkers zur Mark. Im Prinzip unterscheiden sich Schmidts Natur und Genredarstellungen gar nicht von denen seiner berühmten Kollegen; hier wie dort dienten sie der Vermittlung von Stimmungen und Gefühlen. Daß damals, besonders von Tieck, nur »bloße Beschreibung«, bei der »Nüchternheit die Seele ergreift«, gesehen wurde, daß man »Herz« und »Gefühle« vermißte, wird heute nur noch verständlich, wenn man bedenkt, daß das Gewöhnliche des Lebens in der damaligen Dichtung das Ungewöhnliche war. Den erhabenen Gefühlen, die man in der Poesie zu finden gewohnt war, entsprachen die Alpen, der Rhein oder Italien. An deren Stelle die Jungfernheide oder die Gegend bei Potsdam zu bieten, galt (wie August Wilhelm Schlegel es ausdrücklich sagte) als anti-poetisch.

Als der verständnisvollste Rezensent erwies sich der alte Wieland. Er nahm Schmidt für das, was er war: Ein selten vorkommendes Naturtalent, das recht daran tat, die Welt gerade so darzustellen, »wie sie sich in seiner Seele abspiegelte«, und das eigne kritische Maßstäbe verdiente. »Wenn Amseln oder Grasmücken in ihrer Art lieblich singen, warum soll ich mich verdrießen lassen, daß sie keine Nachtigallen sind?«

Mehr oder weniger bewußt und verdeckt lassen manche Kritiken aber auch anklingen, wo der wirkliche Grund für die mangelnde Größe dieser Dichtungen liegt: In ihrer geistigen Begrenztheit nämlich, die bedingt ist durch den engen Horizont des Verfassers. Daß Goethes Parodie sich auf diesen Punkt konzentriert, macht sie als Kunsturteil aussagekräftiger als viele Auslassungen der Kritiker. Wenn auch die Arroganz des gebildeten Städters und weitgereisten Hofmannes, dem Einfachheit dumm, Natürlichkeit barbarisch erscheint, besonders den Liebhaber der »wilden« Natur der Mark stört, so ist doch nicht zu leugnen, daß Schmidts belächelnswerte Beschränktheit köstlich getroffen ist:

»Ob es kräftig oder zierlich
Geht uns so genau nicht an:
Wir sind bieder und natürlich
Und das ist genug getan.«

Bei aller Treffsicherheit und Schärfe des Urteils enthält Goethes Parodie, unter charakterisierender Nachahmung versteckt, auch Anerkennung für den Parodierten, der doch die Bausteine geliefert und damit einen Beitrag zum Gelingen geleistet hat. Sich zum Parodieren durch einen Größeren zu eignen, ist gewissermaßen auch ein Verdienst. Denn Farblosigkeit läßt sich nicht parodieren. Die Parodie braucht als Vorlage kräftige Eigenart, die sie dem Original dann durch ihre Güte bescheinigt. Etwas vom Geltenlassen des Grasmückengesangs schwingt deshalb auch bei Goethe mit. Daß er sich dessen bewußt war, zeigt eine Notiz, die sich in seinem Nachlaß fand:

»Schmidt von Werneuchen ist der wahre Charakter der Natürlichkeit. Jedermann hat sich über ihn lustig gemacht, und das mit Recht; und doch hätte man sich über ihn nicht lustig machen können, wenn er nicht als Poet wirkliches Verdienst hätte, das wir an ihm zu ehren haben.«

War das Preisen der märkischen Natur bei Schmidt auch neu, so überhaupt nicht das der ländlichen Glückseligkeit.

»Hier merk' ich, daß die Ruh' in schlechten Hütten wohnet,
Wenn Unglück und Verdruß nicht der Paläste schonet;
Daß es viel besser ist, bey Kohl und Rüben stehn,
Als in dem Labyrinth des Hofes irre gehn.«

So sehr diese Verse sich auch nach Schmidt von Werneuchen anhören: Gedichtet hat nicht er sie, sondern der Frühaufklärer Friedrich von Canitz aus Blumberg bei Berlin hundert Jahre vor Schmidt, und sie stehen nur hier, um zu zeigen, wie alt das Motiv schon war, das der Werneuchener Prediger immer wieder variierte. Das ganze 18. Jahrhundert hindurch war es oft bemüht worden. Albrecht von Hallers *Die Alpen* (1792) lebten von ihm genauso wie Salomon Geßners *Idyllen* (1756). Es wurde durch den Einfluß Rousseaus verstärkt, klang in Goethes *Werther* an (wo der Held als Gesandtschaftssekretär »manche Stunde in ländlichen Scenen ungemischter Glückseligkeit« verträumte), und es war auch in Voltaires *Candide* da, wenn der Titelheld am Schluß endlich Ruhe fand, indem er seinen Garten bebaute. Aus dem unmoralischen Hofleben in die Zufriedenheit schenkende Ländlichkeit flüchteten auch die Helden aus Maximilian Klingers Schauspiel *Das leidende Weib*, und zwar unter dem modern klingenden Motto: »Wir leben uns selbst.« In den Romanen war die Suche nach ländlichem Glück so verbreitet, daß ein Rezensent in Nicolais Zeitschrift *Allgemeine Deutsche Bibliothek* 1770 folgenden Wunsch vorbrachte:

»Die Neigung zur Landwirtschaft verbreitet sich in unserm ökonomischen Jahrhundert auch allmählig auf die Romanschreiber. Wenn sie doch den heilsamen Entschluß faßten, ihr Handwerk aufzugeben und selbst Landwirte zu werden!«

Diese bürgerliche Land-Schwärmerei hatte von Anfang an einen antihöfischen, antifeudalen Zug und unterschied sich dadurch von den Schäferspielen des Adels. Die ersehnte Flucht (die in der Realität selten ausgeführt wurde: Schmidt von Werneuchen ist da eine rühmliche Ausnahme!) war mehr eine vom Hofe als aus der Stadt. Sie war Ausdruck eines Protestes, der durch Rousseau dann teilweise zivilisationsfeindlich wurde, immer aber feudalfeindlich blieb. Der Tugendhafte, der tugendhaft bleiben wollte, mußte den Hof und die Residenzstadt fliehen, weil dort Korruption und Lasterhaftigkeit herrschten. Menschlichkeit und Sittlichkeit, die er suchte, fand er in einer Traum-Ländlichkeit – die traumhaft immer bleiben mußte, sollte sie ihre Aufgabe erfüllen: lichter Gegensatz zum dunklen Hofleben zu sein. Realistische Darstellung der wahren Zustände auf dem Lande hätte die Idealität, die man in diesem Zusammenhang brauchte, zerstört. Sprachlich dokumentierte sich das unter anderem darin, daß man selten den Begriff Bauer benutzte, fast nur vom Landmann und vom Landleben sprach, sozial also unkonkret blieb und damit die Assoziierung von harter Arbeit, Armut und Unterdrückung weitgehend vermied. Das armseligste Leben eines Fronbauern paßte unter solche Begriffe so gut wie das vergleichsweise privilegierte eines Landpfarrers.

Obgleich Schmidt von Werneuchen nur seiner individuellen, tiefempfundenen Land-Sehnsucht Ausdruck gab und sich der Tradition, in der er stand, kaum bewußt war, sind deren Spuren in seinen Gedichten doch sichtbar. Kritik, wenn sie überhaupt direkt vorkommt, ist immer Kritik an der Stadt, die als Residenzstadt deutlich wird: Schlösser und Parks, Orden und Bänder, Luxus und Prunk werden als finsterer Hintergrund herbeizitiert, um auf ihm die Reinheit des Landlebens leuchten zu lassen – die von keinem Schatten getrübt wird, selbst von dem schwerer Arbeit nicht, weil die ihre Schwere verliert durch die Freude, mit der man sie leistet.

Die Neuheiten, die Schmidt nach eigener Aussage, in die Dichtung einbrachte, waren tatsächlich nur die Gegenstände, nicht aber die Idyllen, zu denen er sie gruppierte. Als Dichter ländlicher Idyllen stand er nicht nur am Ende einer langen Reihe von Vorgängern, er hinkte diesen sogar hinterher. Denn in dem Jahrzehnt, in dem seine Gedichte entstanden, lag schon eine Idyllendichtung vor, die die reine Idealisierung des Landlebens überwunden hatte: die Prosa-Idyllen Jean Pauls (*Schulmeisterlein Wutz, Quintus Fixlein, Der Jubelsenior*), die keine mehr waren, weil das Glück in ihnen mühsam dem Schmerz abgerungen war, und die realistischen Idyllen von Johann Heinrich Voß, der der Darstellung von Leibeigenschaft und Fronarbeit nicht mehr aus dem Wege ging.

Voß hatte, etwa zehn Jahre vor Schmidt, auch Verse geschrieben wie diese:

»Ihr armen Städter trauert
Und kränkelt in der Stadt,
Die euch wie eingemauert
In dumpfe Kerker hat.
O wollt Ihr Freude schauen,
so wandelt Hand in Hand
Ihr Männer und ihr Frauen,
Und kommt zu uns aufs Land!«

Schmidt hatte davon nicht nur gelernt: Er hatte das auch origineller zu machen verstanden, kam aber über die Stadt-Land-Problematik selten hinaus, während Voß sich von ihr löste und tiefer in die Wirklichkeit des Landlebens eindrang. Unmittelbarkeit und lebendige Frische hatte Schmidt dem etwas trockenen Voß voraus; in der schönen Konkretheit des Details konnte er sich mit ihm messen; daß aber trotzdem auch Schmidts schönste Gedichte über Fahrland und Döberitz an die *Luise* von Voß (die in einem Ort namens Grünau spielt) nicht heranreichen, liegt daran, daß dem Werneuchener die Weite des Blickfeldes und die Gedankentiefe fehlen. Daran hat wohl auch Goethe gedacht, als er die treffende, auf Schmidt gemünzte *Xenie* schrieb:

»Das Dorf Döbritz
In *der* Art versprechen wir euch die sämtlichen Dörfer Deutschlands, aber es wird dennoch kein Grünau daraus.«

Daß die Literaturwissenschaft Schmidt von Werneuchen kaum zur Kenntnis nahm, hat vielleicht mit Goethes Spöttereien zu tun. Andere haben sich davon nicht abschrecken lassen. Jacob Grimm hat Schmidt geschätzt und in seinem großen Wörterbuch oft zitiert. Theodor Storm hat Gedichte von ihm in sein *Hausbuch aus deutschen Dichtern* aufgenommen. Fontane hat sich mehrfach verständnisvoll über ihn geäußert. Und viermal sind seit Schmidts Tod Gedichtsammlungen von ihm erschienen. Die letzte ist die umfangreichste von ihnen, so daß man ein Anwachsen des Verständnisses für ihn annehmen kann.

Das hängt sicher nicht nur mit der Neuentdeckung der Mark Brandenburg zusammen, sondern auch mit der Unmenschlichkeit großer Städte, deren Naturferne

Fluchtträume fördert, die selten zu realisieren sind. Aber für Menschen, die Grund haben, sich vor den Folgen des technischen Fortschritts zu fürchten, hat solch ein Traum, ist er nur schön und genau, seelischen Wert in sich selbst. Schmidts heitere und heile Landwelt paßt prächtig in diese Träume. Mit seiner in Reime gebrachten Sehnsucht ist Identifizierung möglich, ohne ihn und sich selbst sonderlich ernst zu nehmen; denn das Gefühl, daß hier einer sich selbst parodiert, löst die durch ihn freigesetzte Sentimentalität in Heiterkeit auf. Schmidts Land-Paradies gibt es nicht und hat es auch zu seiner Zeit nicht gegeben, aber es gab und gibt die Land-Sehnsucht, die sich heute keiner so unbefangen, unproblematisch und unvollkommen auszusprechen erlaubt wie er.

Genießen kann freilich diese Verse nicht jeder. Sinn für den Reiz von Naivität muß man schon haben. Man muß sich nicht nur über den gewollten Frohsinn dieser Gedichte, sondern auch über den unfreiwilligen Humor freuen können. Die besten Beispiele dafür bietet die *Bauernhochzeit*, wo der Braut nicht nur vor Sehnsucht nach gebackenen Pflaumen beide Daumen glänzen, sondern ihr auch die Stirn »von nicht gesparter Seife« blinkt. Auch an seltsamen Wortbildungen (wie Kneller, der sich auf Teller, oder wie quäckern, das sich auf meckern reimen muß) kann man sich freuen ohne Gewissensbisse. Denn das Lachen über diese Gedichte beschädigt sie nicht.

Wer aber ein schlichtes Gemüt nur verachten kann, Unbeholfenheit, auch so origineller Art, nicht verträgt oder, wie Schmidts Zeitgenossen, märkischen Sand für literaturunwürdig hält, der bleibt dem Werneuchener Pfarr- und Dichterhaus besser fern. Besucher, die nicht aus Neigung, sondern aus Neugier zu ihm kamen, waren dem Pfarrer (der übrigens nie religiöse Gedichte gemacht hat), wie seine *Bitte an das Glück* zeigt, ein Greuel.

»Uns gewähr' in unserm Sorgenfrei
Eine nur, nur Eine fromme Bitte:
Neugier drängt und ach! Empfindelei
Aus der Stadt, zu rühmen Flur und Hütte.

Send', o Göttin, naht ein solcher Schwall
Uns zum Schutze Regen her in Bächen!
Thürm' ein Wetter auf mit Blitz und Knall.
Oder laß ein Wagenrad zerbrechen!«

Kommt man heute an sein Grab in Werneuchen, liegen dort manchmal Blumen. Die bescheidenen Sträuße scheinen die passendsten für ihn zu sein.

Friedrich Wilhelm August Schmidt
(Schmidt von Werneuchen)

Bitte an das Glück

Häufe dem den Mahagonitisch,
Glück, mit Austern an und Kokosnüssen;
Jenem gieb auf seinen Rock von Plüsch
Stickerei, und sammtne Wagenkissen.

Unbeschädigt lande diesem hier
Seine Barke voll Maderapipen;
Jenem druck' auf köstliches Papier
Was er ausgeheckt, mit Didots Typen.

Uns gewähr' in unserm Sorgenfrei
Eine nur, nur Eine fromme Bitte:
Neugier drängt und ach! Empfindelei
Aus der Stadt, zu rühmen Flur und Hütte.

Send', o Göttin, naht ein solcher Schwall,
Uns zum Schutze Regen her in Bächen!
Thürm' ein Wetter auf mit Blitz und Knall,
Oder laß ein Wagenrad zerbrechen!

Grabkreuz von Friedrich Wilhelm August Schmidt
an der Kirche in Werneuchen

Adelbert von Chamisso

Im Herbst

Niedrig schleicht blaß hin die entnervte Sonne,
Herbstlich goldgelb färbt sich das Laub, es trauert
Rings das Feld schon nackt und die Nebel ziehen
Über die Stoppeln.

Sieh, der Herbst schleicht her und der arge Winter
Schleicht dem Herbst bald nach, es erstarrt das Leben;
Ja, das Jahr wird alt, wie ich alt mich fühle
Selber geworden!

Gute, schreckhaft siehst du mich an, erschrick nicht;
Sieh, das Haupthaar weiß, und des Auges Sehkraft
Abgestumpft; warm schlägt in der Brust das Herz zwar,
Aber es friert mich!

Naht der Unhold, laß mich ins Aug ihm scharf sehen:
Wahrlich, Furcht nicht flößt er mir ein, er komme,
Nicht bewußtlos raff er mich hin, ich will ihn
Sehen und kennen.

Laß den Wermutstrank mich, den letzten, schlürfen,
Nicht ein Leichnam längst, ein vergeßner, schleichen,
Wo ich markvoll einst in den Boden Spuren
Habe getreten.

Ach! ein Blutstrahl quillt aus dem lieben Herzen:
Fasse Mut, bleib stark; es vernarbt die Wunde,
Rein und liebwert hegst du mein Bild im Herzen
Nimmer vergänglich.

Adelbert von Chamisso

Brief an Hitzig

Adolph von Menzel, Illustration zu Adalbert von Chamissos Schlehmihl-Geschichte

(Cunersdorf Ende September 1813)
Dieses zur Erinnerung, daß Du einen Freund in Cunersdorf hast, dem Du eben nicht sehr oft schreibst. – Es ist eine ganz fatale Empfindung, wenn alle Tage der Postbote einläuft, und die Austheilung der Briefe im Salon geschieht und für einen jeden etwas da ist, und für den Herrn von Chamisso – nischt niche – !

»Es-tu content, Coucy?!« Der Himmel hängt ja voller Geigen, – wenn es am Ende nur nicht an Fidelbogen gebricht? – ich habe seit Februar nicht mehr so etwas gehofft! –

Nachrichten von Freunden und Bekannten aus Euren Schlachten? – Ich weiß Fouqué (sein Regiment) vor Dresden. –

Ferner, mein Lieber, das Jahr wird alt, die Sonne schwach, die Luft kalt, die Erde feucht und dunkel, die Asternarten sind schon meist verblüht, und die Bäume gelben – es muß bald Winter werden und für den Winter muß ich doch eine neue Disposition entwerfen. Ich bin immer noch Student medicinae. Was hab' ich besseres zu thun, als den Winter bei der Universität und vielleicht mit in den Lazarethen zuzubringen? – Rathe, aller Welts Kerl, und sage mir bestimmt die Zeiten, nicht nur die, die zu beobachten sind, sondern auch relativ mit diesen die, die wir haben. Ich habe keine andre Uhr, keinen andern Kalender, als die Blumen. – Ich wünsche auch einige 14 Tage im Voraus meine Marschordre zu haben, weil ich meine Pflanzen mit Gewalt in Ordnung bringen müßte. Arbeit, die aufs letzte verspart werden muß, die aber nicht klein ist. – Ich kritzle immer an meinem Schlagschatten, und wenn ich's Dir gestehen muß, lache und fürchte ich mich manchmal darüber, so wie ich daran schreibe – wenn die Andern nur für mich nicht darüber gähnen. – Mein viel gefürchtetes viertes Kapitel hab' ich mir nach vielem Kauen gestern aus einem Stücke, wie eine Offenbarung, aus der Seele geschnitten und heute abgeschrieben – es ist auch schon eher Morgen als Nacht – darum ade. – Das Blitz-Prosaschreiben wird mir ungeheuer sauer – mein Brouillon sieht toller aus als alle Verse, die ich je gemacht. Hat es sich denn zu ruhiger vernünftiger Prosa gesetzt?

Lebe wohl – grüß Deine liebe Frau und den Kinderling.

Der Brief des Dichters ist an seinen Freund, Herausgeber und Biographen, den Verleger Julius Eduard Hitzig (1780–1849), gerichtet. Beide gehörten zu den Mitbegründern des literarischen »Nordsternbunds« (1803) und zu E. T. A. Hoffmanns »Serapionsbrüdern« (1819–1821). Chamisso lebte von Mai bis Oktober 1813 in Kunersdorf und schrieb hier Teile des »Peter Schlemihl«, dessen Vorrede aus Cunersdorf (27.9.1813) datiert ist.

Rahel Varnhagen

Aus einem Tagebuch

Montag, den 19. September 1808
Kamen wir gegen 5 in Potsdam an: der Weg dahin schöner, als man es je sagt, und wie auch ich es immer wieder vergesse; in Schöneberg sprachen wir bei Mad. Eph(raim) an, die an den Wagen kam; in Potsdam kauften wir Früchte. Potsdam war lange nicht so öde, als ich's dachte; keine Zerstörung, lebhafter in den Straßen, als sonst. Viel von den Pocken blinde Kinder. Viel und gutes Obst! Die Menschen bei weitem dienstfertiger als sonst. – Gleich hinter Potsdam ungemein und wie nicht zu vermuten schön. Besonders Artischocken*felder*, die, sähe man sie in anderen Ländern oder Klima, ganz bedruckt wären: alles verrät Anbau dort. Wie angenehm ist Chaussée! Welch Gefühl von Sicherheit; welcher Trost, daß sie das Land schaffen kann. Die Havel überrascht einen von Viertelstunde zu Viertelstunde in ganz ansehnlichen großen Seen rechts und links, und häufig findet man sie grade vor sich. Es ist schön, daß sie so krumm herumläuft, wie die arme Spree, die auch ihr Möglichstes tut. Man reist ordentlich ganz angenehm diesen Weg: sonnen-orange mit spike-farbenen Abendwolken mit glattabgeschnittenem Umriß war der liebe Himmel; so blieb es hell und lange ohne Sterne; sie traten auch hervor, und so kamen wir sicher, daß heißt behaglich und mit dem geliebten preußischen Sicherheitsgefühl, mit ihnen nach Großenkreuz, einem Bauernhause in einem Dorfe in Buschwald gelegen. So nenne ich einen Wald, nicht größer als ein Busch. In einer Stube saßen von den Dragonern zurückgebliebene Mädchen – wie die Wirtin sie erklärte – und eine Societät Krob! Wie eitel waren sie, wie vergnügt, wie redselig, wie ennuyiert und wollend; einer mit schnarrender Sprache nahm das Wort, und erzählte ihnen mit Gewalt Anekdoten; sie hörten sie nur mit Geduld. Kurz, wie in einem Salon: nur mit Schmutz überzogen. Wir aßen in einer zweiten Stube; Braten, Kuchen, Bier. Ich trank Kaffee vorher. Die Wirtin schien vernünftig, ein sehr hübsches Mädchen wartete auf, blond mit kurzer Nase; und sonderbar stach ihre Traurigkeit zu dieser überaus muntern Bildung ab. Sie sagte mir, sie sei nicht traurig. Aber blieb so. Sehr guter Kaffee; und gutes Bier. – Auch in diesem kleinen Hause bemerkte ich mehr Wohlstand und Aufwartung als sonst: die Wirtin schien sehr zufrieden mit ihrem Unglück. Um halb 9 fuhren wir bei den schönsten Sternen auf der weißen Chaussee im stärksten Trabe ab, und so blieb's, und war durchaus nicht finster. Gemachter Weg ist der größte Landessegen, er leuchtet sogar. – Als wir so viel gefahren waren, daß ich dachte, wir hätten bald eine Meile zurückgelegt, sah der Postillon nach dem Hinterrade; ich frug gleich. »Das ist weg!« sagte er, alle Speichen waren zerbrochen. – Nach eine Viertelstunde kam uns ein leerer Postwagen entgegen, wir beide stiegen in Heu, denn es war ein kompletter lieber Bauerwagen; und fuhren voraus nach Brandenburg. Schade! daß es nicht länger dauerte, denn nun war es erst schön. Das Heu roch nach allen guten Kräutern und nach Peffermünze, wir lagen beinah darin, wie frei, wie schön, wie

nächtlich, wie bequem. Wir kamen in einer Viertelstunde nach dem heimatlichen Brandenburg, so ist die preußische Stadt. Schwer kam ein Hausknecht ohne Licht: noch schwerer das Licht; und ärger ein Mädchen. Wir nahmen nichts mehr; unser Wagen kam, und wir endlich ins Bette. Hier hat sich die alte Saumseligkeit und Unvernunft erhalten, als ob die Reisenden für die Wirte kämen, und dafür bezahlt würden. Unterwegs war es zu meinem Erstaunen umgekehrt. Alle Menschen, und der Postillon an der Spitze, glaubten sich für uns geschaffen; mich ängstigte es ordentlich. Das Volk hat sich sehr verändert.

Rahel Levin (1799–1833), Tochter eines jüdischen Kaufmanns, stand seit den neunziger Jahren des 18. Jahrhunderts im Mittelpunkt des geistigen Lebens in Berlin. 1800 scheiterte die Liebesbeziehung zu Karl Graf von Finckenstein endgültig, nachdem alle Versuche Rahels, Karl zu einem Bekenntnis seiner Liebe in einer standesübergreifenden Ehe zu bewegen, erfolglos geblieben waren. Im Jahr des Tagebucheintrags, 1808, beginnt die Beziehung Rahel Levins zu Karl August Varnhagen von Ense, den sie 1814 heiratet.

Karl Friedrich Schinkel

Brief an Christian Daniel Rauch

Berlin, den 14. November 1816

Mein liebster, bester Freund. In Köln erfreute mich Ihr lieber Brief aufs höchste. Seit Treuenbrietzen sahn wir uns nicht mehr. Sie sind in Ihrem glücklichen Tal von Carrara bei den stillen, ungestörten Marmorarbeiten, ich habe viel erlebt, und manches Licht ist mir seitdem auf meiner Reise aufgegangen. Einen ganzen schönen und lehrreichen Tag habe ich beim Goethe in Weimar erlebt, der mich sehr freundlich bei sich aufnahm. In seiner Nähe wird dem Menschen eine Binde von den Augen genommen, man versteht sich vollkommen mit ihm über die schwierigsten Dinge, welche man allein nicht getraut anzugreifen, und man hat selbst eine Fülle von Gedanken darüber, die sein Wesen unwillkürlich aus der Tiefe herauslockt. Über Boisserée bekam ich durch Goethe die freundschaftlichsten Notizen, und mit diesen ging ich nach Heidelberg. In derselben Zeit, wo Sie, bester Freund, entzückt über den Gardasee in das selige Land hineinblickten, auf welches der Himmel beständig mild sich herunternimmt, schaute ich in eine neue Welt, welche ein treuer, kräftiger lieblicher und üppiger Menschensinn geschaffen und die das reizende Bild ihrer Entstehung mit sich führt, so man sieht, wie von fernen Zeiten her aus starren Massen nach und nach die Freiheit gewonnen wird, dann aber, nach dem ewigen Schicksale des Menschengeschlechts, bald die schöne Freiheit zügellos vergeudet, von neuen Lasten gefesselt untergeht. So erschien mir die Sammlung der Boisserée, ich erinnere mich auch nicht, einen ähnlichen Genuß jemals gehabt zu haben. Nichts ist da, was imponiert, alles anspruchslos, aber es wirkt ruhig, höchst wohltätig, und der Zusammenhang des Ganzen löst eine Menge von Rätseln und führt Reihen neuer Gedanken herbei. Schon die historische Ordnung dieser Sammlung ist etwas so über alles Wichtiges, daß dadurch meinem Gefühle nach eine ganz neue Ordnung der Dinge in dem ganzen Wesen des Sammelns und Aufstellens für die Welt hervorgehen wird. Der schöne, notwendige Zusammenhang, in den man sich dadurch festgehalten sieht, läßt dem sonst unbedeutendsten Gegenstand seinen Wert auf der Stelle, wo er steht, man sieht: was vor ihm war – wie es so entstehn konnte –, was nach ihm wurde, wie mancher anfangs gering scheinende Gedanke, unbehülflich in der Materie ausgedrückt, fortwirkt, ausgebildet wird und das Göttliche erreicht. Dieser Zusammenhang wurde für die Sammlung gerade dieser Gattung von Kunstwerken stärker angemutet als irgendwo anders, zugleich auch mehr erleichtert als irgendwo. [...]

Sehen Sie, mein wertester Freund, so habe ich die Sache an sich gefunden, und mein Urteil darüber ward vollkommen bestätigt durch alles, was ich am Rhein, nachher in Brabant und Holland sah (denn ich bin in Löwen, Brüssel, Antwerpen etc., Amsterdam etc. gewesen). Die Herren Boisserée selbst aber haben mancherlei Schwächen, und es ist bös mit ihnen zu verhandeln, sie sind verzogene Kinder, denen alles Cour gemacht hat, die sehr gut wissen, welchen Schatz sie in Händen haben und daß es leicht ist, in der Welt mit 80 000 Talern eine Justinianische Sammlung zusammenzubringen, aber um keine Summe eine solche wie die ihrige. Demungeachtet hoffe ich, wir werden den Schatz nicht fahrenlassen, der unserm lieben Norden auch ein kleines Gewicht gegen die kunstschweren Dresdner, Wiener, Münchener etc. geben wird, auf den wir uns auch etwas einbilden können, und nicht immer bloß von Soldaten und Finanzen zu reden gezwungen sind. Und so hoffe ich, Sie werden den Schatz bei Ihrer Rückkunft in Berlin sehn und als Bildhauer sich erfreuen, wenn nicht an der Herrlichkeit der Farben, doch an der Wahrheit und Strenge der Behandlung und an dem Reiz des kostbaren Faltensystems. Soweit hiervon. –

Können Sie sich Marien im Amsterdamer Schauspielhaus denken, wo Mine Heeren ein Trauerspiel gaben, und am Strande der Nordsee bei Scheveningen, wo sie mit den Fischerjungen, die sie halb verstand, im Küstensande spielte und Muscheln suchte? Die Ruhe hat uns in jeder Hinsicht wohlgetan, und Gott hat uns Glück gegeben, das Wetter war schön an den Hauptpunkten. Trier ist das deutsche Italien, die römischen Werke sind mit den schönsten in Italien zu vergleichen. Porta Nigra ist ein Werk in etruskischer Bauart, und außerdem gibt es Palatien, Bäder, Amphitheater ... vulkanisches Land ringsumher und um dieses ein weites Schiefergebirg, in welchem ganze Palmenwälder mit fünfzig Fuß hohen Bäumen abgedruckt sind. Von der bekannten Rheinfahrt spreche ich nicht, aber Köln ist ehrwürdig und mannigfaltig wie Rom, hier und in Brüssel würden die einzigen andern Punkte sein, wo etwas zusammengebracht werden könnte, welches mit Boisserées Sammlung einmal vergleichbar werden könnte. Niederland und Holland sind mir höchst interessant gewesen, der Reichtum und die Vollkommenheit des Landes sind über alle Begriffe und stehn so recht in schönem Gegensatze mit der reizenden Nachlässigkeit Italiens, wo der Natur so viel überlassen wird, dagegen sie hier ganz gefangen liegt und innerlich wirkt, um mannigfaltige Kunst aufzuregen. –

Glücklich trafen wir in Berlin unsere Familie gesund an, auch den Onkel Wilhelm, der noch schrecklich mit den Dämpfen kämpft, alles grüßt Sie bestens; am Sonntag ging meine Frau ins Luisentum, um Ihre Tochter zu uns hinzuholen, sie war aber eben durch Lautenschläger in Beschlag genommen, nächsten Sonntag werden wir also wohl das Vergnügen haben.

An Tieck bitte ich doch das beiliegende Blatt mit den Inschriften zu geben, ich hoffe Sie bald hier zu sehen, damit ich einen Trost mehr in meinem Leiden habe, denn die bekannte Jagd und Hetze hat nach meiner Rückkunft stark wieder angefangen. Leben Sie wohl, mein Teuerster, und denken Sie zuweilen an Ihren
Schinkel

Der Adressat des Briefs, der Berliner Bildhauer Christian Daniel Rauch (1777–1857), war mit Schinkel eng befreundet. Schinkel, der in Neuruppin geboren wurde, wird das Bonmot zugeschrieben: »Mein Ruhm wird in Rauch aufgehen«.

Hermann Fürst Pückler

Brief an Bettina von Arnim

(Mit dem versprochenen Tintenfaß, dem Totenkopf von Gips mit aufgesteckten Schreibfedern.)

Den 23. Januar 1832.

Liebenswürdige Prophetin!

Und, rief der Sperling, fort und fort den eitlen Fuhrmann umkreisend, ich sage Dir, es hilft Dir alles nichts. Du mußt sterben!

Aber da zog der Fuhrmann die weite Kappe mit einigen Schellen versehen, vom Haupte, und siehe – es war ein Totenschädel.

Leider jedoch hattest Du, hohe Seherin, ihn schon lange vorher belehrt, daß, lebend wie verstorben, es diesem seinem Schädel immer hauptsächlich an Gehirn gefehlt hätte, eine wohltätige Kompensation der Natur für seinen gleichen Mangel an Herz – denn wie in gewissen Fällen zwei Negationen bejahen, so entsprang, wie Du ihm einst enthülltest, aus dem doppelten Defizit negative Gutmütigkeit aus Leere.

Gestehe, daß es dennoch immer noch ein schlauer Gedanke von ihm war, Dir jetzt, aus seinem Kopfe selbst, ein von Dir verlangtes Tintenfaß zu bereiten, geschmückt mit reichem Schreibfederstrauß. (Du verstehst dieses Wortspiel.)

Läßt Du Dich nun herab, Bettina! Aus diesem Tintenfaß zu schreiben, so werden, gewissermaßen Dir zum Trotz, dennoch Geist und Erhabenheit aus des armen Fuhrmanns Schädel fließen.

Dein treuer Vogel Strauß.

Hermann Fürst von Pückler (1785–1871) und Bettina von Arnim (1785–1859) kannten sich u.a. von Besuchen im Salon von Rahel Varnhagen. In den Erinnerungen von Karl August Varnhagen wird die dem hier abgedruckten Brief zugrunde liegende Episode wie folgt geschildert: »Frau von Arnim hatte bei Rahel zum Fürsten von Pückler gesagt, sie könne ihm nicht schreiben, denn sie habe kein Tintenfaß; worauf er erwiderte, er werde ihr eines schicken. [...] Das Tintenfaß, welches er [...] sandte, war ein strahlendes Zeugnis seines sinnreichen Taktes, angemessen, prägnant, einfach, und brachte nur durch zufällige Umstände wiederum einen Eindruck hervor, den er nicht hatte berechnen können. Er hatte als Verstorbener [eines der Pseudonyme von Pückler, d. Hg.] einen Gipstotenkopf gewählt, der ein geräumiges Glas in sich trug, und mit Federn ritterlich geziert war. Bettina aber brach bei dem Anblick in Schreck und Tränen aus; sie sagte mir, es hätte ihr gedünkt, der tote Arnim blicke sie aus dem Kopfe an, und ich mußte dies Sinnbild eiligst wegtun und für mich behalten! –«

Luise Hensel

Müde bin ich

Müde bin ich, geh' zur Ruh',
Schließe beide Äuglein zu;
Vater, laß die Augen dein
Über meinem Bette sein!

Hab' ich Unrecht heut' gethan,
Sieh' es, lieber Gott, nicht an!
Deine Gnad' und Jesu Blut
Macht ja allen Schaden gut.

Alle, die mir sind verwandt,
Gott, laß ruhn in deiner Hand!
Alle Menschen, groß und klein,
Sollen dir befohlen sein.

Kranken Herzen sende Ruh',
Nasse Augen schließe zu;
Laß den Mond am Himmel stehn
Und die stille Welt besehn!

Die Lyrikerin Louise Maria Hensel (1798–1876) wurde als Tochter eines Pfarrers in Linum (heute Kreis Ostprignitz-Ruppin) geboren und lebte hier bis 1810. 1818 konvertierte sie zum Katholizismus und nahm Einfluß auf Brentano und dessen Rekonversion. Ihre Schwester Wilhelmine (1802–1893) betätigte sich gleichfalls als Schriftstellerin, ihr Bruder Wilhelm (1794–1861), der mit Fanny Mendelssohn verheiratet war, wurde als Historienmaler bekannt. Aus Anlaß ihres 200. Geburtstages ist an der Kirche von Linum eine Gedenktafel für Luise Hensel eingeweiht worden.

Gustav Schüler

Mein Tagewerk

Mein armes Tagewerk war ohne Sinn,
Nun kommst du, weite Nacht, o nimm mich hin!
Nimm meine Torheit, die sich Weisheit träumt
Und Lebenssinn und Lebenssaat versäumt,
Die keck hinauf nach goldenen Äpfeln greift,
Eh' noch ein schlicht grün Äpfelchen gereift,
O trunkne Torheit, die mit Engeln spielt,
Und nichts von Staub und Staubesmühsal fühlt.

Gustav Schüler (1868–1938), Heimatdichter und Volksschullehrer, wurde in Kgl.-Reetz (heute Neureetz) geboren und lebte später als freier Schriftsteller in (Bad) Freienwalde.

Adalbert Geyer

Die erste Eisenbahn zwischen Berlin und Potsdam

Mit Frau und Sohn stand Bauer Marten
zwei Stunden schon in seinem Garten:
der erste Zug der neuen Bahn
Berlin nach Potsdam mußte nahn.
In seinem Sinn denkt Bauer Marten:
hier kann ich tagelang noch warten.
Von selber sollen Wagen laufen?
Ich laß' mich nicht für dumm verkaufen,
Doch Fritz, sein siebenjähr'ger Sprosse,
meint doch: es geht auch ohne Rosse.
Als Junge glaubt er noch an Wunder,
an Zaubrer, Riesen, sonstigen Plunder.
Das Warten nur will nicht behagen,
und unaufhörlich geht sein Fragen:

Fahrt mit der Eisenbahn von Potsdam nach Berlin, Lithographie von R. Ziegert, ca. 1840

»Du, Vater, will er noch nicht kommen,
hat ihn auch keiner fortgenommen?
Wer sitzt denn drauf; wird er geschoben,
wird er getragen, wird gehoben?
Du, Vater, kann ich auch mitfahren, –
kann man von ihm noch nichts gewahren?«

Da endlich sehn sie in der Ferne
so groß etwa wie Kirschenkerne,
ein Etwas aus der Erde tauchen
und wie ein Schornstein mächtig rauchen.
Das wächst und wächst, wird immer größer,
kommt nah und näher, wie ein Stößer.
Jetzt hörn sie's rumpeln, rasseln, rattern
und zischen, prusten, heftig knattern.
Dem Bauern sträuben sich die Haare:
»Kiek, Mutter, kiek! Uns Gott bewahre!
Das ist ja wohl ein Ungeheuer.
Kiek nur, jetzt speit es Rauch und Feuer.«
Und Mutter klammert sich an Marten:
»Man schnell, man schnell, raus aus dem Garten!
Das Ding wird uns lebendig fressen,
und mir verbrennt mein ganzes Essen.«

Da ist das Unding schon vor ihnen;
Fritz denkt nur noch: es frißt die Schienen.
Jetzt pfeift es schrill, fängt an zu zischen,
mit Rauch sich weiße Wolken mischen.
Dem Bauern zittern alle Glieder;
vor Schreck reißt seine Frau ihn nieder.
Indessen die Eltern am Boden liegen,
quietscht Fritze hell auf vor Vergnügen.

Und Marten, als der Zug verschwunden,
hat seine Angst auch überwunden.
Doch wie er wagt den Kopf zu heben,
umfaßt ihn seine Frau mit Beben:
»Ach, Mann, mir ist es gar kein Zweifel,
das Untier war bestimmt der Teufel.
Bist du noch heil? Mir sind gebrochen
von Kopf bis Füßen alle Knochen.«
»I, Mutter, nee! Laß doch mal sehen,
ich glaube wohl, ich kann noch stehen.«

Er stellt sich langsam auf die Beine
und hebt mit Mühe erst das eine
nach vorn, das andere nach hinten,
kann aber keinen Beinbruch finden.
Da kriecht auch Mutter in die Höhe,
– sie tut es zwar mit Ach und Wehe
doch merkt sie bald: es geht schon wieder,
und reckt mit Vorsicht alle Glieder.
Sie denkt wohl immer noch an sterben,
dann plötzlich auch an ihren Erben.
»Ach Vater, wo ist denn der Junge?«
– Der Schreck lähmt ihr beinah die Zunge –
»Na, Mutter, kiek! Da steht der Fritze
und schwenkt wie'n Wilder seine Mütze.
Der Bengel ist ja rein besessen
und hat uns ganz und gar vergessen.
Den soll doch gleich der Deubel holen!«
»Pst, Vater, fluch' nicht – Gott befohlen!«

Die erste Teilstrecke der »Berlin–Potsdamer Eisenbahn« zwischen Zehlendorf und Potsdam wurde am 21.9.1838 eröffnet. In der Ankündigung diese Ereignisses wurde »zur Erhaltung der Ordnung [...] ein geehrtes Publikum dringend ersucht, den Gesellschafts-Beamten in der Ausübung ihres Dienstes durch williges Gehörgeben behülflich zu werden«. Als Fahrtzeiten sind »einstweilen bis auf weiteres die Abgangszeit von Potsdam täglich Vormittags 8 und Nachmittags 2 Uhr, von Zehlendorff Vormittags 10 und Nachmittags 4 Uhr« festgesetzt worden. Der Schriftsteller Ludwig Rellstab schrieb in der »Vossischen Zeitung« vom 21.9.1838 über die Eröffnung am selben Tag: »Ein schneidendes Pfeifen gab das Signal zur Abfahrt. Sie begann in langsamem Tempo, wuchs aber mit jeder Sekunde, bis sie jene rapide Schnelligkeit erreicht hatte, wodurch die Eisenbahnen ihren so glänzenden Sieg über alle sonstigen Mittel des Fortkommens erfechten. Einige Reiter versuchten eine Zeit lang den Wagenzug zu begleiten, doch schon nach wenigen Minuten konnten die erschöpften Pferde nicht mehr in gleicher Schnelligkeit folgen«. Die Gesamtstrecke wurde am 30.10.1839 eröffnet.

Gott, ist die Gegend runtergekommen!

Theodor Fontane

Herr von Ribbeck auf Ribbeck im Havelland

Herr von Ribbeck auf Ribbeck im Havelland,
Ein Birnbaum in seinem Garten stand,
Und kam die goldene Herbsteszeit
Und die Birnen leuchteten weit und breit,
Da stopfte, wenn's Mittag vom Turme scholl,
Der von Ribbeck sich beide Taschen voll,
Und kam in Pantinen ein Junge daher,
So rief er: »Junge, wiste 'ne Beer?«
Und kam ein Mädel, so rief er: »Lütt Dirn,
Kumm man röwer, ick hebb 'ne Birn.«

So ging es viel Jahre, bis lobesam
Der von Ribbeck auf Ribbeck zu sterben kam.
Er fühlte sein Ende. 's war Herbsteszeit,
Wieder lachten die Birnen weit und breit;
Da sagte von Ribbeck: »Ich scheide nun ab.
Legt mir eine Birne mit ins Grab.«
Und drei Tage drauf, aus dem Doppeldachhaus,
Trugen von Ribbeck sie hinaus,
Alle Bauern und Büdner mit Feiergesicht
Sangen »Jesus meine Zuversicht«,
Und die Kinder klagten, das Herze schwer:
»He is dod nu. Wer giwt uns nu 'ne Beer?«

So klagten die Kinder. Das war nicht recht –
Ach, sie kannten den alten Ribbeck schlecht;
Der *neue* freilich, der knausert und spart,
Hält Park und Birnbaum strenge verwahrt.
Aber der *alte*, vorahnend schon
Und voll Mißtraun gegen den eigenen Sohn,
Der wußte genau, was damals er tat,
Als um eine Birn' ins Grab er bat,

Und im dritten Jahr aus dem stillen Haus
Ein Birnbaumsprößling sproßt heraus.
Und die Jahre gingen wohl auf und ab,
Längst wölbt sich ein Birnbaum über dem Grab,
Und in der goldenen Herbsteszeit

Leuchtet's wieder weit und breit.
Und kommt ein Jung' übern Kirchhof her,
So flüstert's im Baume: »Wiste 'ne Beer?«
Und kommt ein Mädel, so flüstert's: »Lütt Dirn,
Kumm man röwer, ick gew' di 'ne Birn.«

So spendet Segen noch immer die Hand
Des von Ribbeck auf Ribbeck im Havelland.

Die Sage vom Birnbaum des Herrn von Ribbeck war Fontane vermutlich in mehreren Fassungen bekannt. Sein Gedicht entstand zwischen dem 12. Mai und dem 11. Juni 1889. Erstdruck: Zeitschrift »Zur guten Stunde«, hg. von Emil Dominik, 3. Jahrgang, Nr. 1, Oktober 1889

Sage

Der Name von Jüterbog

Als die Stadt Jüterbog gebaut worden war, wußte man nicht, welchen Namen man ihr geben sollte, und beschloß daher, vors Tor zu gehen und zu warten, bis jemand käme; nach dem wolle man dann die Stadt nennen. So geschah's auch, und es währte nicht lange, so kam eine Krügersfrau, Jutte mit Namen, die führte einen weißen Bock mit sich; da hat man denn nach ihr und ihrem Begleiter die Stadt Jüterbog genannt, und hat ihr deshalb einen weißen Bock zum Wappen gegeben.

Sage

Die Keule am Tor zu Jüterbog

In Jüterbog hängt an einem der Torflügel eine hölzerne Keule von mehreren Fuß Länge, darunter ist eine Tafel befestigt, auf der folgendes geschrieben steht:

»Wer seinen Kindern gibt das Brot
Und leidet nachher selber Not
Den schlag' man mit dieser Keule tot.«

Dazu wird erzählt, es sei einmal ein reicher Mann gewesen, der habe drei Söhne gehabt, denen er bereits bei seinen Lebzeiten all sein Vermögen gegeben und nachher habe er selbst darben müssen, da ihn keins von seinen Kindern hat unterstützen wollen. Als er nun gestorben, sind seine Kinder schnell mit den Gerichten gekommen, um zu sehen, ob nicht noch etwas zu erben sei, aber da haben sie nichts als einen großen schweren Kasten gefunden, und als man ihn geöffnet, ist er mit Steinen angefüllt gewesen, und darunter hat die Keule mit der Tafel und eine Verordnung gelegen, daß man beides am Stadttor aufhängen solle. Und das ist auch geschehen.

Sage

Wie Ferch entstand

Zur Zeit, als es noch Ritter im Land gab, lebte in einem Waldhaus am Schwielowsee eine Fee. Eines Tages durchstreifte ein fremder Ritter die Wälder um den Schwielowsee. Er verirrte sich. Die Nacht brach herein, ohne daß er auf den rechten Weg kommen war. Da schimmerte durch die Baumstämme ein schwacher Lichtschein, auf den er zuging. Bald stand er vor dem Waldhaus. Auf sein Klopfen ließ ihn die freundliche Fee eintreten. Sie fand Wohlgefallen an dem schmucken Edelmann und bezauberte ihn deshalb, so daß er Pflichten und Heimat vergaß. Lange mochte er so bei der Fee geblieben sein. Da läuteten eines Tages irgendwo Kirchglocken; denn deutlich wurde ihr Schall über den Schwielowsee getragen. Nun packte den Ritter tiefe Reue. Sofort wollte er das Waldhaus verlassen. Doch die schöne Fee hielt ihn noch einen Tag zurück. Sie wußte nicht den wahren Grund für des Ritters Verhalten und meinte, es wäre ihm nur zu einsam im Wald. Darum nahm sie ihn am nächsten Morgen bei der Hand und führte ihn auf einen Berg am Schwielowsee. Und siehe! Da, wo sonst Wälder sich ausbreiteten, lag plötzlich eine von der Fee über Nacht hervorgezauberte Ortschaft, die der Ritter vorher noch nie gesehen hatte. Dieser Ort war Ferch.

Die Sage meldet nicht, was nun geschah. Doch das ist unbestritten bis auf den heutigen Tag Wahrheit geblieben: Ferch macht noch immer auf jeden Wanderer den Eindruck, als könnte es nur von den Zauberhänden einer gütigen Fee und nicht von Menschenhand geschaffen worden sein.

Sage

Der Aufruhr zu Stendal

Dicht am Rathaus zu Stendal steht die gewaltige Bildsäule des Roland, von dem man sich mancherlei Sagen erzählt. So wird berichtet, daß er verheiratet, und der, welcher zu Buch steht, seine Frau sei. Andere sagen auch, wenn er es um Mitternacht zwölfe schlagen höre, so drehe er sich dreimal um.

Wegen des Rolands wäre es fast zwischen dem Rat und den Bürgern zu blutigem Streit gekommen. Das kam so:

In Stendal erschien ein Bildhauer, der meinte, der Roland sei für das große Rathaus nicht ansehnlich genug, ging daher zum versammelten Rat und bot sich an, er wolle ihn länger machen. Die Rastherren meinten aber, sie wollten ihn nicht länger haben, worüber sich jener gekränkt fühlte, bei den Bürgern umherging und das Gerücht aussprengte, der Rat wolle den Roland nicht länger haben. Dadurch brachte er denn natürlich die gesamte Bürgerschaft in Aufruhr, sie kamen wild dahergestürmt, belagerten das Rathaus und schrieen unaufhörlich, sie wollten den Roland noch länger haben. Da klärte denn der Rat das Mißverständnis auf, und alles ging lachend und zufrieden, daß der Roland bleiben sollte, nach Hause.

Heinrich Seidel

Der Eiersegen

Im Sommer war's, vor langer Zeit,
Da trat mit weißbestaubtem Kleid
Ein Wanderbursche müd' genug
Einst zu Semlin in einen Krug.
Doch niemand war in dieser Schenke,
Zu reichen Speisen und Getränke –
Nur Fliegen, die vom Tisch aufsummten,
Und Brummer, die am Fenster brummten.
Die Sonne kam hereingeflossen
Und malte still die Fenstersprossen
Hin auf den sandbestreuten Grund.
Es regte sich kein Mensch, kein Hund;
Es waren ganz für sich allein
Die Fliegen und der Sonnenschein.
Der Wandrer auf die Bank sich streckte
Und seine müden Glieder reckte
Und dacht': »Die Ruhe soll mir frommen!
Am Ende wird schon jemand kommen!«
Und als er nun so um sich sah,
Fand er ein Häufchen Krumen da,
Das man vom Tisch zusammenfegte,
Und da der Hunger sehr sich regte,
Begann er eifrig unterdessen
Von diesen Krümlein Brots zu essen.
Dem guten Burschen war nicht kund,
Daß sich auf Hexerei verstund
Des Krügers Frau. Sie wollte eben
Die Krümchen ihren Hühnern geben,
Und da sie abgerufen ward,
Sprach sie darob nach Hexenart,
Bevor sie ging, den Eiersegen,
Wonach die Hühner mächtig legen. –
Und als der Bursche also nippte
Und mit den Fingern Krumen tippte,
Da ward ihm gar so wunderlich
Im Leibe, so absunderlich,
Bis daß auf einmal wundersam
Der Zauberspruch zur Wirkung kam.
Er fühlte sich als wie besessen.

Und soviel Krumen er gegessen,
So viele Eier mußt' er legen!
Als wirkte dieser Hexensegen!
Er mochte wollen oder nicht,
Das war das Ende der Geschicht':
Er legte eindunddreißig Eier,
Und danach fühlte er sich freier.
Dann war ihm so mirakelig,
So kikelig, so kakelig, –
Und ehe er sich recht besann,
Da fing er auch das Kakeln an!
Er konnte diesen Trieb nicht zügeln,
Schlug mit den Armen wie mit Flügeln,
Ging um die Eier in die Runde
Und scharrte kräftig auf dem Grunde
Und kakelte so furchtbarlich,
Daß alles rings entsatzte sich:
Zusammen lief Weib, Kind und Mann
Und schauten das Mirakel an.
Doch endlich ließ der Zauber nach;
Dem armen Burschen war ganz schwach.
Er fühlte ganz elendiglich
Und mußte stärken sein Gebein
Mit Käse Brot und Branntewein!
Ließ sich den Stock herüberlangen
Und ist beschämt davongegangen.

Nach langer Zeit, in späten Jahren,
Hab' ich's aus seinem Mund erfahren.
Da hat er oftmals mir erzählt,
Wie ihn das Hühnerbrot gequält,
Und wie das Ding sich zugetragen.
Zum Schlusse pflegte er zu sagen:
»Das legen, das ist leicht getan!
Das Kakeln aber, das greift an!«

Die Sage vom Eiersegen in Semlin (Havelland) wird in unterschiedlichen Varianten erzählt. Am weitesten verbreitet ist eine Fassung, wonach sich der Gastwirt mit einem üblen Scherz an vorlauten Gästen rächt: Wenn sie wie Hunde bellen, um ihn zur Eile anzutreiben, verzaubert er sie, daß sie nicht mehr sprechen, sondern nur noch bellen können. Ein Handwerksbursche, der sich über das warme Getränk und das harte Brot beschwert, die höchstens einen Hühnermagen zufriedenstellen könnten, kann nur noch wie eine Henne gackern und muß darüber hinaus ein Ei legen. Die Geschichte endet damit, daß Gäste, die dem Wirt auf die Schliche gekommen sind, das Wirtshaus überschwemmen. Heinrich Seidel (1842–1906), der Vater des Schriftsteller Heinrich W. Seidel, gibt eine harmlosere Variante wieder.

Heinrich W. Seidel

3 Stunden vor Berlin. Briefe aus dem Vikariat

Den 21. Januar 1902
[...] Heut früh wurde es schon um halb acht hell, die ganze Nacht lag der Mondschein auf den Dielen und eine schwarze Katze kobolzte auf dem Boden rum und fing sich Mäuse. Bei Tag hatten wir schönes sonniges Frostwetter ohne Schnee. Ich ging durchs Dorf und schon, als ich noch auf dem Kirchberg stand, konnte ich mich über die Veränderung draußen freuen: kein Lüftchen regte sich, die Ziegeldächer flammten dunkelrot, dahinter ein smaragdgrünes Feld und auf diesem Feld zog sich eine Reihe von Bäumen hin, deren Zweige sich scharf und fein von dem blauen Himmel abhoben. Alles war so hell und blank wie in einem holländischen Dorfe. Nie hätte ich geglaubt, daß Taubengrau eine heitere Farbe sein könnte: aber als ich an den Dorfhäusern vorbeiging, sahen sie aus, als ob Sonntag sei. Der geweißte Schulkasten, das Ziel meines amtlichen Spazierganges, erinnerte an ein Tanzhaus, mir war, als müßte alsbald der Herr Kantor heraustreten mit der Geige am Kinn und hinter ihm die bekränzten Schulkinder, aber es war wohl nicht seine Stunde. Ich klopfte an die Schultür – wie der Vertreter des Kreisschulinspektors an die Tür klopft – und trat dann ein, etwas überrascht durch die Aussicht, die sich mir zunächst bot: denn ich sah nur etwas Riesengroßes, Schwarzes und hielt es mit Recht für die Hinterseite der Schultafel. Inzwischen war der Herr Kantor mit wehendem Schopf bereits herbeigeeilt und die Kinder schossen in die Höhe – links die Mädchen und rechts die Jungs – und ich zog meine Haushaltungs- und Schulanschlagsliste aus der Tasche. Hierauf spielten wir beide eine kleine Komödie, beugten uns tief über das Papier, murmelten furchtbare Zahlen und ließen vor den Schülern durchblicken, daß dies Papier für die Regierung bestimmt sei. Dabei war der Kantor von oben bis unten mit Kreide eingeschmiert, während mir ein Handschuh nach dem andern aus der Tasche herauspurzelte, als ich etwas suche. Aber derartige Kleinigkeiten taten dem historischen Moment keinen Abbruch. Der große Schulmann begleitete mich noch bis auf die Straße, und als wir auseinandergingen, konnte Uhlenburg wieder für eine gewisse Zeit beruhigt sein.

[...]
Wieder einen merkwürdigen Krankenbesuch habe ich hinter mir. Ein alter Kutscher der Morbachs sollte irgendwo in einem Bett zu finden sein – und es war später Abend, kein Stern am Himmel, grundlose Wege, Sturm und tröpfelnder, melancholischer Regen. Wir gingen in ein Haus und stießen an eine Frau, die sogleich anfing zu jammern, als sie den Pastor spürte, und getröstet sein wollte. Und wir sahen eigentlich nichts und sprachen ihr zu durch die Dunkelheit und erfuhren schließlich, daß jener alte Mann nebenan wohne. Doch werde er wohl eingeschlossen liegen, da seine Frau zum Melken gegangen sei.

Heinrich Wolfgang Seidel

Also ein Haus weiter. Wir tasteten auf dem Steinflur herum, fanden eine Tür und traten in ein Zimmer – die Tür ging wie von selbst wieder zu. Wir riefen – kein Laut. Der Chef hatte in seinem Gehirn die Idee eines Bettes in einer gewissen Ecke und machte sich in jene Gegend auf. Aha, sagte er, da ist es. Nun krabbelte er eifrig dran rum, aber das Bett setzte ihm beharrlichen Widerstand entgegen, stieß ihn mit dem Eckposten, schleuderte Kopfkissen herunter und beunruhigte an den Beinen; mal stieß er an einen Stuhl und es klapperte – aber das Ende der Untersuchung war doch negativ. Pfarrer Gers kam also wieder zurück und nach kurzem Kriegsrat steckte er ein Streichholz an.

Es puffte, ein Schatten spukte durch die Stube und eine ungewisse flackernde Helle umgab uns. Wir sahen das zerwühlte Bett, den Stuhl, auf dem der pot de chambre sich breitmachte wie eine Punschbowle, und ein großes Sofa.

Da saß er. Lang und uralt, blaue, grelle Augen, in der Hand eine Lampenglocke. Während wir uns abquälten, hatte er, ohne einen Ton zu sagen, die Lampe anzünden wollen, war aber nicht weit damit gekommen. Wir ließen ihn wieder auf seinen Platz runter – er hatte sich beim Aufrichten etwas festgeklemmt –, machten Feuer an und holten uns Stühle. Draußen tobte der Wind, bei uns war es um so stiller und wärmer. Keiner sagte was.

Aber nun fing der Pastor an und bald taute der Alte auf. Ich wunderte mich im stillen, was für ein vornehmes Herrengesicht er habe. Später fragte mich der Chef, ob er nicht ein »Morbachsches Gesicht« habe, – das also war es. Aber das alles, was geschehen ist, ist lange, lange her.

Der alte Mann erinnerte sich, daß er in der Mitte des vorigen Jahrhundert viere lang den Minister kutschiert habe. Der Minister war eine Natur wie Friedrich Wilhelm IV., rastlos, tätig, geistvoll – und er endete auch so. In jener Zeit hatte ihm Dubbicke – er mag auch anders heißen – gedient und seltsame Sachen miterlebt. Da war eine Geschichte von einer rasenden Fahrt auf der Chaussee, so daß das Vordergespann beinahe stürzte, und die Sonne schien auf den grünen Wald an beiden Seiten. Auf einmal befiehlt der Kranke, zu halten: er hat zwei Handwerksburschen erblickt, die in einer Lichtung Erdbeeren suchten. Der alte Kutscher, damals noch jung und kräftig, springt herab und holt die beiden Kerle an den Wagenschlag. Der Minister aber streckt seine dünne, blaugeäderte Hand aus dem Fenster und sagt: »Linie ziehen, das für euch, aber nicht weiter als so und so; dort dürft ihr Erdbeeren suchen; das andre gehört mir und das ist für die Frau und das ist für die Kinder [...]« Und sie fahren viere lang weiter, durch Dörfer und an Feldern vorbei und der Chausseewärter verneigt sich tief, die Hunde bellen, und die zwei Handwerksburschen stehen verdutzt da, schauen der Karosse lange nach und essen ganz langsam ihre Erdbeeren auf, die sie in ihre alten Hüte gesammelt haben.

Allmählich verstummte der alte Mann, nachdem sich schon vorher seine Erinnerungen verwirrt hatten; ich sehe ihn noch, wie wir uns schon verabschiedet haben und er sich erhebt und mit der Hand winkt und sich bedankt, – worauf eine unbekannte Frau erscheint, nicht seine Frau, und ihm wieder in die Sofaecke hilft, wobei sie gleichzeitig einige schwungvolle Knickse dem Herrn Pastor nachsendet. Alle diese alten Leute bringen die Hauptzeit ihres Lebens im Bett zu, von zwei bis fünf etwa wohnen sie auf einem Sofa oder in einem Lehnstuhl, und wenn es ihnen ganz besonders gut geht, steht dieser Lehnstuhl am Fenster, wo sie die Dorfstraße übersehen können. Und dann drücken sie auch wohl ihr Gesicht an die Scheiben und rufen mit ihren dünnen Stimmen einen Vorübergehenden an: worauf dieser meist eintritt und sie durch muntere Erzählungen aus der Welt aufheitert. Ich denke mir, daß sie dann in der langen Einsamkeit wieder eine Weile ganz vergnügt sind und mit listiger Miene den Ofen anstarren; denn alles, alles kommt allmählich zu ihnen, das Wort des Haushofmeisters, jede Bemerkung Mademoiselles; sie wissen, daß der Pastor einen Frischling gekauft hat, daß der Katholik, Herr Lindner, in der Fastenzeit nicht auf die Ressource geht; sie sind aufs beste unterrichtet über die Damen des neulich stattfindenden Jagddiners, über das mit Veilchen gestickte Kleid der Gräfin, über den Reisekoffer des neuen Lehrers, der noch gar nicht da ist, und über die Lieblingsspeisen der Diakonisse, die uns neulich verlassen hat. Ich glaube, es ist ihnen des Montags nicht unbekannt, wer im Schach gewonnen hat – der Amtmann oder der Pastor –, und ganz sicher werden sie wissen, was alles am Donnerstag im Herrenzimmer vor sich gegangen sein wird, welche Gebote Schüler-Malmitz gemacht hat und mit welchen Nebengedanken der Bauer von Hilden auf das Pfarrgut spekuliert haben wird. Sie besetzen die Pfarre in Wasdorf und sind später vermutlich indigniert, wenn der Graf ihren Intentionen nicht nachkommt.

Es sind sehr viele treffliche, fromme und in Ehren grau gewordene Leute darunter –, aber es sind auch einige, die ein doppeltes Gesicht haben und mit äußerer Lieblichkeit eine bösartige Lästerzunge führen. Der Pastor, der schon vor vielen Jahren als Hauslehrer in Uhlenburg war – er hat den jetzigen Grafen erzogen – ... kennt seine Leute natürlich aus dem ff und irrt sich selten in ihnen. Aber ich war nach manchem Besuch doch verwundert, wenn er mir nähere Mitteilungen über diesen und jenen machte. [...]

Den 10. Mai 1902
Heute sind durch Uhlenburg ein Bär, ein Kamel und drei Affen gekommen. Das Kamel wollte durchaus ins Hospital eindringen und die Affen, von Lola mit Grausen betrachtet, führten einen phantastischen Tanz auf den Spargelbeeten auf; Radatus verlor fast den Verstand. Solche Dinge kommen hier vor. Die Damen sind einstimmig für das Kamel begeistert, ich eigentlich auch, es hat so stolze Haarbüschel und konnte sein Maul ungemein malerisch aufklappen. Übrigens war es fett. Ein kleiner Affe, der sich absentiert hatte, kam noch ganz zuletzt atemlos über den Kirchberg gesaust und ließ sich an der Mauer kunstvoll herab; doch fiel er gleichwohl auf seinen Podex und machte daher ein sehr beschämtes Gesicht, denn alles Volk hatte ihm zugesehen. Er tat dann, ganz wie ein Mensch, als ob er nicht da wäre, und schwänzelte eilfertig davon.

Ich glaube, in Berlin kann man gar nicht solche Andacht für ein Kamel, einen Bären und drei Affen entwickeln; aber hier, an den Grenzen der Kultur, fällt sowas wie ein Geschenk vom Himmel. Ich saß gerade auf dem Grunde einer Dogmatik, als das Goldhähnchen herausgestürmt kam und ausrief: Herr Vikar, wollen Sie nicht das Kamel sehen? Natürlich! Rief ich, denken Sie vielleicht, ich will das Kamel nicht sehen?

Das Schrum-Schrum von einer alten Pauke, die sie mithatten, liegt mir noch jetzt im Ohr. Man wurde ordentlich vergnügt. Die Großmutter fiel vor Interesse beinahe aus dem Fenster und der Chef griff mächtig in den Beutel. Wie der Kantor seine »Knaben« wieder eingefangen hat, weiß ich nicht zu sagen; sie schienen den Tanzbären wenigstens bis nach Neufeld begleiten zu wollen.

Heinrich Wolfgang Seidel (1876–1945), der Sohn des Schriftstellers Heinrich Seidel (1842–1906), absolvierte 1902 sein Vikariat in Boitzenburg und schilderte Land und Leute in Briefen an seine Eltern. 1907 heiratete Heinrich Wolfgang Seidel seine Cousine, die spätere Schriftstellerin Ina Seidel (1885–1874), die nach dem Tod ihres Mannes die Briefe aus dem Vikariat herausgab. Deren gemeinsamer Sohn Georg Heinrich Balthasar Seidel, der unter den Pseudonymen Christian Ferber und Simon Glas als Schriftsteller bekannt wurde, veröffentlichte 1979 das Buch »Die Seidels – Geschichte einer bürgerlichen Familie«.

Otto von Bismarck

»Gedanken und Erinnerungen«

In der Tat war mir jeder Gedanke an Abdikation des Königs fremd, als ich am folgenden Tage, dem 22. September, in Babelsberg empfangen wurde, und die Situation wurde mir erst klar, als Se. Majestät dieselbe ungefähr mit den Worten präzisierte: »Ich will nicht regieren, wenn ich es nicht vermag, wie ich es vor Gott, meinem Gewissen und meinen Untertanen verantworten kann. Das kann ich aber nicht, wenn ich nach dem Willen der heutigen Majorität des Landtages regieren soll, und ich finde keine Minister mehr, die bereit wären, meine Regierung zu führen, ohne sich und mich der parlamentarischen Mehrheit zu unterwerfen. Ich habe mich deshalb entschlossen, die Regierung niederzulegen, und meine Abdikationsurkunde, durch die angeführten Gründe motiviert, bereits entworfen.« Der König zeigte mir das auf dem Tische liegende Aktenstück in seiner Handschrift, ob bereits vollzogen oder nicht, weiß ich nicht. Se. Majestät schloß, indem er wiederholte, ohne geeignete Minister könne er nicht regieren.

Ich erwiderte, es sei Sr. Majestät schon seit dem Mai bekannt, daß ich bereit sei, in das Ministerium einzutreten, ich sei gewiß, daß Roon mit mir bei ihm bleiben werden, und ich zweifelte nicht, daß die weitere Vervollständigung des Kabinetts gelingen werde, falls andre Mitglieder sich durch meinen Eintritt zum Rücktritt bewogen finden sollten. Der König stellte nach einigem Erwägen und Hinundherreden die Frage, ob ich bereit sei, als Minister für die Militär-Reorganisation einzutreten, und nach meiner Bejahung die weitere Frage, ob auch gegen die Majorität des Landtags und deren Beschlüsse. Auf meine Zusage erklärte er schließlich: »Dann ist es meine Pflicht, mit Ihnen die Weiterführung des Kampfes zu versuchen und ich abdiziere nicht.« Ob er das auf dem Tische liegende Schriftstück vernichtet oder in rei memoriam aufbewahrt hat, weiß ich nicht.

Der König forderte mich auf, ihn in den Park zu begleiten. Auf diesem Spaziergange gab er mir ein Programm zu lesen, was in seiner engen Schrift acht Folioseiten füllte, alle Eventualitäten der damaligen Regierungspolitik umfaßte und auf Details wie die Reform der Kreistage einging. Ich lasse es dahingestellt sein, ob dieses Elaborat schon Erörterungen mit meinen Vorgängern zur Unterlage gedient hatte oder ob dasselbe zur Sicherstellung gegen eine mir zugetraute konservative Durchgängerei dienen sollte. Ohne Zweifel war, als er damit umging, mich zu berufen, eine Befürchtung der Art in ihm von seiner Gemahlin geweckt worden, von deren politischer Begabung er ursprünglich eine hohe Meinung hatte, welche aus der Zeit datierte, wo Sr. Majestät nur eine kronprinzliche Kritik der Regierung des Bruders, ohne Pflicht zu eigner besserer Leistung, zugestanden hatte. In der Kritik war die Prinzessin ihrem Gemahl überlegen. Die ersten Zweifel an dieser geistigen Überlegenheit waren ihm gekommen, als er genötigt war, nicht mehr nur zu kritisieren, sondern selbst zu handeln und die amtliche Verantwortung für das Bessermachen zu tragen. Sobald die Aufgaben beider Herrschaften praktisch wurden, hatte der gesunde Verstand des Königs begonnen, sich allmählich von der schlagfertigen weiblichen Beredsamkeit mehr zu emanzipieren.

Es gelang mir, ihn zu überzeugen, daß es sich für ihn nicht um Konservativ oder Liberal in dieser oder jener Schattierung, sondern um Königliches Regiment oder Parlamentsherrschaft handle und daß die letzte notwendig und auch durch eine Periode der Diktatur abzuwenden sei. Ich sagte: »In dieser Lage werde ich, selbst wenn Ew. Majestät mir Dinge befehlen sollten, die ich nicht für richtig hielte, Ihnen zwar diese meine Meinung offen entwickeln, aber wenn Sie auf der Ihrigen schließlich beharren, lieber mit dem Könige untergehen, als Ew. Majestät im Kampfe mit der Parlamentsherrschaft im Stiche lassen.« Diese Auffassung war damals durchaus lebendig und maßgebend in mir, weil ich die Negation und die Phrase der damaligen Opposition für politisch verderblich hielt im Angesicht der nationalen Aufgaben Preußens und weil ich für Wilhelm I. persönlich so starke Gefühle der Hingebung und Anhänglichkeit hegte, daß mir der Gedanke, in Gemeinschaft mit ihm zugrunde zu gehen, als ein nach Umständen natürlicher und sympathischer Abschluß des Lebens erschien.

Der König zerriß das Programm und war im Begriff, die Stücke von der Brücke in die trockene Schlucht im Park zu werden, als ich daran erinnerte, daß diese Papiere mit der bekannten Handschrift in sehr unrechte Hände geraten könnten. Er fand, daß ich recht hätte, steckte die Stücke in die Tasche, um sie dem Feuer zu übergeben, und vollzog an demselben Tage meine Ernennung zum Staatsminister und interimistischen Vorsitzenden des Staatsministeriums, die am 23. veröffentlicht wurde. Meine Ernennung zum Ministerpräsidenten behielt der König vor, bis er mit dem Fürsten von Hohenzollern, der staatsrechtlich diese Stellung noch innehatte, die desfallsige Korrespondenz beendet haben werde.

Bismarck schildert die Begegnung vom 22.9.1862 mit dem preußischen König Wilhelm I. auf dem Schloß Babelsberg, in deren Ergebnis er am 8.10.1862 zum Präsidenten des Staatsministeriums und zum Minister für auswärtige Angelegenheiten ernannt wurde.

Helmuth von Moltke

Zur Abrüstungsfrage

Ohne Datum. Berlin. Anfang März 1879
Wer teilte nicht den innigen Wunsch, die schweren Militärlasten erleichtert zu sehen, die vermöge seiner Weltstellung inmitten der mächtigsten Nachbarn zu tragen Deutschland genötigt ist. Nicht die Fürsten und Regierungen verschließen sich ihm, aber glücklichere Verhältnisse können erst eintreten, wenn alle Völker zu der Erkenntnis gelangen, daß jeder Krieg, auch der siegreiche, ein nationales Unglück ist. Diese Überzeugung herbeizuführen, vermag auch die Macht unseres Kaisers nicht; sie kann nur aus einer besseren religiösen und sittlichen Erziehung der Völker hervorgehen, eine Frucht von Jahrhunderten weltgeschichtlicher Entwicklung, die wir beide nicht erleben werden.

Der preußische Generalfeldmarschall Helmuth Graf von Moltke (1800–1891) war von 1857 bis ins hohe Alter von 88 Jahren Chef des Generalstabs. Er hatte die oberste militärische Leitung im Deutsch-Dänischen Krieg von 1864, im Preußisch-Österreichischen Krieg von 1866 und im Deutsch-Französischen Krieg von 1870/71 inne. Moltke antwortete mit der hier abgedruckten Erklärung auf den Vorschlag eines Herrn Hauschild aus Herbergen (bei Liebstadt in Sachsen), bei Wilhelm I. auf Abrüstung in Deutschland hinzuwirken.

Theodor Fontane

Tu ich einen Spaziergang machen

Tu ich einen Spaziergang machen,
Beschäft'gen mich immer allerlei Sachen.
In das Kommende sich versenken,
Tod und Sterben überdenken,
Gibt es so was wie Fortschritt auf Erden,
Oder werden wir alle russisch werden,
Sollen wir was für den Himmel tun,
Alle diese Fragen ruhn,
Immer nur allerkleinste Sachen
Dürfen einen Anspruch machen.
Warum sind Müllers ausgeblieben?
Warum hatte Schulze nicht geschrieben?
Werd ich der Meyer im Park begegnen?
Wird es schön Wetter oder wird es regnen?
Und im immer weitern Schreiten
Wechseln so die Nichtigkeiten.

Das Gedicht erschien aus Fontanes Nachlaß zuerst in der Vossischen Zeitung vom 27. Mai 1928.

Wilhelm Müller-Rüdersdorf

Mit dem Strom

Das war ein funkelnd Schmeicheln
Durch Tag und grüne Zeit;
Das war ein sanftes Streicheln
An seidigem Oderkleid.

Das war ein selig Säumen
Mit stillem Wellenzug,
War leis' in Wogenträumen
Ein froher Sommerflug.

Das war durch blanke Weiten
Ein Flutenfeiergang,
In sinnversunkenem Gleiten
Heimlied und Fernesang.

Wilhelm Müller-Rüdersdorf (1886 – nach Juni 1945) lebte seit 1907 zunächst als Lehrer, später als freier Schriftsteller in Rüdersdorf, seit 1934 in Petershagen und danach in Strausberg. Im Juni 1945 wurde er von der sowjetischen Besatzungsmacht verhaftet; sein Verbleib ist ungeklärt.

Rudolf Alexander Schröder

Baumblüte in Werder

An Hügeln hin verbreitet
sich's weiß und rosenrot.
Wohin dein Auge gleitet,
ist's farbig aufgeloht.

Hier hat es sich entsiegelt,
was sonst verborgen ruht,
und im Gewässer spiegelt
der Frühling seine Glut.

Der Schriftsteller, Übersetzer, Architekt und Theologe Rudolf Alexander Schröder (1878–1962) lebte von 1905–1908 in Berlin und wurde hier u.a. mit Rilke, Gerhart Hauptmann, Max Reinhardt und Tilla Durieux bekannt.

Friedrich Brunold

Der Werbellin

Wie ein Gottesauge glänzet,
drüber dunkle Brauen glühn,
liegt, von Wald und Berg umkränzet,
märchenhaft der Werbellin.

Und das Nebelkind, die Sage,
schmücket ihn mit Blüt' und Kranz;
längst vergeßne schöne Tage
steigen auf in vollem Glanz.

Auf der Flut in Abendfeier
schwimmt ein Schifflein sonder Eil';
braungelockten Haars am Steuer
lehnet Otto mit dem Pfeil.

Heilwig, seines Herzens Minne,
schaut ihn blauen Auges an,
und es geht ihm durch die Sinne,
was sie einst für ihn getan,

wie sie ihn aus Haft und Banden
einst befreit durch Mut und List. –
Fürst und Held er seinen Landen,
Dichter ihr geworden ist.

Lieder tönen, Harfen klingen,
und ein Stern vom Himmel fällt.
Ferner, ferner schallt das Singen –
oh wie schön ist doch die Welt!

Well' auf Welle schäumt zur Stunde,
Mond vollendet seinen Lauf;
aus versunkner Stadt im Grunde
läuten Glocken dumpf herauf.

Wie ein Gottesauge glänzet,
drüber dunkle Brauen glühn,
liegt, von Wald und Berg umkränzet,
märchenhaft der Werbellin.

Wald und See im Wolkendunkel,
trägen Flugs eine Weihe dort.
Stille rings – dann Sterngefunkel,
und die Glocken läuten fort.

Friedrich Brunold (eigentlich August Ferdinand Meyer, 1811–1894), Lehrer, Heimatdichter, Lyriker, Erzähler, kam ca. 1834 nach Joachimsthal und war hier bis 1879 im Schuldienst.

Sage

Die versunkene Stadt im Paarstein

Südlich von Angermünde erstreckt sich von dem Dorf Herzsprung bis nach Brodowin und Pälitz ein großer See, der überall von mäßigen, aber meist steilen Höhen umgeben ist. In ihm soll eine große Stadt, und zwar durch die eigne Schuld der Bewohner, untergegangen sein. Es fehlte ihnen nämlich schon lange an gutem Trinkwasser, und sie hatten auch schon viele Brunnen gegraben, aber immer nicht ihren Wunsch erreicht. Da kam einst ein Zauberer und grub ihnen einen schönen tiefen Brunnen, dessen Wasser hell und klar war; aber er fügte zu seinem Geschenk zugleich die Warnung, daß sie den Brunnen jeden Abend sorgfältig verdecken sollten. Das taten sie dann auch jahraus, jahrein; aber einst, wie es kam, weiß man nicht, wurde es vergessen. Da fing die Flut in dem Brunnen plötzlich an emporzuwallen und stieg immer höher und höher und verschlang die Stadt samt allen Bewohnern; das Wasser trat aber weiter und weiter aus und bildete zuletzt den großen Paarsteinschen See. Einige erzählen auch, die Stadt hätte sich noch über den jetzigen See hinaus, und zwar bei Pälitz vorbei in die Heide hinein bis zum sogenannten venedischen Kirchhof erstreckt; auf dem Pälitzer Werder hat das Schloß gestanden, und man kann noch die Spuren des Gemäuers dort sehen; im Wasser erblickt man auch noch zuweilen bei hellem Wetter den Kirchturm und hört das Läuten der Glocken, die auch hin und wieder ans Tageslicht kommen, wo man sie dann wie die anderer Seen miteinander sprechen hört.

Sage

Die Stimme im Gohlitzsee

Im Gohlitzsee muß alle Jahr einer ertrinken, und ist einmal, was jedoch selten geschieht, über diese Zeit hinaus keiner darin ums Leben gekommen, so hört man eine Stimme aus dem Wasser, die ruft und lockt ordentlich, daß einer hinkommen solle. Und das ist nicht vergeblich, denn gewöhnlich währt's nicht lange, so geht einer hin und ersäuft sich.

Sage

Der Mohriner See

In dem großen, rings von steilen Ufern umgebenen Mohriner See, sagt man, liegt ein großer Krebs, der mit einer Kette an den Grund angeschlossen; reißt er sich aber einmal los, so muß die ganze Stadt untergehen. Oft genug hat man deshalb schon in Angst geschwebt, denn wenn der See heult, wie die Leute sagen, so tobt da unten der Krebs und will sich lösen. Im See muß auch alle Jahre einer ertrinken, und wenn das ja einmal in einem Jahr nicht zutrifft, so müssen sicherlich im nächsten Jahr zwei dafür büßen. Man sieht auch oft einen Schimmel aus dem Wasser hervorkommen, besonders während der Nacht, der geht ruhig neben dem Wanderer her, der noch spät des Weges kommt, und begleitet ihn ein Stück. Am Marientag aber zeigt sich eine weiße Gestalt, die lockt die Leute auf allerlei Weise herabzukommen, und wer sie einmal erblickt hat, der muß hinunter, mag er wollen oder nicht.

Sage

Der Werwolf

Einige Menschen verstehen die Kunst, sich mittels eines Gürtels, den sie umschnallen, in einen Werwolf zu verwandeln, und so ist auch einmal einer in der Mark gewesen, von dem man noch an vielen Orten zu erzählen weiß. Lange Zeit hatte keiner gewußt, daß er ein so gefährlicher Nachbar sei, aber endlich kam es folgendermaßen heraus.

Es lagen mehrere Knechte beisammen in den Koppeln, ihre Pferde zu hüten, und machten sich da ein Feuer an, bei dem immer einer wachen mußte. Als nun die Reihe an den Werwolf kam und er meinte, daß die andern alle fest schliefen, warf er schnell seinen Gürtel über, stürzte sich als Wolf auf die Pferde und verzehrte ein Fohlen mit Haut und Haaren. Das alles sah einer der Knechte, der sich nur schlafend gestellt hatte, mit an, sagte jedoch den anderen kein Wort davon. Nicht lange danach kehrte der Werwolf zurück, und die andern erwachten. Als sie nun bei dem Feuer lagen, da schauderte es den Werwolf so. Und er sagte: »Ich weiß nicht, wie mir heute so schuddrig ist!« – »Na«, sagte der Knecht, welcher nicht geschlafen hatte, »da soll einem wohl nicht schuddrig sein, wenn man ein ganzes Fohlen im Leib hat!« – »Dein Glück«, rief jener, »daß du mir das nicht vorher gesagt hast!« Und mit diesen Worten streifte er seinen Gürtel über, wurde sogleich zum Wolf, sprang in den Wald, und nie haben ihn seine Gefährten wiedergesehen.

Christian Morgenstern

Der Werwolf

Ein Werwolf eines Nachts entwich
von Weib und Kind und sich begab
an eines Dorfschullehrers Grab
und bat ihn: »Bitte, beuge mich!«

Der Dorfschulmeister stieg hinauf
auf seines Blechschilds Messingknauf
und sprach zum Wolf, der seine Pfoten
geduldig kreuzte vor dem Toten:

»Der Werwolf,« sprach der gute Mann,
»des Weswolfs, Genitiv sodann,
dem Wemwolf, Dativ, wie mans nennt,
den Wenwolf, – damit hats ein End.«

Dem Werwolf schmeichelten die Fälle,
er rollte seine Augenbälle.
»Indessen,« bat er, »füge doch
zur Einzahl auch die Mehrzahl noch!«

Der Dorfschulmeister aber mußte
gestehn, daß er von ihr nichts wußte.
Zwar Wölfe gäbs in großer Schar,
doch ›Wer‹ gäbs nur im Singular.

Der Wolf erhob sich tränenblind
er hatte ja doch Weib und Kind!!
Doch da er kein Gelehrter eben,
so schied er dankend und ergeben.

Titelblatt der »Galgenlieder«

Christian Morgenstern (1871–1914) lebte seit 1894 mit Unterbrechungen in Berlin. Die erste Ausgabe der »Galgenlieder«, denen das »Werwolf«-Gedicht entnommen ist, erschien 1905 in Birkenwerder bei Berlin. 1915 lagen sie bereits in 15. Auflage vor. Die Galgenlieder von Morgenstern gehen wahrscheinlich auf den Galgenberg bei Werder zurück, wohin der Dichter häufig Ausflüge mit seinen Freunden, u.a. mit dem Dramatiker Georg Hirschfeld und dem Schauspieler Friedrich Kayßler, unternahm.

Hermann Graebke

Uns Herrgott lacht

Wenn Fröjohrs Snee un Is vergeiht,
de Sünn an'n blauen Himmel steiht
un fründlich up de Erd kickt dol,
denn is mi dat mit eenenmol,
as wenn noh de lang Winternacht
uns Herrgott lacht.

Wenn öwer'n grön Getreidemeer
fleg'n Sommervögel hen un her
un up de Wischen wunnerschön
völ dusend bunte Blomen blöhn,
denn denk ik mi bi all de Pracht:
»Uns Herrgott lacht.«

Wenn in een'n grönen Wald ik bün,
up den so fründlich liggt de Sünn,
un ik hork up den Vogelsang,
de sich den ganzen Wald treckt lang,
is mi, as wenn bald lud, bald sacht
uns Herrgott lacht.

Wenn Ringel-Ringel-Rosenkranz
de Kinner sing'n to ehren Danz
un lud un klor ehr Lachen schallt
un in mien Herz dat werrerhallt,
denn hew ik immer bi mi dacht:
»Uns Herrgott lacht.«

Der Lehrer Hermann Graebke (1833–1909), der in Lenzen geboren wurde und das Lehrerseminar in Potsdam besuchte, veröffentlichte mehrere Bücher in Prignitzer Mundart. 1853–1865 wirkte er als Kantor in Putlitz (Prignitz).

Johannes Trojan

Teltower Rübchen

Schmäht den Sand nicht; denn auf dem Sand gedeihen
Lieblich Florens Kinder und blühen reichlich.
Nur auf Sand auch wächst, was die Zier der Gattung:
Teltower Rübchen.

Rüben gibt es viel auf der weiten Erde,
Gelbe und weiße, Runkel- und Zuckerrüben;
Aber hoch ob allem, was also heißt, stehen
Teltower Rübchen.

Säet aus die Saat auf dem fetten Marschland,
Und empor wächst nichts der Erwähnung Wertes;
Aller Rüben Krone erzeugt allein die
Teltower Feldmark.

Außerhalb der Grenzen des märk'schen Gaues
Kaum genannt wohl würde das sand'ge Teltow,
Wenn nicht fernhin trügen der Heimat Ruhm die
Niedlichen Rübchen.

Unter zahllos vielen, die vielgestaltig,
Spielt ihr kleinsten Rüben die erste Rolle,
Wahrlich wert drum, daß ich euch hier besing´ im
Maße der Sappho.

Selbst ein Lichtstrahl aus des Parnasses Höhe
Fiel auf euch, die kleinen, bescheid'nen Wurzeln:
Allbekannt ja ist's, wie so gerne euch aß der
Göttliche Goethe.

Johannes Trojan (1837–1915), Journalist, Redakteur und Schriftsteller, besingt ein Gemüse von kulturhistorischer Bedeutung. Die Teltower Rübchen fanden bereits im Mittelalter Erwähnung. Im größeren Ausmaß wurden sie nach einem Brand angebaut, der 1711 in Teltow nur wenige Häuser verschonte. Die Kultivierung der Rübchen sollte eine neue ökonomische Grundlage für den Ort legen helfen. Als Delikatesse fanden die Teltower Rübchen Absatz am französischen und russischen Hof wie auch beim Vatikan. Seit 1801 ließ Goethe sich das Gemüse von seinem Freund Zelter aus Berlin schicken. Johann Heinrich Voß unternahm den vergeblichen Versuch, Rübchen gleichen Geschmacks mit dem originalen Samen auf dem sehr viel reicheren Boden in Heidelberg zu ziehen.

Hanns von Zobeltitz

Erinnerungen an die Kindheit in der Neumark – in Spiegelberg bei Sternberg

Man mag sich heute schwer einen rechten Begriff von der Einfachheit der Lebensführung machen können, die damals auf solch einem kleinen Rittergut herrschte. Und doch erfuhren wir, daß es »in den guten alten Zeiten«, von denen oft die Rede war, noch viel einfacher zugegangen wäre. Dicht neben dem schlichten, aber geräumigen Herrenhaus – die Bauern nannten es Schloß – stand das Leutehaus. Das hatten die Großeltern, ehe Großvater das »Schloß«, etwa 1830, baute, bewohnt; mein Vater und seine Geschwister waren darin geboren. Nun, dies strohgedeckte Häuschen hatte in seinen vier niedrigen Stuben nicht einmal einen bretternen Fußboden, vielmehr eine Lehmtenne!

Unsere Lebensführung war aber nicht nur deshalb so einfach, weil die Mittel knapp waren; manchmal kam ja auch ein Geldschiff vom Vater aus Berlin, das eine etwas größere Üppigkeit gestattet hätte. Auch nicht, daß Mutter bei aller Sparsamkeit ängstlich genau gewesen wäre. Nein – der Zuschnitt in unserem Hause entsprach, mit wenigen Ausnahmen, von denen ich noch erzählen werde, ganz dem auf allen Nachbargütern. Es war überall Grundsatz, daß, abgesehen von den unentbehrlichen Kolonialwaren, eigentlich nur das verzehrt werden durfte, was auf dem Gute »zuwuchs«. Und mit den Kolonialwaren geizte man; die Zuckerstückchen waren unheimlich klein; starker Kaffee galt als höchst ungesund; Tee kannte man kaum, außer medizinischen, in dem Großmutter groß war. Großvater trank wohl am Abend sein Fläschchen Bier; wir bekamen nur ausnahmsweise ein Glas einer seltsamen Sorte Braunbier, das in der Nachbarschaft gebraut und beim Abziehen noch stark mit Wasser verdünnt wurde. Wein erschien bei Tische nur, wenn Gäste im Hause waren. Champagner ist – ich erinnere mich dessen genau, weil er mir einen überwältigenden Eindruck machte – in meiner Kindheit nur zweimal getrunken worden: bei der Taufe meiner Schwester und der goldenen Hochzeit der Großeltern. Freilich gab es ja damals nur echten Sekt, französischen. Der deutsche Schaumwein trat erst später in die Erscheinung, für uns zuerst in Gestalt der Grünberger »Landkarte«. Und dann hatte es mit dem Champagner auch noch einen besonderen Haken: Eiskeller gab es nicht. So wenig wie eine Badeeinrichtung. Im Sommer plätscherten wir im kleinen Pleiskefluß hinter dem Garten; im Winter wurden wir, wenn es dringend notwendig schien, unten im Keller in einem großen Waschfaß abgeseift.

Man denke nun aber nicht etwa, daß es uns an Delikatessen gebrach. Der Begriff ist ja so relativ. Uns erschien es schon als eine Delikatesse, wenn die Semmelmuhme wöchentlich zweimal frische Semmeln aus Lagow brachte und Omama aus dem unerschöpflichen Tragkorb der Alten ein Stückchen Kuchen herausfischte. Dann spielten Kartoffelpuffer, zumal in der Verbindung mit Leinöl, eine große Rolle; Sauermilch mit »Torf«, d.h. geriebenem Schwarzbrot und Zucker darüber, stand in hoher Achtung, und Obst gab's, viel Obst – und nicht nur Knödeln. Den Magen durften wir uns nicht verderben. Aber gedoktert wurde bei uns bedenklich viel. Großmutter war nicht wohl, wenn sie nicht eins ihrer unzähligen Hausmittel in Wirksamkeit setzen konnte. Sie selber hielt für sich daran fest, den Anschauungen ihrer Jugend entsprechend, daß man jährlich mindestens zweimal zur Ader lassen oder Blutegel ansetzen müsse. Damit durfte sie freilich unserer Mutter nicht kommen, obwohl mir deutlich in Erinnerung ist, daß Omama jedesmal nach der Prozedur wie verjüngt erschien. Aber unsren Löffel Rizinusöl erhielten wir in regelmäßigen Zwischenzeiten, ob's not tat oder nicht und so sehr wir uns sträubten. Dazu stand auf einem Sims meist ein ausgehöhlter, mit Zucker gefüllter Meerrettich in einem Glase, und die allmählich durchtropfende Tunke wurde uns teelöffelweise eingegeben. Bei allen passenden und unpassenden Gelegenheiten gab's Kamillentee, Flieder-, Baldrian- oder Lindenblütentee; Akonit war sehr beliebt, und alle naselang wurde die Ziehfrau aus dem Dorf ins Schloß zitiert. Die legte uns auf den Fußboden, streckte, rieb und dehnte die Glieder: eine Art einfacher Massage, die gar nicht so uneben war. Der Onkel Doktor aus Sternberg wurden selten geholt: das kostete Geld. Wenn er aber kam, verschrieb er nach Art der Zeit unzählige, endlos lange Rezepte, und das Komische an der Sache war, daß Omama jeden Rest in einer Medizinflasche gewissenhaft selber leerte. Die Tränklein müssen sehr unschuldiger Art gewesen sein, denn es hat ihr nie geschadet.[...]

Ein Ereignis war für uns stets der Jahrmarkt in Sternberg. Solch Jahrmarkt in der Kleinstadt hatte aber auch seine besonderen Reize. Die ganze Vetternschaft fand sich zusammen mit Kind und Kegel. Im »Wasserhof« bei Tante Vally Fischer und im »Baronshof« bei Tante Rathenow war, wie man heute sagen würde, großer Kaffeebetrieb mit Kuchenbergen. Auf dem Marktplatz gab es Buden mit wundervollen Herrlichkeiten, besonders die süße Bude von Frau Hufnagel, der Konditorfrau aus Zielenzig, erfreute sich höchsten Ansehens. In der Hinterstube der Apotheke aber saßen, wenn sie ihre Pferdegeschäfte erledigt hatten, die Herren, tranken Ungarwein, rauchten wie die Schornsteine und kannegießerten. Bis der Apotheker, Herr Herr, zum Pfeifen aufgefordert wurde; er war nämlich im Nebenberuf ein Kunstpfeifer ersten Ranges. Wir Kinder aber wurden, wenn die Väter des süßten Weines und des Pfeifens satt waren, in eine der kleinen wandernden Menagerien geführt. Ich habe damals zuerst einen wirklichen Löwen gesehen und eine »Riesenschlange«. Am meisten Eindruck aber machte mir ein kleiner Pony, der rechnen und lesen konnte. In der Tat produzierte das Tierchen so ziemlich alles, was heute dem klugen Hans und den Elberfelder Pferden nachgerühmt wird. Großvater, der mit der Tierwelt vertraut war wie wenige, erklärte mir damals all die kleinen Kunststücke und wie sie zustande kämen. Er ließ sich von ihnen nicht imponieren, wie heute so manche gelehrte Häuser. »Das heißt,« meinte er, »wenn ich wollte – meine Diana könnte auch viel mehr lernen.« Ein Glück für die arme Diana, daß er nicht wollte.

Der Erzähler Hanns von Zobeltitz (1853–1918) wurde im neumärkischen Spiegelberg geboren und war seit 1891 Schriftleiter von »Velhagen & Klasings Monatsheften« in Berlin.

Alfred Kerr

Flurgespräch

Zwei Frauen, fett wie Leberwürste,
    belauscht' ich heut' am Treppenrand;
die eine hielt die Läuferbürste
    beim Plaudern sinnend in der Hand.

»Die Zeitung schreibt (wer weiß, ob's wahr ist)
    ›ganz Werder steht in Blütenpracht‹.
Mit ihrem Herrn, der Refrendar ist,
    hat unsre Frida hingemacht.

Sie fabrizieren aus dem Obste
    In Werder solchen leichten Trank;
Doch wenn man viel von schluckt, dann gloobste:
    Es is wohl doch was Schärfres mang ...

Nachts kam mein Liebling von der Reise.
    Laut sang und sprang das gute Kind.
Ich sage: Frida! Sag' ich leise,
    du bist wohl brustkrank. Laß det sind!

Leg dir in' Kahn, so rasch wie möglich,
    du weckst mir noch das ganze Haus;
wenn's Vater hört, dann wird er eklig –
    da gibt's wat aus de Kasse raus!

Heut' morgen war ihr nicht zum klarsten.
    Det kann maa' vorkomm' – wie sich's trefft.
Ich sage: Frida, na, wie war's denn?
    Keen Ton ... Still jing se ins Jeschäft ...«

Zwei Frauen, fett wie Leberwürste,
belauscht' ich heut' am Treppenrand;
die eine hielt die Läuferbürste
beim Plaudern sinnend in der Hand.

Alfred Kerr (1867–1948) war bis 1933 der einflußreichste Kritiker in Berlin. 1917 erschien sein erster Gedichtband »Die Harfe«. Nach der Machtergreifung durch die Nazis emigrierte er über mehrere Stationen nach London, wo er seit 1936 lebte. Im September 1948 flog Kerr nach Hamburg, erlitt während einer Theateraufführung einen Schlaganfall und nahm sich wenig später das Leben.

Friedrich Brunold

Friedhof im Walde

Vom Dorf entfernt, im Fichtenwald,
Wegab, talwärts, waldein
Liegt, ringsum Föhren, grau und alt,
Ein Friedhof, eng und klein.

Am Kreuze Moos und Moos am Zaun,
Kein Laut die Ruh' durchbricht;
Altklugen Augs hinüberschau'n
Die Reh' im Mondenlicht.

Die Toten längst vergessen sind,
Kein Name lebet fort;
Man trug schon Kind und Kindeskind
Zum Friedhof dicht am Ort.

Schlaftrunken rings die Föhren stehn,
Die Rehlein schau'n darein –
Der Herr scheint durch das Tal zu gehen,
Es kann nicht stiller sein.

Vom Dorf klingt Abendläuten her;
Der Ton ruft: Weihnachtszeit!
Am Friedhof wird's Nacht mehr und mehr;
Dichtflockig still es schneit.

Ewald Müller

Begegnung

Ich gleite auf stählernen Schuhen
Dahin über endloses Eis;
In den dämmernden Spreewaldhallen
Umschwirren die Flocken mich weiß.

Da schweben im schweigsamen Zuge
Mir dunkle Gestalten vorbei;
Ich hemme den Lauf, um zu spähen,
Ob Traum es, ob Wirklichkeit sei.

Es huscht auf niederem Schlitten
Vorüber ein Totenschrein,
Gezogen von Spreewaldwenden,
Geleitet von schwarzen Reih'n.

Ich starre erstaunt, erschrocken,
In Weiten schon fliegt der Zug;
Es dünkt der beklommenen Seele
Wie nächtlicher Geisterspuk.

So führt der Spreewaldbewohner
Die Toten zur letzten Ruh'
Im Flug über Eisefelder
Dem fernen Friedhof zu.

Ewald Müller (1826–1932), Heimatdichter und Volkskundler, wurde in Drebkau geboren und wirkte von 1882 bis 1924 als Mittelschullehrer in Cottbus.

Sage

Die Koboldschmiede in Senftenberg

In Senftenberg befindet sich eine Schmiede, welche man die Koboldschmiede nennt. Sie hat ihren Namen daher, weil in derselben früher Ludki ihr Wesen getrieben haben. Wenn nämlich der Schmied eine Arbeit angefangen und sie am Abend unvollendet hatte liegen lassen, so war sie stets am nächsten Morgen fertig. Der Schmied wollte gern wissen, wer seine nächtlichen Helfer wären. Deshalb stellte er sich in einer Nacht hinter die Tür, die zur Schmiede führte, auf und lugte durch das Fenster. Da sah er zwölf Ludki, welche sich an die Arbeit machten und so darauf losschlugen, daß das Werk in kurzer Zeit fertig war. Die Ludki waren nackt: Das dauerte den Schmied. Er ließ deshalb zwölf Anzüge fertigen und sie den Ludkis hinlegen. Am andern Morgen fand er die Anzüge unberührt liegen, die Ludki aber haben sich in dieser Schmiede nie wieder gezeigt.

Sage

Die Nachzehrer

In der Gegend von Diesdorf glauben noch viele Leute an Nachzehrer. Oft geschieht es nämlich, daß wenn sich erst ein Todesfall in einer Familie ereignet hat, bald mehrere Glieder derselben nachsterben. Das kommt daher, daß man jenem ersten Toten nicht den Zehrpfennig in den Mund gegeben oder seinen Namen nicht aus dem Hemd geschnitten oder dem ähnliche andere Versehen gemacht hat. So geschah es auch einmal, daß viele Leute aus einer Familie schnell hintereinander starben; da entschloß man sich denn, den, welcher zuerst gestorben und offenbar der Nachzehrer war, auszugraben. Man fand nun, daß er bereits all seine Kleider aufgezehrt hatte, und weil es kein anderes Mittel gegen das Nachzehren gibt, als dem Toten das Genick abzustechen, trat der Mutigste hinzu, nahm einen Spaten und tat es. Da hat man deutlich gehört, daß der Nachzehrer noch ordentlich wie ein kleines Ferkel gequiekt hat.

Sage

Der Riesenstein auf dem Stolzenhagener Felde

Der große Stein auf dem Felde zu Stolzenhagen im Kreise Niederbarnim soll, so wird erzählt, von einem Riesen herrühren. Dieser stieß sich bei einer Wanderung am Wandlitzsee an dem Stein den Fuß, und ärgerlich darüber sagte er:
»Hebb ick mi stoßen an mine große Teh,
will ick dir ok smeten öwer de Wandelitzsche See!«
Er ergriff nun den großen Stein und warf ihn über den See auf das Stolzenhagener Feld. Deutlich kann man in dem Stein fünf Löcher sehen, das sind die Fingerabdrücke des Riesen.

Sage

Folg altem Brauch

In unserer Gegend bestand früher die schöne Sitte, daß sonnabends der Bauer keinen Dung aufs Feld fuhr. Das geschah wohl, damit am Tag des Herrn die Fluren nicht voll häßlichen Gestanks wären. Streng folgte jeder dem alten Brauch, und wer am Freitag schon aufgeladen hatte und dann doch nicht mehr zum Ausfahren kam, der lud noch am späten Abend die Fuhre wieder ab, auch wenn er am folgenden Morgen den Wagen nicht anderweitig nötig gebrauchte.
Ein junger Bauer in Göhren spottete über den alten Glauben, und als der Sonnabend kam, da lud er seinen Wagen recht voll bis oben an, spannte seine beiden stattlichen Pferde vor und das junge dazu, und, »hüh!«, fuhr er lachend durchs Dorf. Am See aber scheute plötzlich das Fohlen, die Pferde wurden wild, rasten mit dem Wagen ins tiefe Wasser und ertranken alle drei. Das Zeichen ließen sich alle zur Warnung dienen, die ebenfalls mit dem alten Brauch brechen wollten, und erst in dieser neuen Zeit ist auch das anders geworden.

Theodor Fontane

Veränderungen in der Mark

(Anno 390 und 1890)

Waren's Germanen, waren's Teutonen, –
Spreeaufwärts saßen die Semnonen,
Schopfhaarige, hohe Menschengebilde,
Sechs Fuß sie selber und sieben die Schilde.

Neben ihnen, in Höfen und Harden,
Saßen elbwärts die Longobarden,
Saßen von Laub und Kränzen umwunden
Oderwärts die blonden Burgunden,
Saßen am Bober in Kotten und Kralen
Zechend und streitend die Vandalen,
Saßen am Saalfluß, auf Wiesen und Fluren,
Den Kreis abschließend, die Hermunduren.

Aber Semnonen, Burgunden, Vandalen,
Alle mußten der Zeitlichkeit zahlen,
Longobarden und Hermunduren,
Alle nach Walhall aufwärts fuhren, –
Bis hin vor die Weltenesche sie zieh'n,
Da lagern sie sich um Vater Odin!

Tick, tick,
Tausend Jahre sind ein Augenblick! –

Und als nun Bismarck den Abschied nahm,
Eine Sehnsucht über die Märkischen kam,
Und sie sprachen: »Herr, laß uns auf Urlaub geh'n;
Wir möchten die Spree noch einmal wieder seh'n,
Die Spree, die Havel, die Notte, die Nuthe,
Den ›kranken Heinrich‹, die Räuberkute,
Wir sind unsrer fünf, und haben wir Glück,
Bis Donnerstag sind wir wieder zurück.«
Odin hat huldvoll sich verneigt, –
Alles zur Erde niedersteigt.

Und zunächst in der Neumark, in Nähe von Bentschen,
landen sie. »Himmel, was sind das für Menschen!«
Und als sie kopfschüttelnd sich weiterschleppen,
Bis Landsberg, Zielenzig, bis Schwiebus und Reppen,
Spricht einer: »Laßt uns mehr westwärts zieh'n.«
Und so westwärts kommen sie nach Berlin.
Am Tore rücken sie sich stramm,
Erst Neuer Markt, die Börse, Mühlendamm,
Dann Spandauer und dann Tiergartenstraße, –
Wohin sie kommen, dieselbe Rasse.

Sie kürzen freiwillig den Urlaub ab,
In wilde Karriere fällt ihr Rückzugstrab.
Ihr Rücktritt ist ein verzweifeltes Flieh'n.
»Wie war es?« fragt teilnahmsvoll Odin,
Und der Hermundure stottert beklommen:
»Gott, ist die Gegend runtergekommen!«

Das Gedicht ist nach dem Zeugnis von Paul Meyer, dem juristischen Beirat Fontanes, wenige Tage nach dessen 75. Geburtstag, also zur Jahreswende 1894/95, entstanden. Erschienen ist es zuerst in Heft 1/2 der Zeitschrift Pan (Mai bis November 1899).

Dann sind's die besten Köpfe, die man hängt

201

Kurt Tucholsky

Der alte Fontane

Damals, so in den achtziger Jahren,
ist man noch nicht mit dem Auto gefahren;
alles ging seinen ruhigen Schritt,
und der alte Fontane ging ihn mit.
Ein stilles Antlitz hatten die Tage:
Frühmorgens bei Kroll, auf der Brunnenwaage,
dann die Tiergartenpromenade
(»Kannten Sie Strousberg? Schade, schade!«),
dann ins Geschäft oder ins Bureau,
und das ging alle Vormittage so.
Mittag zu Hause, friedliche Zeiten,
die Kinder machen Schularbeiten,
ein kleines Nickerchen mit der Zigarre,
und dann wieder in die geschäftliche Karre.
Und war der Tag besonders schön,
hieß es: »Ich habe den Kaiser gesehn!«
Alles so sauber und preußisch und karg:
der alte Fontane und seine Mark.
Aber Fontane und alle die Alten
konnten sich auch nicht ewig halten.
Wollten noch so vieles erleben,
mußten doch gen Walhalla schweben.
Bis hin vor die Weltenesche sie ziehn,
da lagern sie sich um Vater Odin.

Tick, tick,
dreißig Jahre sind ein Augenblick.

Und als nun Michaelis den Abschied nahm,
eine Sehnsucht über Fontane kam,
und er sprach: »Herr, laß mich auf Urlaub gehn,
ich möchte die Spree noch einmal sehn.
Die Spree, die Havel, die Nette, die Nuthe,
den Schlachtensee und die Räuberkuthe;
ich kenne mich aus, und habe ich Glück,
bis Donnerstag bin ich wieder zurück.«
Odin hat huldvoll sich verneigt –
der Alte zur Erde niedersteigt.

Und zunächst in der Neumark, in der Nähe von Bentschen,
landet er. »Himmel, was sind das für Menschen!«
Und er spricht hinter Schwiebus und hinter Zielenzig:
»Dickköpfe, Hamster! und so was nennt sich
nun Märker – wir wollen westwärts ziehn!«
Und so westwärts kommt er nach Berlin.
Da ist ein Schleichen und Drehen und Schieben,
wo ist das alte Berlin geblieben?
Einer drängt immer den andern weg:
»Ham Se nich greifbaren Schweinespeck?«
Und ein Dicker steht mitten auf dem Damm
und philosophiert über Pökelkamm.
Sie treten sich an die Schienenbeine,
die jüngeren Herren spielen »Meine – Deine«,
sie verkaufen Frauen und Gold und Eier
und alles um die paar lumpigen Dreier.
Golden leuchtet ein Kirchturmknopf –
Und der Alte schüttelt schweigend den Kopf,
freiwillig kürzt er den Urlaub ab,
in wilde Karriere fällt sein Rückzugstrab.
Sein Rückmarsch ist ein verzweifeltes Fliehn.
»Wie war es?« fragt teilnahmsvoll Odin.
Und der alte Fontane stottert beklommen:
»Gott, ist die Gegend runtergekommen!«

Kurt Tucholsky

Fontane und seine Zeit

Einer, der am 30. Dezember 1919 hundert Jahre geworden wäre, wenn Menschen im allgemeinen so alt werden würden. Und der es nicht geworden wäre.

Dieser märkische Goethe wirkt auf uns so lange nach – nicht als Künstler: denn leicht angestaubt scheinen heute schon seine Romane in der Technik, in altbacknen Stellen, die unsere Zähne nicht mehr recht beißen wollen, in der Linienführung und schließlich auch in der Anschauung von Gut und Böse. Wir denken anders, wir werten anders, wir fühlen anders, und wir urteilen anders. Und ein solcher Riesenkerl, daß er uns das vergessen machen könnte, war Fontane nicht. Der Romanschreiber Fontane schwindet mit seiner Zeit. Anders stehts schon mit den Gedichten, besonders mit denen aus den letzten Jahren des Alterns. Das sind Töne, die so bald nicht vergehen; da ist Herzschlag und eine weise Resignation, die niemals tränenselig ist. Schlagt die Altersgedichte von Wilhelm Busch auf, und ihr habt in (herrlichen) Versen, noch einmal niederdeutsch, was Fontane auf seine graziöse Art gesagt hat.

Aber der Literaturhistoriker wird diesen Mann nicht ganz erfassen. Er war mehr, ja er war eigentlich erst ganz er selbst, neben der Literatur. Nicht neben der Kunst. Er war kein Lebenskünstler, kein Held und kein Weltbefahrer. Alles, was menschlich und literarisch in den Briefen, in den viel zuwenig gekannten Theaterkritiken reizt, hat irgend etwas mit Kunst zu tun – ist künstlerisch empfunden bis in die Fingerspitzen –: Werke des Mannes aus einer Mischrasse. Märker und Emigranten – dieses Konglomerat hat der Mark Brandenburg schon manchen guten Mann geschenkt. Aber es war ja nicht die Literatur, nicht die Kunst und all das.

Was diesen Mann uns unvergleichlich macht, das ist – wie bei Goethe – die Luft, in der er lebte und die er atmete. Das ist jene Aura um die Dinge seines Seins herum, dieses Undefinierbare, das Fontane zu einem Symbol macht, zu einem Symbol einer Zeit, und mehr: zu dem einer ganzen kleinen Welt. Sie ist dahin.

Was war es denn schließlich mit ihm –? Er schrieb seine Bücher und arbeitete – er war einer der gewiegtesten Techniker, die die deutsche Literatur je gehabt hat, ohne daß man Versen und Sätzen ansieht, wie sie gebosselt sind – er schrieb und lebte bescheiden daher. Und das Leben auf der großen Weltbühne rauschte vorbei, umbrauste ihn, und er lächelte. Wer so lächeln kann –!

Es war ein Gemisch, ein prachtvolles Gemisch von Lavendelduft und neuer Zeit, wie er sie verstand, aus edelstem Menschentum und jenem Schuß Ironie und Skepsis, die den Mann so anziehend machten. In seinen Augen lag immer das gewisse leichte Zwinkern, der kleine berliner ›Plinzler‹, der die Möglichkeit zum Rückzug offenläßt und der deshalb jedes Pathos erträglich macht – weil man weiß: der bullert keinen Theaterdonner.

Andere mögen entscheiden, was er uns als Künstler gewesen ist. Thomas Mann tuts in dem neuen Fontane-Gedenkbuch, das jetzt bei S. Fischer in Berlin erschienen ist; in einem wunderschönen Aufsatz (da ist Seelenverwandtschaft) zeigt er den Spießer auf, der gar keiner war, und den Künstler, der jene unstillbare Sehnsucht nach dem Philistertum, nein, nach den Menschen hatte. Andere mögen untersuchen, was er der von ihm versifizierten preußischen Geschichte genommen und gegeben hat, welch ein Theaterkritiker der Mann war und welch ein Briefschreiber. Laßt mich hier den Menschen Fontane betrachten, das Symbol seiner Zeit.

Wie war es denn? Er lebte dahin, wohl wissend, daß alles gedrückt und klein war um ihn, und daß er niemals Geld machen würde, und daß Amerika auch ein Land sei, aber Gott sei Dank – ein fernes. Er lebte und lächelte leise, wenn er merkte, daß ein ordensbedeckter Kanzlist der alten Schule ihm bei Festlichkeiten vorgezogen wurde. Er lächelte, aber es war ein seltsam trauriges Lächeln. Denn er gehörte zu diesen unglückseligen Naturen, die auf der bösen Kippe stehen: auf dem schmalen Grenzseil zwischen Literatur und Leben. Und er liebte beides gleich heiß, und er wußte von beiden viel und sehnte sich nach beiden. Und wenn er das Leben heißer liebte als die Literatur, so geschah das deshalb, weil er ein größerer Literator war als ein Mann dieses lauten Lebens.

Sein Einfluß reichte weit. Durch die Jahre, durch die Jahrzehnte war der alte Fontane ein Wappenschild, so, wie der alte Raabe eins war oder Wilhelm Busch oder vielleicht noch Keller. Einem Induktionsstrom gleich glitt durch unsere Herzen derselbe Takt des Blutes, wenn wir ihn lasen – die scheinbar improvisierten Verse der Alterszeit und die Briefe, diese vollen, satten, tiefen Briefe.

Das war bis zum Kriege nicht eben ohne Wichtigkeit. Man konnte sich doch damals noch schließlich bei einiger Anstrengung vormachen, die Zeiten hätten sich nur wenig gewandelt, und man sei selber so ein Stück alter Fontane und gehe durch das kleine Hafenstädtchen und verachte durchaus nicht die »neue Zeit« – bewahre! –, aber stehe ihr doch ein wenig zweifelnd gegenüber, nicht wahr? und habe so seine eigenen Gedanken, und dies und jenes sei eben ein weites Feld, das man nicht so obenhin beackern könne. Und heute –?

Der alte Fontane ist nicht am 20. September 1898 gestorben. Er starb am 1. August 1914. Er wäre heute etwas völlig Unmögliches.

Nichts dokumentiert den Abstand dieser beiden Weltalter so sehr wie die Vorstellung, der Alte wandele heute noch unter uns. Jeder reichgewordene Schieber würde ihn verlachen. Nicht wegen seiner hausväterlichen Anschauungen – die sind dem neuen Mann gleich –, sondern wegen seiner Hemmungen, wegen seiner Bedenken, wegen seiner Schwäche. Das Bootsverdeck ist verdammt kleiner geworden, und es ist nun die Frage, wer da hinunter muß und wer oben bleiben darf. »Es ist eine Frage der besseren Ganglien«, sagte mir neulich jemand. Ach, ich fürchte, es wird auf die gröbern hinauslaufen, und die hat nicht jeder. Ein neues Zeitalter ist aufgezogen, und das kommt nicht allein von der Valuta her. Ihr wollt tatkräftige Männer, zum Sinnieren ist jetzt nicht die Zeit, und die Jugend lernt spanisch und will hinaus, auf den Weltmarkt, hinaus, wo es bunt hergeht und laut und wo die Möglichkeiten schlummern. Liebe, wolltest du nicht auch in die Welt? Ist es nur eine solche Beschaffenheit deines Blutes, die dich ruhelos macht? Du bist ein Kind dieser Zeit; Amerika und die englischen Kolonien und eine Farm und vielleicht die Gesandtschaften in Lissabon – nur Leben, wildestes, bewegtestes Leben! Genrebilder aus dem Biedermeier (denn der alte Herr ist für dich schon fast Biedermeier) – pah! Und wir andern, die wir leider, leider immer noch so fontanisch sind, wir wollen dich halten, halten. Aber die Uhr tickt, und du gehst weiter. Und bist doch nur ein Mädchen; also wie sind die, die du liebst, wie sind deine Männer? Sie sind – in ihren besten Exemplaren – so, daß auch nur ein innerliches Gespräch zwischen ihnen und dem alten Fontane eine Unmöglichkeit wäre. Er war fein und still; er ging über den Asphalt und kannte alle geistigen Leute in Berlin und umspannte gewiß nicht die ganze Menschenwelt, aber alles war so klar und einfach und wohl abgegrenzt – bis hinunter zur Rangordnung der preußischen Verwaltung, die er ironisierte, aber doch irgendwie ernst nahm. Und das konnte er damals ja auch.

Vorbei, vorbei. Dieser Gedenktag bietet noch einmal Anlaß, sich liebevoll in die Einzelheiten dieses kargen und reichen Lebens zu versenken, noch einmal abzutasten, wie er arbeitete und sich mühte, wie er mit freundlichen Händen über die Dinge strich und wie er so unendlich mühevoll erreichte, was er wollte. Das mögen die Gedenkschreiber untersuchen, das und sein altes Berlin, seine alte Mark. Beide sind endgültig dahin. Vielleicht entwickelt sich einmal aus dem Neuen etwas Ersprießliches, vielleicht geht ein neuer alter Fontane in hundert Jahren durch diese graue Stadt und wird vielleicht - obgleich er uns heute wie ein Löwe erschiene – von seinen Leuten genauso ein ganz klein wenig belächelt wie dieser: mit seiner entzückenden Vorliebe für die kleinen Anekdoten, für das Reale, für die winzigen Menschlichkeiten, die aus allen Löchern gucken, mit seinem scharfen Blick und mit seinem tiefen Herzen. Vielleicht. Wir stehen aber da, daß wir Geschichte treiben, wenn wir vom alten Fontane sprechen, wir stehen da, wo die junge Generation wenig von ihm weiß. Und gar nichts von ihm wissen will, und erkennen wieder, daß Geld auf alle Fälle, ob mans hat oder nicht, ein Malheur ist. Worauf der Alte sicherlich ein charmantes Gedicht gemacht hätte ... Aber dann wäre er, lebte er heute noch, schlafen gegangen.

Theodor Fontane ist nicht am 20. September 1898 gestorben, er starb am 1. August 1914 – gerade zu Beginn der großen Zeit.

Der Aufsatz von Kurt Tucholsky (1890–1935) erschien zuerst im »Berliner Tageblatt« vom 27.12.1919. Sein Vorbild Fontane hat vielfach Spuren im Werk Tucholskys hinterlassen; etwa in seiner Novelle »Rheinsberg. Ein Bilderbuch für Verliebte« (1912), in der er auf die Rheinsberg betreffenden Passagen in den »Wanderungen« sowie auf eine Szene im Roman »Irrungen, Wirrungen« (1887) anspielt.

Richard Dehmel

Lied an meinen Sohn

Der Sturm behorcht mein Vaterhaus,
mein Herz klopft in die Nacht hinaus,
laut; so erwacht ich vom Gebraus
des Forstes schon als Kind.
Mein junger Sohn, hör zu, hör zu:
in deine ferne Wiegenruh
stöhnt meine Worte dir im Traum der Wind.

Einst hab ich auch im Schlaf gelacht,
mein Sohn, und bin nicht aufgewacht
vom Sturm; bis eine graue Nacht
wie heute kam.
Dumpf brandet heut im Forst der Föhn,
wie damals, als ich sein Getön
vor Furcht wie meines Vaters Wort vernahm.

Horch, wie der knospige Wipfelsaum
sich sträubt, sich beugt, von Baum zu Baum;
mein Sohn, in deinen Wiegentraum
zornlacht der Sturm – hör zu, hör zu!
Er hat sich nie vor Furcht gebeugt!
horch, wie er durch die Kronen keucht:
sei *Du*! sei *Du*! –

Und wenn dir einst von Sohnespflicht,
mein Sohn, dein alter Vater spricht,
gehorch ihm nicht, gehorch ihm nicht:
horch, wie der Föhn im Forst den Frühling braut!
Horch, er bestürmt mein Vaterhaus,
mein Herz tönt in die Nacht hinaus,
laut –

Der Lyriker, Romancier und Dramatiker Richard Dehmel (1863–1920) wurde in Hermsdorf (heute Kreis Dahme-Spreewald) geboren und kam mit seiner Familie schon nach wenigen Jahren nach Kremmen, wo sein Vater als Förster arbeitete.

Moritz Heimann

Biographisches

I.

Man sieht eine Erdkarte in Mercators Projektion und erkennt, daß sie ein willkürliches, ein falsches Bild ist. Also läßt man sich einen Globus schenken – und entdeckt, daß er glatt ist. Also gibt man ein großes Stück Geld daran und erwirbt einen Reliefglobus ins Inventar, bei dessen Anschaffung man, bereits gewitzigt, von vornherein gewärtig ist, die Erhabenheit der Gebirge sehr übertrieben zu finden. Trotz dieser prinzipiellen Resignation ist man doch enttäuscht, keine Ahnung von Landschaft, vom Seelenausdruck der Erdoberfläche auf dem Abbild zu gewahren, und ohne zu merken, daß man das Abbild des Dinges mit dem Dinge identisch haben will, also ein Dummkopf ist, fühlt man sich im Augenblick seiner größten Dummheit am überlegensten, verzichtet auf den Globus und richtet sich mit Kagel in der Mark ein, einem Dorfe von etwas über hundert Häusern, drum herum nichts als Sand, See, schütterer Wald, und drüber weg ein Himmel. Nun hat man also die Sache selbst.

Aber nach einem langen, langen Studium weiß man, daß es gar nicht möglich ist, die »Sache selbst« in den Gehirnkasten zu sperren; man wird sich klar darüber, daß erstens die hundert Häuser nebst Sand, See, Wald und Himmel in hundert Jahren nicht zu bewältigen wären; und zweitens, daß, was man auch anfange und versuche, was und wie und wo und wann, niemals das Ding, sondern immer ein Abbild des Dinges, ein kleiner Globus, nein, eine kleine Karte in Mercators Projektion daraus wird, und - man macht einen Sprung von seinem Schatten weg in seinen Schatten hinein, capitumbulo, Kobolz, und schreibt sich als das Resultat einiger Dezennien den Satz auf: »Der Künstler will, soll und kann es weder dogmatisch noch kritisch treiben.« Und selbst dieser Satz ist nicht etwa das logische Ergebnis des ganzen Verlaufes.

II.

Es gibt autobiographische Erlebnisse, die für die geschichtliche Betrachtung eines Lebens ohne Bedeutung sind, die scheinbar keine Folgen gehabt haben und die trotzdem von der Erinnerung mit einer besonderen Auszeichnung gehegt werden. Weil sie über die Persönlichkeit als solche kaum etwas aussagen, spielen sie in den Lebensbeschreibungen keine Rolle. Sie sind aber wichtiger als die persönlichen, und so sei einiges davon mitgeteilt.

Ich bin auf einem Dorfe in der Mark herangewachsen, wo sie am märkischsten ist, das heißt zwischen Sand, See und Kiefern. Ich lernte sehr früh Schreiben und Lesen und kam, mit diesen Fertigkeiten ausgerüstet, in die Dorfschule. Als ich sechs Jahre alt war, las ich in dem geschichtlichen Anhang zu meinem Lesebuch folgenden Satz über das Jahr 1812: »Da sprach Gott zu ihm (Napoleon) in seinem Zorn: Bis hierher und nicht weiter, hier sollen sich legen deine stolzen Wellen.« Und ich habe diesen Satz verstanden. Was das aber heißt und bedeutet, kann ich heute weder mir noch irgendeinem deutlich machen. Denn ich habe den bildlichen Ausdruck nicht etwa als einen bildlichen genommen, sondern als einen vollkommen realen, als etwas Sichtbares, und ich konnte es sehen. Ich wußte ja kaum, was eine Welle ist, und doch sah ich, daß die stolzen Wellen sich legten. Ich sah auch »Gott«. Noch jetzt ist der Zustand meines Gemütes von damals so deutlich in mir, daß ich das Glauben zu glauben vermag, obgleich ich nicht mehr imstande bin, so zu glauben. Mir scheint, daß Erzieher sich nicht darüber täuschen dürften, wie oft ihr uneigentliches Wort in einem Kinde zum eigentlichen wird.

Ungefähr in demselben Alter begegnete es mir, daß ich mich beim Versteckspielen mit meinen Schwestern hinter einer Kellertür in unserm Hause befand und den Blitz von Trunkenheit erfuhr: genau in dieser Lage bist du schon einmal gewesen. Es ist das ein Riß im Ablaufen der Zeit, der wohl jedem bekannt ist, dessen Bedeutung für das Lebensgefühl aber für gründlicher angesehen werden müßte, als man vermutet. Ich litt in meiner Kindheit, ja bis über die Zwanzig hinaus viel und zeitweise schwer und aufreibend an Alpdruck, Schlafwandel und Anfällen von Starrsucht; alle diese Zustände schienen mir von jeher mit jenem trunkenen Blitz in Verwandtschaft zu stehen. Das hindert nicht, daß ich ihn mir später so rationell wie möglich erklärt habe. Bekanntlich wurde Nietzsche von dem Gedanken der ewigen Wiederkehr zum erstenmal im Engadin beim Anblick eines gewaltig aufgetürmten Felsblocks überfallen. Ich zweifle nicht, daß der Vorgang mit dem meinen hinter der Kellertür identisch ist. Wenn die Zeit in uns zerrissen wird, so hat die Dauer dieses durch das Klaffen hereinbrechenden Nichts keinen Sinn von Maß: der Bruchteil einer Sekunde und Jahrmillionen sind dasselbe im Nichts. Zeit ist Kontinuität der Welt, ob auch ihre Rolle im Gehirn schneller oder langsamer laufe. Die furchtbarste Zerreißung der Kontinuität geschieht im epileptischen Anfall; und jener wunderliche Schreck: das hast du schon einmal erlebt, ist ein solcher Anfall, abgeschwächt, gefahrlos, wie ein spielendes Warnen. Denn was ist geschehen? Die Dinge um uns stehen da, sie schreiben sich in unser Gemüt ein, – und finden sich, in ihrem stetigen Eindringen durch einen unmeßbar winzigen Zeitsplitter unterbrochen, zu ihrer ungeheuren Überraschung schon dort vor, wohin sie wollen. Wir sind alle Epileptiker, sonst gäbe es keine Epilepsie; genau so wie wir auf dem letzten, unbiegbaren, mitleidlosen Grunde unsres Charakters Wahnsinnige sind, sonst gäbe es keinen Wahnsinn.

Und alle diese Zustände, die Zerreißung der Zeit, der Alpdruck, der Schlafwandel, sind Formen der Wollust, die uns formt und treibt. Sie sind Formen der Ungeduld, denn Wollust ist Ungeduld, Ungeduld ist Wollust. Wenn wir als junge Menschen das All umarmen, wenn wir uns ratlos auf den Boden werfen und in den Sand beißen, immer ist es die große, herrliche Ungeduld. Die Geschichte jedes Mannes ist die der Wandlung zur Geduld.

Es steckt aber für einen jungen Menschen in allen den gemeinhin abnorm genannten Seelenzuständen eine beträchtliche Gefahr, die nämlich, daß man sich durch sie wie durch einen stolzen, keinem anderen zugänglichen Besitz ausgezeichnet fühlt. Das eigentliche, verpflichtende, soziale Leben verblaßt neben den Erregungen des unheimlichen Individuums in uns; man genießt seine Zustände; man genießt sich;

Moritz Heimann,
Zeichnung von Emil Orlik

und die daher rührende Vernachlässigung der Wachheit kann zum Laster werden. Zum Glück wurde es mit mir in dieser Hinsicht nur »halb so schlimm«, obgleich auch das schon schlimm genug ist. Zwar weiß meine Erinnerung noch heute genau, daß ich innerhalb der Gemeinschaft meines Knabendaseins wie von einer undurchdringlichen Schicht isoliert und mit mir allein war: aber ich lebte doch die Tages- und Jahreszeiten von Dorf und Dorfjugend als ein derber, untersetzter, kräftiger Bursche mit, spielte auf der damals noch ungepflasterten Straße – nichts hat mir das heimatliche Gefüge unseres Dorfes so sehr verwandelt wie die Befestigung und Erhöhung der sandigen, von den Wagenspuren durchschlängelten Straße –, trieb mich herum, bis der abendliche Ruf der Mutter uns sammelte: »Kinder, die Füße waschen!«, half beim Viehhüten, griff Krebse unter den Weidenstumpfen des Fließes und scheute mich nicht, sie am Flackerfeuer zu rösten.

Ich will hier nicht von der Poesie jener Frühzeit reden, wiewohl sie das unvergänglich Zeugende in uns bleibt; und nur eine Tatsache möchte ich noch berichten, weil auch sie, außer dem poetischen, ein isolierendes Element enthielt. Wir waren die einzige jüdische Familie im Dorf. Fremd in einem gemeinen Sinne waren wir darum nicht, und insbesondere hat meinen Vater – er starb, als ich zehn Jahre alt war – niemand von Jungen und Alten anders als mit ehrender Liebe angesehen. Aber es ging streng nach dem Gesetz in unserm Hause zu; und wie wir an den Festen der Kirche nicht teilnahmen, so hatten wir unsre jüdischen Feiertage für uns, nach ihrem abweichenden Kalender. Es gehört zu meinen unzerstörbaren Erinnerungen, daß das Sabbatende und also das Lichtanzünden nach der Sichtbarkeit der ersten Sterne bestimmt wurde; daß der Neumond nicht ohne Gebetsauszeichnung blieb; vor allem aber, daß über die großen Festzeiten des Jahres immer derselbe Mond, da sie seinem Wandel untertan waren, bestätigend leuchtete, immer über dem Abend des Versöhnungstages die schon ins zweite Viertel hinüberschwellende, immer über dem Passahabend die volle Scheibe, – ich habe davon bis in die härteren Jahre des Gemütes eine romantische Erregung gehabt. Und hiermit hängt es vielleicht zusammen, daß mir der Jahresablauf auch sonst schon in der frühen Knabenzeit empfindlich wurde; insbesondere erfüllte mich das Kürzerwerden des Tages mit einer großen, Winter für Winter wiederkehrenden Angst. Hörte dann der Siegeslauf der Nacht auf und das neue Jahr erholte sich am höhersteigenden Licht, so kam ich mir jedesmal wie aus einer unheimlichen Gefahr gerettet vor.

Wie gern nimmt man doch von der Natur, was immer sie gibt, ihre Drohungen so gern wie ihre Verheißungen! Ein »Spiel von jedem Druck der Luft« zu sein, demütigt unser Selbstgefühl das eine Mal, und wird ein andres Mal tiefes Glück. Denn was es eigentlich auf sich hat mit diesem Selbst, welches so erpicht darauf ist, sich zu fühlen, wir wissen es nicht. Wenn wir leiden, glauben wir es zu wissen, aber wenn wir noch tiefer leiden, hören wir wieder auf, es zu wissen; und wenn wir uns freuen, verläuft es ebenso; und wenn wir Musik hören, ebenso. Daß ich teilhabe an dem erhabenen Wissen, nicht zu wissen, was ich bin, das zieht sich von meiner frühesten Jugend her; und ich verdanke es zuallerletzt der Armut, äußerer und innerer. Die äußere grenzte nie an Dürftigkeit, hatte keine Demütigung zu erleiden, und da sie nicht verglich, war sie auch vom Neide frei. Die innere aber kannte sich selbst noch weniger. Kein Gemälde und kein Maler, keine Musik und kein Musiker, kein eigenes Talent zu einer dieser Künste, nichts von alledem belebte meine Existenz. Ganz rätselhaft ist es mir noch heute, daß an meinem zehnten Geburtstage zwischen meiner ältesten Schwester und mir ausgemacht wurde, ich sollte ein Dichter werden, ich hatte nie von einem solchen gehört; die Gedichte, die ich kannte, standen im Lesebuch und waren nicht verfaßt. Es fehlte an jeder sogenannten Anregung, an jeder Aufreizung und jeder Verführung; und vielleicht könnte ich aus jener Zeit nicht einmal von Sehnsucht berichten. Aber es wurde auch nichts abgenutzt. Jenes Namenlose, das nach dem chinesischen Weisen der Ursprung von Himmel und Erde ist, wurde nicht verletzt. Es gab keinen Besitz, aber es gab eine wunderbare Spannung. Ich war nicht, aber alles war.

Und dann wird man, und alles geht in Trümmer. So muß es sein, doch die Erinnerung an das selige Nichts und Alles hörte nicht auf.

Moritz Heimann (1868–1925) wurde in dem Dorf Werder bei Rehfelde geboren, kam mit seinen Eltern aber bereits 1870 nach Kagel, wo er aufwuchs. 1895 trat er als Lektor in den Verlag von Samuel Fischer ein und betreute hier Autoren wie Jakob Wassermann, Thomas Mann, Hugo von Hofmannsthal u.a. Daneben machte sich Heimann als Novellist und Lyriker einen Namen. Das elterliche Haus in Kagel nutzte Heimann als Sommerwohnung. Durch eine Erkrankung an seiner Arbeit als Lektor gehindert, lebte er seit 1922 wieder ständig in Kagel. Zu seinem Begräbnis sprach Oskar Loerke: »Heimann entstammt einem märkischen Dorfe. Sein Haus und der Baum davor liegt an der Landstraße in alle Welt. Wenn er von ihnen spricht, sieht sein Auge und hört sein Ohr dabei das über die ganze Welt Verhängte.«

Moritz Heimann

Abend

Still verzittert der Tag!
Nebel schweben bedächtig
Über Wiese und Hag.
Es regt sich nächtig.
Noch ein Gruß und ein Wink.
Mühsam ziehen die Pferde;
Rund um die träumende Erde
Spannt sich der magische Ring.
Durch das schweigende Feld
Späte Lichter verhauchen,
Und das Herz und die Welt
Ins Dunkel tauchen!

Gerhart Hauptmann

In Erkner

Diesem Wechsel des Wohnorts verdanke ich es nicht nur, daß ich mein Wesen bis zu seinen reifen Geistesleistungen entwickeln konnte, sondern daß ich überhaupt noch am Leben bin. Nicht nur meine ersten Geisteskinder, sondern auch drei von meinen vier Söhnen sind in Erkner geboren. Es lohnt vielleicht, die Hieroglyphe des neuen Lebensabschnitts zu prägen, der dort begann und, von einer glänzenden Episode durchbrochen, vollendet wurde: unter Hoffen und Ängsten, Gefahren, Kämpfen, Niederlagen und Siegen. Alles natürlich nur im eigensten Kreis.

Unser Leben war schön. Natur und Boden wirkten fruchtbar belebend auf uns. Wir waren entlegene Kolonisten.

Die märkische Erde nahm uns an, der märkische Kiefernforst nahm uns auf. Kanäle, schwarz und ohne Bewegung, laufen durch ihn hin, morastige Seen und große verlassene Tümpel unterbrechen ihn, mit Schlangenhäuten und Schlangen an ihren Ufern.

Es war im Herbst, als wir unsere abgelegene Villa bezogen und einrichteten.

Gerhart Hauptmann

Die Monotonie des Winters stand vor der Tür. Zu unserer Sicherheit hatte ich in einer Hamburger Menagerie zwei echte lappische Schlittenhunde gekauft, für unsere Begriffe wilde Geschöpfe, die einigermaßen im Zaum zu halten mir viel Mühe gekostet hat. Schlaf- und Wohnräume lagen im Parterre; der Schutz dieser beiden Wölfe wurde notwendig.

So war ich instinktgemäß zur Natur zurückgekehrt. Mary liebte wie ich das Landleben. Einsamkeiten und Verlassenheiten schreckten uns nicht. Das neue Dasein stand zu dem, das ich in Dresden, Rom und Hamburg geführt hatte, im geraden Gegensatz. Ich lebte ohne Aktivität. Der dreifache Kampf in Rom: mit dem nassen Ton, mit den Menschen und mit den Typhusbazillen, war nicht mehr.

Dafür rang ich mit dem Gespenst des Bluthustens. Es verfolgte mich überall. Stundenlage einsame Wege führten mich in Begleitung meiner Hunde durch den Kiefernhorst: mein Leben, meine Lage, meine fernere Möglichkeit zu überdenken die beste Gelegenheit! Oft mitten im Forst richtete sich das grauenvolle Gespenst vor mir auf. Zitternd nahm ich da etwa auf einem Baumstumpf Platz, einen Blutsturz und mein vermeintliches Ende erwartend.

Es war ein ungeheurer Ernst, dem man sich bei dieser Lebensform, in dieser Landschaft gegenübersah. Das Ehemysterium, in dem sich das der Geburt ankündigte, verstärkte ihn. So bewegten sich meine durch kein äußeres Leben gestörten Meditationen von der Gegenwart in die Vergangenheit, von der Gegenwart in die Zukunft hinaus, gleichsam in einer Ellipse um die zwei Punkte: Geburt und Tod.

Gerhart Hauptmann (1862–1946) kam im September 1885, im Jahr seiner Hochzeit mit Marie Thienemann, nach Erkner. Während dieser Jahre fand Hauptmann Anschluß an den literarischen Kreis »Durch« in Berlin und machte Bekanntschaft mit Schriftstellern wie Karl Bleibtreu, Wilhelm Bölsche und Arno Holz. In der ersten Jahreshälfte 1889 entstand in Erkner das Stück »Vor Sonnenaufgang«, das Hauptmann (neben Sudermann) zum bekanntesten Dramatiker des Naturalismus machte. Die Novellen »Fasching« und »Bahnwärter Thiel« sind nicht nur in Erkner entstanden, sie haben überdies ihre Schauplätze im Ort oder der Umgebung. Vielfach hat Hauptmann Vorbilder fur seine Figuren in Erkner und den umliegenden Ortschaften gefunden. Bekannt geworden ist die Mutter Wolffen aus dem »Biberpelz« (1893), deren historisches Vorbild, Marie Heinze, noch bis 1935 in Erkner lebte. Auch in »Das Friedensfest« (1890), »Einsame Menschen« (1891) und »Der Rote Hahn« (1901) spielen Schauplätze in und um Erkner, in den Orten Kienbaum und Kagel, eine Rolle. Noch beinahe vierzig Jahre nach seinem Wegzug kehrte Hauptmann mit dem Roman »Wanda« (1928) und seiner Eulenspiegel-Erzählung zumindest auf dem Papier nach Erkner zurück. 1941, fünf Jahre vor seinem Tod im schlesischen Agnetendorf, besuchte er den Ort ein letztes Mal.

Hermann Sudermann

Briefe an seine Frau

Blankensee, den 3. Juli 1897.

Die Badestelle ist himmlisch. Vorgestern abend habe ich lange auf ihr gesessen – den Kahn an einem ihrer Pflöcke angebunden und habe in den See hinausgeträumt. Eine Bank müssen wir uns noch für sie bauen lassen, dann ist sie der schönste Platz unseres Heimwesens.

Seit vorgestern ist Entenjagd. Allenthalben knallt's. Und nach Sonnenuntergang gab's ein Schreien und Erzählen im Röhricht, wie nie zuvor. Das arme Gesindel zählt die Häupter seiner Lieben, und die Jungen merken etwas von dem sogenannten Ernst des Lebens. Heute hielt ich eine lebendige Schwalbe in meiner Hand. Sie hatte sich ins Atelier verflogen und ließ sich ganz ruhig greifen. – Die Luft, die plötzlich Glas geworden war, machte sie starr vor Schrecken. – Das Schwalbennest an der Küche macht uns viel Freude. Fünf an der Zahl stecken die Köpfchen heraus. Ich habe eine Matte unten legen lassen, damit sie sich beim Herausfallen nicht zerschmettern. –

Hede ist un' angela. – Sie ißt mittags bei Tische und ist furchtbar brav. Mein Märchen war zu grauslich, sie hat kein zweites mehr verlangt.

Rom, den 11. Februar 1898.

Daß ich den Dreyfußprozeß mit Gier und Wut verfolge, kannst Du Dir denken. Ein Schandmal für Frankreich, ein Schandmal für unsere ganze Zeit ... Ich kann mir denken, daß Zola nicht bloß sein Vermögen, sondern auch seine Gesundheit und seine Arbeitskraft dadurch ruiniert. Aber eins lehrt er uns: die zynisch-skeptische Weltanschauung geht zum Teufel, solange noch ein einziger Mann auf Erden ist. Und was er uns Literaten lehrt, das ist noch eine Sache extra für sich.

Blankensee, den 16. September 1900, Sonntagmorgen.

Herzliebste Cläre!

Da säß' ich nun wieder in unserem Paradies. Freitag abend hatte ich Berta mit Fräulein zusammen hinausgeschickt, und als ich gestern Mittag ankam, fand ich das Haus aufs herrlichste geschmückt und Tante Elly mit dem ganzen lieben Volk zum Empfange bereit. –

Ach, wie wurde mir wohl und weit! Alles lachend und gesprächig – alles ein Herz und eine Seele. Bei Tisch erzählte ich Weltausstellungsgeschichten. Das gab blitzende Augen und offene Münder. – Abends spielte Ilse Beethoven, und ich lag in dem neuen Alexandersbader Liegestuhl und hörte zu. –

Es ist bezaubernd hier. Daß wir durch die Proben um diese Herbsttage kommen sollen, ist ewig schade. – Du kennst sie ja, aber sie sind dennoch immer von neuem neu und verwunderlich in ihrer herben purpurnen Schönheit. Die Herrn Hunde sind selig ... Krah-Krah war anfangs scheu und biß nach mir, aber jetzt fliegt sie mir schon immer nach. –

Am meisten erstaunt bin ich über das Schweigen, das allenthalben herrscht. – Auf den Boulevards, inmitten eines ohrenbetäubenden Lärms, habe ich schlafen können und müssen, und hier Totenstille, in der das Ticken der Uhr und das Wispern eines Vogels sich schon bemerkbar macht.

Addio und auf Wiedersehn! Mit innigem Gruß und Kuß

Dein Heinz.

In der Halle und in meinem Arbeitszimmer wird schon geheizt. Überall Astern, Georginen und Sonnenblumen, aber hie und da auch noch eine Rose.

Von Zeit zu Zeit guck' ich zum Fenster hinaus, verträumt – verzaubert, von so viel sonniger Schönheit.

Blankensee, den 10. Mai 1904.

Liebste Cläre!

Die Obstbäume stehen in vollem Flor und Dutzende von Sträuchern mit ihnen. Ungeduldig bin ich auf das Kommen des wilden Weins, um zu sehen, wie der Teich mit seiner Pergola aussehn wird, nun er von dem überflüssigen Gebüsch befreit ist. –

Hermann Sudermann mit Familie in Blankensee,
Foto: Cotta Stiftung im Deutschen Literaturarchiv Marbach

Heute kommen die Säulen an, zwölf von der Zahl. Die großen für den Rundtempel wiegen vierzehn Zentner das Stück und das Herunterschaffen brachte bei jeder ein neues Problem. Soeben – halb zehn – sind die Leute fortgefahren.

Der Fußboden der hinteren Terrasse ist heute zum zweitenmal fertig geworden. Und die Fundamente der Loggia werden es morgen sein. Am weitesten zurück bleibt die Küchentreppe, für die neue Baluster gedreht werden müssen.

Im Park machen mir die Eulen großen Spaß. Auf dem hohlen Baumstamm an der Johannisbrücke sitzen ihrer zweie, und eine dritte guckt zu einem Astloch heraus. Sie lassen sich nicht im mindesten in ihren Liebeswerbungen stören, wenn man vor ihnen steht.

Zur Arbeit hab' ich zu melden, daß ich morgen mit dem Blankenseekapitel fertig werden werde. Ob es gelungen ist oder nicht, sollst Du mir dann sagen. Ich habe kein Urteil mehr. Aber heute früh las ich in alten Kapiteln und amüsierte mich so gut, daß ich das Weiterarbeiten vergaß. Das scheint mir kein schlechtes Zeichen. –

Addio. Dein Heinz.

Blankensee, den 8. Juli 1910.

Über allen meinen Gedanken steht die gewaltige Nachricht von der neuen Erfindung eines von Grund aus wirkenden Mittels gegen Syphilis, die Professor Ehrlich in Frankfurt gemacht hat. Dadurch kann die Menschheit wieder entgiftet werden und in den Zustand des Vertrauens zurückkehren, im dem sie bis vor vier Jahrhunderten war. – Und Tabes und Gehirnerweichung – all diese furchtbaren Familienzerstörer, werden der nächsten Generation ausgestorbene Schrecken sein. Wenn ich des Nachts aufwache, kann ich nichts anderes denken.

Blankensee, den 25. Mai 1915.

Aus Blankensee diesen ersten – und einzigen Gruß, denn mittags fahre ich wieder heim. Wie herrlich es auch sein mag in seinem jung-schönen Frühlingskleide, die Nachrichtenlosigkeit bedrückt mich zu sehr. Nur durch einen Zufall erfuhr ich gestern vom Kriegsausbruch, denn Zeitungen gab's beide Feiertage über nicht, und niemand hatte mir von dem erschienenen Extrablatt etwas mitgeteilt. Nun mag das Unheil seinen Weg gehen!

Übrigens kam mir diesmal zum erstenmal das Bewußtsein davon, daß wir hier in Blankensee eigentlich ganz und gar in Italien leben. In Haus und Park kann man nicht einen Schritt machen, ohne auf italienische Erinnerungen zu stoßen. Es ist wirklich ein südliches Stückchen Welt, das wir uns hier aufgebaut haben. Daß nun alles doppelt schmerzhaft wirkt, kannst Du Dir denken. –

Weißt Du, was mich gestern abend bei meinem Einzug in Blankensee begrüßte? Ein Haufe russischer Gefangener – dreißig Mann an der Zahl. Nach dem Abendessen sangen sie wundervoll – es war ja Feiertag – in nie gehörten Melodien – mehrstimmig – voll Schwermut – herzaufweitend. Da werden wir manchmal hören gehen.

Gestern war mir alles in seiner Verwilderung fatal, heute sitze ich schon im alten Zauber drin. Aber über allem liegt die Frage: Was wird werden?

Blankensee, Dienstag, den 15. Mai 1917.

Zwanzig Jahre Leben – zum Teil noch Jugendleben, oder so sieht es wenigstens jetzt aus – liegen in diesem Winkel beschlossen, den wir in den letzten drei Jahren so unverantwortlich vernachlässigt haben.

Gestern abend fuhr ich heraus. –

Auf den ersten Blick infolge der Auswinterung vieles geradezu trostlos: die Stechpalmenhecke vor dem Schloß strohgelb, die Rosenranken im neuen Park alle erfroren, die Taxushecke auf der einen Seite fast gelb usw.

Die Hauptsorge muß jetzt sein: die Hecke zu retten, denn es ist Hitze eingetreten und es fehlt an Wasser.

Sodann muß in dem Schurrmurr des Hauses einmal fürchterliche Musterung gehalten werden.

Die Ernährungsverhältnisse werden nicht schlimm sein. Der Fleischer in Mietgendorf liefert selbst, was die Gäste brauchen, wenn sie Fleischkarten mitbringen, und sogar ein Gericht Aale nimmt Liesbeth heute mit.

Ich könnte Dir noch viel, viel über Blankensee schreiben und würde nicht müde werden. – Alle italienischen Reisen wachen wieder auf. Aller Blödsinn, den wir hierher schleppten, und auch so manche Herrlichkeit, die nun die unsere ist, sagen uns, wie jung, wie naiv und wie glückspilzig wir dazumal waren. –

Im Dorfe ist nicht die mindeste Arbeitskraft zu bekommen, vielleicht ein paar Jungens zum Wasser tragen. Pastor Wagner ist als Feldprediger in Frankreich, der Zimmermeister Schultze – der nette, gefällige Mensch – ist im Osten gefallen und vorigen Sonnabend beerdigt worden. Fünf kleine Kinder bleiben mit der Witwe zurück. –

Und so wäre noch manches zu berichten – Gutes und Trauriges.

Wenn wir aus Ostpreußen zurückkommen, wollen wir nicht zögern, herauszugehen. Ich bin überzeugt, wir werden neue Kräfte sammeln.

Mutterchen ist ganz gefaßt. Ein bißchen Trennungsweh hat sie, aber sie freut sich auch.

Hermann Sudermann (1857–1928) lebte mit kurzen Unterbrechungen seit 1877 in Berlin und seit 1897 mehrere Monate im Jahr auf dem Schloß der von Thümen in Blankensee bei Trebbin, das er 1902 erwarb. Der Brief vom 16. September 1900 bezieht sich auf Sudermanns Aufenthalt in Paris, von wo er am 13.9. zurückgekehrt war. Wegen der Proben zu seinem Drama »Johannisfeuer« am Lessingtheater mußte er gelegentlich nach Berlin reisen. Die mit den Einnahmen aus diesem Stück im Park gebaute Brücke nannte er »Johannisbrücke«. Sie wird im Brief vom 10.5.1904 erwähnt. Im selben Brief spricht der Dichter vom Blankensee-Kapitel. Damit ist ein Abschnitt aus dem Roman »Das hohe Lied« (1908) gemeint; die Kahnpartie des Liebespaares spielt in der Landschaft von Blankensee. Mit dem von Sudermann im Brief vom 25. Mai 1915 erwähnten »Kriegsausbruch« ist der Eintritt Italiens in den Krieg auf Seiten der Alliierten am 23.5.1915 gemeint. Wegen wirtschaftlicher Schwierigkeiten waren Sudermann und seine Frau während des Ersten Weltkriegs selten in Blankensee. Darauf bezieht er sich in seinem Brief vom 15.5.1917. Seine Mutter ging wieder nach Ostpreußen zurück, das sie aus Furcht vor einem russischen Überfall verlassen hatte.

Klabund

Ich hab am lichten Tag geschlafen

Ich hab am lichten Tag geschlafen.
Es weint das Kind. Es blökt das Rind.
In meinem Weidentraume trafen
Sich Leiseklug und Lockenlind.

Kaum weiß ich noch, warum ich lebe.
Vereist mein Blick. Mein Blut verstürmt.
Wenn ich die Brust im Atmen hebe,
Sind Felsen über sie getürmt.

Die Schwester auch am Nebelhafen,
Sie bietet süße Brust dem Wind.
Vor klingender Taverne trafen
Sie Leiseklug und Lockenlind.

Den Sternen, die am Himmel pochten,
Warf Köcher ich und Becher hin.
Ich bin mit Mohn und Tod verflochten
Und weiß nicht mehr, ob ich noch bin.

Klabund

Ode an Crossen

Oft
Gedenk ich deiner
Kleine Stadt am blauen
Rauhen Oderstrom,
Nebelhaft in Tau und Au gebettet
An der Grenze Schlesiens und der Mark,
Wo der Bober in die Oder,
Wo die Zeit
Mündet in die Ewigkeit –
Denk ich deiner, wenn ein Mond am Himmel
Mir wie dir erglänzt
Und mir am Lid die
Goldne Träne eines Steines hängt.
Ach
Da ich jung war
Wie voll Träumens
Falterübertaumelt
Engerlingdurchwühlt
War die Erde!
Wie erschien
So Sonnentag wie Regentag
Gesegnet
Und von zweien Göttern
Vater Mutter.
Ward die wilde Welt so mild regiert.
Stand am Weg vorm Warenhause ein hölzern Hündchen,
Bellt es freudig, wenn ich kam, und maulte,
Daß es mir nicht folgen durft.
Große Männer auch in schweren Tressen,
Hehre Helden, die von Haus zu Haus
Das Geheimnis ihrer Sendung trugen,
Neigten freundlich oft den mähnigen Kopf,
Schenkten dem Erschauernden
Bunte Marken fremder Palmenländer
Und mich grüßte hold Liberia,
Senkte selbst Korea die Standarten.
Grell
Gewaltig

Führte Phöbus stets von Urbeginn die Zeiten
Führte mir die schnobenden die wütig stolzen
Sonnenrösser übern Heidehibbel hell hinauf.
An den Oderhügeln reifte Wein mit kleinen
Roten zottigen Trauben
Aus den Dörfern
Scholl Gebell Geboll der Hunde
Und es meldete ein Dorf dem andern
So den Wanderer weiter
Der durch Sand und Kiefern
Immerdar ins ewige Zion zog.
Hör ich nicht an meines Bodenzimmers Fenster
Fern den Regen klopfen, wie ein guter
Freund um Einlaß bittet? Ja ich biete
Regensturm dir stürmisch meine offne
Heiße Brust, daß du die wilde
Lust des Lebens
Süß mir kühlst!
Immer waren Blitz und Donner schon dem Kinde
Seine liebsten Freunde.
Auf dem sorglich durch ein gläsern Dach vor Unbill
Regens oder Sonnenstich geschützten
Weinumsponnenen Balkon
Sitzt in seinem weißen Leinenkittel
Seinem weißen Haar
Gütiger weiser Mann
Mein Vater
Hat die goldne Brille abgelegt, damit er
Besser so das Crossner Tagblatt lese,
Neben ihm die zarte zärtliche, die lächelnde
Mutter hegt im Schoße einen Korb
Und emsig
Steint sie Zwetschgen oder Kirschen aus.
Hoch im Himmel
Schwirrt ein Häher,
Der den Regenbogen dort im Westen
Wie ein grauer Blitz durchzuckt.
Vom Marienkirchturm
Fällt ein Schwarm von Nachtigallen
Mit den Abendglocken
In die Dämmerung.
Dir auch dir
Wanderer zwischen tausend Städten

Herzen
Seen
War auch einmal Heimat
Wird
Heimat wieder sein, wenn
Dumpf die Schollen kollern auf den Sarg, der deinen
Kleinen kindlich kümmerlichen
Leib der Erde wiedergibt, die ihn gebar
An der Grenze Schlesiens und der Mark,
Wo der Bober in die Oder,
Wo die Zeit
Mündet in die Ewigkeit –

Alfred Henschke (1890–1928), der als Schriftsteller unter dem Pseudonym Klabund bekannt wurde, schrieb während der sechzehn Jahre seines literarischen Schaffens nicht weniger als 76 Bücher. Der gebürtige Crossener besuchte 1906–1908 das Friedrichsgymnasium in Frankfurt (Oder), wie vor ihm schon Gottfried Benn, mit dem ihm eine lebenslange Freundschaft verband. Klabund lebte als freier Schriftsteller in München, Berlin und der Schweiz. Nach seinem frühen Tod in Davos wurde er in seiner Heimatstadt begraben, die Grabrede hielt Benn.

Ricarda Huch

Prenzlau

Der Name Prenzlau, ursprünglich Prinzlaw, Prencelav, Perenncelave geschrieben, ist nicht mit Sicherheit erklärt worden; einige meinen, das Wort heiße: wachsender Ruhm. Das würde gut für Prenzlau passen, denn in seiner Erscheinung liegt etwas Stolzes und Ruhmreiches. Seine Monumente sind nicht zierlich und elegant, sondern haben eine Großartigkeit, die über die ganze Stadt hin wirkt. Eins beherrscht alle andern: die Marienkirche auf dem Markt, ein Backsteinbau mit zwei Türmen im Westen und einem Prachtgiebel im Osten, aus mehreren ganz durchbrochenen Giebeln zusammengesetzt, das Strahlenschild eines alten Sonnengottes. Dadurch, daß der Marktplatz sich nach Westen senkt, kommt Bewegung in das Gebäude, scheint es, als sprengte der herrliche Gigant den Hügel hinan, ein Eroberer, dem sich alles unterwirft. Der Sage nach schleuderten Hünen gewaltige Blöcke nach dem Hause des neuen Gottes. Steine, die noch in der Umgebung von Prenzlau zu finden sind; sie prallten von ihm ab, ohne das Haus zu beschädigen. Die Einzelheiten des Baus sind so reich und so sorgsam durchgeführt wie das Ganze; besonders reizvoll ist der Fries aus glasierten Ziegeln, eine bunte Ranke am Purpurgewande des Siegers.

Die übrigen Bauwerke sind würdige Trabanten, die auf die Marienkirche vorbereiten und zu ihr hinführen. Vom Bahnhof kommend, betritt man die Stadt durch das Stettiner Tor, einen runden Turm auf viereckiger Grundmauer; eine schwere Masse ist durch einen einfachen und klaren Baugedanken Gestalt geworden. Er ist zugleich Beschützer der nahen Jakobikirche, der ältesten Prenzlaus, die an Stelle eines wendischen Triglafftempels erbaut sein soll. Man möchte glauben, daß es wahr ist; aus grauem Feldstein aufgetürmt, von schwarzem Efeu überwuchert, hat sie etwas Uraltheidnisches, als habe sie die Seele der Vorgängerin in sich aufgenommen. Der barocke Turm läßt das Erdgewachsene, Mythische des schweren Körpers um so deutlicher hervortreten. Wächter der Marienkirche ist der Mittelturm. Seine Mitte umgibt eine vorgekragte Galerie mit Schießscharten wie ein Gürtel, sein Haupt ein Zinnenkranz, aus dem die Spitze hervorragt. Zwischen ihm und der Marienkirche steht die kleine Kirche Zum Heiligen Geist, auf der ein mit bunten Ziegeln gedeckter Dachreiter wie ein Paradiesvögelein sitzt, das sich für einen Augenblick darauf niedergelassen hätte.

Arno Holz

Märkisches Städtchen

Drei
kleine Straßen
mit Häuserchen wie aus einer Spielzeug-
schachtel!
Münden auf den stillen Marktplatz.
Der alte Brunnen vor dem Kirchlein rauscht,
die
Linden ... duften ...
Das
ist das ... ganze ... Städtchen.
Aber draußen,
wo aus einem tiefen, blauen, hohen Himmel
Lerchen singen,
blinkt
der ... See,
dunkelen Wälder und wogen Kornfelder.

Mir
Ist alles ... wie ein Traum!
Soll ich ... bleiben? Soll ich
weiterziehen?
Der Brunnen ... rauscht ... die ... Linden
... duften ...

Arno Holz (1863–1929) kam 1875 mit seinen Eltern nach Berlin und wuchs hier auf. In seinen Phantasus-Gedichten (1898/99) gibt er durch die Anordnung der Zeilen auf der Mittelachse die konventionelle Strophenform auf. Vom Sprachexperimentator Holz gingen Anregungen vor allem für die formale Erneuerung der Lyrik aus.

Theodor Heuss

Schwedt an der Oder

Schwedt ist eine bemerkenswerte Stadt, sie besitzt eine Geschichte von rund hundertzwanzig Jahren, die von 1670 bis 1788 geht – diese Zeit tritt scharf umrissen aus dem Strome des Geschehens heraus, sie ist Stein und Baum geworden, man wandert zwischen ihr, als ob ein Vorher oder Nachher nicht recht gewesen sei.

Eine energische Hand nahm sich in der zweiten Hälfte des 17. Jahrhunderts der Stadt an. Diese Hand gehörte Dorothea, einer holsteinischen Prinzessin, die, nach kinderloser Ehe mit einem Braunschweiger verwitwet, 1668 die zweite Frau des Großen Kurfürsten geworden war. Diesen Hintergrund muß man im Bewußtsein halten, wenn man staunend durch das Städtchen wandert und vor allem die großzügige Anlage von Schloß und Schloßfreiheit genießt. Dorothea hatte ja erlebt, wie ihr Gatte selber mit der Straße »Unter den Linden« dem neuen Geschmack zu huldigen begann – in der »Dorotheenstadt« Berlins war die rechtwinklige Geometrie der Planung am Rande des Stadtkerns zum ersten Male auf diesem Boden ausprobiert. Das hatte nun hier in Schwedt eine kühnere Wiederholung erfahren, man durfte mit dem Raume noch verschwenderischer sein: an der Oder hatte Dorothea selber das Schloß neu und breit gelagert errichten lassen, in guten Maßen, die Enkel fügten vorstoßende Flügel an – den Rhythmus des Ganzen bestimmte aber die Prachtstraße, die von der Schloßachse aus, fünfundachtzig Meter breit, einige hundert Meter lang, mit vier Reihen Kastanien bepflanzt, zu dem Augustiner Tor,

Blick auf Schwedt vom Kanalufer aus, Aufnahme von 1931

einem barocken Schaustück, führt – weiter hinaus zu dem damaligen Schlößchen »Mon plaisir«. Das Vergleichsbedürfnis hat wohl um dieser Sache willen Schwedt den Namen »Potsdam der Uckermark« gegeben.

Die Stadt hat übrigens der Mark ein wichtiges Geschenk gemacht: der ältere Gilly ist hier geboren. Er war einer der wichtigen Baumeister und Techniker Friedrichs II., sein jung gestorbener Sohn wurde Schinkels vergötterter Lehrer. Das ist ein liebenswürdiger Zufall; aus der französischen Gemeinde von Neuruppin, Schinkels Heimat, würde der Mann erstehen, der die Mark Brandenburg neu zu sehen lehrte: Theodor Fontane; in Schwedts barocker Atmosphäre aber hatte die Baugesinnung ihre Wiege, die den märkischen Klassizismus präludieren sollte.

Der liberale Politiker und Publizist Theodor Heuss (1884–1963) kam Anfang des Jahrhunderts zum Studium nach Berlin und lebte hier 1918–1943 dauerhaft. 1949 wurde Heuss zum ersten Präsidenten der Bundesrepublik Deutschland gewählt.

Walther Rathenau

Der Kaiser. Eine Betrachtung (1919)

2
Wer waren die Leute, die sich um jeden königlichen Aufzug drängten und Vivat schrien? Es mögen manche dabei gewesen sein, die sich heute mit roten Bändern schmücken.

Wer waren die, die am 1. August 1914 jubelten? Es waren so gut wie alle.

Wer waren die, die zweimal wöchentlich flaggten, auf den Untergang der Lusitania tranken, dem Unterseekrieg zustimmten, über jede Kriegserklärung scherzten? Es waren manche gute Sozialisten darunter.

Das sind keine Vorwürfe, sondern Erinnerungen. Erinnerungen daran, wie tief das monarchisch-militärische Bewußtsein in den Massen saß. Es sitzt heute noch darin, nur trägt es andere Namen und Formen. Denn das Gefühl ererbter Autoritätsgläubigkeit und Abhängigkeit verliert sich nicht vom Sonnabend auf den Sonntag.

Bismarck glaubte nicht an das Nationalgefühl der Deutschen, und es waren in unseren dunklen Zeiten Augenblicke, die ihm recht gaben. Er glaubte jedoch an das dynastische Gefühl.

Was ist das?

Nimmt man es von seiner besten Seite – ein starkes Zugeständnis –, so ist es die Anhänglichkeit an den angestammten Herrn, in dem man den Ausbund des nationalen Wesens, den Ausdruck des nationalen Charakters sieht.

Der deutsche Dynast ist der deutscheste Mann, in dessen Zügen jeder sein eigenes Bild gesteigert wiederfindet, die Landesmutter ist die verklärte Frau.

Es ist nicht der römische, der englische Gedanke: Diesen Mann haben wir aus freiem Willen, aus nationaler Stärke so hoch gestellt, daß wir in ihm den Ausdruck unseres majestätischen Willens verehren. Es ist das kindlich vertrauliche Gefühl: Hier ist uns vom himmlischen ein irdischer Vater gegeben, der uns ein Vorbild ist und dem wir gehorchen. Er wird dermaleinst auch im Jenseits, in allerhöchster Seligkeit unser Herr sein.

Dem Germanentum war diese Weichheit fremd; sie hatten Herzöge und selbstgewählte Könige.

3
Dennoch hatte diese Gefühlsordnung vor Zeiten ihren Wahrheitswert: von den Fürsten der Reformation bis zu den Fürsten der Aufklärung.

Ein spärliches Stadtvolk, ein bildungsloses, gutartiges Landvolk wurde nach Art eines Gutsbezirks väterlich verwaltet. Die Interessen des Besitzers – so muß man ihn nennen – und seines anvertrauten Gesindes waren schlechterdings gleichgerichtet; mit bekannten Ausnahmen, wo der Herr nach Versailles schielte, Schlösser baute, Schulden machte und einen Teil seines lebenden Inventars verkaufen mußte.

Sinnlos wurde der Gedanke mit dem Aufkommen der Verwaltungsstaaten und der Millionenreiche. Wie sollte hausväterlicher Wille durch die tausendfache Übertragung des Verwaltungsapparates auf den Untertan wirken? Wie sollte das Landeskind hinter dem Beamtenmechanismus in Meilenferne den allbewegenden Vater erkennen?

Hier trennten sich die Wege. Politisch entwickelte Nationen schritten entschlossen zur Republik und repräsentativen Monarchie, die mittleren und östlichen Staaten begnügten sich mit den äußeren Formen der Konstitution als Verkleidung militaristisch-feudaler Dynastie. Im offensichtlichen Interessengegensatz und Kampf zwischen Volk und Herrscherhaus wurde die patriarchalische Obmacht und ihr frommer Gefühlsausdruck gewaltsam erhalten.

Für die herrschende Schicht, die ihren Bestand der Monarchie verdankte, die daher in der Person des Monarchen, im engsten Sinne und leider mit Recht, einen der ihren sah, für diese Schicht behielt das dynastische Gefühl seinen Wahrheitswert, durchsetzt freilich mit Interessen. Für die beherrschte Schicht wurde dies Gefühl, aufgedrungen und eingetrichtert durch Schule, Kirche und Instruktionsstunde, zur ungeprüften Konvention und tiefen inneren Unwahrheit.

Doch reichte es aus, einmal den Monarchen selbst, sofern er nicht von großer Freiheit der Auffassung war, vollkommen zu umnebeln; sodann den ganzen Tatbestand des Dynastentums unter dem Schutze der Sitte und Gesetzgebung undurchdringlich zu verdunkeln.

Schmachvoll war hier wie überall die Haltung des Großbürgertums, das, durch Beziehungen und Vergünstigungen preiswert bestochen, seinen Vorteil im Ankriechen an die herrschende Schicht und in der Lobpreisung des Bestehenden suchte. Die geistige Verräterei des Großbürgertums, das seine Abkunft und Verantwortung verleugnete, das um den Preis des Reserveleutnants, des Korpsstudenten, des Regierungsassessors, des Adelsprädikats, des Herrenhaussitzes und des Kommerzienrats die Quellen der Demokratie nicht nur verstopfte, sondern vergiftete, das feil, feig und feist durch sein Werkzeug, die nationalliberale Partei, das Schicksal Deutschlands zugunsten der Reaktion entscheiden ließ: diese Verräterei hat Deutschland zerstört, hat die Monarchie zerstört und uns vor allen Völkern verächtlich gemacht. Einer der tragischen Züge des Kaisers war, daß er dieses Großbürgertum lieben mußte, so wie er alles lieben mußte, was ihm tödlich war, und alles verfolgen, was ihn hätte retten können.

Walther Rathenau (1867–1922) war als deutscher Außenminister im April 1922 maßgeblich am Zustandekommen des Rapallo-Vertrags beteiligt, der nach dem Ersten Weltkrieg einen Ausgleich mit Rußland ermöglichte. Noch im selben Jahr wurde er von Rechtsextremisten ermordet. Rathenau nutzte das Schloß im heutigen Bad Freienwalde nach 1909 als Sommersitz.

Margarethe Buber-Neumann

Von Potsdam nach Moskau – Stationen eines Irrwegs

Im Alt Wandervogel hatten Mädchen und Jungen getrennte Ortsgruppen. Gewöhnlich wanderte man nicht zusammen, veranstaltete nur gemeinsam Bundestage, Gautage, Sonnwendfeiern und traf sich gelegentlich zu den »Nestabenden«. Erst gegen Ende des Kriege unternahmen wir auch in Potsdam »gemischte Fahrten« und begannen, über das Sexualproblem zu diskutieren.

Wir studierten zunächst sorgfältig aufklärende Literatur und verfügten in kurzer Zeit über erhebliche, wenn auch nur theoretische Erfahrungen. Bald aber hörten wir, vor allem aus Berlin, von der Pflicht der Jugend, für fortschrittliche Sexualmoral zu kämpfen. Man sagte uns zum Beispiel, daß Schluß gemacht werden müsse mit den bürgerlichen Manieren des Flirtens und der Koketterie, mit den Halbheiten in der Liebe, und daß es verächtlich sei, wenn ein Mädchen der Jugendbewegung vor den letzten Konsequenzen in einer Liebesbeziehung zurückschrecke. Durch ein solches Verhalten treibe sie nämlich »unsere Jungen« nur in die Arme der Prostitution. Selbstverständlich waren wir fest entschlossen, der »verlogenen bürgerlichen Gesellschaft« die Stirn zu bieten. Wir glaubten, alle diese Probleme ohne Kompromisse meistern zu können, und ahnten nicht, wie fassungslos wir vor der brutalen Wirklichkeit stehen und wie schnell wir kapitulieren würden.

Nach dem Kriege wurden in der Kommunistischen Bewegung die gleichen »neuen Wege der Liebe« nicht nur ausgiebig diskutiert, sondern auch in Wirklichkeit beschritten; übrigens nur sehr selten von Arbeitern, hauptsächlich von ihren bürgerlichen Anhängern. Viele Kommunisten lehnten die vom Staat sanktionierte Ehe ab, waren der Meinung, daß eine Liebesbeziehung auf der privaten Abmachung der beiden Partner beruhen müsse, und hielten ein Zusammenleben von Mann und Frau ohne wirkliche Liebe für schändlicher als Prostitution.

In der Jugendortsgruppe Potsdam gab es einige, die sich stolz »Antifeministen« nannten und behaupteten, daß die Freideutschen ursprünglich ein »Männerbund« gewesen seien, das brauche man ja nur beim Chronisten und einem der Schöpfer der Jugendbewegung, bei Hans Blüher, nachzulesen. Gerade damals hörte ich über diesen »Vater« der Jugendbewegung eine bezeichnende Geschichte. Er führte so etwas wie eine psychoanalytische Sprechstunde durch, in der er sich die seelischen Beschwerden von Patienten und Patientinnen anhörte. Einmal kam ein Mädchen zu ihm, um sich ihr Herz zu erleichtern. Er hörte sie an, verließ dann das Zimmer, um kurz danach, in einen purpurroten Mantel gehüllt, wieder im Beratungszimmer zu erscheinen. Er trat vor das verblüffte Mädchen, öffnete den Mantel, unter dem er nackt war, und sagte mit Pathos: »Das fehlt dir! Und nichts anderes ...« Ob das Mädchen durch den Anblick geheilt wurde, muß ich bezweifeln, denn sie erzählte später angeekelt: »Dabei war er auch noch klein, häßlich und rothaarig!«

In einer solchen Bewegung mangelt es natürlich nicht an merkwürdigen Typen und Scharlatanen. Erstaunlich ist, welche Anziehungskraft manche dieser Heiligen auf die Jugend ausübten. Zu wirklicher Berühmtheit brachte es Muck Lamberti, dem übrigens auch wie Fidus und Blüher zwanzig Zentimeter am männlichen Normalmaß fehlten. Er wanderte von Stadt zu Stadt, und wo er auch auftauchte, strömten ihm die jungen Menschen zu. Er verstand es, auf den Marktplätzen oder auf den Wiesen vor der Stadt eine wahre Volkstanzpsychose auszulösen. Ich erlebte seine faszinierende Wirkung auf die steifen Potsdamer, als er sie im Lustgarten und anschließend sogar im Park von Sanssouci zum Tanzen brachte, so daß die ehrwürdigen Parkwächter mit Gesichtern, als sei der Weltuntergang nahe, resigniert und schweigend beiseite standen. Immer war Muck Lamberti in Gesellschaft sehr schöner Frauen, die mit ihm durch die Lande zogen. Es ging das Gerücht, daß er sich auserkoren fühle, mit einem Mädchen den Messias zu zeugen. Nur schien ihm nicht vorher gesagt worden zu sein, mit welcher Frau – was die Sache natürlich besonders reizvoll machte. Bekannt wurde nur, daß er sich dieser hehren Aufgabe ausgiebig widmete, denn man erzählte sich Wunderdinge über die Schar seiner unehelichen Kinder. Als seine Anziehungskraft auf die Jugend erlahmte, zog er sich auf die Leuchtenburg zurück und ging seinem eigentlichen Beruf nach. Er drechselte wieder Teller und Schalen.

Einmal traf ich eine Mutter mit sieben Töchtern, die allesamt zur Natur zurückgekehrt waren. Sie kleideten sich in wallende Gewänder und ließen ihre langen, aufgelösten Haare im Winde wehen. Die Mutter und die älteren Töchter trugen um den Hals ein Band, an dem eine Haselnuß hing, als Symbol der Fruchtbarkeit. In der warmen Jahreszeit pflegte diese Familie von Ort zu Ort zu pilgern und sich ihre Originalität durch Kost und Unterkunft bei den Anhängern der Jugendbewegung bezahlen zu lassen. Auf diese Weise lebten sie wie die Lilien auf dem Felde.

Im letzten Kriegsjahr begann die Politisierung der bürgerlichen Jugendbewegung auch bis nach Potsdam vorzudringen. Den ersten politisch-weltanschaulichen Zusammenstoß erlebte ich bei einem »Nestabend«, auf dem einer unserer Jungen, der aller Wahrscheinlichkeit nach von seinem altdeutschen Vater vorgeschickt worden war, einen Vortrag über die »alten Germanen« hielt. Wir, die wir das Glück hätten, Nachkommen dieser Herrenrasse zu sein, hätten in der Jugendbewegung die Pflicht, gegen alles Artfremde zu Felde zu ziehen. Ohne noch klar zu sehen, wohin eine solche Argumentation zielte, genügten mir allein die »alten Germanen«, um diesen Vortrag abzulehnen und zu attackieren. Allerdings mit den noch sehr naiven Argumenten. »Was gehen uns die alten Germanen an? Wir sollten darum kümmern, was heutzutage in Deutschland geschieht ...« Zum erstenmal im Leben hatte ich in eine politische Diskussion eingegriffen.

Die Schriftstellerin Margarete Buber-Neumann (1901–1989) wurde als Tochter eines Brauereibesitzers in Potsdam geboren und wuchs hier auf. Sie heiratete in erster Ehe den Sohn des jüdischen Religionsphilosophen Martin Buber, Rafael Buber, in zweiter Ehe den KPD-Führer Heinz Neumann, mit dem sie 1933 gemeinsam nach Moskau emigrierte. 1937 wurde sie vom sowjetischen Geheimdienst verhaftet, in ein sibirisches Straflager verschleppt und 1941 an die Gestapo ausgeliefert. Bis 1945 war sie im KZ Ravensbrück interniert, wo sie die Kafka-Freundin Milena Jesenská kennenlernte. Vor dem Einmarsch der Roten Armee gelang ihr die Flucht in die amerikanische Besatzungszone.

Marie Luise Kaschnitz

Das Havelufer bei Potsdam

DAS Havelufer bei Potsdam, und wie ich mit einem Brief meiner Mutter zu Kommerzienrats geschickt wurde, in die prächtige Villa am Havelufer, ich allein. Meine Mutter kannte die Familie nicht; es wird sich wohl um eine Wohltätigkeitssache gehandelt haben. So war das damals, die ersten Regungen eines schlechten Gewissens, man tanzte, stellte lebende Bilder, verkaufte Überflüssiges zu hohen Preisen, alles zugunsten der Armen. In dem Brief mag so etwas gestanden haben, und daß der Kommerzienrat in der Lage war, einen hohen Scheck auszuschreiben, sah man schon seinem Haus an. Das lag, wie gesagt, am Seeufer und hatte einen halbrunden Vorbau mit weißen Säulen und ein Gartengitter, das aus vergoldeten Lanzen bestand. Auf dem Messingschildchen las ich den Namen, der war nicht viel schöner als Kotzbrocken, Kommerzienrat Kotzbrocken, man stelle sich das vor. Ein Stubenmädchen mit gestärkter – oder wie man damals sagte getollter – Haube führt mich die Treppe hinauf, die breit war und die ein dicker blauer Läufer bedeckte. Oben stand die erwachsene Tochter des Hauses, eine hübsche Blonde, die mir im Zimmer einen Saft vorsetzte, blutrot, im geschliffenen Glas. Wie heißt ihr? fragte ich, aus reiner Grausamkeit, ich wollte die junge Dame zwingen, ihren Namen auszusprechen, ihr Haus war schöner als unseres, ihre Kleider waren eleganter als die meiner Mutter, und Saft in geschliffenen Gläsern gab es bei uns nicht. Die junge Dame stand neben mir und strich mit ihrem zarten Finger über die polierte Tischplatte. Du weißt es doch, sagte sie und errötete über und über, aber nicht, weil sie Fräulein Kotzbrocken hieß, sondern weil sie sich schämte für mich. Und ich schämte mich auch, damals und noch fünfundsechzig Jahre lang, jedes Mal, wenn ich etwas Blutrotes aus einem geschliffenen Glas trank oder wenn ich ein Gartengitter mit vergoldeten Lanzen sah.

POTSDAM, das Nauener Tor mit seinem Bäumchen auf der Plattform des rechten Turmes, dort fing die Pferdebahn an. Dort lernte ich lesen, lang vor dem Eintritt in die Schule, mit nackten Knien auf der Holzbank hockend, das Gesicht an die Scheibe gepreßt. Firmenschilder, Buchstaben um Buchstaben, entziffert, wobei Wortgebilde wie »und Co« oder »Zuntz sel. Witwe« Rätsel aufgaben, die nur die Erwachsenen lösen konnten. Die Ganzheitsmethode war noch nicht erfunden, es gab keine andere Möglichkeit, als sich die Worte, die Namen zusammenzustottern, am Ende stand dann die Erleuchtung, die Metzgerei, Tierhandlung, Kohlen, Briketts hieß. Die Dinge, die man in den Schaufenstern gesehen und also schon einmal besessen hatte, die Würste, Kanarienvögel und fettglänzenden Briketts gewannen jetzt, da man sie gelesen hatte und benennen konnte, eine wunderbare Bedeutung. Meine Sammlung von Worten wuchs jeden Tag, war ein Schatz, den ich angesammelt hatte und der mir allein gehörte, wobei das Erlesene dem nur Gehörten weit überlegen war. Unverständliche Wörter hatten eine ganz besondere Anziehungskraft, daran mußte ich denken, als nach Jahrzehnten meine kleine Tochter das ihr unbekannte Wort Aroma unzählige Male selig vor sich hin sagte, eine Erklärung verlangte sie nicht. Salomon Krautheimer habe ich einmal auf einem Türschild gelesen, und ohne daß ich vom König Salomon und der Königin von Saba das Geringste wußte, erfüllte mich der Klang des biblischen Vornamens mit Feierlichkeit und Mut.

Die Kinder, diese vier Kinder aus dem Potsdamer Löwenzahngarten, sind später viel herumgekommen, jedenfalls für die Begriffe von damals, als Ferienreisen auf die Karibischen Inseln noch nicht an der Tagesordnung waren. Vor ihren Augen stieg später einiges auf, das vom Erdbeben verwüstete Jokohama, Kairuan in der Mittagshitze, Macumba-Altärchen in den Wäldern oberhalb von Rio. Bei jedem etwas anderes und keine Vergnügungsreisen, sondern Lebensabschnitte, und wie gern wäre zum Beispiel mein Bruder einmal wieder nach Istanbul zurückgekehrt, an den Ort seiner ersten großen Liebe, er hat diese schöne zur Üppigkeit neigende Orientalin viel später, ich glaube nach dem Zweiten Weltkrieg, wiedergetroffen und hat sie noch immer mit den Augen der Liebe gesehen. Erzähl, wie es war, damals, Stambul, und ich, die ich die Stadt kenne, sehe sie plötzlich ganz anders, gewisse Dinge, wie die streunenden, vor Hunger wahnsinnigen Hunde, gab es zu meiner Zeit nicht mehr. Die Hunde nicht mehr und die Feste in den Gärten der Botschaften am Bosporus nicht mehr, und das Reh, das ein Kawasse der italienischen Botschafterin gebracht hat und das später sehr wild und stark geworden und in einem Schloß des Castruccio Castracani bei Lucca hinter starken Eisengittern gestorben ist. Mein Bruder hat in Stambul in einer Bank gearbeitet und hätte doch lieber studiert, Medizin, Biologie, Verhaltensforschung und ist infolgedessen auch nicht glücklich geworden und trotz aller Pflichttreue auch als ein königlicher Kaufmann nicht. Schuld des Vaters, der ihm auch die schöne Orientalin ausredete, oder Mangel an Selbstvertrauen, und erst viele Jahrzehnte später empfand er als ländlicher Gutsherr vielen ratend und helfend, so etwas wie ein kleines Glück.

Die Potsdamer Gartenstraßen, die staubigen Wege, auf denen die Soldaten, rot glühend und weiß bestäubt, in die Kasernen heimkehren. Das Ponygespann der Prinzessin, die kleinen, langschwänzigen Pferde. Die Prinzessin läßt die Peitsche spielen oder greift in die Gummihupe, die an keinem andern Pferdefahrzeug gestattet ist. Die Leute auf der Straße grüßen die junge Prinzessin, und wir, die wir manchmal von ihr abgeholt werden, grüßen höflich wieder, bis uns das untersagt wird, ihr seid nicht gemeint. Für die Prinzessin ist im Park ein norwegisches Holzhaus gebaut, eine Spielküche mit lauter kupfernen Geräten, die Prinzessin bereitet Spiegeleier, natürlich muß sie die Pfanne nicht sauber machen. Einmal begegnen wir Kinder auf der großen Treppe im Neuen Palais der Kaiserin, die unsere Köpfe gegen ihre geschnürte Taille preßt und uns auf das Haar küßt. Wir haben uns mit der Prinzessin sehr gelangweilt, wir wollen nicht mehr spazierengefahren werden, aber wir müssen, wir werden nicht gefragt. Der Vater hat einmal auf die Prinzessin ein Gedicht gemacht, das wir unmöglich fanden, »Prinzessin von achtzehn Jahren, Prinzessin Chef der Husaren«, tatsächlich, in der Uniform eines Husarenobersten ist die Prinzessin auf Postkarten zu sehen. Das hindert nicht, daß sie in unseren Augen blöd ist und blöde das ganze Sanssouci, wo man sich gut benehmen muß, nichts von Über-das-Gras-Jagen und In-die-Büsche-Kriechen, und interessant sind wirklich nur der alte König mit seinen Windhunden und sein boshafter kleiner Affe, Voltaire.

SCHRECKEN der Kindheit. Das Nicht-einschlafen-können, mit den fest schlafenden Geschwistern im Zimmer, dem Schlag der Kuckucksuhr, böser Vogel, mit dem Wind draußen und den Sternen draußen, dem letzten Räderrollen, der ersten Dämmerung, lauter Vorgänge, an denen teilzunehmen ein Frevel war, für den man bestraft werden würde, auf unvorstellbar entsetzliche Art. – Das Frieren der Kinder, die gezwungen wurden, viele Stunden am Tag in der »frischen Luft« mit halb erstarrten, heftig schmerzenden Händen und Füßen, auf den Havelseen Schlittschuh zu laufen, und wie wir da vor Müdigkeit oder Ungeschick hinfielen und wieder aufstanden mit blutenden Knöcheln, und die Tränen gefroren auf dem Gesicht. Wie wir uns in die Getränkebude flüchteten, in die heiße, rauchige Luft, den Berliner-Pfannkuchen-Duft, da aber nicht bleiben durften, kaum einige Minuten lang. – Die Furcht vor den Hunden auf dem Schulweg, bösen bissigen Hunden, die als solche auf einem Schild am Gitter ausgewiesen waren, die bereits zu bellen anfingen, wenn man noch weit entfernt war, und die sich, während man vorbeilief, mit fetten Leibern, keuchenden Mäulern gegen den schadhaften Zaun warfen, jeden Tag, jeden Tag. – Die Furcht vor Feuersbrünsten, die wir nicht oder doch erst viele Jahrzehnte später erlebten, die Gardinen in Flammen, die Treppe in Flammen, der Sprung aus dem Fenster, als Kind ja, aber später, im New Yorker dreißigsten Stock.

EINES der Rätsel meiner Potsdamer Kindheit war, was wir aufschnappten, dann herausfragten, der Leutnant, dem aus der Achsel ein Kinderhändchen gewachsen war und der sich mit seiner Dienstwaffe erschoß. Warum denn erschossen, Mama? Das ist doch kein Grund, Mama, niemand hätte es gesehen unter der Uniform, die er ja auch hätte ausziehen können, den blauen Rock, wie man damals sagte, oder auch des Kaisers Rock. Schließlich konnte er ja nichts dafür, und konnte man das nicht wegoperieren, so ein Kinderhändchen? Da bleibt nur eine Narbe und eine ziemlich kleine, die an der Stelle ohnehin kaum zu sehen gewesen wäre. Der Leutnant, erklärte die Mutter, war aber bereits ins Gerede gekommen bei den Kameraden, auch bei den Burschen, als ein Mensch, der einem leid tun kann, und das darf eben nicht sein, ein Offizier darf keinem leid tun, und er darf auch im Gerede nicht sein. Über seine Schulden darf man reden oder auch über seine Frauengeschichten, aber über so etwas nicht. Das hat er gewußt und mit der Schande nicht leben wollen. Er tut allen Leuten leid, aber sie finden es richtig, daß er sich erschossen hat. – Und du findest das auch richtig, Mama? – Gott, Kind, ich weiß nicht, vielleicht hat es ihm auch vor sich selber gegraut. – Abends beim Waschen heben wir den Arm, den rechten, dann den linken, gottseidank kein Kinderhändchen, gottseidank nichts.

ALS ich ein Kind war, war alles noch unübersehbar, die vielen Gärten voller Geheimnisse, die Wälder ohne Ende, das Dunkel ohne Licht. Die Orte, die wir aufsuchten, hatten schöne redende Namen, Zaubernamen, Pfingstberg, Marmorpalais, Lustgarten, Jungfernsee, Heiliger See. In den Gärten gab es noch keine Alpenpflanzen und keine Staudenbeete, aber es gab Schlingrosen und Hochstammrosen, Flieder und Faulbaum und Wiesen voller Butterblumen und Löwenzahn. Es gab viel Wasser im Sommer, dunkle moorige Kanäle und frische blitzblaue Seen, sanftes Dahingleiten und hastigen Ruderschlag unter schwarzen Gewitterwolken und drohenden Sturm. Es gab Eis im Winter, weite, schimmernde Flächen, auf denen mit Zweigen die sicheren Wege abgesteckt waren, die den sommerlichen Bootswegen in keiner Weise glichen, da man sie auf eigenen Füßen zurücklegte, auf kurzen, harten Schlittschuhen, auf denen nur die Geschicktesten sich zur Tanzmusik der Kapelle wiegten. In der hereinbrechenden Dämmerung floh man, über dröhnende Holzbanken polternd, in die glühweindampfende Baracke und starrte erschrocken in fremde glühende Gesichter, aus deren Mündern blaue Rauchwolken quollen. Die Häuser der Eltern und der Verwandten und Freunde waren weitläufig, mit unbenutzten Zimmern, deren Möbel sich unter Leinenbussen verbargen, und wo Männer mit der Hand am Degen und Frauen in schönen, sonderbaren Kleidern den Vorübereilenden mit den Blicken verfolgten. Alle diese Häuser hatten und mehr als heute, ihre besonderen Gerüche, einen zarten, überaus reinen Lavendelgeruch das Schlafzimmer unserer Lieblingstante, einen ewigen Honig- und Weihnachtsduft der runde Salon der Großeltern, wo wir mit unsagbarem Hochgefühl das Pianola traten und wo ich über einem Buch, das »Nur ein Geiger« hieß, meine ersten literarischen Tränen vergoß. Daß es in den Souterrainräumen aller dieser Häuser, dort, wo die Köchinnen und Stubenmädchen, die Offiziersburschen und Lieferanten sich aufhielten, höher und auf jeden Fall interessanter herging als oben, war so gewiß, wie daß man uns dort nicht haben wollte – nur der schwarzwangige Riese, der Flügelmann eines Garderegiments, duldete, wenn er die Klingen durch die lederbezogenen Räder der Messerputzmaschine zog, unsere Gegenwart, finster und stumm.

POTSDAM, Weinmeisterstraße, und unser Kinderzimmer, der große rote Tisch unter den Vogeltafeln, ein kleines Denkmal wäre da aufzurichten, eigentlich nur ein Name, den ich jetzt hinschreibe und anstarre, ein wunderlicher, ein lächerlicher Name, Gertrud Wucherpfennig, und eine wunderliche, ja lächerliche Gestalt. Großer Buckel, Hühnerbrust, spitzes Gesichtchen, Körpergröße eines achtjährigen Kindes, aber gewiß schon vierzig Jahre alt. Spitzenblusen, Kettchen und Ketten, Ringe an den dünnen Fingern. Eine bucklige und eitle Zwergin anzustellen war gewiß nicht die Absicht meiner Mutter, es war aber in den eingeschickten Zeugnissen nur von den hervorragenden Fähigkeiten des Fräuleins die Rede gewesen, den Buckel hatte keine der Schreiberinnen erwähnt. Meine Mutter hielt uns eine Ansprache, ihr dürft nicht lachen, ihr dürft nicht dulden, daß eure Freunde oder fremde Kinder sich lustig machen, ich stelle das Fräulein unter euren Schutz. Diese Ansprache ist mir als die einzige wirklich pädagogische Maßnahme meiner Mutter ebenso in Erinnerung geblieben wie das Fräulein selbst, das sich mit seiner dünnen Stimme sofort Gehör verschaffte. Ein erzieherisches Genie in einem grotesken Kinderkörper, eine Macht über Menschen in einer Frau, die ihr Leben lang auf niemanden hat herabsehen können. Ich habe das Fräulein später noch einmal getroffen, da war meine kleine Tochter dabei, und die kleine Tochter starrte die Bucklige hingerissen an. Ohne sich noch einmal nach mir umzusehen, ging sie mit dem nun alten Fräulein in einen fremden Wald.

Als Tochter eines preußischen Generalobersten verbrachte Marie Luise Kaschnitz (1901–1974) ihre Kindheit und Jugend von 1902 bis 1919 in Potsdam und Berlin.
Erstdruck: Marie Luise Kaschnitz, Orte. Frankfurt/M. 1973

Johannes Lepsius

Bericht über die Lage des armenischen Volkes in der Türkei

So erfolglos der Schritt sein mochte, wollte ich es doch nicht unversucht lassen, auf einen der türkischen Machthaber persönlich einzuwirken. Durch Korvettenkapitän Humann wurde ich bei Enver Pascha eingeführt. Am 10. August vormittags sollte ich ihn im Seraskeriat (Kriegsministerium) in Stambul sehen. Um rechtzeitig zur Stelle zu sein, nahm ich einen Wagen, mußte aber, als ich ans Goldene Horn herunter kam, den Wagen verlassen, da die große Brücke, die Pera-Galata mit Stambul verbindet, aufgezogen war. Ich sprang in ein Kajik, um über das Goldene Horn zu fahren und hoffte, drüben wieder einen Wagen zu finden. Durch die Gemächlichkeit des Bootsführers aufgehalten und genötigt, den Weg zu Fuß fortzusetzen, da ein Fuhrwerk nicht zur Stelle war, verspätete ich mich. Enver Pascha hatte das Seraskeriat bereits verlassen, ließ mir aber sagen, daß ich ihn im Ministerium des Innern auf der Hohen Pforte treffen könne. Im Ministerium wurde ich durch lange Gänge, von denen man in die Amtszimmer blickte – die Türen sind nur mit Vorhängen verhängt –, in einen Empfangsraum im oberen Stockwerk geführt. Ich mußte ein halbes Stündchen warten, aber die Zeit wurde mir nicht lang. Bei einer freundlich gereichten Tasse türkischen Kaffees am Fenster sitzend, hatte ich über zerfallene Kuppeln und Gemäuer hin zwischen Pinien und Cypressen das fesselnde Panorama des von Dampfern und Kajiks belebten Bosporus mit seinen Uferstädten vor mir.

Enver Pascha trat ein, eine schlanke mittelgroße Gestalt mit schmalen abfallenden Schultern. Der osmanische Nationalheld, dessen halbalbanisches Blut in den kritischen Phasen der jüngsten Geschichte das türkische Phlegma oft zu abenteuerlichsten Entschlüssen hinriß, hat bei aller selbstbewußten Unbekümmertheit nichts Heldisches in seinem Wesen, eher etwas Mädchenhaftes, wie es von Robespierre gesagt wird. In seiner schmucken Uniform mit Pelzmütze und Schnüren mehr Zigeunerbaron als Heros. Schon in Berlin wurde erzählt, daß über seinem Schreibtisch zur Rechten Napoleon, zur Linken Friedrich der Große und in der Mitte, als Kreuzung beider, sein eigenes Bildnis hing. In Stambul wollte jemand die gleiche Wanddekoration in seinem Arbeitsraum gesehen haben. Mag beides fabuliert sein, die Selbsteinschätzung Envers, die zwei Jahre zuvor seinem Rivalen, dem Kriegsminister Nazim Pascha, das Leben gekostet hatte, sollte dem türkischen Reich zum Verhängnis werden. Der unbeirrte Glaube an seinen Stern scheint ihn auch jetzt noch nicht verlassen zu haben. Man sagt, daß er nach seiner Flucht aus Konstantinopel im Kaukasus auf neue Abenteuer ausgeht.

Ich hatte einen Gruß an ihn aus Deutschland auszurichten, und wir kamen sogleich in ein ungezwungenes Gespräch, das nahezu eine Stunde währte.

»Ich weiß nicht«, begann ich, um zur Sache zu kommen, »ob das, was im Innern vor sich geht, mit Ihrem Wissen und Willen geschieht.« Er wußte, was ich meinte und erwiderte: »Ich übernehme die Verantwortung für alles.« Ich berührte einiges von dem, was ich in den letzten Tagen über Massendeportationen und Abschlachtungen von Frauen und Kindern erfahren hatte, und sagte ihm offen, daß der moralische Kredit, den sich die junge Türkei durch den Sturz Abdul Hamids und die Einführung der Konstitution erworben hätte, durch derartige Vorgänge vernichtet werden würde. Er hörte mich ruhig an, von allem, was ich sagte, unberührt, und erging sich dann in langen Reden über militärische Notwendigkeiten, die in der Kriegszeit das Vorgehen gegen die revolutionären Elemente des Reiches zur Pflicht gemacht hätten. Als Beweise für eine geplante Erhebung brachte er Fälle von Spionage und Desertionen und die »Aufstände« von Zeitun und Wan vor, Dinge, die nicht einmal in seinem Vergrößerungsglas nach etwas aussehen. Ich bemerkte, daß man auch zur Zeit Abdul Hamids dergleichen vereinzelte Vorgänge zum Anlaß für blutige Verfolgungen genommen hätte und daß gerade von jungtürkischer Seite Abdul Hamid deswegen verurteilt und seine Gewaltherrschaft gestürzt worden sei. Mir schiene, daß man die Politik Abdul Hamids jetzt weiterführe, ja überbiete. Ich selbst glaube nicht an die armenische Verschwörung und habe aus meiner persönlichen Kenntnis armenischer Führer Grund dazu. Sodann kam ich auf die Massenverhaftung der armenischen Intellektuellen von Konstantinopel zu sprechen und fragte, ob die Untersuchung irgendwelche Beweise für die Vorbereitung eines Aufstandes zutage gefördert habe. Ich wisse, daß dies nicht der Fall sei. Er lächelte zu allem gleichmütig und sagte: »Der Beweise bedarf es nicht, wir kommen selbst von der Revolution her und wissen, wie so etwas gemacht wird.« Auch die wirtschaftlichen Folgen brachte ich zur Sprache und sagte: »Wahrscheinlich kenne ich das Innere durch ausgedehnte Reisen, humanitäre und wirtschaftliche Unternehmungen besser als Sie. Ihr Komitee, das in Saloniki seinen Ursprung hat, beurteilt die asiatischen Fragen nach Gesichtspunkten, die dem Innern fremd sind. Ob sie für Mazedonien, das ich nicht kenne, anwendbar sind, weiß ich nicht. Für Anatolien bedeuten sie den Ruin. In den Küstenländern haben die Griechen, im ganzen Innern von Anatolien die Armenier den Groß- und Kleinhandel fast ausschließlich in der Hand. Sie sind in den östlichen Provinzen die besten Ackerbauer und stellen in ganz Anatolien nahezu allein den Stand der Handwerker. Die Armenier sind der Magen des Reichs. Sie nehmen den Magen jetzt heraus und glauben, daß die andern Glieder, Turkmenen, Kurden, Lasen und Tscherkessen, seine Funktionen übernehmen werden. Das ist ein Irrtum.« Er lächelte: »Mag sein, wir werden ein paar Jahre nach dem Kriege einen schwachen Magen haben. Wir werden uns erholen. Bedenken Sie,« fuhr er fort, »das Volk der Türken zählt 40 Millionen. Wenn sie erst in einem Reich zusammengefaßt sind, so werden wir in Asien dieselbe Bedeutung haben wie Deutschland in Europa.«

Die bevölkerungsstatistische Phantasie des Kriegsministers sprang auf die Heeresstärke der türkischen Armee über. Auch hierbei sparte er nicht mit Millionen.

Ich hatte einen Mann vor mir, der, da er keine Größe besaß, aller Voraussicht nach an seiner knabenhaften Phantasie und seinem maßlosen Selbstbewußtsein Schiffbruch leiden mußte. Das rein türkische Volkselement in Anatolien beträgt wahrscheinlich nicht mehr als fünf, höchstens sechs Millionen, von denen, wie man annimmt, etwa eine Million durch Kriegs- und Seuchenverluste abzubuchen sein wird. Man muß schon weit über Nordpersien, Trans- und Ciskaukasien, Turkestan nach Kaschmir greifen, um auch nur 20 Millionen bestenfalls halbzivilisierter Turkvölker zusammenzubringen. Die dachte Enver eines Tages zu beherrschen und mit ihnen der ganzen Welt die Stirn zu bieten.

Ich lenkte auf die Dinge, die mir näher lagen, zurück. Ich machte geltend, daß die Massen der Deportierten zum größten Teil aus Frauen und Kindern beständen, die dem Untergange preisgegeben sein würden, wenn nicht eine Organisation geschaffen würde, um ihre Ernährung, Unterbringung und vorläufige Ansiedlung an den Verschickungszielen zu ermöglichen. »Nach den Erfahrungen,« sagte ich, »die man mit Tscherkessenansiedlungen gemacht hat, sind die Behörden im Innern wenig befähigt zu solchen Aufgaben; es fehlt ihnen an Organisationsgabe, an brauchbaren Organen und jetzt während des Krieges, selbst wenn sie den Willen dazu hätten, an Zeit und Geld, um eine so schwierige Aufgabe durchzuführen. Der Untergang von vielen Tausenden von Frauen und Kindern kann ja nicht Ihre Absicht sein.« Enver ging leicht über diese Bedenken hin, sagte, es würde für alles gesorgt werden, aber wenn ich ihm Vorschläge zu machen hätte, sollte ich sie ihm schreiben, er würde sie gern erwägen. Ich erwiderte: »Ich will Ihnen gleich einen Vorschlag machen. Schicken Sie mich ins Innere, und geben Sir mir den Auftrag, die Versorgung der Deportierten zu organisieren. Ich werde für die notwendigen Geldmittel sorgen. Ich habe Erfahrungen in diesen Dingen. Ich habe schon einmal nach den Abdul Hamid'schen Massakers ein Hilfswerk ins Leben gerufen, kenne die wirtschaftlichen Möglichkeiten und die Bedürfnisse der Leute, und meine zwanzigjährige Erfahrung wird mir von Nutzen sein. Durch deutsche Hilfsvereine sind damals viele Tausende von Waisenkindern unterhalten und auferzogen worden, Hospitäler gegründet, wirtschaftliche Betriebe eingerichtet worden. Ein Hilfswerk für die Deportierten würde sich auch jetzt, trotz des Krieges, in weit größerem Maßstabe ermöglichen lassen, wenn ich dazu von Ihnen ermächtigt würde.«

Enver Pascha hörte mich aufmerksam an. Dann sagte er mit einem Unterton höhnischer Grausamkeit, die sich ihrer Überlegenheit über jede Menschlichkeit bewußt war: »Ich schätze ihre gute Absicht, aber ich kann Ihren Vorschlag nicht annehmen. Wenn ich zulassen würde, daß Fremde den Armeniern Hilfe bringen würden, so würden sie nicht aufhören, ihre Hoffnung auf fremde Einmischung zu setzen, um ihre Träume zu verwirklichen. Wir können mit unsern inneren Feinden fertig werden. Sie in Deutschland können das nicht. Darin sind wir stärker als Sie. Darum kann ich keinem Fremden gestatten, den Armeniern Wohltaten zu erweisen. Die Armenier sollen in uns allein ihre Wohltäter sehen. Doch ich will Ihnen einen Vorschlag machen. Geben Sie die Mittel, die Sie sammeln, mir. Ich werde sie ganz nach Ihrer Bestimmung verwenden und Personen, denen Sie Vertrauen schenken, mit der Kontrolle beauftragen, doch keine Deutschen.«

Ich konnte nicht wohl antworten, daß auf diesem Wege unser Geld teils in den Taschen türkischer Beamten verschwinden, teils für andere Zwecke verwendet werden würde. Darum erwiderte ich, daß unsere deutschen Geberkreise Wert darauf legten, daß sie durch ihre eigenen Beauftragten über die Verwendung ihrer Mittel unterrichtet würden, was Enver Bey ablehnte. Die Gelassenheit, mit der er seine deutschen Verbündeten auf gleiche Stufe mit jedem Fremden stellte, sagte mir, daß hier jedes weitere Wort verloren war. Ich war daher auch später nicht erstaunt, als im April 1916 ein schriftliches Gesuch von drei deutschen Gesellschaften, das mit der Befürwortung der Deutschen Botschaft an die Pforte gerichtet wurde, eine Hilfsexpedition in die Notstandsgebiete senden zu dürfen, aus denselben Gründen, die mir Enver Pascha vortrug, von der Pforte abgelehnt wurde, mit dem Wortlauf »daß die türkische Regierung keinerlei fremde Hilfe für die Armenier zulassen könne, da hierdurch die Armenier in ihren Hoffnungen auf das Ausland bestärkt würden.« Dieselbe Antwort hatte der deutsche Konsul Leytved in Damaskus einen Monat zuvor von dem Oberkommandierenden der 4. Armee, Djemal Pascha, erhalten, als er anfragte, welche Aussichten eine vom American Bible House geplante Hilfsunternehmung für die notleidenden Armenier in Damaskus haben würde. Die Antwort des Paschas lautete, daß er persönlich das Los der Armenier nach Möglichkeit erleichtern möchte, aber strenge Weisungen von Konstantinopel habe, jede deutsche und amerikanische Beteiligung an einer Hilfsunternehmung für Armenier zu verhindern, da der innere Widerstand der Armenier gegen die türkische Regierung nur gebrochen werden könne, wenn ihnen beigebracht werden könne, daß sie keinerlei Unterstützung von einer fremden Regierung zu erwarten hätten. Der Deutsche war in Fragen der Menschlichkeit so gut ein »Fremder« für den Türken wie das neutrale Amerika. Man kann gewiß sein, daß im Falle eines Sieges die jungtürkische Regierung jede ausländische Missions-, Waisen- und Schularbeit im ganzen osmanischen Reich verboten haben würde.

Da die Hauptabsicht meines Gesprächs gescheitert war, wollte ich wenigstens noch versuchen, durch den allvermögenden Einfluß von Enver Pascha einen Freund zu retten. Dr. Heiranian, einer der Mitbegründer unserer Deutsch-Armenischen Gesellschaft, Arzt und Philosoph, von friedfertigem und nachdenklichem Wesen, von großer Güte und zartestem Gemüt, war kurz vor dem Kriege in seine Heimat Divrigi im Wilajet Siwas zurückgekehrt und hatte Frau und Kind in Berlin zurückgelassen, um seine hochbetagten Eltern noch einmal wiederzusehen. Der Ausbruch des Krieges hatte ihn veranlaßt, sich als Militärarzt zum Lazarettdienst zu stellen. In Siwas richtete er besondere Kurse für Ausbildung von Pflegern ein, hatte viele Verwundete und an Seuchen erkrankte Türken gepflegt und war selbst dabei am Typhus schwer erkrankt, aber wieder genesen. Die Armenierverfolgung setzte ein, und der Wali von Siwas warf ihn mit allen armenischen Hilfsärzten ins Gefängnis, während das armenische Pflegepersonal deportiert wurde.

Ich bat Ever Pascha, ehe ich mich verabschiedete, mir noch einen persönlichen Dienst zu leisten, und trug ihm den Fall von Dr. Heiranian vor, mit der Bitte, seine Freilassung und Rückbeförderung nach Deutschland zu erwirken. Ich verbürgte mich persönlich für meinen Freund, daß ihm jede unbesonnene Handlung fern liege, und daß er seine Freilassung auf keine Weise mißbrauchen würde. Enver Pascha versicherte mir, daß es ihm eine Freude sein würde, meinen Wunsch zu erfüllen, daß er aber zuvor beim Wali von Siwas anfragen müsse, was gegen Dr. Heiranian vorläge.

Ich sagte, daß nichts anderes gegen ihn vorläge als gegen alle armenischen Ärzte, die verhaftet worden seien, nämlich, daß er Armenier sei. Enver Pascha versicherte mir noch einmal, daß wenn die Antwort irgend es erlaubte, er für die Heimreise meines Freundes sorgen würde.

Die Liebenswürdigkeit, mit der mich Enver Pascha verabschiedete, hatte wenigstens die eine Hoffnung in mir genährt, daß ich meinen Freund würde retten können.

Nach Deutschland zurückgekehrt, erhielt ich durch Korvettenkapitän Humann die Antwort, daß der Bericht aus Siwas über Dr. Heiranian ungünstig ausgefallen wäre und daß Enver Pascha bedaure, meinen Wunsch nicht erfüllen zu können. Dr. Heiranian ist, wie man annimmt, im Gefängnis ermordet worden. Man hat nichts mehr von ihm gehört.

Nach der Unterredung mit Enver Pascha mußte ich den Gedanken aufgeben, auf eine Änderung des Schicksals der Armenier irgendeinen direkten Einfluß gewinnen zu können. Was im Bereich der Möglichkeiten lag, um ihr Los zu mildern, geschah durch die deutsche und amerikanische Botschaft. Andere Instanzen, auf die die Pforte hätte Rücksicht nehmen müssen, gab es nicht. Auch die Stimme des Papstes verhallte ungehört. Was mir zu tun übrigblieb war, meine Informationen noch möglichst zu vervollständigen, um die öffentliche Meinung in Deutschland, wo die Presse nur die verlogenen türkischen Communiqués wiedergab, wenigstens in den Grenzen, die unter der Zensur möglich waren, aufzuklären.

Der Theologe Johannes Lepsius (1858–1926) lebte als Vizedirektor der Deutschen Orientmission in Potsdam. Er machte die deutsche Öffentlichkeit 1915 auf den Völkermord der Türken an den Armeniern aufmerksam; 1916 ließ er seinen »Bericht über die Lage des armenischen Volkes in der Türkei«, der hier auszugsweise abgedruckt ist, an alle Abgeordneten des Deutschen Reichstags versenden.

Hermann Kasack

Höhere Dämmerung

Wir wollen die Rosen auf Hügel heben
Und glühende Dämmerung entfachen;
Die Sterne werden in uns erwachen
Und über den Schatten des Lebens schweben.

Wir sind die Erde zu Ende gegangen,
Durch sterbender Landschaften tote Zeiten;
Wir mußten in dunklen Talen schreiten,
Und blieben im Segel der Sehnsucht gefangen.

Wir können die Erde nicht mehr loben,
In höhere Dämmerung fließt unser Leben –
Wir wollen die Rosen auf Hügel heben:
Wir stehen ... Wir steigen ... Wir fliegen nach oben.

Der Potsdamer Hermann Kasack (1896–1966) hatte bereits 1918 mit dem Lyrikband »Der Mensch. Verse« debütiert. In seinem Band »Die Insel«, aus dem das hier abgedruckte Gedicht entnommen ist, klingen expressionistische Einflüsse nach. Als der Band 1920 erschien, nahm Kasack seine Tätigkeit als Lektor am Potsdamer Kiepenheuer Verlag auf, dessen Leitung er später übernahm.

Paul Gurk

Liebes Leid

Daß ein Erwachen immer wieder
Sich an die Nacht der Schmerzen reiht,
Und, daß aufs Neue gleich der Hydra
Sein Schlangenhaupt erhebt das Leid!

Es starrt mit Augen der Meduse
Die Haare flattern schlangenhaft, –
Doch sind's die Züge meiner Muse,
Die mir das Glück der Schmerzen schafft!

Mit Lippen, die die Liebe heischen,
Mit Mädchenhänden fest und schlank,
Mit Fingern, die mich sanft zerfleischen,
Mit Blicken, heiß, vor Sehnsucht krank:

So lieb' ich Dich und, auch den Schmerz,
Den Du halb spielend mir bereitest;
Und ob Du auch zerreißt mein Herz:
Ich fühle nur, daß Du es weitest.

Der Kleist-Preisträger von 1921, Paul Gurk (1880–1953), wurde in Frankfurt (Oder) geboren. Er lebte hier bis zum Tod seines Vaters 1885.

Bettina Hürlimann

Potsdam. Zwischenspiel

Als wir in jenem Herbst 1918 nach Potsdam kamen, da war noch Revolution, aber wir schienen dennoch ganz bequem in einer bürgerlich-altmodischen Wohnung im Hause eines Generals installiert. Die Tischgespräche waren aufgeregt und heftig und handelten von Personen wie Rosa Luxemburg und Karl Liebknecht und von den damaligen Ereignissen in Rußland. Erst wenige Jahre später begannen diese Dinge mich wirklich zu interessieren. Wir beneideten nur die Berliner Schulkinder, die oft schulfrei hatten, weil auf den Straßen geschossen wurde.

Einmal hatten auch wir Potsdamer, wenn auch aus entgegengesetzten Gründen und viel später, unerwartet schulfrei. Kaiserin Auguste Viktoria war gestorben. In Abwesenheit ihres Gatten Wilhelm II., der in der Emigration in Holland weilte und Holz spaltete, wurde sie 1921 in Potsdam im Antiken Tempel im Park von Sanssouci beigesetzt. Die Kommunisten hätten an diesem Tag die monarchistische ehemalige Residenzstadt spielend besetzen können, war doch beinahe die gesamte Bevölkerung zum Antiken Tempel gepilgert. Ich weiß noch gut, daß ich an jenem Tag Rad fahren lernte, weil die Straße so menschenleer war, daß ich keine Fußgänger gefährden konnte. Als die trauernden Heerscharen, zu denen auch all unsere Freunde gehörten, am Abend wieder heimkehrten, war ich schon imstande, auf dem Rad kühne Kreise zu ziehen.

Unsere Eltern, sozialistisch gesinnt und pazifistisch dazu, hatten es nicht gern, wenn wir an Veranstaltungen, in denen sich der in der Bevölkerung latent vorhandene Nationalismus manifestierte, teilnahmen. Gelegentlich fiel es uns schwer, dieses nie ausgesprochene Gebot zu befolgen, weil Kinder gern identisch mit den Gleichaltrigen empfinden und handeln. Noch handelten wir aus einer unbewußten Loyalität den Eltern gegenüber, die uns selbstverständlich war und deshalb keine Probleme aufwarf. Es war schließlich immer leicht, aufrecht zu stehen, wenn man eine sichere Rückendeckung hatte, wie sie etwa eine intakte Familie bot. Aber eines Tages, ich hüpfte grade vergnügt auf Stelzen vor unserem Haus herum, fragte mich ein Nachbarskind, ebenfalls auf Stelzen, warum sich meine Eltern scheiden ließen. Ich fiel nicht nur von den Stelzen, sondern aus allen Wolken. Ich bestritt heftig und zornig, aber was nützte der Zorn vor der Wahrheit, von der ich bald Kenntnis nehmen mußte. Eine Scheidung war damals fast so einschneidend wie ein Todesfall. Als die Direktorin meiner Schule mich in ihr Zimmer holen ließ, mir über das Haar strich und mitleidige Worte sprach, war mir das nicht nur peinlich, sondern ich wußte nun, daß wir noch mehr als schon bisher einen Sonderfall darstellten. Das war ein Grund, sich so normal und durchschnittlich zu benehmen wie überhaupt nur möglich.

Wir lebten in diesen ersten Potsdamer Jahren in einer Wohnung in der Auguste-Viktoria-Straße 11, inmitten eines gemischten Wohnquartiers. Die damals noch so vielfältigen Spiele auf der Straße, über die allein ich ein Kapitel schreiben könnte, verbanden die Kinder der verschiedensten Art. Nur die Ärmsten, die Zeitungen austrugen und in Kellerwohnungen lebten, spielten nicht mit.

Da war einer in unserer Straße, der Lumpenmaxe hieß, der mir ein Symbol für diese Klasse schien. Er tauchte erst abends in unserm Quartier auf, erstieg jeden Baum mühelos, nahm aber nie an unsern Spielen teil, obgleich er uns genau beobachtete. Dieser meist barfüßige Junge, der uns Freiheiten zu besitzen schien, die wir nicht hatten, erweckte kaum unser Mitleid, eher gelegentlich Verlegenheit, und wir brachten sein uns damals durchaus bekanntes Dasein in einer dunklen Kellerwohnung in keiner Weise in Verbindung mit den revolutionären Gesprächen an unserm Mittagstisch daheim. Auch die damals erscheinenden sozialistischen Kinderbücher (hauptsächlich im Malik-Verlag) wie die als Märchen deklarierten sozialistischen Erzählungen von Hermynia zur Mühlen (1921–23) betrachteten wir weder als Unterhaltung (und dazu waren Bücher schließlich da) noch als Ermahnung, eifrige Jungsozialisten zu werden. Diese von George Grosz ernsthaft und grotesk illustrierten Bücher, andre von John Heartfield bebildert, waren Kindern etwas verständlicher, ließen uns aber damals kalt. Eher erkannten wir in jenem Jungen eine Figur aus Dickens wieder, dessen Bücher ich etwas später mit größter Bewegung las.

Später habe ich diese sozialistischen Bücher, die ich immerhin genau genug gelesen hatte, um sie wieder zu erkennen, als ich mich theoretisch mit Kinderbüchern beschäftigte, für teures Geld antiquarisch erstanden. Sie waren, soweit ich feststellen kann, frühe Vorläufer von Lisa Tetzners »Hans Urian« (1951) und »Der Fußball« (1932), ebenfalls Geschichten über Arbeiterkinder und Arbeitslosigkeit, die sozialistische Lehren auf kindliche Weise vermittelten.

Diese Bücher von Lisa Tetzner las ich erst als Erwachsene, aber sie schienen mir durch die witzige Form der Erzählung Kindern zugänglicher als Hermynia zur Mühlen. Die berühmte Märchenerzählerin wußte damals schon, wie sie Kinder ansprechen mußte.

All diese sozialistischen Kinderbücher waren ja bald vollkommen verschollen, nicht nur während des Dritten Reichs, und erst die Bewegung der »Kinderläden« anfangs der siebziger Jahre und die damit verbundenen Theorien, die ähnlich geartete politische Kindergeschichten hervorbrachten, machte sie wieder aktuell.

Damals, d.h. 1921 bis 23, habe ich sicher auch die ersten russischen Bilderbücher gesehen, wenn ich auch erst später mit etwa sechzehn, als ich mich für künstlerische Illustrationen zu interessieren begann, mit Begeisterung von ihnen Kenntnis nahm. Sie brachten ähnliche Ideen unter die Kinder, aber in kindgemäß moderner und spontaner Form, die ihren Einfluß auf das westliche moderne Bilderbuch haben sollte. In Ausstellungen gelangten sie in den Westen, und wir begrüßten sie mit ähnlicher Begeisterung wie die ersten russischen Filme.

Der Verlag meines Vaters war ab 1918 in der Viktoriastraße 59, einen viertelstündigen Spaziergang von der Wohnung entfernt. Er befand sich damals in einem Stadium des Aufbaus und der Gefährdung und hielt meinen Vater von morgens bis abends fest. So pflegte ich in jenen ersten Hungerjahren nach dem Krieg in einem festverschlossenen Aluminiumtopf eine Portion unseres Mittagessens in die Viktoriastraße zu bringen. Ich ging sehr gern dahin. Eines Tages, als meine Mutter mich ein Stück durch den Park begleitete, durch den ein Teil des Weges führte, sahen wir nicht weit von den Römischen Bädern drei schwarzgekleidete Herren auf uns zukommen. Einer ging voraus und einer hinterher. Der dritte in der Mitte schien die Hauptperson, um die es ging, obgleich er nicht wie eine Hauptperson aussah und einen merkwürdigen Gang hatte.

»Bettina, mach einen Knicks«, flüsterte meine Mutter, »der Kaiser«. Das war er also, um dessentwillen wir die Revolution hatten, aber auch Kaisers Geburtstag feierten. Sogar meine Mutter schien ein bißchen bewegt und hat später noch oft von dieser Begegnung gesprochen. Mag sein, vielleicht war es der Abschiedsspaziergang des Kaisers in diesem Park der Hohenzollern.

Auf diesen fast täglichen Spaziergängen hatten wir auch eine andre Begegnung. Ein junger ehemaliger Matrose der Kriegsmarine, damals Gärtner im Park, Sozialist, der aktiv an der Revolution teilgenommen hatte, blond und strahlend blauäugig, der heute (1975) noch im Park lebt, erzählte damals meiner Mutter, daß eines der Häuser im Park, die Fasanerie, zu mieten sei. Das sollte zwei Jahre später bedeutsame Folgen für unser aller Leben haben.

Die Fasanerie

Wir hatten etwa seit 1921 zwei getrennte elterliche Haushalte und lebten in dem der Mutter, die bald darauf das schönste Haus gefunden hatte, das man sich vorstellen kann. Es lag an einem der Ausgänge des neueren Teils des Parkes von Sanssouci beim Wildpark, hieß die Fasanerie und war von Persius, einem Schüler des größten preußischen Architekten, Schinkel, um 1830 in klassizistischem Stil erbaut. »Fasanerie« bedeutet, daß Fasanenställe dazu gehörten, die in höchst romantischer neugotischer Holzarchitektur erstellt waren und wo bis zum Ende des Kaiserreiches Fasanen gefüttert wurden, die satt und etwas faul von da in die Freiheit entsandt wurden und von Jagdpartien des Kaisers leicht erlegt werden konnten.

Es war ein etwas verkommenes Haus aus dem Besitz der kaiserlichen Familie und wurde von einer staatlichen Stelle, der Verwaltung der Schlösser und Gärten des Parks, vermietet.

Dieses Haus, das von einem der schönsten Parks umgeben war, die ich kenne, bildete unsere Jugend hindurch den Ausgangspunkt unserer Erlebnisse. Der Park muß zu unserer Zeit unendlich viel schöner gewesen sein als zur Epoche Friedrichs des Großen und seiner Nachfolger Friedrich Wilhelm III. und IV., die ihn mit Hilfe berühmter Gärtner schufen und bepflanzten. Die damals frisch gesetzten Bäumchen waren zu ehrwürdigen Baumriesen geworden, die zahlreichen Statuen und Gebäude lagen eingebettet in eine beinahe natürliche, wenn auch kunstvoll gesteigerte Landschaft. Es ist bedeutsam für ein Leben, in einer solchen Kunstlandschaft aufzuwachsen. Die kleinen Schlösser, wie etwa der von Schinkel erbaute Charlottenhof, hatten etwas Intimes und erhielten besondre Bedeutung für mich, als ich entdeckte, daß Alexander von Humboldt, der abenteuerliche Reisende und Forscher, dessen Leben ich grade in einer populären Biographie gelesen hatte, zu seinen Lebzeiten in diesem Schloß ein Zimmer zur Verfügung gehabt hatte, das wie ein Reisezelt, blau und weiß gestreift, austapeziert war und allerlei Geräte, die an den Gelehrten und seine Reisen erinnerten, enthielt. Dieser, einer der Helden meiner Jugend, stand mir näher als der flötenspielende, Hunde züchtende preußische König Friedrich II., obgleich er und schon sein Vater natürlich größtenteils verantwortlich waren für die außerordentliche Schönheit dieser Stadt, in der sich ein zurückhaltendes Barock, fremde Elemente – wie das Französische durch die Hugenotten, das Holländische durch eingewanderte Handwerker eingeführt – aufs eigenartigste mit klassizistischem und romantischem Stil vermengten. Dies war nach Weimar der zweite Park, der als Kulisse hinter meinen Kinder- und Jugendjahren stand. Aus dieser eindrucksvollen, in gewisser Beziehung kosmopolitischen Welt, wenigstens architektonisch, erschloß sich uns Kindern zweier Elternteile, die dieser preußischen Welt nicht verbunden waren, sondern im Gegensatz dazu standen, die engere und weitere Welt.

Durch Indianer- und Räuberspiele, bei denen die Parkaufseher die Feinde oder Bleichgesichter gewesen waren, hatten wir uns schon vorher mit den verborgensten Teilen des Parks bekannt gemacht. Die Söhne des Obergärtners Potente, der in diesem Reich regierte, waren unsere liebsten Freunde und Kameraden all unserer Streiche. Nun waren wir auch seine Bewohner geworden. Diese Eroberung des Parkes durchs Spiel ging nun über in die Eroberung der einzigartigen Landschaft um Potsdam. Das Spiel wurde zum ernsthaften Naturerlebnis, das man mit dem jungen Bruder Wolfgang oder mit Freunden und Freundinnen schwärmerisch teilte. Noch war der Mond, der über den nebligen Wiesen des Parkes stand, ein geheiligter im Sinne Goethes … »Füllst wieder Busch und Tal still mit Nebelglanz …«

Es kam die Zeit, wo ich mit Ernst Tollers »Schwalbenbuch« oder Hölderlins »Hyperion« in der Tasche auszog, bald folgten die ersten Russen in den handlichen Ausgaben aus meines Vaters Verlag, selbst mein Rucksack auf Schulwanderungen war nie ganz frei von meinen literarischen Lastern.

Bald kamen auch die Freundschaften mit Gleichgesinnten, wo man sich gegenseitig auf einer einsamen Waldwiese, die es bei uns im Überfluß gab, die letzten literarischen Entdeckungen vorlas. Es kam auch eine Zeit, wo man mit völlig ungenügenden Kenntnissen den Sternenhimmel erforschte, und bei mir persönlich die Neigung, mit Pinsel und Wasserfarben das in Bilder umzusetzen, was mich ergriff. Meine malerischen Produkte, obgleich ich zeitweise unbewußt dem Maler Nolde nacheiferte, waren das Eigenständigste, was ich damals produzierte. Ich war beim Malen außerordentlich glücklich.

Das Malen und Zeichnen, auch auf Schulreisen, öffnete mir die Augen für die Schönheiten der Welt und der Kunst. Diese früh erwachte Liebe zur Kunst pflegte ich und wurde darin von meiner Zeichenlehrerin Gertrud Jackstein unterstützt. Sie ließ uns Kunstgeschichte treiben, und als ich älter wurde und später, als ich Verlegerin wurde, hörte sie bis zum Ende ihres Lebens nicht auf, mich zu mahnen, ein Kunstbuch für Kinder zu schreiben und illustriert herauszugeben. Es gehörte zu ihren großen Enttäuschungen, daß ich mich statt dessen der Geschichte des Kinderbuches zuwandte. Sie wußte nicht oder nur wenig, daß ich den andern Plan nie aus den Augen ließ und letzte Weihnacht meinem Enkel Salomon ein Fragment eines solchen Kunstbuches auf den Tisch legte (1975). Auch für meine eignen Kinder machte ich verschiedentlich solche Versuche. Wenn ich ein zweites Leben zu leben hätte, würde vielleicht aus diesen Fragmenten noch ein Buch für heutige Kinder.

Nun, ich malte und verleibte mir, soviel es möglich war, die große Weltkunst ein. Aber auch meine eigenen Bilder schienen mir das auszudrücken, was mir wichtig erschien. Darum war es mir wenige Jahre später eine große Enttäuschung, daß mir diese Blätter, eingesandt an die Kunstakademie in Leipzig, keinen Platz in der Malklasse verschafften. Für mein Leben sollte das entscheidend werden, weil ich mich daraufhin der Typographie und den Druckverfahren zuwandte, um Verlagshersteller zu werden. Das schloß Tätigkeiten ein, die mich schon in der Kindheit und Jugend fasziniert und zu frühzeitigen Versuchen zu Umschlagsentwürfen, Illustrationen und Signeten veranlaßt hatten. Das Büchermachen lag mir im Blut.

Unser altes Haus unter Platanen mit den gotischen Ställen, in denen keine Fasanen mehr wohnten, hatte auch einen Turm. Hier machte mein um ein Jahr jüngerer Bruder Karlotto seine ersten Empfangs- und Sendeversuche als kindlicher Radiobastler. Beides war zu meiner Verwunderung und restlosen Bewunderung erfolgreich, wir hörten durch den Äther geheimnisvolle Zeichen, aber auch herrliche Musik. Mein Bruder lernte auf diesem drahtlosen Wege Menschen kennen, mit denen er korrespondierte, kurz und gut, er wurde das Genie der Familie, obgleich er in der Schule eher zerstreut war und den zukünftigen Physiker und Astronomen aus der Perspektive des Gymnasiums nicht immer vermuten ließ.

Während ich das Gymnasium ziemlich mühelos durchlief, war es dennoch der etwas schwierige, aber gescheite Bruder, der als einziger von uns die Universität besuchen durfte, was für die Weitsicht unserer Eltern sprach.

Das Haus enthielt in seinen Anbauten auch Pferdeställe. Es schien, daß Walter Funcke, unser elternloser Vetter, der viele Jahre bei uns lebte und mit dem aufkommenden Nationalsozialismus allmählich ein immer überzeugterer Kommunist wurde, dort unter Heu und Stroh eine kleine Presse untergebracht hatte. Beides, die verborgene Presse und die Reste des Senders im Taubenturm, hätten im Jahr 1933 meine Mutter um die Existenz bringen können. Sie wurden jedoch nicht entdeckt; durch Walter Funcke wurden wir jedoch kurz darauf zum erstenmal mit den Realitäten eines Konzentrationslagers bekannt.

Die Schule

Diese Lebensläufe haben uns schon in eine spätere Zeit geführt. Aber sie begannen in der Schule, in dieser altmodischen Schule in einem alten Barockgebäude, mit Ofenheizung ausgestattet, inmitten der Stadt, mit strenger Erziehung und dennoch im Unterricht außerordentlich fortschrittlich. Ich ging gern zur Schule und liebte selbst den Zwang, der Gelegenheit gab zu Kritik und Widerstand. Wir hatten einen Schülerrat, und ich war jahrelang Vertrauensschülerin unserer Klasse und durfte Proteste und Wünsche der Klasse dem Direktor vortragen. Meist war es Kritik an den Lehrern oder am Lehrplan. Neben dem vorgeschriebenen Lehrstoff hatten wir Gelegenheit, in Arbeitsgemeinschaften und Vorträgen all dem Ausdruck zu geben, was uns interessierte und bewegte. Wie waren in unserm niedrigen Klassenzimmer unter dem Dach mit den schiefen Fußböden und dem Blick aus dem Fenster auf die alte Stadt versessen aufs Moderne. Trotzdem werde ich nie den Geruch des alten barocken Treppenhauses vergessen mit den zwar gebohnerten, aber sehr ausgetretenen Stufen, wo wir uns zu heftigen Diskussionen mit Freunden aus den Nachbarklassen zusammenfanden. Wenn wir uns aber aus dem Fenster lehnten, so sahen wir die Garnisonkirche, und die war ganz von der alten Zeit, und wir konnten ihr nicht entrinnen.

Jede halbe Stunde spielte sie mit ihren zahlreichen Glocken den schönen alten Choral »Üb' immer Treu und Redlichkeit«, zur vollen Stunde aber spielte sie in hellen fröhlichen Tönen, »Lobe den Herrn«. Diese beiden Choräle teilten je nach unserer Laune den Schulmorgen ein, verbanden sich mit unserm Leben, riefen zu Schulbeginn, Pause und oft ersehntem Schulschluß. Je nach den Noten, der Situation in der Schule oder auch zuhause war es Freude, Angst oder Kummer, die diese Töne auslösten. Aber da ein Schuß göttlichen Befehls in beiden Chorälen auf den Wogen des Gebimmels mitschwang, so ging uns allen, auch denen, die das Gesangbuch später selten benutzten, etwas von diesem protestantischen Ethos ein, das mit den guten Seiten des Preußentums so eng verbunden ist.

Üb' immer Treu und Redlichkeit
bis an dein kühles Grab
und weiche keinen Finger breit
von Gottes Wegen ab.

Wenn das kein deutlicher Befehl war.

Sonst war für uns vom alten Preußentum kaum mehr etwas zu spüren, wenn man von jenen Gedenkfeiern Potsdamer Prägung absah, wo »Deutschland, Deutschland über alles« mit Inbrunst gesungen wurde. Ich weiß kaum mehr, was für Feiern das waren, ob Kaisers Geburtstag oder Tannenberg. Das heranwachsende junge Mädchen, das ich war, interessierte sich für andere Fragen. Es war nur natürlich, daß ich und auch meine Brüder, die in dieser Stadt zwar glücklich, aber nicht fest verwurzelt waren, Beziehungen zu Kreisen anknüpften, die, auf andre Art, ebenfalls nicht zu dieser Stadt gehörten, sondern sie, wie unsere Eltern, nur als angenehmen Wohnort gewählt hatten.

Es war etwas Merkwürdiges, wie diese verschlafene, sandige Landschaft mit ihren ernsten einsamstehenden Kiefern, die sich Mark Brandenburg nannte, mit dem träge fließenden Fluß, der Havel, mit den dunklen Seen, von Schilf eingesäumt, und den schwarz geteerten Fischerbooten schöpferische Menschen, Denker und Dichter, Wissenschaftler und Künstler anzog, fast alles Menschen, die zum preußischen

Denken, das dies Land geprägt hatte, scheinbar keine innere Beziehung hatten. Da lebte der Religionsphilosoph Guardini, dessen Vorträge wir als Gymnasiasten begeistert besuchten, da wohnte in dörflicher Abgeschiedenheit in Kaputh bis zu seiner Emigration 1935 der Physiker Einstein. Der Einsteinturm am Observatorium von Potsdam legt Zeugnis davon ab. Aber auch im Park von Sanssouci, in den alten Häusern, die neben den Schlössern darin verstreut liegen, waren interessante Leute untergebracht.

Am nächsten von ihnen stand uns Paul Ortwin Rave, Wahlmärker (eigentlich Rheinländer), Direktor des Schinkel-Museums in Berlin, wohnhaft in der Melonerie im Park von Sanssouci, der uns den Geist dieser Parklandschaft und ihrer Architektur durch kenntnisreiche Erklärungen durchleuchtete. Auf abendlichen Spaziergängen mit ihm, im schon geschlossenen Park, P. O. mit seinem Raben Aak auf der Schulter, ich von unserm Spaniel und dem Bruder Wolfgang begleitet, verbrachten wir genußreiche Stunden. Die feuchten Wiesen, geisterhafte Nebelschwaden, die plötzlich einer klaren märchenhaften Mondlandschaft Platz machten, oder der schneebedeckte Park im Winter, in dessen Pfade wir morgens auf dem Schulweg die ersten Spuren traten, die heimlichen Ängste des Nachts im Dunkeln, das waren Erlebnisse, die uns Kindern des Parks, die wir unverdienterweise waren, allein gehörten. Mit einem gewissen Neid zwar sahen wir beim Besuch unserer Freunde deren kleinere überschaubare Wohnungen, deren kochende und backende Mütter, die uns gelegentlich als ein Symbol der Geborgenheit erschienen. Waren sie es wirklich?

Die großzügigen Verhältnisse, in denen wir lebten, ließen uns ungeschützter. Die interessanten Menschen, die wir in beiden elterlichen Haushalten trafen, erweiterten zwar unsern Horizont, aber damals als 15- oder 16jährige sehnte ich mich ebenso sehr nach Anlehnung und Verständnis.

Der Gustav Kiepenheuer Verlag hatte von 1910 bis 1918 seinen Sitz in Weimar. 1918 wechselte Kiepenheuer mit Familie und Verlag nach Potsdam. Bettina Hürlimann (1909–1983) entstammt Gustav Kiepenheuers erster Ehe mit Irmgard Kiepenheuer.

Georg Kaiser

Brief an Richard Révy

Grünheide, Mittwoch (22.6.1938)

Georg Kaiser in Grünheide

Lieber R-R,
Sie baden im Mittelmeer.
Ich habe keine Mittel mehr.
Das sind meine Beziehungen zum Mittelmehr.
Jeder hat sie eben anders.
Soziale Unterschiede müssen sein.
Jedem nicht das Seine.
Hier heisst es: sich nicht beirren lassen. Hungere zugunsten der Gemasteten. Christentum des Bauches.
Die Festung Grünheide hat kapituliert: ich ziehe ab.
Mehr soll Ihnen dieser Brief nicht mitteilen. Er ist der letzte aus Grünheide.
Wohin ich mich mit dem Rest meiner schadhaften Zähne begebe, weiss ich nicht. Viel zu beissen habe ich sowieso nicht mehr. Da genügt eine lockere Plombe.
Gern hätte ich Ihnen dies alles auf englisch geschrieben – aber was heisst zum Beispiel Plombe? Ich müsste ein nicht vorhandenes Lexikon aufschlagen. So scheitern die schönsten Pläne. Sie lesen »Madame Curie« von Eve Curie. Die kann lachen – die wird bestimmt nicht radfahren wie die Herren Eltern. Tochter Eve – in der Vogue abgelichtbildet – trägt Toiletten von Schiaparelli und Patou. Mit dem Augenaufschlag einer am Bürzel gekitzelten Gans.
Es ist wahrscheinlich, dass ich in die Schweiz auf Umwegen – über Nymwegen (Holland) – (Friede von Nymwegen 1678 – vergeblich wie alle anderen) komme. Wenn ich dann noch einigermassen ansehnlich bin, werde ich mir erlauben bei Ihnen anzuklopfen. Sollten Sie mich wiedererkennen, wären mir offene Arme, die meine Armut und mein Leid umschliessen, lieb – sehr lieb.
Ihr
G - K

Georg Kaiser (1878–1945) lebte seit 1921 in Grünheide bei Berlin; er war seinem Verleger Kiepenheuer nachgezogen, dessen Verlag seit 1919 in Potsdam ansässig war. Durch die Beschränkungen, die Gustav Kiepenheuers Verlag nach 1933 auferlegt wurden, war dem ohnehin in ständiger Geldnot lebenden Kaiser die Lebensgrundlage in Deutschland endgültig genommen. Er plante die Emigration in die Schweiz und nahm Verbindung zum Regisseur Richard Révy, dem Adressaten des Briefs, und zum Dramatiker Cäsar von Arx auf. Ende Juni 1938 waren bereits alle Vorbereitungen zur Abreise getroffen, und am 7. Juli 1938 reiste Kaiser über Holland in die Schweiz.

Peter Huchel

Damals

Damals ging noch am Abend der Wind
Mit starken Schultern rüttelnd ums Haus.
Das Laub der Linde sprach mit dem Kind,
Das Gras sandte seine Seele aus.
Sterne haben den Sommer bewacht
Am Rand der Hügel, wo ich gewohnt:
Mein war die katzenäugige Nacht,
Die Grille, die unter der Schwelle schrie.
Mein war im Ginster die heilige Schlange
Mit ihren Schläfen aus milchigem Mond.
Im Hoftor manchmal das Dunkel heulte,
Der Hund schlug an, ich lauschte lange
Den Stimmen im Sturm und lehnte am Knie
Der schweigsam hockenden Klettenmarie,
Die in der Küche Wolle knäulte.
Und wenn ihr grauer schläfernder Blick mich traf,
Durchwehte die Mauer des Hauses der Schlaf.

Da Huchels Mutter erkrankt war, kam der Junge mit vier Jahren auf den Hof der Großeltern nach Alt Langerwisch, einem Dorf im Süden von Potsdam. Huchel sprach mit Blick auf die Kindheitstage in Alt Langerwisch und in Anlehnung an Augustinus vom »großen Hof meines Gedächtnisses«.

Ina Seidel

Aus den schwarzen Wachstuchheften

Gewisse europäische Landschaften – nun, ich kenne nicht viele, aber zum Beispiel die Lüneburger Heide, der Bayerische Wald, Brandenburg, Nordfrankreich – wirken auf mich wie gelähmt von der Traurigkeit der überlebten Städte, die in ihren Zentren liegen. Diesen Städten gelang es nicht, ihr Land zu durchdringen – lag's am Widerstand des Stoffs, lag's an der Schwäche des Geistes. Sie haben vielmehr alles an sich gesogen, was ihr Umkreis an Kräften bot und sind nun fertig – sind Mechanismen, die weiter rotieren (Paris, Berlin) – oder schöne Grüfte (Regensburg, Braunschweig, Lüneburg). Dagegen: wie haben die fränkischen oder gar erst die toskanischen Städte ihre Landschaften imprägniert mit dem Unwägbaren, das Kultur heißt.
[1927]

[...]
Auf Grund welcher inneren Verfassung kam es auch bei sonst einsichtigen Menschen zur anfänglichen Anerkennung des NS oder doch zu einer toleranten Einstellung?

Passivität. Die Neigung, sich einem als unabwendbar angesehenen Schicksal zu unterziehen.

Mangelndes Selbstvertrauen. Man meinte, sich keine richtige Beurteilung der Natur der »Bewegung« zutrauen zu können. Unterschätzung der Macht und vor allem der Realität des Bösen. Mithin Mangel an Wirklichkeitssinn.

Mithin auch Mangel an wahrer Erkenntnis des Guten. Triebhaftes Gutsein aus Gewohnheit ist latentes Schlechtsein.

Scheu vor Dissonanzen; Wunsch, mit der Umwelt im Einklang zu bleiben. Daraus ergab sich falsche Duldsamkeit.

Blinder Glaube an gewisse Leitworte und Ideale der Tradition, die der NS als Tarnung benutzte. Neigung, diesen Leitworten und Idealen die eigene Gesinnung zu unterstellen und sich damit zu begnügen.

Falscher Stolz, dem eigenen Blut, dem eigenen Volk nichts Schlechtes zutrauen zu wollen. Das schlug um in Schönfärberei und führte zur Entschuldigung aller Beweise des Gegenteils dieser vorgefaßten Meinung.
[1946]

[...]
Über meiner Erkrankung habe ich Benns lange angekündigten Vortrag in der Akademie versäumen müssen, den Vortrag über »Altern als Problem für den Künstler«. Ich hörte ihn in der Radioübertragung, aber ich kam eben um das Wiedersehen, das mich interessiert hätte.

Interessiert – wie dieser Zeit- und Altersgenosse mich seit mehr als vierzig Jahren interessiert hat. Beweis dafür »Trunkener Bruder, rede« in meinen Gedichten von

1918, es entstand wohl 1916. Ich habe ihm damals seine Vollendung vorausgesagt, aber er hat sie nicht ganz in dem von mir erwarteten Sinn erfüllt, sondern nur – wenn ein »Nur« hier etwas besagt – im Sinn des Ausdrucks, diesem einzigen Sinn, zu dem er sich nun im Alter bekennt.

Er ist mir heute vorwiegend psychologisch interessant, besonders hinsichtlich der Art, wie er seine politischen Irrtümer von 1933 kompensiert und überkompensiert. Zunächst erklärte er, keine vitale Verbindung mit seinem damaligen Ich zu haben, und er verlagert nun die Kontinuität ausschließlich auf das Gebiet seiner Kunst. Diese Entpersönlichung ist zwar im gewissen Sinn konsequent, sie entspricht ganz der Haltung des Benn vor 1933 – inzwischen aber geschahen jene Veröffentlichungen von 1933, die doch Aufschlüsse darstellen, die nicht aus der Welt zu schaffen sind, denn sie gewähren ja Einblicke in gewisse Schichten seines Wesens, die mit einer späteren Ableugnung ihres Vorhandenseins nicht zu annullieren sind. Man gesteht ihm aber vieles unter dem Eindruck seiner überragenden Leistung stillschweigend zu, jedenfalls dort, wo man sich des Ressentiments enthält.

Wo er angegriffen wird, reagiert er dann mit einer Empfindlichkeit, in der er sich selbst verrät – wie zum Beispiel auf die witzig-boshafte Wiedergabe seines Vortrags und seiner Haltung von Armin Eichholz im Münchner Merkur – er schreibt der Redaktion einen hochgradig »sarkastischen« Brief, was nur zur Folge hat, daß in der nächsten Nummer Sätze aus diesem Brief veröffentlicht werden – ohne jeden Kommentar (»G. B. schreibt uns zu dem Aufsatz von A. E.«), was für jeden, der es verstehend liest, vor allem für Benn selbst, ein einziger blanker Hohn ist.

Nun, wenn man sich derartig aufs hohe Pferd setzt wie B., dann muß man Herausforderungen vollkommen ignorieren. Jedoch, indem man es tut, erweist man sich vielleicht – als entwicklungsfähig ... Oder als noch nicht völlig abgestorben.

Dazu aus einem Traum von gestern: Im »Doppelleben« schlägt Benn vor, die Entwicklung nach 1933 als »unabwendbar, eine Art Geologie« zu betrachten. Ich träumte, ich hätte ein Gespräch mit ihm, indem ich ihm vorschlug, das Wort Geologie durch »Veränderung der Erdoberfläche« zu ersetzen ...
[1953]

Ina Seidel (1885–1974), die mit ihrem Vetter Heinrich Wolfgang Seidel, dem Sohn des Schriftstellers Heinrich Seidel, verheiratet war, lebte bis 1914 in Berlin, danach in Eberswalde und bis 1943 wieder in Berlin.

Armin T. Wegner

Sendschreiben an den deutschen Reichskanzler Adolf Hitler

Berlin, Ostermontag, den 11. April 1933

Herr Reichskanzler,

es geht nicht um das Schicksal unserer jüdischen Brüder allein, es geht um das Schicksal Deutschlands! Im Namen des Volkes, für das zu sprechen ich nicht weniger das Recht habe als die Pflicht, wie jeder, der aus seinem Blut hervorging, also ein Deutscher, dem die Gabe der Rede nicht geschenkt wurde, um sich durch Schweigen zum Mitschuldigen zu machen, wenn sein Herz sich vor Entrüstung zusammenzieht, wende ich mich an Sie: Gebieten Sie diesem Treiben Einhalt! Das Judentum hat die babylonische Gefangenschaft, die Knechtschaft in Ägypten, die spanischen Ketzergerichte, die Drangsal der Kreuzzüge und sechshundert Judenverfolgungen in Rußland überdauert. Mit jener Zähigkeit, die dieses Volk alt werden ließ, werden die Juden auch diese Gefahr überstehen – die Schmach und das Unglück aber, die Deutschland dadurch zuteil wurden, werden für lange Zeit nicht vergessen sein!

[...]

Herr Reichskanzler, die Völker wie die Menschen kennen einander nicht, das ist ihr größter Mangel. Haben die Deutschen sich je Mühe gegeben, etwas zu beachten, das sie von Jugend an als aussätzig mieden, ein Vorurteil, das sogar manche Juden ergriff, die sich ihrer bewunderungswürdigen Herkunft zu schämen begannen? Ja, was Sie und Ihre Freunde in Deutschland bekämpfen, wenn wir Ihren Worten trauen dürfen, sind in Wahrheit gar keine Juden mehr, sondern Abtrünnige, die verloren an Habgier und Sinnlichkeit die Verpflichtungen ihres Glaubens einbüßten, und die von ihren jüdischen Brüdern nicht weniger verworfen werden als von den Deutschen. Haben die Deutschen besser gehandelt? Beklagen sich nicht die Schatzmeister der großen Geldvermögen nur deshalb über die jüdischen, weil sie selbst an ihre Stelle treten wollen? Haben denn die deutschen Bürger die Zinsen ihrer Guthaben und Häuser herabgesetzt? Und kann man selbst die Verwirrungen einiger Hunderte, die in dem uralten Streit des Volkes zwischen Sünde und Heiligkeit den tiefsten Zug ihrer Rasse verraten haben, dadurch strafen, daß man Scharen Unschuldiger dafür opfert? Haben wir die Blutrache nicht aufgehoben zugunsten der Verantwortung des einzelnen?

Sie rufen in Ihren Reden den Allmächtigen an – ist es nicht aber auch eine Allmacht, welche die Zerstreuten dieses Volkes unter die Deutschen gemischt hat wie Salz unter den Brotteig? Sind sie nicht für uns gesellschaftlich und sittlich eine Notwendigkeit durch ihre richtende Art, die uns Schwächen wie Vorzüge des eigenen Wesens deutlicher unterscheiden läßt? Sie berufen sich darauf, daß Deutschland sich in einer Notlage befinde, aber statt die Sache aller Unterdrückten zu führen, beruhigt man das Unglück des einen Teiles des Volkes durch das Unglück des andern, ja, man gibt sogar zu, daß die Schuld der Juden zum Heile des Vaterlandes notwendig sei. Doch es gibt kein Vaterland ohne Gerechtigkeit!

[...]
Herr Reichskanzler! Aus der Qual eines zerrissenen Herzens richte ich diese Worte an Sie, und es sind nicht die meinen, es ist die Stimme des Schicksals, die Sie aus meinem Munde mahnt: Schützen Sie Deutschland, indem Sie die Juden schützen. Lassen Sie sich nicht beirren durch die Männer, die mit Ihnen kämpfen! Sie sind schlecht beraten! Fragen Sie Ihr Gewissen wie in jener Stunde, da Sie vom Kriege heimkehrend inmitten einer entfesselten Welt allein den Weg Ihrer Kämpfe begannen. Immer ist es das Vorrecht großer Seelen gewesen, einen Irrtum einzugestehen. Wessen die Menge bedarf, ist ein sichtbares Zeichen. Führen Sie die Verstoßenen in ihre Ämter zurück, die Ärzte in ihre Krankenhäuser, die Richter auf das Gericht, verschließen Sie den Kindern nicht länger die Schulen, heilen Sie die bekümmerten Herzen der Mütter, und das ganze Volk wird es Ihnen danken. Denn wenn Deutschland auch vielleicht die Juden zu entbehren vermag, was es nicht entbehren kann, sind seine Ehre und seine Tugend!

»Es gibt nur einen wahren Glauben«, ruft der weise Immanuel Kant aus der Gruft seines hundertjährigen Grabes Ihnen zu, »wenn es auch verschiedene Bekenntnisse geben mag.« Folgen Sie dieser Lehre, die Ihnen auch das Verstehen jener offenbaren wird, die Sie heute bekämpfen. Was wäre ein Deutschland ohne Wahrheit, Schönheit und Gerechtigkeit? Zwar wenn einmal die Städte zertrümmert liegen, die Geschlechter verbluten, wenn die Worte der Duldsamkeit für immer verstummten, werden die Berge unserer Heimat noch zum Himmel trotzen und über ihnen die ewigen Wälder rauschen, aber sie werden nicht mehr von der Luft der Freiheit und Gerechtigkeit unserer Väter erfüllt sein. Mit Scham und Verachtung werden sie von den Geschlechtern künden, die nicht nur das Glück des Landes leichtfertig auf das Spiel setzten, sondern auch sein Andenken für immer geschändet haben. Wir wollen Würde, wenn wir Gerechtigkeit fordern. Ich beschwöre sie! Wahren Sie den Edelmut, den Stolz, das Gewissen, ohne die wir nicht leben können, wahren Sie die Würde des deutschen Volkes!

Der Lyriker und Reiseschriftsteller Armin T(heophil) Wegner (1886–1978) war als Sanitätsoffizier im Ersten Weltkrieg Zeuge des Völkermords an den Armeniern und richtete einen »Offenen Brief an den amerikanischen Präsidenten Woodrow Wilson« (1919). Nach dem Krieg lebte er gemeinsam mit seiner Lebensgefährtin Lola Landau von 1920–1925 in Neuglobsow (heute zu Stechlin). Eine Veröffentlichung von Wegners Protestbrief an Hitler in einer deutschen Zeitung erwies sich 1933 als nicht mehr möglich, deshalb sandte Wegner den Brief an das »Braune Haus« in München. Hitlers Kanzlei bestätigte den Empfang: »Das beigefügte, für den Führer bestimmte Schreiben [...] wird diesem vorgelegt werden«, unterzeichnet von Martin Bormann. Wegner wurde verhaftet und bis 1934 in verschiedenen Gefängnissen und Konzentrationslagern festgehalten. 1934 emigrierte er nach England, 1936 nach Palästina, 1937 nach Italien, wo er bis zuletzt lebte. Sein Sendschreiben, das hier in Auszügen abgedruckt ist, trug ursprünglich die Überschrift »Für Deutschland«.
Der vollständige Text des Schreibens erschien zuletzt 2001 im Peter Hammer Verlag, Wuppertal, unter dem Titel »Odyssee der Seele«.

Gertrud Kolmar

Trauriges Lied

Ich spielte gern im Gelock
Eines Knaben, der niemals war.
Blühn und Blau als mein Veilchenstock,
Unflügg und fern als mein Aar.

Er rückte in Dämmerung
Still neben mich auf die Bank:
»Mutter ...« und war so jung,
Und spät, wenn Düsternis sank,

Dann tat er die Arme um mich,
Lag zärtlich mir angeschmiegt,
Wie Morgen, goldroter Strich,
Ob der grauenden Wolke liegt,

Dann schwamm er im Schattensee,
Da ward ich sein tragendes Boot.
Auf Inseln in funkelndem Schnee
Aus Feldertiefen wuchs Brot.

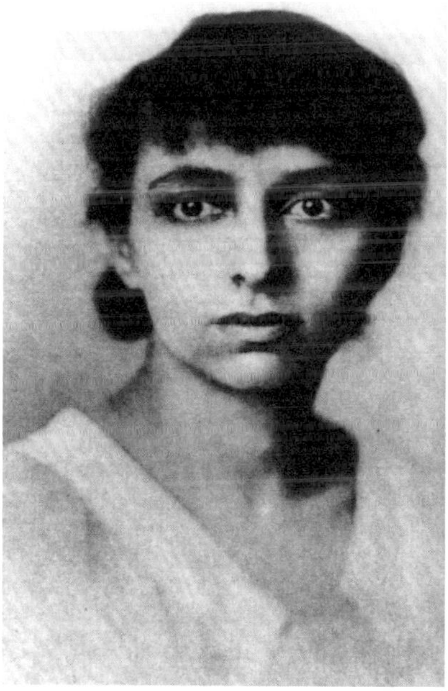

Gertrud Kolmar

Er ist nicht gewachsen; er blieb
– O du bräunliches Blumengesicht! –
Sah freundlich und hatte mich lieb,
Doch die Jahre liebten mich nicht,

Entschritten wie Räuber dem Fest,
Die Kram und Kammer geleert.
Und am Dach klebt ein frierendes Nest,
Dem der Vogel nie wiederkehrt.

Er kehrt nicht ... November tappt,
Ein hüstelnder Greis, durchs Moor,
Der Mahr im Giebelhorst schnappt
Kauzschrei und Fledermausohr.

Ich leuchte ihn fort vom Gebälk,
Und da ich den Spiegel schau,
Ist leise mein Antlitz welk
Wie das einer alten Frau.

Die Lyrikerin Gertrud Kolmar (eigentl. G. Chodziesner) (1894–1943) lebte mit Unterbrechungen seit 1923 bis zu ihrem erzwungenen Umzug nach Berlin 1938 in Finkenkrug (einem Ortsteil von Falkensee); sie wurde im März 1943 nach Auschwitz deportiert und ermordet.

Mina Witkojc

Ein sorbisches Lied

Bin ich nicht in fremdem Lande?
Hab ich hier noch Statt und Haus?
Schaue rings das Wohlbekannte,
aber alles schließt mich aus.

Grauer Dämmer schweigend lastet,
letzten Hauch verhält der Winde –
wie der Menschenhaufe hastet!
Was begab sich? Was beginnt?

Stimmen höre ich gleich Schatten,
vage noch und nicht mehr weit:
»Kommt, so laßt sie uns bestatten –
mit ihr ist es längst schon Zeit!«

Um mich her ganz aus der Nähe,
fallen Worte, laut und hart,
die ich wie im Traum verstehe –
bin ich lebend schon verscharrt?

Wehren will ich mich – doch nieder
Hält mich rohe Übermacht.
Weh, es steigt wie Trauerlieder
Schon aus meiner Seele Nacht!

»Und ein schöner Kranz dir werde
und Gedenken auf dem Stein!
Liegst du still erst in der Erde,
laden wir zur Feier ein.«

Sieh die Frauen, wie sie hasten!
Sieh, die Männer stehn im Rund!
Und da bringen sie den Kasten,
und sie schließen mir den Mund …

Aus dem Niedersorbischen von Kito Lorenc. – Die Erzählerin und Lyrikerin Mina Witkojc (1893–1975) verlebte ihre Kindheit in Burg im Spreewald. Sie erhielt 1933 Berufsverbot. Erst seit 1955 konnte sie als freischaffende Schriftstellerin tätig sein.

Reinhold Schneider

Potsdam und Doorn

Die Havelfischer fuhren aus der verhangenen Helle der Seen und stillen Gewässer auf dem Kanal in die Stadt; sie brachten Aale und Krebse; in Herbstnächten prasselten die Kastanien auf die Kähne vor dem Fenster. An kalten Morgen stellten die dicht vermummten Fischerfrauen Öfchen unter ihre Hocker. Und dann kamen doch noch Tage, an denen die weiten Wiesenflächen der Parks, die Bäume ihre Verklärung feierten. Aber das Schönste war das Erwachen der Gewässer im Februar, das sichtbar-unsichtbare Leben im Schilf und das schwerfällige Aufflügeln der Schwäne, die, einander überfliegend, sich über die Stadt schwangen, von See zu See. Oft widerstrebte mir die Landschaft; die Kieferngehölze wurden für mich nicht zum Wald; die schwermütige Eintönigkeit der Linien bedrückte mich: sie prägte sich mir doch ein. Der Exerzierplatz ergriff mich immer wieder als Geburtsstätte einer Macht. Paretz draußen bedeutete das Gegenspiel: die Flucht eines Königs ins Idyll; dort war die Landschaft mild, fast heiter; über den strohgedeckten Dächern der breiten Dorfstraße, dem Dunkel des Friedhofs kreisten die Störche. Zwischen matten Tapeten im Schloß, wo Bänder, Kleider, Hüte knisternd verblichen, lebten Schatten. Ein Glück, ein fast unerlaubtes, hatte brennenden Schmerz hinterlassen.

In das Sirren der Schnaken, deren man sich noch unter dem Weihnachtsbaum erwehren mußte, zitterte das Glockenspiel: unerbittliches Maß der Zeit. Fest auf der Erde stand nur das Wenige, was vom Großen Kurfürsten geblieben war, ernste starke Formen, und was Friedrich Wilhelm gebaut hat: seine Kirchen am Eingang und Ausgang der Wasserstraßen, das holländische Viertel, fest zusammengeschlossen in Sauberkeit und Strenge und doch nicht ohne Behaglichkeit. Alles andere schien mir Spiel: kulissenhafte Paläste, wie Spiegelungen römischen Kupferstiche, ohne Volumen; alles war versucht und nichts ganz wirklich, alles blieb Experiment: die prunkhafte Repräsentation des Neuen Palais, die im unbetretenen Morgen traumhaft unter den Zweigen der blühenden Sommerlinde stand, chinesische, ägyptische, griechische, römische, frühchristliche, russische, byzantinische, gotische, englische Formen. War es nur »gemachte Herrlichkeit«, wie Storm sagte, der verdrossen zwei Jahre im holländischen Viertel gewohnt hat und die Sehnsucht nach Watt und verhangenem Meer nicht los wurde? War es nicht mehr: ruheloses Suchen nach Gehalt, Erproben immer anderer, untauglicher Werte, innere Unsicherheit einer Macht, gerade der strengsten Form?

Der Winter 32/33 war wie ein Fieber. Aus dem Untergeschoß scholl der vom Sender übertragene Lärm der Massenversammlungen herauf, peitschende Stimmen, unter denen das Ungetüm aufjauchzte: dann die eine, mit keiner anderer zu vergleichende Stimme, die unablässig lügend niemals log; denn in ihr sagte sich die heraufgärende Macht unverhüllt aus. Ich habe nie verstanden, daß Menschen sich der unsäglichen Qual, sie anzuhören, freiwillig aussetzten; daß sie fähig waren, mit ihr allein in einem Zimmer zu sein; daß Familien sich an den Tisch setzten unter dem monotonen, jede Gemeinschaft zersprengenden Gebrülle der Finsternis. Und doch ereignet sich keine Revolution, ohne daß die ausgeschleuderten Kräfte die ganze Ära durchdringen, das Klima verändern; ohne umfassende geistige Vorbereitung geschieht sie nicht. Ich gehöre nicht zu denen, die das Recht haben, diesen Zusammenhang mit den Schuld und Verderben heraufbeschwörenden oder doch sie ermöglichenden Ideen zu leugnen. Daß diese Stimme ihr Echo war, ihre Verwirklichung heraufführte und damit ihre Verkehrtheit erwies, wollte ich freilich nicht. Aber gerade dies empfand und empfinde ich als Gericht, ein Gericht, das noch keineswegs entsühnt. Denn Sühne kann nur ein Leben sein, ein ganzes Leben. Vorgänge, wie sie sich in diesem Winter anzeigten, da ich unter dem heraufquellenden Lärm in einer engen Dachstube mein Buch über die großen Hohenzollern schrieb, ereignen sich nicht ohne den Bruchteil eines Rechts: das Gefährlichste ist ja nicht das offenbare Unrecht, sondern die Splitter des Rechts, die auf allen Straßen liegen; sie werden von Verbrechern aufgelesen und zu Werkzeugen unaustilgbarer Untaten gemacht. Anzuklagen ist in einem jeden Falle zuerst der Geist, dann erst das Volk; denn es ist dem Geiste ausgeliefert, ohne es zu wissen und zu wollen; auch das natürlichste und das brutalste Interesse setzt sich nicht durch, ohne den Geist zu beanspruchen und zu vergewaltigen oder von ihm sich entflammen zu lassen. Es darf kein Gedanke gedacht, keine Entdeckung gemacht werden, ohne daß sich der Urheber der Verwirklichung in ihrer äußersten Folgerichtigkeit stellt. Auf die Frage nach der Schuld gibt nur das Gewissen Antwort: kein Spruch der Staatsmänner und Moraltheologen. Ein Moraltheologe sagte mir, nachdem die Katastrophe sich ausgetobt hatte: wir seien des Schuldbekenntnisses enthoben, seit unsere »Feinde« dieses Bekenntnis zum Werkzeug der Unterdrückung machten. Eben diese Auffassung bekämpfe ich. Keine Schuld legitimiert Schuld. Und ebensowenig absolviert eine geistliche oder weltliche Instanz vom Bekenntnis. Aber selbst wer von seinem Gewissen losgesprochen wird, bleibt im Zusammenhang des Geistes, des Volkes, der Menschheit, der Zeit. Er muß ihre Schuld tragen. Ich kann nichts erleiden, was ich nicht verdient habe. Und es kann kein Unrecht an mir geschehen, das, in anderer Perspektive, nicht Recht ist.

Das Kommende zeigte sich unmißverständlich an. Ich war in den stillen Gartenhof einer Villa umgezogen; die Wohnung gehörte einer jüdischen Dame. Sie hatte früher mit dem Hausbesitzer freundschaftlich verkehrt. Ich weiß nicht, was inzwischen im einzelnen vorgefallen war. Eines Tages tobte der Hausbesitzer – ein wohlgekleideter Mann, den man zu den »oberen Ständen« rechnen mußte – vielleicht eine Viertelstunde wie ein Betrunkener an der Tür. Die Dame mußte die Wohnung aufgeben. Ich habe sie später noch einmal in ihrer Zuflucht über dem Kanal, nahe der Heilig-Geist-Kirche besucht. Wie sollte ich im Zweifel sein über den Abgrund, in dem sie verschwand? In einer Wohnung am Charlottenburger Bahnhof berichtete Rudolf Pechel einem kleinen Freundeskreis von Dachau: für mich die erste unabweisbare Nachricht. Es war der 30. Januar 34, eine ungewöhnlich milde Nacht. Die Fenster der hochgelegenen Zimmer waren geöffnet. Aus allen Straßen schollen die Marschtritte und dröhnenden Stimmen der Kolonnen herauf, die den ersten

Jahrestag ihres verwirrten Reiches feierten. Mein Potsdamer Buchhändler erzählte mir, General Schleicher habe ihn nach guter Literatur gefragt. Dann müsse er auf die Leiter steigen. Auf den Tischen und den unteren Regalen sei sie nicht mehr zu finden. Schleicher sei darauf eingegangen, aber, so sagte er offen, lange werde es nicht mehr dauern. Die Erwartung nahen Umsturzes war allgemein; auf Berchtesgaden wurde ›von Gottes Gnaden‹ gereimt. – Ein jüdischer Amtsgerichtsrat, mit dem mich ein Freund bekannt gemacht hatte, wohnte Schleicher gegenüber an dem stillen Weg zum Griebnitz-See; seine Frau sah, als sie auf der Terrasse saß, die Mörder eindringen in Schleichers Villa; sie hörte die Schüsse ... Aber ich kannte nur zu viele Menschen, die sie nicht hatten hören wollen.

[...]
Cecilienhof. Die Rehe schweiften durch den aus dem Neuen Garten herausgeschnittenen Besitz des Kronprinzen am Havelufer. Einige Tage zuvor war Spengler dagewesen; er muß aus intimen Münchener Erfahrungen und Einsichten Niederschmetterndes gesagt haben: jedenfalls die klare Wahrheit, daß wir von Verbrechern beherrscht wurden. Die Herrschaften waren freundlich, nachsichtig gegenüber meiner gänzlichen Unerfahrenheit im Zeremoniell. Ich teilte und teile die üblichen Urteile nicht. Was liegt schon an Urteilen! Von »mörderischen Urteilen« spricht Tauler. Es geht um Einschätzungen, um unser Verhältnis zu Werten, um Nähe oder Distanz. Offen erwartete man, daß ich die von Spengler zurückgelassene Düsternis zerstreuen werde. Das konnte ich nicht. In der nach englischem Vorbilde gebauten großen Halle, die sich über den zerstreuten Stehlampen ins Dämmer verlor, rief mich der Kronprinz auf das Sofa in der Nische. Auf der andern Seite saß ein mit dem Pour le mérite geschmückter Reitergeneral, der den Hausherrn nur mit »Kaiser« anredete und die Erfahrungen des letzten Jahres in dem bekannten Spruch zusammenfaßte: »Wir sind aus dem Regen unter gänzlicher Umgehung der Traufe direkt in die Sch [...] gekommen.« Der Kronprinz litt schwer unter dem Unverzeihlichen, daß er zur Parade auf dem Tempelhofer Feld die »komischen Hosen«, die braunen, angezogen hatte und an dem Oberkellner Ernst vorbeidefiliert war. Aber er hatte, etwa um dieselbe Zeit, eine Unterredung mit Hitler, wohl die letzte: in ihr legte er ihm drei Mißgriffe vor: den Bruch mit Österreich, die Verfolgung der Juden und der Kirche; diese Vorstellungen wurden in dem bekannten, nicht aufzuhaltenden Reden- und Phrasenschwall ertränkt. Von Schleicher, mit dem er bei Borchardt Blutsbrüderschaft getrunken hatte, fühlte sich der Kronprinz nach dessen Kanzlerschaft verraten. Er meinte, wenn jetzt (Sommer 33) das deutsche Volk befragt würde, so würden sich dreiviertel für die Monarchie entscheiden; mir schien es übertrieben, aber für Preußen traf es vielleicht zu. In Bayern war die ernsteste Bewegung schon 32, und zwar gerade an Katholiken gescheitert.

Reinhold Schneider (1903–1958) lebte 1932–1937 in Potsdam. Hier entstand u.a. das von ihm erwähnte Buch »Die Hohenzollern. Tragik und Königtum«, 1933. Das Erinnerungsbuch »Verhüllter Tag«, dem der hier abgedruckte Abschnitt entstammt, erschien erstmals 1954.

Hermann Maaß

Brief an Eva Maaß

Drögen i. M. In Haft am 12.8.1944

Meine Eva,
wenn ich Dir schreibe, so wende ich mich durch Dich auch an jene, die uns nahestanden und denen Du etwas von meinem Schicksal anvertrauen möchtest.

Es war für mich vorgestern ein Sturz aus einer Hoffnung der Freilassung in einen Abgrund vom Empfinden, als ich hierher gebracht wurde. Die Einsamkeit tut mir wohl. So kann ich mich innerlich sammeln und klären. Ich will versuchen, es schlicht und einfach, demütig und mit einem liebevollen Herzen zu tun. Mein Leben liegt hinter mir. Der Tod steht vor mir. So ist meine Lage, an der ich nicht drehe und deutle. Trotz aller verständlicherweise aufwallender Gefühle Dir und den Kindern gegenüber bin ich ruhig und gelassen, habe zwischendurch sogar Muße, mich an dem teilweise echten Humor des mir belassenen Hamburger Romans zu erfreuen.

An der Wende, an der ich jetzt stehe, muß ich zunächst einiges zu meiner Vergangenheit sagen, was durch den tödlichen Ernst meiner Lage etwas wiegen mag. Ich danke meinen Eltern für alles, was sie für mich getan haben. Ich danke vor allem Dir, mein Weib, für Deine unerschöpfliche, stetige Liebe und Treue, und ich danke ebenso allen meinen Kindern, von denen ich weiß, wie sehr sie mich lieben.

Ich bin in vielem sehr menschlich gewesen, in vielem auch ungerecht und sündig. Mögen mir diese menschlichen Unvollkommenheiten und Gebrechen verziehen werden. Ich verzeihe allen Menschen, was sie gegen mich getan haben.

Seit meiner Jugend waren für mich allgemeine, gültige, menschliche Liebe, Gerechtigkeit und der Einsatz für eine wohlgeordnete Gemeinschaft, die auch vor Gott bestehen kann, die treibenden Kräfte, die mich über die Familie und den Beruf hinaus zum Einsatz für Volk, Staat und Gesellschaft drängten. Die Funktion, die Leistung auf Grund seiner Gaben zugunsten Dritter, war mir dabei stets mehr wert als irgendein Eigennutz. Nie war ich um des Amtes oder einer Stellung wegen bereit, es zu übernehmen, sondern um der Leistung willen. Dieses war die mein Wesen formende und bestimmende Kraft.

Die zweite Kraft war mein Gottesglaube. In meiner Jugend – örtlich begrenzt wie der Blitzstrahl, der auf Saulus niederfuhr – kam es wie eine Erleuchtung über mich, daß es ohne Konfession und Dogma, sondern still und groß wie alles in der Schöpfung, im Menschen fühlbare, wahrnehmbare Verbundenheit zwischen ihm und Gott, eine Einigkeit mit Ihm gibt, daß es wirklich eine umfassende, wiederum schlichte und undogmatische Menschheitsliebe gab und gibt; seit jener Zeit hat mich diese Kraft ebenfalls stetig geformt und geführt. Ich hoffe, sie bleibt mir bis zum letzten Atemzug erhalten.

Ich hielte meine Selbsterkenntnis nicht für vollständig, wenn die geistige, mein Wesen bestimmende Kraft (die beiden ersten Kräfte kommen vom Herzen) nicht erwähnt würde, nämlich das mir eigentümliche Denken, Schauen und Suchen nach dem letzten Kern der Dinge. Die stille Größe und heitere Erhabenheit als geistige Form und seelischer Inhalt wurden früh die Ziele meines geistigen Willens. Erst in den letzten Jahren trat hierzu ein neuer tiefgründiger Zug, der um die Doppelnatur alles Irdischen wußte, zu gleicher Zeit real existent wie als immanente Existenz Gottes irreal zu sein. Um es beispielsweise deutlicher zu sagen: Das Selbstbildnis da Vincis wie vor allem jede große Musik lassen diese Doppelnatur erkennen, die zugleich faßlich und unfaßlich nahe und weit entfernt ist.

Ich habe zuweilen gezweifelt, ob das Politische oder Staatsmännische ganz das treffen könnte, was ich als Erfüllung meines Wesens suchte. Das Machtmäßige hat nie magnetisch auf mich gewirkt, denn ich wußte um seine Vergänglichkeit. Was ich immer wieder als meine persönlichste Aufgabe fühlte, der ich mich auch in diesen Stunden nicht entsagen kann, ist die Mitschöpfung eines neuen, unserem Zeitalter gemäßen, umfassenden Ethos, das die kleinen und großen Gemeinschaften durchdringt und die menschlichen Unzulänglichkeiten kennt und die tausenderlei persönlichen und gruppenmäßigen Egoismen zurückdrängt und überwindet.

Die Welt des 19. Jahrhunderts versinkt, mit ihr geistige Vorstellungen, die einst Macht besaßen. Geblieben sind Tatsachen, die nicht wieder rückgängig zu machen sind, sondern die auch aus einem neuen Denken neu geordnet und gestaltet werden müssen wie das immer noch nicht abgeschlossene Wachstum der Maschinenkraft und damit der Produktionstätigkeit, wie die Notwendigkeit, durch eine Steuerung der Konsumtion die Produktion vernünftig zu regeln, um nur einige von vielen Tatsachen zu nennen. Geblieben sind aber auch die großen Massen und ihre Städte. Geblieben ist aber auch die Tatsache, daß das Christentum keine allgemein gültige und wirkende geistige und seelische Macht mehr ist. Seine Ethik gilt nur noch subjektiv, wahlweise. Der »Christenmensch« als Sinn oder Ziel gilt nicht mehr allgemein.

Das neue Ethos muß wohl Elemente der alten, christlichen Kultur übernehmen, wie stets eine neue Kultur auf eine vorhergehende aufbaut; aber die neuen Elemente dieser entstehenden Kultur geben ihr die entscheidende Wendung zum Sozialismus. [...]

Als im Frühsommer 1933 in einem Kreise Gleichgesinnter von den Beteiligten übereinstimmend die Meinung geäußert wurde, der Nationalsozialismus werde aus wirtschaftlichen und allgemein politischen Gründen binnen eines Jahres seine Macht wieder abtreten müssen, erregte ich große Verwunderung und Ablehnung mit der Behauptung, daß daran nicht zu denken sei, daß der Nationalsozialismus seine Macht in den folgenden Jahren unauffällig, auch durch riesenhafte Aufrüstungen, steigern werde, daß etwa ab 1937 (hier hatte ich zu früh erwartet) ein neuer Weltkrieg ausbreche, durch den erst eine Entscheidung über den Bestand der nationalsozialistischen Macht heraufbeschworen würde. Daß ich mit dieser meiner Auffassung von meinen damaligen Bekannten nahezu ausgelacht wurde, war nicht verwunderlich. Diese Vorahnung von 1933 hat mich wie manche andere Vorahnung meines Lebens nicht wieder verlassen.

Einen Satz, den Adolf Hitler – meines Wissens gelegentlich einer Rede im Jahre 1933 – ausgesprochen hatte, erkannte ich sofort als wahr an und zog aus ihm die Konsequenz. Ich meine den Satz, daß der Nationalsozialismus niemals durch eine andere Gewalt überwunden werden könne, sondern nur durch eine höhere Idee. [...]

Mit der drohenden Kriegsgefahr von 1938 tauchten meine Vorahnungen von 1933 wieder stärker auf und verstärkten sich von Jahr zu Jahr. Du weißt bis zu einem gewissen Grade, was wir in unserem Betrieb praktisch gearbeitet und Einmaliges geleistet haben. Aber von Jahr zu Jahr wuchs in mir die Sorge, was geschähe und geschehen müsse, wenn trotz aller Kraftanstrengungen der Krieg für Deutschland, also doch auch für uns, verloren ginge und die feindlichen Mächte über uns herfielen. Für die Philosophie eines Palmström, daß nicht sein könne, was nicht sein darf, habe ich nie Verständnis gehabt. Aber ich bin davon überzeugt, daß ein Volkskörper ein Totalorganismus ist, der zu seiner Erhaltung gerade in Not und Gefahr vitale Abwehrkräfte als Werkzeuge neben den alten gegen die Gefahr mobilisiert, Werkzeuge, die nicht um ihrer selbst willen wirken, sondern um der Gesamtheit willen. Einen derartig vitalen Auftrag des Volkskörpers habe ich in mir gespürt, wenn ich – wirklich ohne jeden persönlichen Ehrgeiz – immer wieder und immer wieder überlegte, was in der ernstesten Stunde des Krieges geschehen müsse. Wenn eine Macht bricht, ist nicht eine neue Macht die größte Gefahr für das Volk, für unsere Existenz und Zukunft, sondern die größte Gefahr für das Volk, für unsere Existenz sind Chaos und jener Dilettantismus, der um einen egoistischen aber keinen – [das Folgende ist von der Zensur gestrichen, d. Hg.].

Ich habe versucht, mich zu erklären. Ich will und werde nicht versuchen, mich zu entschuldigen. Den Spruch über meine Handlung muß ich dem Gesetz und seinem Richter überlassen. Auch hier gilt, was ich manchmal sagte, damals noch nicht mit dem letzten Ernst, mit dem ich es jetzt sage: Jedes Urteil ist ein Urteil über den Angeklagten wie über den Richter. Ich werde mich dem Urteil nicht entziehen.

Ich weiß nicht, welche Frist zu leben mir noch beschieden ist. Nach jener dramatischen Nacht vorn 11. zum 12. August habe ich mich innerlich bereit gemacht, auch den Tod zu ertragen, wenn es nicht anders sein soll. Ich werde mir aber den Tod nicht selbst geben; das könnte ich nicht verantworten.

Einige menschliche und wohl verständliche Wünsche möchte ich hier einfügen:

Möge Dir das wenige Vermögen, das ich Dir hinterlassen kann, zugunsten unserer Kinder belassen bleiben. Du und die Kinder, Ihr seid gewiß unschuldig. Schuldig bin ich.

Mögest Du in Deiner Not Freunde und Helfer finden. Ich danke ihnen.

Sei tapfer und überwinde den Schmerz. Helft Euch gegenseitig, Du Frau, Ihr, Eltern, Ihr Kinder und Freunde. Der Geist, der uns menschlich verbindet, ist unsterblich und allgegenwärtig.

Wenn ich sterbe, denkt nicht an Rache; trachtet nach Liebe. Platon meinte zwar: »Nihil in rebus humanis magno studio dignum est.« Ich bin kein Nihilist. In den menschlichen Dingen ist vieles eines großen Eifers und noch mehr einer großen Liebe würdig. Das setze ich Platon entgegen.

Wenn ich auch zu allem mich innerlich bereit gemacht habe, so habe ich doch noch einen Lebenswunsch; Du, Eva, und Ihr Kinder Michael, Uta und Nele, Ihr kennt mich so weit, daß mein Wesen Euch begreiflich geworden ist. Aber Ihr noch kleinen Kinder, Wolfgang, Reinhard und Gerda, Euch bin ich eben erst, kaum oder noch gar nicht als Euer Vater bewußt geworden. Wenn ich auch nach einer Erlösung aus meinem gegenwärtigen Zustand verlange, so wäre ich um Euretwillen bereit, viele, viele Jahre im Kerker zuzubringen, um Euch dann und wann durch einen Brief etwas Freude in Euer schweres Leben bringen zu können.

Ihr Michael, Uta und Nele – haltet als Geschwister doppelt treu zueinander, zu Eurer Mutter und Euren jüngsten Geschwistern.

Du, Vater Hermann, und Du, Oma, verzagt nicht, helft Schmerz und Not lindern.

Vor allem aber erbitte ich kein Bedauern über mein Schicksal.

Dir, Eva, gelten meine letzten Worte und Gedanken! Ich danke Dir für Deine Liebe und Treue, für die sechs Kinder, mit denen Du unsere Ehe gesegnet hast. Ich wüßte nicht, wann Du mir jemals ernstlich Leid zugefügt hättest. Ich aber weiß, daß ich solches getan habe. Vergib mir meine Schuld. Verzweifle nicht. Du mußt jetzt Mutter und Vater in einem sein. Gott gebe Dir dazu die schier unmenschliche Kraft. Ich liebe Dich gottverbunden, so lange ich lebe.

In diesen Tagen der Einsamkeit und der inneren Läuterung bin ich gleichermaßen reif geworden zum Tode wie zu einem neuen Leben.

Ich beuge mich Gott in Demut
Dir und den Kindern in Liebe
Dein und Euer Hermann

Hermann Maaß (1897–1944), der wegen seiner Beteiligung am Umsturzversuch gegen Hitler am 8. August 1944 verhaftet wurde, hat lange Jahre mit seiner Familie in Potsdam gelebt. Den Brief an seine Ehefrau, in dem er die Motive seines Widerstands resümiert, schrieb er am 12.8.1944, acht Tage vor seiner Hinrichtung.

Albrecht Haushofer

Gefährten

Als ich in dumpfes Träumen heut versank,
sah ich die ganze Schar vorüberziehn:
Die Yorck und Moltke, Schulenburg, Schwerin,
die Hassel, Popitz, Helferich und Planck –

nicht einer, der des eignen Vorteils dachte,
nicht einer, der gefühlter Pflichten bar,
in Glanz und Macht, in tödlicher Gefahr,
nicht um des Volkes Leben sorgend wachte.

Den Weggefährten gilt ein langer Blick:
Sie hatten alle Geist und Rang und Namen,
die gleichen Ziels in diese Zellen kamen –

und ihrer aller wartete der Strick.
Es gibt wohl Zeiten, die der Irrsinn lenkt.
Dann sind's die besten Köpfe, die man henkt.

Albrecht Haushofer (1903–1945), Historiker, Geograph, Germanist, im Dritten Reich außenpolitischer Mitarbeiter von Heß und Ribbentrop, wurde wegen seiner Beteiligung an der Verschwörung gegen Hitler verhaftet und am 22./23. April 1945 zusammen mit anderen Häftlingen auf einem Trümmergrundstück erschossen. In Moabit begann er mit dem Schreiben von Sonetten, die er seinem gleichfalls inhaftierten, am 22. April entlassenen Bruder zuspielte. Eine Durchschrift wurde beim Leichnam Haushofers gefunden. Im Herbst 1945 erschien auf Veranlassung amerikanischer Offiziere ein Privatdruck, 1946 eine erste Gesamtausgabe der 80 Sonette.

Nun alles abgesunken

Hans Joachim Schoeps

Preußen

Nach dem Ende des von Deutschland verlorenen Zweiten Weltkrieges haben die siegreichen Alliierten durch einen skurrilen Beschluß ihres Kontrollrates vom 25. Februar 1947 Preußen nochmals aufgelöst und gesetzlich verboten. Die offizielle Begründung des Auflösungsbeschlusses, daß der Staat Preußen »seit jeher der Träger des Militarismus und der Reaktion in Deutschland« gewesen sei, verriet nur die ganze Ahnungslosigkeit beziehungsweise auch Böswilligkeit einer Welt, die den wirklichen Staat Preußen nicht mehr gekannt, nicht mehr verstanden hat oder nicht mehr verstehen wollte.

Das historische Preußen [...] ist ein Staat gewesen, der von oben her gegründet worden war durch das Staatsdienertum seiner Großen Könige und ihres Adels, durch die Armee und die Verwaltung seines Beamtentums. Sie haben mit der dynastischen Einheit die Grundlagen einer Staatsnation gelegt, die von Natur aus nicht vorhanden gewesen waren, aber sogar den Bestand der Monarchie überdauert haben, weshalb wir von einer »Nachgeschichte« Preußens sprechen konnten. Einzigartig war die Prägung eines besonderen geistigen Menschentypus, was in Deutschland immer ein seltenes Ereignis war. Hier liegt die eigentliche Faszination des Preußentums, die Unzulänglichkeit und Versagen, Irrtum und Schuld, von denen auch die Geschichte Preußens durchzogen ist, überdauern wird. Neben dem Dienstbegriff als einem überpersönlichen Ordnungsprinzip war einzigartig auch die Verbindung konservativer und liberaler Überzeugungen in diesem Rechtsstaat, der seit 1848 eine konstitutionelle Monarchie gewesen war. Die staatliche Führungsschicht hatte der landbesitzende Adel gestellt, dessen Söhne höhere Verwaltungsbeamte und Offiziere des Heeres geworden sind, die durch den Eid in einem gegenseitigen Treueverhältnis an ihren König geknüpft waren. Das Preußentum hat zu allen Zeiten ein fast unheimliches Janusgesicht besessen. Es ist zugleich nach vorwärts und nach rückwärts gewandt. Es ist verbissen reaktionär und fast bodenlos modern. Es ist pietistisch und aufgeklärt, patriarchalisch und industriell, legitimistisch und revolutionär. Man kann es mit dem selben Recht zur Vormacht der Tradition und zum Pionier des kühnsten Unternehmungsgeistes erklären.

Daß der Staat Preußen untergegangen ist, hat aber auch klar erkennbare Ursachen. In seiner überkommenen aristokratischen Form paßte er offensichtlich in das Zeitalter der Massenbewegungen und der Demokratien nicht mehr hinein. Was schon Radowitz nach 1848 erkannt hatte, daß die christliche Weihe der Kronen im Bewußtsein der modernen Massen erloschen sei, war an den Tag gekommen. Der Glaube an das »Königtum von Gottes Gnaden«, der die eigentliche Stütze des alten Rechtes und der alten Freiheit gewesen ist, war durch Ersatzinstitute nicht auszufüllen. Der Zeitgeist weht seither aus einer anderen Richtung. Die Anbietung des Zivilisationskomforts und der wirtschaftlichen Sicherheit ohne die freiwillige

Übernahme staatsbürgerlicher Pflichten stehen im Gegensatz zum Geist des Preußentums.

Heute, da der Preußische Staat von der Landkarte Europas verschwunden ist, vermögen wir erst die klassischen Tugenden dieses Staates gerecht zu würdigen: saubere Verwaltung, unbestechliches Beamtentum, korruptionsarme Wirtschaft, gerechte Justiz, relativ geringe Kriminalität und betonte Sparsamkeit. Weil dieser Militär- und Beamtenstaat vorzügliche Leistungen aufzuweisen hatte, ist aber häufig auch die Neigung seiner Bürger zur frag- und kritiklosen Unterordnung gefordert worden. Auch Gutes kann sich unheilvoll auswirken. Säbelrasselnde Militaristen sind gewiß auch in diesem Lande zeitweise vorgekommen, aber Preußen, das von allen modernen Staaten mit die wenigsten Kriege geführt hat, für die zentrale Brutstätte des Militarismus zu halten, ist eine geschichtsferne Legende. An allen zwischen 1701 und 1933 geführten Kriegen ist, wie man ausgerechnet hat, Frankreich mit 28%, England mit 23%, Rußland mit 21% und Preußen-Deutschland mit 8% beteiligt gewesen. Kein preußischer König kann auch nur von fern mit Ludwig XIV. oder Napoleon I. verglichen werden, manche wie Friedrich Wilhelm IV. waren eher zu skrupelhaft. Nicht zufällig höhnte z.B. die Londoner Times von 1860 und gab damit die »öffentliche Meinung« des damaligen Europa über Preußen wieder, daß dieses Land sich lieber auf Konferenzen vertreten lasse, als daß es sich danach dränge, auf den Schlachtfeldern Europas zu erscheinen. Dessen ungeachtet bedurfte aber auch und gerade dieses Land, ohne natürliche Grenzen im Herzen Europas, eines starken Heeres, aber auf den preußischen Kanonen stand die Inschrift: »Ultima ratio regis«, was heißen sollte: Der Waffengang ist der letzte Ausweg.

Selbstloser Dienst, Gelten durch Leistung, Bescheidenheit und Kargheit –, das alles wurde in Preußen großgeschrieben, Maßlosigkeit der Ansprüche und protziges Auftreten wurden instinktiv verabscheut. Heute wissen die meisten Deutschen nicht mehr, was ihnen wirklich zusteht. Aber bis 1933 hatten diese Wertmaßstäbe Geltung und bestimmten die innere Haltung vieler Menschen.

Preußen heute stellt in erster Linie ein Übersetzungsproblem dar. Preußen war der einzige deutsche Staat, der mehr als ein Staat war, mit dem sich eine Idee verknüpft hat, durch die Menschen gebunden wurden und vielleicht noch heute gebunden werden können. Überwindung der Massengesellschaft kann konkret nur heißen, daß Menschen auf ein Überindividuelles bezogen werden, durch das ihr Leben wieder Sinn erhält, daß die Menschen über sich hinausgehoben werden und daß die Herzen für eine Idee wieder höherschlagen können. Die preußische Idee hat nichts Rauschhaftes in sich, denn über dem Preußentum lacht nicht die Sonne des Südens, sondern es ist stets in die rauhe Luft der Pflichterfüllung eingetaucht gewesen. Über den preußischen Menschen steht der dauernde Zwang zur Leistung als harte sittliche Bewährungsprobe. Staatsdienst in Preußen war immer auch ein Stück Selbstverleugnung, aber das gehörte zur ›Idee‹ und wurde als sittliche Leistung angesehen. Derlei ist heute vollkommen unzeitgemäß – aber gefordert. Gerade die Unzeitgemäßheit ist paradoxerweise die größte Chance für Preußens Wiederkehr. Vielleicht wird man dies in der Zukunft klarer erkennen können. [...]

Das Datum, an dem das alte Preußen zum letzten Male sichtbar wurde, ist der 20. Juli 1944 gewesen, als im Endstadium des von Adolf Hitler entfesselten Zweiten Weltkrieges, der dem Deutschen Reich die Existenz gekostet hat, der preußische Adel zusammen mit den Arbeiterführern des Landes sich in letzter Stunde zum Aufstand gegen den Tyrannen entschloß. Es war dies ein letzter Ausklang der sittlichen Idee dieses Staates. Die Männer der Widerstandsbewegung gegen den Nationalsozialismus – Offiziere, Beamte, Gewerkschaftsführer –, die des Glockenspielmotivs der Potsdamer Garnisonskirche halber aufstanden, sind die Blutzeugen des wirklichen Preußentums in unserer Generation geworden. Fast alle klangvollen Familiennamen Preußens finden sich im Register der im Zuge der Hitlerschen Rachejustiz am Galgen Aufgehängten: Yorck und Moltke, Witzleben und Schulenburg, Schwerin und Stülpnagel, Dohna und Lehndorff und zahlreiche andere hoher und niederer Abkunft. Der Dichter Reinhold Schneider hat für das Ereignis des 20. Juli 1944 ergreifende Worte gefunden: »Die großen Zeichen löschen aus. Die Namen Moltke und Yorck zogen, noch einmal glorreich, durch den Feuerschein Ragnaröks ins Dunkel hinab, künftigem Rittertum die Bahn weisend. Das war noch einmal Preußen, aber nun Dienst der Entwaffneten, Glaube, Bekenntnis, Gewissen, stummes Opfer: Preußen jenseits des Ruhms. Adel ist nur noch Sein, nicht mehr Eigenschaft; er ist innerer Stand, nicht mehr Recht. Die letzte Form der Sichtbarkeit ist das umschleierte Leiden des königlichen Menschen«. Auch der letzte Wortführer des »Hauptvereins der preußischen Konservativen«, der durch die Jahre Weimars und des Hitlerreiches als ein Schattengebilde fortbestanden hatte, Ewald von Kleist-Schmenzin, fiel noch am 15. April 1945 einem Hitlerschen Mordkommando zum Opfer. Seine letzten Aufzeichnungen galten Ewigkeitsfragen, wozu der Mensch auf Erden leben soll. Nach dem 20. Juli 1944 sind ganze Geschlechter des preußischen Adels, die bekannte Träger des alten Staates waren, nahezu ausgerottet worden. Aber auch ihr aller Opfer ist wie so vieles in der Geschichte Preußens zu spät gekommen. Der Widerstand gegen den Nationalsozialismus, der 1933 ausgeblieben war, hat elf Jahre später ein Geschick, das schon verhängt war, nicht mehr abwenden können. Überhaupt: Schicksal und Schuld, Glanz und Versagen, helles Licht und dunkle Schatten liegen in der Geschichte dieses Staates näher beieinander als wohl sonst bei historischen Entwicklungen zu beobachten ist.

Hans-Joachim Schoeps (1909–1980), Gründer des »Vortrupp Gefolgschaft deutscher Juden« (1933–1934), emigrierte 1938 nach Schweden, kam 1946 nach Deutschland zurück und wirkte nach dem Krieg als Ordninarius für Religions und Geistesgeschichte und Herausgeber der »Zeitschrift für Religions- und Geistesgeschichte« in Erlangen.

Inge Müller

Potsdam

Da steh ich, Tochter von Preußen
Hab die Eltern nicht gekannt
Wer hat mich aufgezogen
Findling im märkischen Sand?

Eure Farbe feldgrau trag ich
Und das Blut ist noch immer rot
Und fließt unter Rauch und Eisen
Auf euch und gegen den Tod.

Das Schloß und die redliche Kirche
Aller Ruhm in den Galerien
Ein Museum vom Rhein bis zur Elbe
Berlin stirbt: laßt die Wache aufziehn!

Da steh ich Tochter von Preußen
Auf Knochenbergen und Staub
Gerettet das Erbe der Väter
Angeklagt wegen Mord und Raub.

Die Lyrikerin und Hörspielautorin Inge Müller (1926–1966) wurde in Berlin geboren und lebte 1951–1959 gemeinsam mit Heiner Müller (1929–1995) in Lehnitz bei Oranienburg.

Horst Krüger

Preußen persönlich. Kleine Heimatkunde

Vielleicht ist es gut, das vorweg zu sagen: Preußen ist für mich zunächst nicht das große Reizwort, das aus der Geschichte kommt. Ich denke zuerst nicht an den Staat, seine Politik, sein Militär, früher einmal. Es geht mir nicht diese hochkomplizierte, ganz offenbar tragische Rolle durch den Kopf, die dieser Emporkömmling unter den europäischen Fürstenhäusern in Deutschlands Vergangenheit spielte: vertrackte Problemfelder für Fachleute – mein Stoff nicht.

Bei mir muß man persönlicher, sinnlicher, bescheidener ansetzen. Autobiographisches spielt mit. Preußen ist für mich, der ich ziemlich genau seit der Auflösung dieses Staates 1947 in Westdeutschland lebe, etwas ganz anderes: der Raum meiner Jugend, ein Heimatbegriff, ein Gefühl von zu Hause. Da schwingt Kindheit und sehr viel Stallgeruch mit, also tief Emotionales. Schon in den sechziger Jahren, als dies noch höchst unschicklich, beinah peinlich war, schrieb ich: Natürlich, ich bin ein Preuße – was sonst? Heute kann man es ja sagen.

Ich wurde in Deutschlands bravster Kartoffelregion, also in Magdeburg, geboren: 1919, auch ein bedenkliches Jahr unserer Geschichte. In Berlin wuchs ich auf. In Werder lag das Landschulheim unseres Grunewald-Gymnasiums. Dorthin fuhr man zur Baumblüte, zu ersten, noch etwas verschämten Obstweingelagen. In den Sommerferien reisten wir von Berlin aus mit der Familie in die Provinz zu den Großeltern: entweder nach Buckow in der Märkischen Schweiz oder nach Neuzelle, dem alten, herrlichen Zisterzienserkloster ganz nah an der Oder. Dort bei Grünberg, das heute polnisch ist, also Zielona Góra heißt, besaßen meine Großeltern Weinberge. Europas sauberster Saft wurde hier gekeltert. Preußische Kindheit in heißen Augustwochen auch in Pommern, in Zinnowitz oder Kolberg am Ostseestrand. Zum erstenmal hörte ich das Meer rauschen. Wir nannten das damals »Sommerfrische«. Es war kurz vor Hitler.

Etwas später, als Halbwüchsiger, dann die ersten Erkundungen auf eigene Faust. Ich fuhr mit meinem Fahrrad von Eichkamp über Pichelsdorf nach Staaken hinaus, hinaus in die Mark Brandenburg: Kiefern, Föhren, verkrüppelte Eichen, Sand, die blasse Havellandschaft mit ihrem meist grauen und irgendwie gottlosen Himmel darüber. Peter Huchel hat diese Landschaft in Verse gefaßt. Ich fuhr über Dorfstraßen mit uraltem Kopfsteinpflaster. Ich sah all die mickrigen Kätnerhäuser mit ihren langgestreckten Gärten, in denen in strammer Reihe Kohlrabi, Salatköpfe und Radieschen standen. Hoch über dem grünen Holzzaun aber leuchteten jene gelben, mannshohen Sonnenblumen, die aus Rußland kommen.

Ich denke weiter an all die spitzen, kalten Kirchen in rotbraunem Klinkerbaustil, die entfernt an Kasernen erinnern, auf jeden Fall aber sehr evangelisch sind. Karg und fast immer zugeschlossen, gottlob. Ich denke an lichte Birken, die hellgrün stehen, und an Trauerweiden, die tief hängen in das schlappe Wasser der Havelseen. Ist das nicht der Osten, sehr polnisch schon? Das ist mir jedenfalls Preußen zutiefst: Erde, ein Landschaftserlebnis, ein Naturgefühl – schöne Melancholie, östlich. Etwas zum Fühlen, Schmecken, Sehen, Abfassen. Etwas sehr Frühes ist Preußen für mich.

Das Preußen zum Schmecken zum Beispiel. Vielleicht sind es wirklich nur noch Erinnerungen? Denn natürlich speist man heute in Berlin genauso italienisch, jugoslawisch oder chinesisch wie überall. Die Küche meiner Kindheit aber war preußisch: also Salzkartoffeln mit Wirsingkohl, Buletten mit viel Soße dazu. Hinterher gab es einen Griespudding, der Flammerie hieß. Ich weiß nicht, warum. Eisbein mit Erbsenpüree war fast ein festliches Essen, so um Weihnachten herum. Am Sonnabend (kein Preuße sagt Samstag) ging es bei uns jedoch eher spartanisch zu. Es gab Eintopf: Graupen mit Speck oder Hirsesuppe mit Hühnerklein. Köstlichkeiten, die niemand mehr kennt auf den Speisenkarten der Welt. Auf einer Reise durch Ostpreußen, also durch das heutige Polen, fand ich noch diese Küche, die man wohl stramm und deftig nennen muß. Kein süßes Geschlecker. Es fehlt jedes Raffinement für Gaumen und Zunge. Aber man hat etwas Solides zum Beißen zwischen den Zähnen. Man spürt, was man schluckt. Dazu gehört Bier, ein Korn hinterher.

Was mir weiter zum Thema Preußen einfällt? Ich hoffe, die Autoritäten zur Sache, all die Historiker, Staatsrechtler und Politologen, werden es mir nicht verübeln, wenn ich als Berliner Kind und Betroffener sage: Aschinger zum Beispiel – das fällt mir jetzt ein. Ach, unvergeßlich. Als Student ging ich immer zu Aschinger, meistens am S-Bahnhof Friedrichstraße, um Löffelerbsen mit Speck zu essen. Das kostete damals 45 Pfennige, eine ganze Terrine voll, und dazu gab es gratis jene winzigen Brötchen, die frisch und knusprig in geflochtenen Körben auf allen Tischen waren: massenhaft, unbegrenzt.

Ich behaupte, ganze Generationen preußischer Studenten haben sich so durchgefuttert. Man sollte einmal eine Sozialgeschichte dieser beliebtesten Restaurationskette von Berlin damals schreiben. Aus diesem Stoff wäre viel rauszuholen über die Lebenswirklichkeit dieses Staates. Der Unternehmer Aschinger soll ein Bayer gewesen sein, der nach Berlin kam. Aschinger war trotzdem Preußen oral original, also zum Schmecken. Und natürlich, es ist nur sinnvoll: Aschinger ist mit Preußen, wenig später, denn auch zugrunde gegangen. Seltsam, daß die DDR nie auf HO-Gaststätte Aschinger kam. Warum nicht? Die reklamieren doch sonst alles für sich, von Luther bis Friedrich.

Weiter: das Preußen zum Sehen. Ich meine jetzt die Häuser, die Straßen, die Stadtplanung früher einmal. Es steht alles so kerzengerade, so sauber und rechtwinklig da. Große Durchbrüche, klare Perspektiven. Keine barocken Schwünge und süddeutsche Verwinkeltheit im Labyrinth der Gassen. Diese helle, aufgeklärte Stadtarchitektur: bürgerlicher Rationalismus, der einmal aus Frankreich kam mit den Hugenotten.

Es liegt eine historische Landkarte vor mir, die ich kürzlich in Potsdam kaufte. Manchmal erwischt man so etwas in der DDR. Ein Glücksfall, sagte die Verkäuferin in dem Potsdamer Laden. Wir haben nur wenige Blätter. Sie hatte sehr recht.

Es ist ein »Grundriß von Berlin – Gezeichnet von W. von Möllendorf im Jahr 1825 – in Stein graviert von Schwartzkopff und Voss«. Da kann man die strenge Rationalität vor allem der Friedrichstadt schon damals genau studieren. Und wer Sinn für die Ironie der Geschichte hat, kann sogar auf diesem Dokument des frühen 19. Jahrhunderts den Verlauf der Berliner Mauer heute klar eingezeichnet sehen: warum zum Beispiel die Mauer sich mitten im Herzen der Stadt exakt zwischen der Kochstraße (West) und der damaligen Zimmerstraße (Ost) entlangziehen muß und wie sie sich dann vom alten Leipziger Platz hoch zum Pariser Platz, also zum Brandenburger Tor, zieht. Das sind nämlich exakt die historischen Berliner Bezirksgrenzen. Nur hießen sie nicht »Bezirke«. Sie hießen auf meiner Karte »Polizei-Reviere«. Wir sind also wieder in Preußen. Das preußische Berlin von damals, das ja wenig mit dem Großberlin der zwanziger Jahre zu tun hat, bestand aus 22 Revieren. Sie reichten vom »1. Rev. Alt-Cöln« bis zum »22. Rev. Rosenthaler Vorstadt«. Soviel zum Thema preußische Ordnung. Alles zum Sehen und Ablesen auf meiner Karte.

Und heute? Heute noch ist es auf Grund dieser Ordnung für den Autofahrer leicht, sich zu orientieren. Man muß sich in Berlin nicht verirren, auch nicht als Fremder. Man kann von der Heerstraße oben bis zum Brandenburger Tor sozusagen in einem Zug durchfahren. Und drüben, hinter der Mauer, geht es dann so schnurgerade weiter über den Alexanderplatz bis weit nach Treptow hinaus. Wie oft, wenn ich in Stuttgart oder Heidelberg oder bei mir hier in Frankfurt am Main im engen Labyrinth der Straßen steckenbleibe, als Autofahrer, denke ich an das saubere Fahrvergnügen in Berlin. Bitte sage ich mir, das haben einmal die vielgescholtenen Preußen konzipiert, und zwar zu einer Zeit, als man sich hier noch biedermeierlich brav zu Fuß, hoch zu Roß und mit Pferdekutschen voranbewegte.

Ich müßte jetzt Loblieder auf zwei Straßen beginnen, wie sie so urban und repräsentativ eben nur Preußen hervorgebracht hat. Ich könnte im Westen den Kurfürstendamm erwähnen, den einzigen, wirklich gelungenen Boulevard in Deutschland. Was ist ein Boulevard? Eine schöne, lockende Straße der Geselligkeit. Man läuft da nicht einfach durch, sondern flaniert. Man trifft sich, kehrt irgendwo ein, sieht dann weiter. Es macht einfach Spaß, sich hier aufzuhalten, gesellig.

Nun ja, so ganz stimmt das in letzter Zeit nicht mehr. Es gehört zum Bild der zerbröselnden Weststadt, daß die vornehme Eleganz dieser Straße eigentlich nur noch ein Gerücht ist – für Touristen. Ein Hauch von Balkan liegt darüber, ein Rüchlein von Protest zieht durch die feine Straße. Manchmal klirrt und knallt es hier ganz rabiat. Die Revolution tobt. Das kommt davon, daß es Preußen nicht mehr gibt als Staat, sage ich. Die Preußen hätten das nicht geduldet. Wer weiß eigentlich, daß die Berliner diesen Boulevard Bismarck verdanken? Ursprünglich war der »Kudamm«, wie man heute salopp-respektlos sagt, nämlich nichts als ein Reitweg des Großen Kurfürsten, den der Eiserne Kanzler vom Regierungsviertel in Berlin-Mitte nach Grunewald dann ausbauen ließ. So steigt eine Straße auf. So geht sie darnieder. Preußen ist tot. Ich sehe das – hier.

Natürlich muß ich jetzt auch von Berlins Prachtstraße »Unter den Linden« reden. Sie ist für mich immer noch das eine, vollkommene Denkmal des untergegangenen

Staats. Was immer man gegen den Neuaufbau der Städte in der DDR sagen kann – man kann da eigentlich nur Klage führen: schon die Leipziger Straße nebenan ist eine monströse Katastrophe –, dieses Glanzstück preußischer Macht haben sie gut renoviert. Sie haben, mit vielen Ausnahmen natürlich, die alten »Linden« exakt und sehr stilecht reproduziert. Es sieht fast wie früher aus, jedenfalls wenn die Dunkelheit eingebrochen ist, etwas verschönend. Diese Faustpfänder der Macht haben sie sich viel kosten lassen. Ich meine: sie wissen schon, was sie tun: politisch, historisch. Nur wer die Vergangenheit hat, hat auch die Zukunft in seinem Griff.

Ich stelle mir vor: Da kommt ein Besucher aus Rio oder Zentralafrika, aus China oder auch nur aus Stuttgart-Böblingen und fragt nach Preußen: Geist und Gestalt. Was das denn eigentlich war, von dem jetzt so viel geredet werde? Statt dicker Bücher und langer Vorträge rate ich: Geht mit ihm drüben diese kurze Strecke vom Brandenburger Tor bis zum Dom. Das sind nur eineinhalb Kilometer. Ganz Preußen ist hier zu einem Ensemble zusammengetreten. Zeigt ihm die Staatsbibliothek und das Alte Palais, die Humboldt-Universität und das Zeughaus, die Staatsoper von Knobelsdorff und dahinter die Hedwigs-Kathedrale, Friedrichs Vision vom Pantheon in Rom: Das ist die erste Antwort. Klassizistische Strenge, ein Sinn für Maß und Form, also Harmonie, die man vollendet schön nennen muß.

Die zweite Antwort ist etwas verzwickter. Es ist 14.30 Uhr, also Wachablösung vor diesem kleinen, schönsten Bauwerk von Schinkel, bei dem ich immer nicht weiß, ob es nun »Neue Wache« oder »Alte Wache« heißt. Es diente zu Ehren des Königs, des Kaisers, der Republik. Es diente unter Hindenburg den Gefallenen und unter Hitler den Nazis. Jetzt dient es den Kommunisten als »Mahnmal für die Opfer des Faschismus und Militarismus«. Man kann von einem echten Mehrzweckbau des deutschen Volkes sprechen. Mahnmale sind immer stumm. Was verschweigen sie alles?

Das Wichtigste kommt erst jetzt, das zum Anfassen. Ich meine die Menschen hier, meine Preußen. Sicher fehlt es ihnen an vielem: an französischer Grazie bestimmt. Mit Wiener Charme sind sie auch nicht begabt. Sicher sieht man in Rom edlere, in Lissabon schönere Köpfe. Dies hier ist blonde Mischrasse, viel Wendisches, Polnisches ist eingemischt. Straff und doch etwas teigig möchte ich ihr Äußeres nennen. Nicht sie haben den Staat, der Staat hat immer sie geformt. Ich liebe sie trotzdem, weil sie so fleißig, so zuverlässig sind. Sie können so ungemein direkt, bis zur Unhöflichkeit, sein. Ihre Pünktlichkeit ist berühmt.

Mein Vater war Preuße. Er diente im Kulturministerium, Unter den Linden: ein mittlerer Beamter. Ein Leben lang kam er immer mit der S-Bahn vom Dienst nach Hause, nach Eichkamp. Immer kam er mit dem Zug, 16.21 Uhr. Immer saß er im Raucherabteil zweiter Klasse. Immer hatte er eine Aktentasche mit Arbeit bei sich. Immer war er heiteren Gemüts. Er aß mit uns, er trank sein Bier, ging durch den Garten, beugte sich später wieder über seine Akten. Er war die Regelmäßigkeit und Treue in Person. Er tat das verläßlich, bis unser Haus und später dann ganz Berlin in Feuer, Schutt und Asche versanken. Er starb, nur von den amtlichen Lebensmittelkarten vegetierend, den Hungertod – 1945 im November. Er war nie ein Nazi, nur ein Preuße gewesen. Auch an ihn will ich erinnern, denk ich an diesen Staat.

Es soll nicht das letzte Wort sein. Wehleidigkeit und Selbstmitleid passen nicht ins Bild dieser Menschen. Sie sind eher trocken. Ihre Wachheit, ihre Schlagfertigkeit, ihr hellwacher Mutterwitz sind bekannt. Und ich? Ich bin ein Literat. Ich halte es mit dem Wort, also der Sprache. Ich kann also gar nicht schließen, ohne ihrer Sprache zu gedenken. Mager und gallig ist sie anzuhören. Es liegt etwas banal Nüchternes, etwas witzig Direktes in ihrem Tonfall, das mich heimisch anweht. Ich liebe vor allem das Berliner Mundwerk, das ja weit bis nach Pommern rauf und bis Frankfurt/Oder zu hören ist, in leichten, märkischen Abflachungen zum Plattdeutschen hin. Es ist ein Jargon, dem alles Aufgeblasene und Großartige zuwider ist. Sprache, die kritisch herunterholt, platt auf den Teppich bringt. Die Tatsachen, bitte – nun laß doch die Luft raus, komm auf den Boden, der eher dreckig ist –, zugegeben.

Das ist, meine ich, nicht Armut der Gefühle. Es ist – aber kann man das heute überhaupt noch sagen? – eine Art Keuschheit der Seele. Man kann das ganz oben in der Literatur haben, etwa in der Lyrik und Prosa Gottfried Benns. Man kann es in der mittleren Etage in den frechen, witzigen, manchmal müßte man fast sagen: rotzigen Feuilletons von Kurt Tucholsky haben, die einfach sitzen, wie genagelt. Man kann es aber auch an jeder Straßenecke von Groß-Berlin noch hören. Ost und West: im Berlinern blieb die Stadt ungeteilt, fest zusammen. Herrliche Schnoddrigkeit, mit leichten Untertönen von Melancholie. Gieß etwas Spott über deine Rührung. Zeig nicht, was du fühlst. Bleib kalt. Bewahre die Haltung – die Form ist der Inhalt.

Dieser Satz ist für mich Preußen zuletzt. Es ist ein stolzer, großer Satz, aber auch sehr gefährlich. Er ist mir der Schlüsselsatz für den ganzen Staat. Ich wiederhole ihn deshalb: Die Form ist der Inhalt. Damit wurde Preußen groß, nur durch Form, nur durch Zucht. Alles war Haltung. Daran ist es zugrunde gegangen, frühestens mit der Reichsgründung, spätestens unter Hitler. Es war nur noch Form da. Den Inhalt besorgten die Nazis. Es gab nur Pflicht und Gehorsam, selbst dem Bösen gegenüber: Entleertes Stilprinzip: Diese starren, versteinerten, eben entleerten Gesichter der preußischen Generalität, die dann den Zweiten Weltkrieg anführten – sie bezeugten das Ende. Das Ende ist immer das Nichts. Es war nichts mehr da – von Preußen. Ich sage: schade. Ich sage, wenn auch leiser: Gott sei Dank.

Horst Krüger (1919–1999) verbrachte seine Jugend in Berlin und studierte hier und bei Heidegger in Freiburg Philosophie. Im Herbst 1939 wurde er wegen seiner Kontakte zu einer vom Philosophen Ernst Niekisch aufgebauten Widerstandgruppe für vier Monate inhaftiert. Seit 1942 Soldat, desertierte er 1945 zur US-Armee. Nach dem Krieg arbeitete er als Literaturredakteur für den Südwestfunk und ließ sich 1967 als freier Schriftsteller in Frankfurt/Main nieder.

Eduard Claudius

Die Hoffnung in der Wirklichkeit

Auch hier, in dieser Stadt, die einmal Preußens Herz war, fand ich keinen rechten Kontakt zu meiner Umgebung. War ich bisher der Meinung gewesen, vieles im Verhältnis der Menschen zueinander im andern Teil Deutschlands, ihr Egoismus, ihre unverhüllte Ichsucht, ihre Bosheit, sei Ausdruck und Ergebnis nicht nur der Vergangenheit, sondern auch heutiger Verhältnisse, mußte ich hier spüren, daß alles viel tiefer lag. Kam man einem Menschen näher, konnte es geschehen, daß vieles hervorbrach, was man schon überwunden glaubte. Die Voraussetzungen zum Anderswerden hatten wir zwar geschaffen: Die Kriegsverbrecher waren enteignet, seit der Bodenreform war schon über ein Jahr vergangen, und mühselig wurde versucht, aus Trümmern und Schutt ein neues Leben aufzubauen. Aber was geschah hier in Potsdam?

Ich erinnere mich an einen läppischen, aber bezeichnenden Vorfall. In einer Straßenbahn fuhr ich der Stadt zu, und eine alte Dame stieg ein; obwohl ich sie wegen ihres hochmütigen Gesichts gern hätte stehen lassen, bot ich ihr doch meinen Platz an: Ohne zu danken, setzte sie sich, schnupperte plötzlich, sah indigniert an mir vorbei und sagte mit dünner Greisinnenstimme: »Diese Menschen ..., wie das hier nach Knoblauch riecht!«

Schon wochenlang gereizt durch viele Kleinigkeiten des täglichen Lebens, durch die Hetze nach Essen, durch nervöse, unfruchtbare Diskussionen, brachten mich ihr Ton, die Verachtung in ihren Augen in Wut. Irgendwo hatte ich einige Zehen Knoblauch erwischt, hatte am Morgen dicke Schnitten Brot damit belegt und alles für ein fürstliches Frühstück gehalten. An Spanien hatte ich mich dabei erinnert, mit Wehmut an den Abend nach dem Einmarsch in der Mailänder Universität gedacht, als wir zum erstenmal wieder gegessen hatten, wie es sich für Menschen geziemt.

Heftig fuhr ich das arme Weiblein an: »Sie können wohl diesen Hitler immer noch nicht vergessen, wie? Es wäre besser gewesen, Sie hätten Butterbrot mit Knoblauch gegessen, als es noch Zeit war. Aber Sie haben alles in die Kanonen gesteckt. Wem der Geruch nicht gefällt, kann ja aussteigen ...« Das arme Weiblein fiel wie aus allen Wolken. Erstarrt, mit ängstlichen Mausblicken versuchte sie bei den Umstehenden Hilfe zu finden. Aber niemand rührte sich. Es war, als hätten wir unser Gespräch im luftleeren Raum geführt und ich sei allein mit ihr in der Straßenbahn.

An der nächsten Haltestelle stieg sie aus, hastete über die Straße, sicherlich voller Angst vor einer Verhaftung oder Verschleppung. Ich sah noch, wie sie sich ängstlich umblickte und dann um eine Straßenecke verschwand.

Um den Mund eines Mannes neben mir zuckte ein Lächeln. Als ich seinen freundlichen Blick sah, fühlte ich mich wohler.

Der kommunistische Schriftsteller Eduard Claudius (1911–1976) wurde vor allem durch den Roman »Grüne Oliven und nackte Berge« bekannt, in dem er seine Erlebnisse aus dem Spanischen Bürgerkrieg verarbeitete. 1948 zog er nach Potsdam, wo er bis zu seinem Tod lebte.

Gottfried Benn

Teils-teils

In meinem Elternhaus hingen keine Gainsboroughs
wurde auch kein Chopin gespielt
ganz amusisches Gedankenleben
mein Vater war einmal im Theater gewesen
Anfang des Jahrhunderts
Wildenbruchs »Haubenlerche«
davon zehrten wir
das war alles.

Nun längst zu Ende
graue Herzen, graue Haare
der Garten in polnischem Besitz
die Gräber teils-teils
aber alle slawisch,
Oder-Neiße-Linie
für Sarginhalte ohne Belang
die Kinder denken an sie
die Gatten auch noch eine Weile
teils-teils
bis sie weitermüssen
Sela, Psalmenende.

Heute noch in einer Großstadtnacht
Caféterrasse
Sommersterne,
vom Nebentisch
Hotelqualitäten in Frankfurt
Vergleiche,
die Damen unbefriedigt
wenn die Sehnsucht Gewicht hätte
wöge jede drei Zentner.

Aber ein Fluidum! Heiße Nacht
à la Reiseprospekt und
die Ladies treten aus ihren Bildern:
unwahrscheinliche Beauties
langbeinig, hoher Wasserfall
über ihre Hingabe kann man sich gar nicht erlauben
nachzudenken.

Ehepaare fallen demgegenüber ab,
kommen nicht an, Bälle gehen ins Netz,
er raucht, sie dreht ihre Ringe
überhaupt nachdenkenswert
Verhältnis von Ehe und Mannesschaffen
Lähmung oder Hochbetrieb.

Fragen, Fragen! Erinnerungen in einer Sommernacht
hingeblinzelt, hingestrichen,
in meinem Elternhaus hingen keine Gainsboroughs
nun alles abgesunken
teils-teils das Ganze
Sela, Psalmenende.

Gottfried Benn (1886–1956) wurde als Sohn eines Pfarrers in Mansfeld (Prignitz) geboren und wuchs in Sellin in der Neumark (heute Zielin) auf. Das Gedicht wurde zuerst in der Zeitschrift »Merkur« VI, 9 (1954) veröffentlicht.

Gottfried Benn

Es ist ein Garten ...

Es ist ein Garten, den ich manchmal sehe
östlich der Oder, wo die Ebenen weit.
Ein Graben, eine Brücke, und ich stehe
an Fliederbüschen, blau und rauschbereit.

Es ist ein Knabe, dem ich manchmal trauere,
der sich am See in Schilf und Wogen ließ,
noch strömte nicht der Fluß, vor dem ich schauere,
der erst wie Glück und dann Vergessen hieß.

Es ist ein Spruch, dem oftmals ich gesonnen,
der alles sagt, da er dir nichts verheißt –
ich habe ihn auch in dies Buch versponnen,
er stand auf einem Grab: »tu sais« – du weißt.

Das Gedicht wurde als vierter Teil von »Epilog 1949« zuerst in dem Band »Trunkene Flut« (1949) veröffentlicht. Auf einem Typoskript aus dem Besitz seines Freundes F. W. Oelze findet sich das Gedicht als eines von »Vier Privatgedichte(n)«, die auf den »17 II 1949« datiert sind.
Beide Gedichte: Gottfried Benn, Sämtliche Gedichte, Klett Cotta, Stuttgart 1998

Bertolt Brecht

Böser Morgen

Die Silberpappel, eine ortsbekannte Schönheit
Heut eine alte Vettel. Der See
Eine Lache Abwaschwasser, nicht rühren!
Die Fuchsien unter dem Löwenmaul billig und eitel.
Warum?
Heut nacht im Traum sah ich Finger, auf mich deutend
Wie auf einen Aussätzigen. Sie waren zerarbeitet und
Sie waren gebrochen.
    Unwissende! schrie ich
Schuldbewußt.

Die »Eiserne Villa« in Buckow, Brechts Sommerdomizil seit 1952, Foto: Steffen Mühle

Bertolt Brecht

Vor acht Jahren

Da war eine Zeit
Da war alles hier anders.
Die Metzgerfrau weiß es.
Der Postbote hat einen zu aufrechten Gang.
Und was war der Elektriker?

Der Gedichtzyklus »Buckower Elegien« entstand unter dem Eindruck des Aufstands vom 17. Juni 1953 größtenteils im Juli/August 1953 in Buckow am Schermützelsee, wo Bertolt Brecht (1898–1956) ein Grundstück besaß. Bereits in Heft 6/1953 der Zeitschrift »Sinn und Form« erschienen sechs Gedichte aus dem Zyklus, allerdings noch ohne die Bezeichnung »Buckower Elegien«. Erstmals vollständig erschienen die Buckower Elegien gemeinsam mit der Sammlung »Gedichte im Exil« 1964 in Frankfurt/M.

Horst Bienek

Die Zelle

[...] anfangen mit dem anfang anfangen ganz von vorn anfangen immer wieder von vorn gleichgültig, wo ich auch anfange immer fange ich von vorn an alles ist Anfang und Beginn oder auch Mitte und Dazwischen oder auch Ende und Schluß, ich will darüber nicht streiten, ich kann es nicht aufhalten, irgendwann werde ich damit schon anfangen, mit dem Anfang, also warum nicht gleich, warum nicht jetzt, warum nicht schon gestern, warum nicht morgen, alles ist immer und zugleich, wenn ich mir noch so viel Mühe gebe, etwas fortzusetzen, was schon gestern da war – aber was ist gestern? –, so weiß ich doch, daß es jetzt noch immer ist und auch morgen sein wird – aber was ist morgen? –: ich habe mich auf den Strohsack geworfen, habe durch die Luke in der Tür eine Schüssel mit heißer Graupensuppe entgegengenommen, habe in den Kübel gepißt und meinen alten gewohnten Gang quer durch die Zelle aufgenommen, tausend Schritte oder zwanzigtausend oder hunderttausend, ich habe sie nicht gezählt, ich sage es nur so, einfach um eine Zahl zu nennen, eine Zahl die so etwas wie Unendlichkeit ausdrückt: und immer, wenn das geschah, war es als ob es zum ersten Mal oder zum zehntausendsten Mal geschähe; natürlich war ich mir sicher, daß ich schon früher ebenfalls die Suppenschüssel durch dieses kleine viereckige Loch in der eisernen Tür durchgereicht bekam, unter einem fürchterlichen Lärm übrigens, der mich jedesmal erschreckte, den ich nichtsdestoweniger seit Stunden erwartet hatte, natürlich wußte ich, daß ich mich schon hundert oder dreihundert Mal auf den Strohsack geworfen hatte, ich gebe zu, manchmal sogar aus Verzweiflung, natürlich, wußte ich genau, daß schon eine geraume Zeit vergangen sein mußte, seitdem ich zum letzten Mal den Deckel des Kübels abgehoben und mit einem schwachen Strahl hineingepißt hatte, mit geschlossenen Augen, immer mehr in die aufsteigenden Chlordämpfe hinein: das alles wußte ich, aber es lag weit zurück, weiter als es tatsächlich der Fall sein mag oder auch näher als es meinem Bewußtsein lieb ist, ich wußte manchmal nicht mehr, ob dies alles mir geschieht oder einem anderen in dieser Zelle hier, ob ich vielleicht Zeuge bin, Zuschauer ... zu wissen, ob Zeuge oder Täter, das würde mir helfen ... sie brachten mich eines Mittags in die Zelle, wie ich hergekommen war, wußte ich nicht mehr, aber ich wußte: es war gegen Mittag, das letzte Mal, als ich den Himmel sah, stand die Sonne ziemlich in der Mitte direkt über mir, wenn ich den Kopf zurückwarf, mir gegenüber, viel war nicht von ihr zu sehen, ein paar glühende Luftfetzen; daß sie mich ins Gefängnis schleppen würden, war mir klar, aber sie hätten sich die Handfesseln sparen können, ich bin ein alter Mann, ich hätte mich nicht gewehrt, ich hätte mir allerdings Fragen wie etwa: wobringenSiemichhin sparen können, sie antworteten nicht. Das Gefängnis war für mich keine Überraschung, ein großes Haus mit vergitterten Fenstern, Fenster, die mathematisch zueinander ausgerichtet waren, eines neben dem andern, durch graues Mauerwerk in immer den gleichen Abständen voneinander entfernt, das hatte ich schon mal gesehen, oft häufig überall nirgends; ich wußte jedenfalls wie ein Gefängnis von außen aussah, dafür sorgen schließlich die Filme, aber innen war es doch anders als ich es mir vorgestellt hatte; meine Vorstellung: breite, eiserne Treppen, auf denen die Holzpantinen der Häftlinge klapperten, über dem Treppenschacht weitgespannt Gitternetze, und im Viereck Hunderte von Stahltüren, die laut knallten, dazu in den Korridoren auf und ab patrouillierende Wärter, lassen wir das, ich wollte nur sagen, wie es war, ich lernte zu begreifen, daß der Mensch alle Dinge mit den Augen sieht, mit denen er sie sehen will, und nicht so, wie sie sind, lassen wir das; also: ich habe den Kübel – zum Beispiel – nie auf die gleiche Weise geöffnet, aber ich sage: ich habe den Kübel geöffnet, dabei tat ich es einmal mit der linken Hand, ein anderes Mal mit der rechten Hand, mal hob ich den Deckel ganz ab, streckte ihn weit von mir und pißte, mal legte ich ihn zuvor auf den Boden, mal schob ich ihn weg mit dem Fuß, mal faßte ich ihn mit beiden Händen an, ich will damit nur sagen, man kann alle Dinge auf vielerlei Weise tun, im Gedächtnis bleibt dann haften: er nahm den Deckel vom Kübel, aber weiter, wenn es nicht gegen die hier herrschende Ordnung verstößt, weiter, das Gefängnis sah aus wie ein Altersheim, nur war hier alles kleiner und enger, die Türen niedriger, die Korridore schmaler, die Wärter strenger, die Behandlung grausamer, die Befehle lauter, die Schläge heftiger, das Essen schlechter, nur gefilzt wird man überall; Messer zum Beispiel dürfen alte Leute nicht bei sich tragen, das hatte ich in einer Verordnung gelesen, als ich das Altersheim Zum grauen Kloster in Breslau besuchte, auch Pistolen waren nicht erlaubt, es gibt gerade bei Greisen eine Neigung zu Gewalttätigkeiten – vor allem aus Eifersucht, sie beschimpfen sich laut und unflätig, sie kratzen einander ins Gesicht, sie spucken sich gegenseitig an, sie versuchen auch richtige Faustkämpfe, aber es bleibt meistens bei Püffen und beim Haareausreißen, ich habe immer gedacht, die wären friedlich, die hättens hinter sich, nein, das ist ein großer Irrtum, aber was sollte das jetzt, ich war ja noch nicht so weit, ich hätte da wohl noch zehn Jahre Zeit gehabt ... das hier war jedenfalls kein Altersheim, sondern ein Gefängnis, mit uniformierten Wärtern, die ich nicht als grausam bezeichnen kann, obwohl ich es gern getan hätte, ich habe sie nämlich nicht richtig gesehen, ich meine nicht von Gesicht zu Gesicht, immer nur ein Stück Uniform, so schnell ging das, diese uniformierten Wärter jagten mich mit lauten Befehlen über die Korridore, über Treppen und neue Korridore, bis ich vor einer offenen Tür stand, von einer Uniform irgendwo hineingedrängt wurde, eine Tür fiel hinter mir zu: ich war in der Zelle. Ich sah mich um: ich befand mich wirklich in einer Zelle. Allein. Es gibt so etwas: ein Gefängnis, eine eiserne Tür, die hinter einem ins Schloß fällt, ein Wärter draußen; es könnte ein Traum sein oder ein Film, das war es aber nicht: es war meine Gegenwart. Ich sah mich um: über der Tür, in einer Nische in der Wand, ein Scheinwerfer, der die weiße Zelle noch weißer machte, das sah ich zuerst, doch wenn ich lange hinsah, sah ich nichts mehr, so scharf war das Licht; dann drehte ich mich um, jetzt sah ich eine Pritsche, darauf war ein Strohsack ausgebreitet, eine Schlafdecke, zusammengefaltet, am Fußende (oder war es das Kopfende?), in einer Ecke eine Kübeltonne. Ich lehnte mich an die Eisentür und sah drei Wände vor mir, weiß getünchte Wände, hinter mir die Eisentür, blau angemalt, vor mir ein schmales Fenster, das in eine der weißgetünchten Wände eingelassen war, man konnte nicht hindurchsehen, von außen war eine Holzblende vorgeschlagen, das bemerkte ich aber erst später, immerhin: das Fenster veränderte die Wand. Nachdem ich lange auf die Wände gestarrt hatte, entdeckte ich eingeritzte und aufgemalte Zeichen, und als ich ganz nahe herantrat – man hatte mir die Brille genommen – konnte ich sogar Buchstaben, Worte, Namen erkennen

[...]

das dringt auf mich ein, ich wehre mich, doch ich bin machtlos dagegen, ich habe es Alban erzählt, Alban hat es mir erzählt, ich Alban, Alban mir, vielleicht hat es damit angefangen, vielleicht, jetzt ist es gleichgültig geworden, jetzt fressen mich ohnehin die Furunkel bald auf, und wenn sie mich eines Tages nach unten zum Verhör schleppen, dann werden sie sich für andere Dinge interessieren, sie stellen fast immer die gleichen Fragen, Alban hat es mir durchgeklopft, er muß es wissen, sie fragen nach dem CIA, nach dem Secret Service, nach der KGU, nach der Organisation Gehlen, nach der Kufsteiner Straße, nach dem Ostbüro der SPD, ich werde ihnen darauf keine Antwort geben können, ich weiß nicht viel; in der Schule waren Westzeitungen gefunden worden, Ausgaben des Telegraf, auf Luftpostpapier gedruckt, im Kleinformat, aber gut lesbar, Sonderdrucke aus dem Monat mit den Reden vom Kongreß, wenn sie das nicht schon dem vor mir verhafteten Geschichts-Rüdiger zur Last gelegt haben, werden sie mich damit belasten; in der Schulbibliothek gab es zwei Ausgaben der Kumiaks von Marchwitza, eine hatte einen fingierten Einband und enthielt in Wirklichkeit die Sonnenfinsternis, nach der Leseliste wurde dieser Band einhundertfünfunddreißigmal ausgeliehen, die echten Kumiaks hingegen nur siebenmal, das Ministerium schickte eine Kommission, es mußte öffentlich Kritik und Selbstkritik geübt werden, ich war auch dabei, denn ich hatte einige Wochen lang in Vertretung die Aufsicht über die Schulbibliothek gehabt, solche Ereignisse kamen an allen Schulen vor, wir haben offen in unseren Konferenzen darüber gesprochen, hier konnte uns nur die kritische Diskussion weiterbringen; in der Heine-Schule zum Beispiel hatten sie zwei Oberprimaner verhaftet, kurz vor dem Abitur, einige Tage später ist die gesamte Schulklasse rübergegangen, sogar der FDJ-Vorsitzende, aber so war es immer, als Girnus seine Rede über die neue Kulturpolitik auf der Burg Giebichenstein hielt, war die Folge eine Entlassungswelle der älteren Lehrer, die als bürgerlichreaktionär bezeichnet wurden, aber es gab noch nicht genug Neulehrer und man mußte sie nach kurzer Zeit wieder zurückholen, ich war davon verschont geblieben, die Nazis hatten mich einmal vier Wochen lang eingesperrt, das stand in meinen Papieren, und so galt ich als bürgerlich-fortschrittlich, na, meinetwegen, ich wäre damals gern weggegangen von meiner Mädchenklasse, aber ich wußte nicht, was ich tun sollte, ich habe einen Fotokursus besucht und mich danach in einem Fotolabor beworben, aber sie haben mich nicht genommen, sie suchten nur junge Leute, sagten sie, so bin ich geblieben, bis zuletzt, bei meiner Mädchenklasse, die ich haßte ... aber Schluß damit, Schluß, Schluß mit diesen Wiederholungen ... und jetzt liege ich da und betrachte meine Geschwüre, der Sanitäter steht neben mir und legt mit der Pinzette frische Mullballen auf, ich hebe beide Arme in die Höhe, sie fallen zurück, ich bin schwach geworden, zu schwach im Kampf gegen die Erinnerung. Als Alban noch da war, sah es besser mit mir aus, die Geschwüre hatten mich noch nicht überfallen, ich wurde noch zum Spaziergang in den Gefängnishof geführt, wir schmuggelten Kassiber in der Kübelzelle und schrien uns die neuesten Botschaften durch die Fensterritzen zu, am Heiligen Abend sangen wir im ganzen Bau Stillenachtheiljenacht, irgendjemand hatte damit angefangen, so laut, daß es in den Zellen im Innenhof hörbar war und die Häftlinge einstimmten, die anderen Zellen übernahmen es aus den Korridoren, und schließlich choralte es durch das ganze Gefängnis, die Wärter rannten auf den Gängen hin und her, sie schlugen gegen die Zellentüren und drohten mit Arrest, aber wir hörten nicht eher auf, bis die dritte Strophe beendet war, und dann fingen wir an mit Otannenbaum, aber da sangen schon nicht mehr alle mit und bei Odufröhlicheoduselige gab es eine Gemeinsamkeit nur noch im linken Block und langsam zerfaserten auch dort die Stimmen ... ja, auch im Gefängnis gab es so etwas wie eine goldene Zeit ... und jetzt ist nur noch Stille da, eine Stille, die durch das Zusammenklappen der Pinzette unterbrochen wird, kaum hörbar, der Sanitäter legt Tampons auf die größeren Geschwüre, dann schlägt er dicke Lagen Zellstoffwatte um das linke Bein, das damit endgültig im weißen Wattemeer untergeht, danach betastet er die Leistendrüsen, die immer noch dick angeschwollen sind, er pinselt Jod darauf, das erzeugt einen Augenblick lang einen heftigen beißenden Schmerz, dann ist nur noch der Grundschmerz da, an den ich mich gewöhnt habe ... der Sanitäter packt seine Utensilien in die mitgebrachte Tasche, ich höre das Schloß schnappen, er beugt sich über mich, zeigt mir sein maskenhaftes Lächeln zum Zeichen, daß er mich verlassen will, gleich wird sich die Tür hinter ihm schließen, ich werde wieder allein sein, allein mit meiner Erinnerung, nichts wird sich verändern, sie haben mich vergessen, ich werde da liegen, auf meinem Strohsack, und langsam verfaulen

[...]

nach vorn zum Anfang hin; ich bin besessen vom Anfang, von dort woher wir alle kommen, wo es dunkel ist und schwarz, weil das Schwarze der Anfang ist von allem

Horst Bienek (1930–1990) wurde 1951 in die Meisterklasse von Brecht aufgenommen; er lebte um diese Zeit in Berlin und Potsdam. Im November 1951 wurde er hier verhaftet, weil im Notizbuch eines nach West-Berlin geflüchteten und von dort nach Ost-Berlin entführten SED-Abgeordneten seine Adresse stand. Im April 1952 von einem sowjetischen Militärtribunal wegen »Spionage« und »Antisowjethetze« zu 25 Jahren Zwangsarbeit verurteilt, wurde Bienek in das Lager Workuta im nördlichen Ural verschleppt, wo er bis zu seiner Amnestierung 1955 Schachtarbeiten ausführen mußte. In dem Roman »Die Zelle«, aus dem wir eine Passage abdrucken, verarbeitet Bienek die Erlebnisse seiner Haftzeit.

Erich Arendt

Begegnung mit Villon

Mein Bild stand lang vom dunklen Strom durchzogen:
Was bringt der Fluß? Was trägt er mir davon? –
Ein Schatten löste sich vom Brückenbogen
und legte seinen Arm um mich: François Villon.

»Sieh auf die Stadt hin, Stein ist Stein geblieben.
Das Wunder mit den Broten, es ist nicht geglückt.
Dort unten frieren sie, aus warmem Nest vertrieben,
verhungert ausgespien zerschabt zerdrückt.«

Zum Brückengrunde zeigte mein Begleiter:
»Ich hab die hoffnungslose Kreatur gewählt.
Nur noch mein Lied hilft eine Spanne weiter
und wärmt sie noch, wenn mich ihr Ende quält.

Ich singe sie in Träume, bis sie glühen;
denn in der Stadt macht nur der Wind sich breit,
der sie im Rücken hat, bis in den Fluß sie fliehen:
der Wind sprang schon durch ihre Kinderzeit.«

Zornigen Augs wir gingen durch die Stürme
der Winternacht. Vor unsren Blicken stand,
unheimlicher Koloß, die Riesenwucht der Türme
von Notre-Dame und drohte schwarz ins Land.

Der Lyriker Erich Arendt (1903–1984) wurde in Neuruppin geboren und kam 1926 nach Berlin, wo er erste Gedichte in Herwarth Waldens Zeitschrift »Der Sturm« veröffentlichte und sich dem »Bund proletarisch-revolutionärer Schriftsteller« anschloß. 1933 emigrierte er in die Schweiz, beteiligte sich 1936–1939 am spanischen Bürgerkrieg auf Seiten der Republikaner, lebte danach in Frankreich und – bis zu seiner Rückkehr aus dem Exil nach (Ost-)Berlin 1950 – in Kolumbien. Seit 1971 lebte Arendt abwechselnd in Berlin und in Wilhelmshorst bei Potsdam im Haus des Lyrikers Peter Huchel, das dieser ihm zur Nutzung überlassen hatte.

Erich Arendt

Der Hohlraum

Oft denke ich
ich habe dich erfunden
um besser in den Morgen
sterben zu können

DU wie meines
täglichen Birkenwegs
grünes Hell
aber bist
wirklich

OFT DENKEND
ich habe einzig mich
erfunden, daß du
mein menschenaltes
Abseits-Ich
im Augenaufschlag
tragen lernst
und ich verdüstre

WENN schatten-unterhöhlt
ich dir
ganz schlicht die Höllenweisheit
letzter Liebe
vorspiele, die
längst Verwiesenen unsrer
ersten Stunde
quälend

OHNE FRAGE
der Zug rollt ans Meer

wissend wie alles
zuende geht.
Schweigen.

WIE SONST denn
könnte es Worte geben
Gebürtigem zu

netzverknotet in uns.

UND DANN dieses nippen am
rauchrand am
halbleeren glas:

wir wollten wohl
eins sein
im verleiben
der Stundenflucht

Erich Arendt,
Foto: Roger Melis

Das Gedicht erschien zuerst 1981 in dem Band »entgrenzen«.

Karl Foerster

Vom Glück des November

Es wird jetzt so wundervoll langsam Tag; lange genießt man diesen Morgen vor dem Morgen mit all seinen erwachenden Geräuschen, dem ersten leisen Gehen und Sprechen irgendwo im Haus und all den Tönen draußen; das Fahren eines Wagens auf der Landstraße ist wie ein Rauschen, fernes Hundegebell wird ins Glockenhafte gedämpft. Vom Waldrand melden sich wieder die behaglich-geselligen Novembertöne der Dohlen- und Krähenschwärme und vom fernen Fluß die Doppelklänge der Nebelhörner.

Man kann sich im Sommer und Frühherbst gar nicht in das eigentümliche Glück des November hineindenken. Es ist Musik auf ganz anderem Instrument, ebenso reich an Fülle und Überraschung, aber mit ganz anderen Vorzeichen.

Die Laubgeranke des Resedaweins, das breite Fenster rings umkränzend, stehen lichtgetroffen in so hellem Gold, daß nun das ganze immer in leisem Goldlicht liegt. Schon tagelang ist es vom Duft der Quitten und dem zarten Hauche des Chrysanthemum erfüllt. Das Fenster rahmt den reichverworrenen, blaudunstigen Gartenanblick, in dem ganz unerwartet noch gelbe Fallschirm-Rudbeckien blühen.

Die Goldblätter der Kastanie sind aus dem schönen Zweiggehäng gerieselt; nun aber ward der Blick in sonst verhüllte Ferne frei.

Am Rand des Wasserbeckens im vertieften Gärtchen leuchtet durchs Binsengitter der Feuerherd des Zwergahorns in lodernd roter Pracht, die tauschwer in der Sonne blitzt und leiste dampft.

Der hohe Strauchahorn mit zierlichem rotem Laubgezweig trägt immer noch sein Spätherbstgewand und dient in Haus und Garten dem Chrysanthemum. Diese späten Blumen beherrschen lange Wochen des November mit hundertfältigen gedämpften Farben, die das ganze andere Jahr nicht kennt.

Seltsam, jetzt sommerlich belaubte Weidenzweiggehänge vom Spätherbstwind bewegt zu sehen wie vom Sommerhauch!

Ein blauer, duftiger Nachmittag voll knospenhafter Heiterkeit ist aufgestiegen. Der Fensterblick hinaus trifft noch auf dichtes Grund des Heckenkirschenstrauchs, – dahinter liegen dunstig Feld und Wald. Zwei Stunden lang fällt immer wieder von der Arbeit der Blick auf dieses Bild. Die Lärchenzweige stehen im Goldgefieder, das täglich brauner wird, doch jeder Zweig bleibt grün gesäumt. Auch helles Buchengold reift im November zu herrlich braunem Kupfer, – in voller Reichtumslast von silbergrauen oder efeugrünem Stamm getragen.

Der Wind ist der Feind der Spätherbstpracht. Die Blätter schaukeln aus den Bäumen. Fast über Nacht ist nun der Heckenkirschenstrauch auch kahl geworden. Braune Blätter, die im Zweigwerk sich verfingen, hängen jetzt, vom Sonnenlicht durchleuchtet, Bernsteinplatten gleich im Tanggeäst. So webt um diesem Strauch ein

Meerestraum. Ein Schneerest auf dem schrägen moosigem Stamm daneben gleicht Brandungsschaum an grünen Wassertiefen.

Taglilie und Chinaspier im Beet am Gartenhaus sind durch die Spätherbstneige zu neuer Schönheit ausgemünzt. Erschlagene silbergraue Reste von Blatt- und Stielwerk lagern flach vor der zermürbten Waldspiraea, die noch im blassen Laub die braunen Samenstände trägt, – Bild der Vergänglichkeit, das rührender kaum sein kann. Doch leben beide Wesen unterirdisch kraftvoll weiter mit immer reicherem Sprossennest, während sie ihr Herbstlied von der Vergänglichkeit dem Menschen singen, den sie noch lange überdauern werden.

Novemberjuwele sind im ersten Rauhreif die rotbeerigen Zwergfelsenmispeln mit erglühenden Blättern, von silbergrauem Hornkraut durchlagert und von Zwergnadelhölzern umgeben, die von welken Laubblättern fast erdrückt werden.

Manche flüchtigen Bilder, ganz auf Wetterstunde und Beleuchtung gestellt, schmerzen fast durch die Unmöglichkeit, sie zu bewahren, und bleiben gerade dadurch in uns unvergänglich.

Die Knospen der Schneeheide, der Schneerosen und des Schneejasmins schwellen immer stärker. Die früheste Schneerosenart hat schon beinahe abgeblüht, während sich im Grunde der Winterschneerosen kräftiges Knospenleben zeigt. Wer diesen Winterfrühling im eigenen Garten kennt, möchte das Novembergefühl nicht missen, monatelangem Massenflor der Schneerosen entgegenzuleben, der reiche Sträuße für das Haus liefert.

Kahle Novemberbäume im Garten stehen nun wie Masten abgetakelter Schiffe, die reiche Fracht löschten und im Winterhafen ruhen. Jetzt sieht man wieder recht, wie das Geäst junger Bäume, die man vor Jahren gepflanzt, sich festigte und eisenstarres Gezweige reckt und streckt. Der Laubfall dauert wochenlang, und der November bleibt auch in den letzten Tagen noch reich an Herbstfarben [...]

Der Gärtner und Staudenzüchter Karl Foerster (1874–1970), Sohn des bekannten Astronomen Wilhelm Foerster, lebte über sechs Jahrzehnte lang in dem Ort Bornim, der heute zu Potsdam gehört. Bereits seit den zwanziger Jahren hat Foerster Bücher über Gartenkunst publiziert; in späteren Arbeiten, wie auch in dem Buch »Ferien vom Ach« (1962), dem »Glück im November« entnommen ist, tritt das sachlich Beschreibende zugunsten der philosophischen Naturbetrachtung in den Hintergrund.

Hermann Kasack

Kanon zu Loerkes Gedächtnis

Das Echolose kehrt zurück,
Zum Atem wird das Wort.
Das wieder ausgehauchte Glück
Setzt sich als Echostimme fort.

Hermann Kasack wurde 1941 als Nachfolger des Lyrikers Oskar Loerke (1884–1941) Lektor im Fischer Verlag. Nach dem Tod seines langjährigen Freundes übernahm Kasack die Herausgabe der Werke und Tagebücher Loerkes.

Hans Scholz

Beim Saldieren alter Schuldkonten

Kriegsgeschichtliches bei Fontane

Wenn einer heute, sagen wir, durch die vormals preußische Provinz Jülich-Kleve-Berg wanderte, so stände ihm wahrscheinlich ein Konvolut an Sachliteratur zu Gebote oder auch im Wege; doch kein Autor von verbindlicher und überragender Bedeutung lenkte den Schritt und bestimmte den Tritt, der dort zu fassen wäre. Wer sich hingegen in die Mark Brandenburg begibt, dem wandelt ruhmverklärt der große Fontane voraus, gleich einer Feuersäule fast, und jeder schreibende Epigone scheint jener wundersamen Erscheinung hinterdrein zu tapern. Und wenn er auch nicht im entferntesten denkt und denken darf, sich mit dem großen Schrittmacher zu messen, und er alles, nur kein Zaunkönig sein will, der sich jener Adlerschwingen als Starthilfe bediente, er entgeht der Gefahr nicht, an ihm gemessen zu werden. Der Größenunterschied, lieber Himmel, stellt sich keiner Erörterung. Die veränderte Beschaffenheit der Landschaft und der Wanderwege aber, die historische und politische nämlich, sie kann nicht unerwähnt bleiben.

1. Fontane schildert im Band »Fünf Schlösser« seiner Wanderungen den Hergang der sogenannten Schlacht am Kremmer Damm, die 1412 geschlagen wurde: der erste Hohenzoller gegen Stettiner Pommernherzöge, keine große Affäre. Fontane verwendet deshalb auch nur 45 normale Buchdruckzeilen dafür. Der Band war 1888 abgeschlossen. Der Waffengang lag für ihn 476 Jahre zurück im Aschgrau der Historie.
2. Fontane streift im Kapitel »Garz« im Bande »Grafschaft Ruppin« (1861) allerlei Militaria aus dem 30jährigen Krieg und aus der Zeit des Großen Kurfürsten.
3. Fontane behandelt im selben Band, Abschnitt »Neustadt an der Dosse«, den Prinzen von Homburg als dortigen Patron und segensreichen Gutsherrn und kommt dabei freilich nicht um ein paar Worte über des Prinzen Beteiligung am Sieg von Fehrbellin herum, der 1675 über die Schweden erfochten wurde. Da der Band »Ruppin« erstmals 1861 erschien, waren dem wandernden Dichter diese kriegerischen Ereignisse bereits 186 Jahre weit in die Vergangenheit entrückt.
4. Fontane hat im Band »Oderland«, der 1863 folgte, Belagerungen der Festung Küstrin beschrieben: 1758 durch die Russen unter Fermor und 1806 durch die Franzosen.
5. Fontane endlich hat im Band »Spreeland«, der 1882 herauskam, die Schlacht von Großbeeren recht eingehend und sogar mit Hilfe zweier Lagepläne dargestellt. Da sie 1813 als untauglicher Versuch Napoleons, sich Berlins zu versichern, geschlagen worden war, lag sie dem Wanderer nur 69 Jahre fern. Diese vergleichsweise Nähe läßt sich Fontane 261 ins Detail gehende Textzeilen einschließlich zweier Fußnoten kosten. Sonst sehe ich nichts Kriegsgeschichtliches weiter.

Hatte der Wanderer an derlei kein besonderes Interesse? Hegte er eine Abneigung gegen Waffengänge und Waffentaten? Welch ein pazifiziertes Fontanebild entstünde da! Der hervorragende Kriegsberichterstatter, der akribische Militärschriftsteller, der überparteiliche Zeitgeschichtler von eingehender Anschaulichkeit, dem kein Engagement den Blick trübt, entfaltet sich ganz nur am aktuellen Stoff: sein Werk »Der Krieg gegen Frankreich, 1870 bis 1871« umfaßt vier Bände, deren erster bereits 1873 erscheinen konnte, der vierte 1876. Um aber einen Begriff von dieser vermutlich weniger bekannten Arbeit zu geben: die vier Bände haben zusammen 1870 Seiten, wenn ich richtig gezählt habe – ohne die Seiten des Apparats –, mit je 40 Zeilen zu 68 Anschlägen, macht 74 800 Zeilen! (Zum Vergleich: die Zeilen in der oben zitierten Ausgabe der »Wanderungen«, der von Cotta Nachfolger, 1925, hatten nur 51 Anschläge, und es füllten ihrer 36 eine Buchseite.)

Doch vorher schon war »Der Schleswig-Holsteinische Krieg im Jahre 1864«, 374 Seiten stark, herausgekommen, und zwar bereits 1865, und war, 1100 Seiten stark in Lexikonformat, »Der deutsche Krieg von 1866« Ende 1869 und im Herbst 1870 erschienen. Diesen Arbeiten waren 64 und 66 entsprechende Reporter- und Studienreisen in die Kriegsgebiete vorausgegangen. Kriege und Siege überstürzten sich. Wettrennen zwischen Mars und Muse: kaum war ein Band abgeschlossen, ward schon im Hauptbuch der Geschichte unter martialischem Getöse eine neue Seite aufgeschlagen. Sedan – wer weiß es noch? – fiel am 2. September, am 27. September 1870 bricht der Berichterstatter zum dritten Mal auf, aber schon am 5. Oktober greift Muse Klio dramaturgisch ein: just in Domremy-la-Pucelle gerät der Zivilist Fontane in Gefangenschaft, aus der er im November 1870 wieder entlassen wird. Diesem Kriegsreporterpech oder -glück verdankt die deutsche Literatur aber die ungemein lesenswerte Artikelserie »Kriegsgefangen«, als Buch bereits im März 1871 auf dem Markt (165 Seiten zu 34 Zeilen), geschrieben mit nobler Weltläufigkeit; was nicht ausschließt, daß auch das Märkische da und dort durchblickt; so wird dem oberen Maas-Tal eine »frappante Ähnlichkeit mit dem Nuthetal« attestiert, »das sich von Potsdam aus, an Saarmund vorbei, bis hinaus an die alte sächsische Grenze zieht«.

Schon der folgende Monat sieht den Dichter wiederum auf der Fahrt nach Frankreich. Was er von seinen dortigen »Wanderungen« nunmehr als unvergleichlich köstliche Ausbeute heimbringt, sind die 374 Druckseiten »Aus den Tagen der Okkupation«. Fontane war dazu vom 9. April bis Mitte 1871 auf der Achse und auf den Beinen gewesen. Ende November erschien das fertige Buch. Kurzum, den roten Faden all dieser Nonfiction-Arbeiten des künftigen Romanciers bilden Siege, die von des Dichters eigener Partei und zu seiner Genugtuung errungen wurden, preußische und deutsche Siege auf fremder Erde, mehr oder weniger im Ausland und fern fernab der Mark. Auf diesen Siegen gründete das zweite Kaiserreich. »Und so bleib' es in alle Zeit!« lautet Fontanes letzter Satz in jenem vierten Band »70/71«.

Durch Schlacken und Morast

Unter dem 11. September 1972 meldete sich eine Leserin zum schwerwiegenden Wort: »... Zu Nr. IX muß ich fragen: Glauben Sie, daß die toten russischen Soldaten das fatale ›Frau komm‹ vor Storkow noch nicht ausgesprochen haben? Ich, eine jetzt Achtzigjährige, habe ›diese Zeit‹ als evakuierte Berlinerin in Kolberg-Mark, den Kampf selbst in der Ziegelei Streganz erlebt ...« (In ähnlichem Sinn auch eine Leserin unter dem 14. September.)

Jeder weiß es, und wer wünschte nicht, es wäre alles so nicht gewesen, wie es aber gewesen ist. Kein Einwand! Das angeschnittene Thema gehört sehr wohl auch der jüngeren brandenburgischen Geschichte an; die Rote Armee hat mehr als ausgiebig – und ihrer allgemeinen Wertschätzung im übrigen nicht zum Vorteil – einen atavistischen Kriegsbrauch neu belebt: das Schänden! Ich bin dahin belehrt, daß, solange die Kampfhandlungen noch andauerten, es hauptsächlich die Trosse und Nachschubkolonnen und die sogenannten rückwärtigen Dienste gewesen sind, die für derlei Zeit übrig hatten und ihrer Führung bereits bedenklich außer Kontrolle geraten waren. Kein Wunder.

Sowjetische Historiker, die die Vergewaltigungen keineswegs in Abrede stellen, schreiben sie vor allem den Rachegelüsten vormaliger Kriegsgefangener zu, denen der siegreiche Vormarsch der ihrigen die Freiheit wiedergegeben hatte. Und diese Befreiten, ergänze ich, wird man aber ihrer miserablen körperlichen Verfassung wegen nicht gleich vorn bei der kämpfenden Truppe haben einsetzen können.

Wer das himmelschreiende Elend in unsern russischen Gefangenenlagern mit angesehen hat, kann nur betreten schweigen. Ein Beispiel: In Orscha am Dnjepr, wo ich eine Weile Beziehungen zum dortigen Gefangenenlager hatte, starben allein während des ersten Rußlandwinters 26 000 kriegsgefangene Russen an Hunger, über ein Drittel der ersten Belegschaft. Hitler hatte das Prinzip der verbrannten Erde angewandt, aber gleichzeitig Befehl gegeben, alle Gefangenen im Osten ausschließlich aus landeseigenen Nahrungsmitteln zu verpflegen, die es nach Anwendung obigen Verfahrens gar nicht geben konnte!

Für die Gefallenen in jenem Massengrab vor Storkow, an die ich meine Worte als Gegner von einst gerichtet habe, mag also in Anbetracht allein dessen das Recht aller Toten »auf Würdigung nur in gutem Sinne« gelten. Nil nisi bene!

Von Kolberg in der Mark hätte ich mehr als reichlich zu erzählen und wird in späteren Berichten wenigstens dies und das noch mitzuteilen sein.

Streganz Ziegelei liegt ca. 9 km westlich des Dörfchens Streganz und etwa 1,5 km südöstlich von Prieros, den Dahme-Lauf aufwärts. Ich kenne Streganz von früher. Was in dem Ortsteil Ziegelei an Schlimmem vorgefallen, ist jenseits der Oder und überall in der Mark, in den Berliner Vororten und in Berlin selbst so oder so ähnlich vorgefallen. Die Russen stießen ja fast nur auf weibliche Zivilpersonen – im damaligen Berlin kamen auf etwa 2000 000 Frauen nur 700 000 alte oder nur halbwüchsige Mannsbilder – stießen aber auch auf Frauen, die in bestimmter Hinsicht lange schon darbten.

Dem vielseitig interessanten Buch »The last Battle« von Cornelius Ryan, der nicht nur Deutsche wie Hans Rosenthal, meinen Schulkameraden, den nachmaligen Senator Lipschitz, meinen verstorbenen Freund Dr. Günter Lamprecht und viele andere bekannte und unbekannte Überlebende der letzten Schlacht, sondern auch beteiligte Sowjetrussen aller Dienstgrade gewissenhaft interviewt hat, entnehme ich über das vollends bizarre Geschick einer Berlinerin, die, von den Nazis verfolgt, in Prieros »getaucht« war, dies: »Else Klopsch und ihre Freundin Hildegard Radusch waren überm Warten auf diesen Augenblick vor Hunger fast gestorben. Ihr ganzes Leben hatte Hildegard« (als Abgeordnete) »der Sache des Marxismus geweiht: die Ankunft der Russen schien einen Traum verwirklichen zu sollen. Aber als die Sowjettruppen in den Ort drangen, war die Vergewaltigung der Kommunistin Hildegard Radusch eine ihrer ersten Taten.« Ich berichte Berichtetes.

In einer Fußnote fügt Ryan die Antworten zweier Redakteure der Armeezeitung »Roter Stern« hinzu, denen er diesbezügliche Fragen vorgelegt hat. Die eine Antwort lautet: »Wir waren natürlich nicht hundert Prozent Gentleman; wir hatten zuviel gesehen.« Und die andere: »Krieg ist Krieg, und was wir taten, war nichts im Vergleich mit dem, was die Deutschen in Rußland angerichtet haben.«

Soweit es nur Rußland betrifft, ist unser deutsches Schuldkonto auch auf andere Weise noch schwer belastet. Wir wollen doch nicht vergeßlich werden. In jenem Orscha, um bei diesem Beispiel zu bleiben, einer Mittelstadt, betrug die Zahl der ermordeten Juden über 1800. Die Gesamtzahl ermordeter russischer Juden geht in die Millionen. Und warum hätten Rußlands politische Vertreter diese Unglücklichen nicht als Millionen hingemetzelter russischer Staatsbürger ansehen sollen? Sie waren es ja! Zu deuteln ist doch daran nichts. In einem Steinbruch bei Kiew haben so viele Juden ihr Leben lassen müssen, daß es einer Feldbahn bedurfte, den benötigten Chlorkalk lorenweise anzufahren.

Und ich danke heute noch meinem damaligen Regimentskommandeur, Heinrich Mette aus Erfurt, daß er sich weigerte, für die Verfrachtung von Juden zur Erschießung Transportmittel des Regiments zu stellen – er tat es nicht, und es geschah ihm nichts! –, und bin heute noch heilfroh, in Orscha einer Kompanie angehört zu haben, die nach Kräften für die unseligen Gefangenen dort Nahrungsmittel gesammelt hat; im Angesicht der Todesnot der dort eingepferchten Sechzigtausend eine gewichtlose Geste freilich nur.

Nein, wir schlagen uns besser aus dem Sinn, da irgendwelche Rechnungen mit unwägbaren Summanden aufzumachen und Kerbstock zu halten, was immer Schreckliches sich auch begeben habe. Wer jedoch andrerseits über die Mark Brandenburg schreiben will und diese Dinge einfach unerwähnt ließe und wer, vergangenheitsfroh und idyllenerpicht, nur im Es-war-einmal-Ton zu plaudern gedächte, der sollte die hiesigen Wanderpfade am besten erst gar nicht betreten. Denn hier ist 1945 die Entscheidung gefallen, und die Mark war das Feld der Endschlacht, die den Untergang des Dritten Reiches besiegelte. Doch nicht dieses, sondern das Deutsche Reich war der Einsatz, um den in Wirklichkeit gespielt worden war. Harmagedon nun auf Sumpf und Sand und nicht bloß Dämmerung der falschen Götter, um die's nicht schade war.

Das Hitlerreich selbst hat diesen seinen Abgang mit einer nachgerade selbstmörderischen Konsequenz heraufbeschworen. Aber bei dem Höllensturz der braunen Lemminge verschwand auch Preußen aus Landkarte und Geschichte, und in Sintbrandgluten vollzog sich wie ein landweiter Prozeß kollektiver Biochemie die deutsche Zellteilung: zwei Staatsgebilde statt eines sowie, wer weiß wozu noch, als Nebenprodukt ein zernierter Reichsrest in der politisch und völkerrechtlich so heiklen Gestalt West-Berlins.

Und in dem einen Deutschland, dem West-Berlin aber nicht angehört, darf unsereins nun mit Visumzwang spazieren gehen! Wahrhaftig, da war den leichter wandelnden Sohlen des großen Fontane denn doch ein anderer, gangbarerer, gefälligerer, gefestigterer Boden unterbreitet als den unsern, die wir uns knietief durch die Schlacken jeder länderspaltenden Eruption und manchen blutigen Morast vorzuarbeiten haben, anstatt zu promenieren.

Die Reisefeuilletons von Hans Scholz (1911–1988) wurden seit 1972 in der Berliner Tageszeitung »Der Tagesspiegel« veröffentlicht. In Buchform erschienen sie von 1973 bis 1980 in acht Bänden. Der hier abgedruckte Beitrag entstand im August 1972.

Peter Huchel

Ophelia

Später, am Morgen,
gegen die weiße Dämmerung hin,
das Waten von Stiefeln
im seichten Gewässer,
das Stoßen von Stangen,
ein rauhes Kommando,
sie heben die schlammige
Stacheldrahtreuse.

Kein Königreich,
Ophelia,
wo ein Schrei
das Wasser höhlt,
ein Zauber
die Kugel
am Weidenblatt zersplittern läßt.

Peter Huchel Mitte der
1950er Jahre in Italien

Peter Huchel

Todtmoos

In Todtmoos
sah ich in weißer leuchtender Schneeluft
schneepflückende Wesen fliegen.
Ich griff in den Flockenfall
und fing nur Kälte.

Schneenarben an den Felsen,
Wegzeichen wohin? Schriftzeichen,
nicht zu entziffern.

Den Anlaß für das Gedicht »Ophelia« gab der tödlich ausgehende Versuch einer jungen Frau, in den Westen zu fliehen. »Todtmoos« gehört zu den letzten vier Gedichten Huchels, die im Oktober/November 1977 entstanden sind.

Günter Eich

Nicht geführte Gespräche

Für Peter Huchel

Wir bescheidenen Übersetzer,
etwa von Fahrplänen,
Haarfarbe, Wolkenbildung,
was wollen wir denen sagen,
die einverstanden sind
und die Urtexte lesen?
(So las einer
aus Eulenspiegels Büchern
die Haferkörner.)

Vor soviel Zuversicht
bleibt unsere Trauer windig,
mit Regen vermischt,
deckt die Dächer ab,
fällt über jedes Lächeln,
nicht heilbar.

Das Gedicht war für Huchels Geburtstag am 3. April 1963 bestimmt.

Franz Fühmann

Auszug aus dem »Neuruppiner Tagebuch«

Ich will nicht zum Essen nach Fehrbellin fahren. Ich fahre in den Luchwald, über Langen in den Luchwald, weiter holpriger Weg über Steinplatten, Buchen vor Weiden, das sehe ich noch, das sah ich noch nie, dann lache ich, lache schallend wie Frau Sch., aber nicht kichernd, hemmungslos schallend: Mein Gott, da stolpere ich durch ein Land, von dem ich außer Märkisch Buchholz und nun also Wustrau nichts kenne und über welche Orte ich auch nach zehn Jahren Aufenthalt nichts schreiben könnte, was des Drucks würdig wäre; stolpere also durch ein Land, das ich – vom Schreibtisch aus – als Voraussetzung dieser Arbeit für meine Heimat zu halten geneigt war und das meine Heimat nicht ist und nie sein wird: Sand, Kiefern, Weiden vor Buchen und im Wald ist die Luft grün und der See macht pitscheplatsche, und früher waren da überall Junker, weißte, und so ziehe ich, vertragsgebunden wie die Kohlschnitzel des Kollegen Sperer, die dann doch keiner abnimmt, durch ein fremdes Land, dessen Sprache ich noch nicht einmal mächtig bin und auch nie mächtig sein werde, weil man eher Sanskrit lernt als ein benachbartes Idiom; stolpere durch eine Geschichte, die so ziemlich das Gegenteil meiner Tagträume ist, obwohl sie in Maximen Bedeutendes hervorgebracht hat; stolpere durch eine Grafschaft Neuruppin, die mir im Grunde genommen scheißegal ist, ein scheißegaler Tempelgarten, ein scheißegaler Schinkel, ein scheißegaler Zopfstil, eine scheißegale Schlacht bei Fehrbellin – hätten die Schweden damals bloß gesiegt! Halten zu Gnaden: hier fiel Froben, natürlich, das ist bedeutsam, er saß auf einem weißen Roß, und wenn's dem König nicht auszureden war, hätte man's ja unterderhand nachts abstechen können! Aber nein: der Schimmel, und Froben mußte fallen! Und also schauen wir beglückt auf unsere nationalen Traditionen.

Wo war ich geblieben: ach so, ich stolpere. Stolpere also durch dies Land, durch diese Geschichte, sammle preußische Anekdötchen und Späße und tue mir den Teufel was drauf [zugute], wenn ich ein oder zwei davon widerlegen kann, sehe dem großen Dichter und miserablen Reporter (die »Wanderungen« sind Miststücke von Büchern) Th. Fontane auf die Finger, die ja auch nichts dafür konnten, weil sie ihren Mann ernähren mußten – und der Mann hatte ziemlich viel Hunger, und auch ohne diesen Hunger hätte er über Herrn Quast aus Protzen oder Gartz nicht anders schreiben können als ich über Frau Mix aus Kunsterspring; latsche, fast fünfzig und immer noch ein Esel, grau wie die Müllertiere – da findet sich's wieder zum Anfang –, latsche grau wie ein alter Esel auf einem geborgten Rad in einen Luchwald, um dort zu beobachten, wie die Sonne nachmittags durch Buchenkronen fällt, die vor Weidenlaub stehen, das sich zu Sumpfgräben beugt, anstatt in Berlin aus dem Fenster zu sehen – oder besser in die Zeitung – und über die Probleme zu schreiben, die mich jeden Tag anfallen und schreien und brüllen und winseln und wimmern; stehe, lächerliche Figur, vorm Luchwald und starre einer Elster nach und versuche

Franz Fühmann,
Foto: Roger Melis

das Gekreisch eines Eichelhähers zu artikulieren, das ich sanfter und wohltönender finde als das Gekreisch mancher Stimme, und das sanfter und wohltönender zu finden wohl anstände, einmal ausgesprochen zu werden, fände sich ein Forum, davor sich's aussprechen ließe: stehe im Luchwald, latsche durch Brandenburg, latsche durch Preußen, kenne die Geschichte nicht und will sie, nach dem, was ich von ihr kenne, fürderhin auch nicht kennenlernen (soll der Boysen den Knesebeck holen oder der Knesebeck den Boysen, was geht's mich denn an!), kenne die Ökonomie nicht, die ich allerdings gelegentlich kennenlernen möchte, habe keine Vergleichsmöglichkeiten, keine Kindheitseindrücke, keine Erinnerungen, keine Kunst- oder Literaturerlebnisse (o doch: Fontane, Benn, Arendt und Huchel), bin absolut gescheitert, ernüchtert, halb aufgewacht und will – nicht über das Scheitern, sondern vielmehr über, ja über was? – ein – ja was wohl? – ein Buch schreiben!! Schluß damit.

Das Theater muß seine Krönung haben: es beginnt tatsächlich zu grollen. Schwarze Wolken ziehn auf. Ich lache immer noch. Aber nein, ich will dankbar sein. Der Aufenthalt hat mir ein großes Thema gebracht: die Verbrecherkolonie Zietenhorst, ein großes Thema, auch wenn's zunächst für die Schreibtischschublade ist – etwas, was ich mir nie vorstellen konnte, nun kann ich mir's vorstellen: Seid bedankt, liebe Gönner, seid bedankt, seid bedankt! Eine große Bestätigung: du bist keine gesellige Natur; und eine Lehre dazu: schließe niemals einen Vertrag, wenn du dein zu schreibendes Buch nicht in deutlichen, konkreten Konturen (und nicht im Dämmern abstrakter Philosopheme) vor dir siehst. Schließlich eine Ahnung: du hast ein Talent und wohl auch einen Ruf, beide nicht groß, aber immerhin vorhanden, und du bist im Begriff, sie restlos zu vertun. Und schließlich müßtest du eins bedenken: es würde dir ruchlos erscheinen, schriebe einer mit den Kenntnissen, die du etwa über Wustrau dir erworben hast, auch nur einen Artikel für die »Wochenpost«. Du würdest zornig werden. Und nun schreibst du keinen Artikel, nun willst du ein Buch schreiben.

Nein, ich möchte und muß dankbar sein. Der Aufenthalt war lohnend. Die Voraussetzungen waren denkbar falsch. Ich bin von der Theorie eines Heimatfindens ausgegangen. Sie hat sich als eine Fiktion erwiesen; für jede Zerstörung einer Illusion soll man dankbar sein. Ich weiß jetzt mehr denn je, daß meine Heimat Böhmen ist – das Andere, obwohl's so nah an diesem Hiesigen dranliegt. Ich habe mich einem Trugschluß hingegeben. Er sah so aus:

1. Böhmen ist deine Heimat gewesen, und du hast sie durch politisch-historische Gründe, die unbedingt zu akzeptieren sind, verloren.
2. Preußen ist durch politisch-historische Gründe, die unbedingt zu akzeptieren sind, das Land geworden, in dem du dich aufhalten mußt.
3. Preußen ist darum deine Heimat.

Der Fehlschluß ist berühmt: Jede Gans hat zwei Beine. Jeder Mensch hat zwei Beine. Also ist jeder Mensch eine Gans.

Solche Trugschlüsse löst man nicht mit einer Suada.

Ich will dankbar sein, ehrlich dankbar. Die Reisen nach Preußens Schoß haben mir deutlich gemacht, was ich eigentlich bin: ein österreichischer Schriftsteller in einem Land, dem dankbar zu sein ich genaue politisch-historische Gründe habe. Aber damit werde ich nun einmal nicht zu einem Eingesessenen.

Hiermit möchte ich mich verabschieden.

Franz Fühmann

Auszug aus dem Testament

[handschriftlich, 26. Juli 1983]

[...]
Ich möchte in Märkisch Buchholz begraben werden. Ich bitte Uwe Kolbe, wenn es ihm möglich ist, ein paar Worte zu sprechen.

Die Herren H. Kant und D. Noll ersuche ich, von der Teilnahme am Begräbnis abzustehn – falls sie diesen Wunsch verspürt haben sollten. Ebenso Herrn G. Henninger [sic!] oder einen offiz. Vertreter dieses Schriftstellerverbandes.

Ich habe grausame Schmerzen. Der bitterste ist der, gescheitert zu sein: In der Literatur und in der Hoffnung auf eine Gesellschaft, wie wir sie alle einmal erträumten.

Ich grüße alle jungen Kollegen, die sich als obersten Wert ihres Schreibens die Wahrheit erwählt haben.
[...]

Der hier abgedruckte Tagebuchauszug Franz Fühmanns (1922–1984) bezieht sich auf eine nicht zustande gekommene Auftragsarbeit »Auf den Spuren Theodor Fontanes«. Er entstand im Juni 1968 und wurde erst aus dem Nachlaß veröffentlicht.

Zum Auszug aus dem Testament Fühmanns: Hermann Kant war 1978–1989 Präsident des Schriftstellerverbands der DDR, Gerhard Henniger 1966–1990 dessen 1. Sekretär. Der Schriftsteller Dieter Noll hatte im Sommer 1979 mit einem »offenen Brief« an Erich Honekker, der im SED-Blatt »Neues Deutschland« veröffentlicht worden war, den Startschuß für den Ausschluß von neun kritischen Kollegen aus dem Schriftstellerverband gegeben, die Noll in seinem Brief an Honecker als »kaputte Typen« bezeichnet hatte.

Henryk Bereska

Am Schwielowsee

sein Eis birst Tag und Nacht,
schwellendes Tosen,
als brüllten Tritonen drunten
oder Herden hungriger Kühe.

Aber nicht deren Stimme
weckt mich vor Morgengrauen –
es weckt mich
das Krächzen der Krähen
aus den Pappelnestern,
es weckt mich
das böse Gewissen.

Henryk Bereska, geb. 1926, ist vor allem als Übersetzer polnischer Literatur bekannt geworden. Er lebt in Berlin und in Kolberg bei Storkow.

Helga M. Novak

Eustachos

Eustachos oftmals angeschlossen ist abgegangen
verkleidet geistert er als Deserteur durch die Mark
eine umzäunte Staatsjagd ist sein Revier
Eustachos kommt aus den unterirdischen Kasernen
ist einer der Freunde aus Grodno oder Minsk
hoffnungsvoll überlastet der Wald mit Schalenwild
– überfüllt wie jedes andere Ghetto –

für die befreundete Truppe unter den Wurzeln
täglich warmes Essen in Kübeln vom »Panzerschießgarten«
herüber ab und zu mal eine Treibjagd angesagt
die Jäger wechselten aus ihrem eigenen Ghetto in dieses
für die Nomenklatura motorisierter Wechsel von einem
Ghetto ins andere die Strecke ist üppig vorgezeichnet

bei Aufbruch der Freunde mit Paketen nach Hause
hat Eustachos sich nochmal tiefer eingegraben
in die hoffnungsvoll überbelebte Staatsjagd
um vorerst als Deserteur zu überleben abwartend
Gewehre Patronen Konservendosen Fußlappen Stiefelzeug
gesteppte Winterhosen in Karos wattierte Jacken Mützen
noch liegt vieles herum was er brauchen würde
Unterstand Aufstand Einstand nächtlich zum Anstand
– Hauptsache stehen – zu essen läuft genug herum

die Jäger sind abgeblasen
die Staatsjagd ist offen
der Panzerschießgarten
seine Kantinen und Kübel
liegen darnieder
na was soll schon werden
Eustachos begegnet einer Frau

Helga M. Novak, geb. 1935, erhielt 1997 für den Gedichtband »Silvatica« den Brandenburgischen Literaturpreis.

Erwin Strittmatter

Der Umschlag

Wir ritten zu dritt durch den Novemberwald. Es hatte schon Schnee gegeben. Jetzt war er getaut, die Erde hatte ihn aufgesaugt. Das Gras war noch grün, und die Erde atmete noch. Ich führte den kleinen Schimmelwallach als Handpferd an der Leine. Auf dem Wallach saß Matthes. Hinter ihm ritt die Mutter. Sie trieb den Wallach mit Gertengefuchtel. Matthes deklamierte die Geschichte vom Kater, der ein Mensch sein sollte. Die Geschichte hatte die Mutter geschrieben: »Jeden Tag Brei, Breieinerlei und Küsse dabei …« Matthes' helle Stimme hallte durch den Wald. Wir ritten bergauf, wir ritten bergab. Es ging astüber, es ging astunter. Es tropfte von Birken- und Kiefernzweigen.

Der Abend fiel ein. Am Tale des Schweigens saßen wir ab. Matthes kletterte über einen Baum. Ein Ast war sein Stuhl, ein anderer seine Lehne. Matthes im Baum und der schummerige Wald. Die Mutter holte Erdnüsse aus der Satteltasche. Wie ein Eichhörnchen knabberte Matthes die Nüsse. Die Schalen fielen ins Riedgras des Moores. Der kleine Hund beschnüffelte sie. »Tag für Tag Brei, jetzt Nüsse dabei …«

Ich sah und hörte zu, wie dicke Wassertropfen von den Zweigen ins Seggengras fielen. Sie fielen langsam, als bedächten sie ihren Fall. Ich sah auf die Uhr: Dreißig Sekunden von Tropfen zu Tropfen, dreiviertel Minute, dann eine Minute. Ein Tropfen glitt zur Spitze des Zweiges. Dort blieb er hängen und rührte sich nicht. Er fiel nicht ins Gras; er war erstarrt. Es war die Minute vom Herbst zum Winter.

Erwin Strittmatter (1912–1994), der in Spremberg geboren wurde, lebte ab 1957 als Schriftsteller und Ponyzüchter gemeinsam mit seiner Frau, der Lyrikerin Eva Strittmatter, auf dem Schulzenhof von Dollgow (bei Gransee).

Erstveröffentlichung: Erwin Strittmatter, Schulzenhofer Kramkalender, Aufbau Verlag Berlin und Weimar 1967

Rainer Kirsch

Petzow I oder Die Rücksicht

Der Birken schweres Laubgehänge, überdeut-
lich aus des Fensters Viereck, daß des wellenschlag-
armen Sees Spiegel tiefer von der Abendluft
Atem gespannt ist und des Himmels Hintergrund,
Kühl fließend um die Dinge, so der Blätter Schar
Gerandet hält, daß jedes Jahr spät sommers ich
Sie zählen will, und nicht zähl, weil der Säftefluß
Den Stämmen vielleicht stockte, und in Wänden mir
Des Bilds Bild wiederhole, sorgsam andern Orts
Und andrer Jahrzeit, frühlings oder winteraus

April 1987

Das Lyriker Rainer Kirsch (geb. 1934) lebt in Berlin.

Ehm Welk

Mein Land, das ferne leuchtet

Dort oben, wo die Uckermark ihre nördlichste Spitze weit ins vorpommersche Gebiet vorstößt und an ihrer rechten Flanke ein Bruch mit nach Norden zieht, liegt mein Land: eine meilenweite, rechteckige Schale, deren saatengrüner Boden auf der östlichen Längsseite vom schwarzen Rand eines Höhenzuges, auf der Westseite von hohen Wäldern eingefaßt ist und deren Schmalseiten im Süden und Norden die Ferne als ein samtenes Blau aufwellen lassen. Der silberne Zierat der Bäche, Teiche und Seen und das Riesenkinderspielzeug in Gestalt der kleinen Dörfer, ackernden Bauern und weidenden Herden liegt auf dem grünen Grunde dieser Schüssel. Zwischen ihnen, empfunden von den Männern als Urheber derbtröstlicher Nahrhaftigkeit, von den Frauen als süßerregende Geisterfurcht, von den Kindern geträumt und gesehen als wesenhafte Wirklichkeit, lebten und wirkten aus Märchen, Sage und Geschichte die Geschehnisse und Gestalten einer vieltausendjährigen Vergangenheit. Über Tag schliefen sie in alten Weidenstümpfen, unter Brücken, hinter den Ruinen der Burgen und Klöster und im Rohr der Teiche und Tümpel; nachts aber standen sie auf, ackerten und werkten, jagten und kriegten, liebten und haßten sich und uns. Keinerlei menschliches Tun unserer Zeit war ihnen fremd, nur beten konnten sie nicht. Darum auch waren sie unsterblich, denn wer beten konnte auf Erden, beschloß im Sterben seine Wanderung hienieden und stieg auf in den Himmel. Sie aber, die Unsterblichen, die an kein Jenseits geglaubt hatten, mußten zur Strafe, so hatte man uns gelehrt, das ewige Diesseits erleben.

Ich weiß noch, wie ich als kleiner Knabe mich freute, des Jenseits gewiß zu sein, denn ich konnte beten. Wie es mich aber eines Tages durchschauerte und lange Zeit scheuchte, als ich bedachte, daß ich dort drüben meine beiden Eltern nicht wieder mit mir vereint sehen würde, da doch mein Vater nicht betete, sich sogar rühmte, ein Heide zu sein, und ich fürchtete, meine Mutter, die für ihn mit betete, könnte es für zwei nicht schaffen. Es war nur ein schwacher Trost für das erregte Kindergemüt, zu wissen, ich würde einst, wo immer ich landete, einen von meinen Eltern gewißlich treffen: im Himmel die Mutter und in der Unterwelt den Vater.

Jeder, der wollte, konnte sehen, wie das liebe Himmelslicht meinen Glauben an mein Orplid und an seine besondere Aufgabe bestätigte. Immer morgens, wenn die Sonne aufging und sich hob, zog sie die Dämmerung wie einen vielfarbenen Schleier, der von Stunde zu Stunde heller und durchsichtiger wurde, mit sich nach oben und ließ nur über den Rändern der Schale einen Schimmer zurück aus vielen blauen Streifen in allen Stufungen, die mit goldenen Fäden aneinandergeheftet waren. Rund um die gewaltige Ebene floß dieser Schimmer, bewegt durch das überm Bruch flirrende Licht. Und wenn auch die Farben über Mittag verblaßten, so sammelten sie sich doch bald wieder, wurden mit jeder Stunde voller und tiefer, und das Gold erglühte immer röter, bis die Abenddämmerung alles zudeckte. Dann legten die

Ehm Welk

Menschen auf den Feldern und im Bruch die Arbeit hin, aber nicht, weil sie müde und hungrig waren und nach Hause wollten. [...]

Wenn von den Wundern des Lichtes auf der Erde gesprochen wird und von der unbeschreiblichen und nicht zu malenden Farbenpracht des abendlichen Himmels, rühmen die Kundigen gern drei Punkte der Erde als die schönsten:
die Küste von Nordwest-Schottland im Angesicht der Insel Skyt, die Höhen von Taormina auf Sizilien mit dem Blick auf den Ätna oder über die Straße von Messina auf das ferne Kalabrien, ein Schiff vor der Bucht von Rio de Janeiro mit der Sicht auf den Zuckerhut und das ansteigende Land dahinter. Ich habe an diesen drei Stellen der Erde gestanden, glückseliger Erschütterung voll und gezwungen, den klingenden Abglanz des farbigen Lichtes lange, lange in mein Denken und Fühlen zu verwirken, und muß doch bekennen, daß die Offenbarung des ewigen Lichtes im Diesseits noch einen ebenso schönen Punkt der Erde kennt: mein Land, von dem das Bruch nur erst das Vorfeld darstellt.

Ehm Welk (1884–1966), der als Erzähler vor allem mit seinen Romanen »Die Heiden von Kummerow« (1937) und »Die Gerechten von Kummerow« (1943) bekannt geworden ist, wurde in Biesenbrow in der Uckermark geboren. Sein Geburtsort ist zugleich biographische Vorlage für das fiktive Kummerow seiner Romane. Welk, der seit 1918 auch journalistisch tätig war, wurde 1934 verhaftet, nachdem er in einem Artikel Goebbels angegriffen hatte. Nach dem Krieg war er Mitbegründer des Kulturbundes und der Volkshochschule in Mecklenburg und lebte seit 1950 in Bad Doberan. Die autobiographischen Aufzeichnungen »Mein Land, das ferne leuchtet«, aus denen hier Ausschnitte abgedruckt sind, erschienen erstmals 1952.

Joachim Seyppel

Das alte Fräulein und die Verfassung

»Preußen – und mittelbar ganz Deutschland – krankt an unsren Ostelbiern. Über unsern Adel muß hinweggegangen werden; man kann ihn besuchen wie das Ägyptische Museum und sich vor Ramses und Amenophis verneigen, aber das Land ihm zuliebe regieren, in dem Wahn: dieser Adel sei das Land – das ist unser Unglück, und solange dieser Zustand fortbesteht, ist an eine Fortentwicklung deutscher Macht und deutschen Ansehns nach außen hin gar nicht zu denken. Worin unser Kaiser die Säule sieht, das sind nur tönerne Füße. Wir brauchen einen ganz andren Unterbau. Vor diesem erschrickt man; aber wer nicht wagt, nicht gewinnt. Daß Staaten an einer kühnen Umformung, die die Zeit fordert, zugrunde gegangen wären – dieser Fall ist sehr selten. Ich wüßte keinen zu nennen. Aber das Umgekehrte zeigt sich hundertfältig.« *Fontane an Georg Friedlaender, 5.4.1897*

Sonntag, 7. April. Gestern abend fand hier am Nauener Tor auf der Friedrich-Ebert-Straße ein Umzug von Sportverbänden statt, am Ende junge Amazonen hoch zu Roß; Reiten muß nicht unbedingt feudal sein. Dann ins Café Heider. Struppige Teenager in blaßblauem Pullover und verwaschenen Bluejeans, langes Haar, länger als der Minirock; junge Frauen mit altmodisch offen getragener Sinnlichkeit; ein altes Fräulein in hochgeschlossenem Kleid mit Brosche am Halskragen. Das alte Fräulein erweist sich als stärkerer Magnet: ganz und gar Potsdamer Würde, wächsern das Gesicht, kühle Augen, Hände ohne die braunen Flecken des Alters und ohne Zittern. Trinkt Schokolade und ißt Schwarzwälder Kirschtorte, bestellt sich eine Extraportion Schlagsahne. Eine halbe Stunde später verlangt es mit kühler Stimme einen Damenliqueur, Cointreau. »Und Sie, junger Mann? Ein tea-totaler?« Spitzestes Oxford-Englisch von der besten Sorte; es wächst mein Verdacht, einer ehemaligen Gouvernante gegenüberzusitzen. »Der Café ist unnachahmlich grausam, und Mokka un peut trop cher.« Am andern Tisch kichert man. »Gucken Sie sich bloß nicht die Augen aus, junger Mann, diese Miniröcke sind unnachahmlich ordinaire. Fast sind mir junge Mädchen in Bluejeans noch lieber, die männlichen Schotten zögern ja ebenfalls nicht, des andren Geschlecht Kleidung zu tragen, nämlich Röcke. Waren Sie einmal in Schottland? Kilt nennt man solche Röcke dort, daran mußte ich mich erst gewöhnen, meinem Verlobten fiel es leichter, ach Gott, Soldaten sind anpassungsfähiger als junge Mädchen, und ein blutjunger Leutnant aus der 4. Gardekavalleriebrigade entführt auch ohne Hemmungen ein junges Mädchen nach Schottland, wie mich damals, und es war ein Skandal, sag ich Ihnen! Ein Skandal! Wir flohen in die Grafschaft Kinroß, deren schönster Punkt der Levensee ist, mitten im See liegt eine Insel, und mitten auf der Insel erhebt sich ein altes Schloß, von dem nur noch der Rundturm steht, in dem Queen Mary gefangen saß, und die Pforte ist noch sichtbar, durch die Douglas die Königin entführt hat. Es ging uns nicht gut in Schottland, wie es mit Queen Mary nicht gut ging, nur daß er sein Leben verlor, nicht ich. Als er sah, daß wir keine Mittel hatten, erschoß er sich. Mein Vater holte mich zurück. Anfangs sollte ich nach Heiligengrabe, doch dann wuchs Gras über die Affaire, und auch ich kriegte noch meinen Mann. Was schreiben Sie da, junger Mann?«

Die jungen Mädchen am nächsten Tisch, die in Bluejeans, zahlen und gehen.

»Waren Sie wählen, junger Mann?« Das alte Fräulein hält mich am Ärmel fest, als ich aufstehen will. »Beim Volksentscheid? Ich war, und es gab tatsächlich das Ja und das Nein. Zwei Kreise. Und die box für die geheime Stimmabgabe. Ich habe die box benutzt. Ich habe immer die box benutzt. Sie schauen mich so unnachahmlich neugierig an? Ach, Sie sind aus dem Westen? Ein agent provocateur? Nein, so sehen Sie nun auch wieder nicht aus, eher wie ein Mensch, der zwischen zwei Stühlen sitzt, halb Kapitalist, halb Salonbolschewist, wie sagt man heute, ein roter playboy of the Western world? Sie sollten sich mit Ihrem schlipslosen roten Hemd etwas schämen!«

Blutjunge und frische Mädchen in Nachmittagskleidern kommen herein, die nicht weniger jungen Volksarmisten zeigen gewisse Hemmungen. Ich möchte Platz machen, doch das alte Fräulein hält mich wiederum am Ärmel fest.

»Was bin ich nun aber, junger Mann?« Das alte Fräulein trägt eine alte goldene, eine winzige Armbanduhr, die einen Uhrdeckel hat, an dem innen ein Medaillon befestigt ist, es zeigt einen Uniformierten. »Bin ich die alte Dame von vorgestern oder zufällig eine der ersten deutschen Suffragetten? Bin ich die lächerliche Großtante oder eine frühe Emanzipierte? Wählen Sie den Mittelweg, junger Mann, das bin ich, der Mittelweg, nichts Bezopftes, nichts Barockes, aber auch keine politische Sensation, keine rührselige alte Jungfer, die plötzlich ihr Herz für die new times entdeckt hat, auch nein. Verlangen Sie bitte nicht von mir, daß ich vielleicht eine Figur aus Fontane wäre. Die Stines, ja, die gibt's noch, aber die Melusinen und die Armgards nicht. Alle Mätressen sind tot. Nein, um für das Alte zu sein, dazu habe ich im Alten zuviel verloren, und für die Novität bin ich zu verstockt. Was habe ich gehabt? Meine zwei Söhne sind gefallen, meine zwei Schwiegertöchter haben wieder geheiratet, die eine hier, die andre in Bad Harzburg, meine Tochter ist ebenfalls im Westen, aber geschieden, mein Mann wurde erschossen, mein Vater erhielt sein Heldengrab und meine Mutter keins, ich bin die letzte von drei Schwestern, ja, was habe ich gehabt? Ein Bruder starb in Gefangenschaft, ein zweiter in der Nervenheilanstalt, ein dritter im Internierungslager, ein vierter kam am 20. Juli ums Leben, und ich stürbe wohl auch im Armenhaus, wenn es das Stift nicht gebe, das mich aufgenommen hat. Was wollen Sie! Daß ich die Welt rückwärts drehe und alles noch einmal, wenn auch vielleicht leicht verändert, miterlebe, die Heldenkriege und die Kriegshelden? So mutig bin ich nicht, und auch nicht so stark. Daß ich jetzt mitmache? Wie sollte ich denn! Ich wüßte auch gar nicht, wie. Ich bin aus der Kirche ausgetreten – ja, das war ein eherner Entschluß! Pastoren und Obristen als Väter und Onkel, und ich trete aus der Kirche aus! Mein Stift weiß das natürlich nicht.«

Die Kellnerin räumt ab, das alte Fräulein nimmt davon keine Notiz.

»Nein, ich bin weder eine Rosa Luxemburg – scheußlich, wie man sie ermordet hat, eine zarte, schwächliche Frau – noch eine Effi Briest, ich bin einfach aus anderen Zeiten übriggeblieben und sitze hier an meinem Caféhaustisch wie neben der Zeit. Ich stehe gewissermaßen im Freien, in einem Behälter aus reinem Sauerstoff, und atme. Mais je ne regrette jamais. Wir wollen es nicht so sensationell machen, junger Mann, was erwarten Sie von mir? Ein Ja für die Verfassung nähme mir kein Mensch ab, man würde es mir nicht glauben, und glaubte es mir ja selber nicht – wissen Sie, ich würde mich schämen, nicht, weil ich Verrat an mir begangen hätte, sondern Verrat an den jungen Mädchen, die Sie immer so neugierig ansehen. Ich wäre doch nie mit dem Herzen dabei. Und ich käme mir wie ein Nachäffer vor, der bejahend bellt, ohne etwas von der Sache zu verstehen. Aber zu einem Nein habe ich den inneren Mut nicht – den äußeren hätte ich schon, sollte man mich doch exekutionieren, doch wie billig! Non, ich kann nicht gegen die jungen Mädchen da stimmen, denn dann würde ich mich ebenfalls schämen. Was blieb mir übrig? Überhaupt nicht zu wählen? Junger Mann, ich habe mich entschlossen, entgegen den Wünschen meiner Tochter, lieber ›rot‹ als ›tot‹ sein zu wollen, und ich bin wählen gegangen, und auch das war schon eine Entscheidung. Nun, wissen Sie, was ich gemacht habe? Ich habe Ja und Nein gestimmt, ich habe in beiden Kreisen mein Kreuzlein gemach, sorgfältig den Stimmzettel in die Wahlurne gesteckt und bin hinausgegangen. Ein wenig haben mir die Knie gezittert, doch bis zum Café Heider habe ich es gerade noch geschafft. Adieu und Farewell!«

Hinausgegangen, das Café füllt sich mit einem Schwarm Teenager, die das alte Fräulein nicht vermissen. Nach dem »Farewell« hatte es noch auf den Tisch geblickt, die Rechnung studiert und plötzlich zerrissen. »Wiederfinden der Jugend, das wird wohl auch der endgültige Abschied von ihr sein.«

Joachim Seyppel (geb. 1919) studierte Germanistik, Theaterwissenschaften, Kunstgeschichte und Philosophie in Berlin, Lausanne und Rostock, promovierte 1943 und arbeitete von 1949 bis 1960 als Hochschullehrer in den USA. 1973 siedelte er in die DDR über, kam aber schon bald u.a. wegen seines Eintretens für Havemann, Biermann und Stefan Heym in Schwierigkeiten. Er wurde 1979 gemeinsam mit acht weiteren Autoren aus dem DDR-Schriftstellerverband ausgeschlossen und erhielt ein Ausreisevisum. 1982 wurde er aus der DDR ausgebürgert. Seyppel lebt heute in Hamburg.

Wolf Jobst Siedler

Wanderungen zwischen Oder und Nirgendwo: das Land der Vorfahren mit der Seele suchend

Sieht man nicht mit dem gefühlsbeladenen Blick von heute, sondern mit den nüchternen Augen von gestern auf die Wirklichkeit, so wird deutlich, daß man nicht ernsthaft sagen kann, die Mark sei den Deutschen die Landschaft der Seele gewesen, wie doch jedes Land sie hat. Für Frankreich gibt es keinen Zweifel; das war über Burgund hinaus die Île de France, Inbegriff von »la douce France« noch für die Impressionisten. In Italien stellte niemand die Frage; für den Sizilianer bedeutete ja Umbrien nie viel, und keiner sehnte sich aus Piemont nach Apulien. Es ist der Fremde, dem die Toskana ein aufs höchste gesteigertes Italien ist, kein Römer oder Neapolitaner hat so empfunden. In Großbritannien war wohl mehr noch als in Wiltshire England in der hügeligen Landschaft von Kent und Sussex am englischsten, auch für die eigenen Bewohner.

Das alte Deutschland vereinigte größere Gegensätze als das übrige Europa, masurische Wälder und Schneekoppe, bayerisches Hochgebirge und Frisches Haff, Loreley-Felsen und Dom-Insel im Pregel. Auf seinen Begriff aber kam das Land wohl doch in der Mitte, in der Caspar-David-Friedrich-Welt. Mehr noch als Schwaben und Franken ist Thüringen deutsches Herzland, Sängerstreit auf der Wartburg und Musenhof der Herzoginmutter, sechshundert Jahre dazwischen.

Brandenburg dagegen war etwas für die Brandenburger, die Mark nur den Berlinern ein Arkadien. Aber es ist nicht in Erinnerung, daß die Familie wirklich an die Oder oder an die Elbe fuhr, wo doch die Mark ganz märkisch war, Neuhardenberg hier und Schönhausen dort. Die Mark war ja nie Reiseland, vorgestern nicht und heute nicht, der Stacheldraht hat da nicht viel geändert.

Schon die Zahl der Betten in den alten Gasthöfen, Hospize und Waldschenken mitgerechnet, macht offenbar, daß niemand dieses Land mit der Schweiz verwechselt hat oder auch nur mit Österreich. Ein Vierwaldstätter See war der Kalksee nicht gerade, auch wenn da, an der Rüdersdorfer Schleuse, Fontane mehr als einmal vor der schlechten Luft des Landwehrkanals Zuflucht suchte, schon weil das Geld für Biarritz oder Rapallo nicht reichte. Wäre jemand auf den Gedanken gekommen, etwa aus München zum Rheinsberger See zu reisen, nur weil da der junge Friedrich mit Gondelfahrten zu Flötenspiel seine watteauschen Träume in die Wirklichkeit geholt hatte?

Unverachtet, aber unbeachtet war die Mark; sie mußte aus der Geschichte kommen, um in das Gemüt einzuziehen. Nun steht sie für viel Untergegangenes, nicht nur für sich selber.

So geht es dann also in das alte Brandenburg, weißer Sand, glitzernde Wasser, rote Kiefernstämme. Niemand hat es beachtet, als es noch Brandenburg war, die Streusandbüchse des Römischen Reiches. Preußen mußte es werden, damit Faszination von ihm ausging, zum Guten oder zum Bösen. Aber Preußen war der König, war die Armee, war die Beamtenschaft und dann natürlich die Idee, die alles zusammenhielt. Das Territorium selber war ziemlich unergiebig, nicht nur in ästhetischer, sondern auch in ökonomischer Hinsicht; Rüben, Gerste und Roggen, das war alles.

Fontane mußte kommen, diesen Boden ans Licht zu ziehen, das der Geschichte und das des Gefühls. Plötzlich, kurz bevor alles zu Ende ging, war das Land durch ihn wieder, auch im Sprachgebrauch, was es gewesen war, bevor es Preußen wurde: die Mark. Immer sind es die Dichter, die eine Welt für die Seele schaffen, Hellas, Rom oder Mark.

Rein schönheitlich ist es nicht soweit her mit der Mark, man muß hier zu Hause sein, daß sich einem das Herz weitet beim Anblick der Birkenwälder und Föhrenhügel zum Spreewald hinunter oder zur Schorfheide hinauf, wo erst die Hohenzollern ihren Jagdsitz hatten, dann der Reichsmarschall und nun die Staatsratsvorsitzenden. Unscheinbar die paar Dutzend Häuser von Ribbeck, für das einen bei Lichte besehen vor allem der Birnbaum einnimmt, der hier im Havelland stand.

Keine Geranien wachsen die Hauswände hinunter, Flaschen umrahmen die Beete, auf denen nicht viel blüht. Aber selbst auf dem Schloß des Dubslav säumten ja leere Glaszylinder die Auffahrt und erinnerten den Alten an die Gefährlichkeit des heraufziehenden Zeitalters der Chemie.

Eingeschossige Häuser, mehr Katen als Bauernhöfe, staubige oder morastige Straßen, die Nebengebäude oft genug mit Wellblech oder Teerpappe gedeckt. Mit dem Dorfanger hat es nicht viel auf sich, Schwäne wie in Schleswig-Holstein schwimmen nicht gerade auf dem Teich. Pauvre war alles, selbst die Gutshäuser, wenn es nicht die Sitze der großen märkischen Familien waren, von denen diese und jene ja auch in europäische Verhältnisse ragten. Die meisten aber waren weit davon entfernt, Schlösser zu sein, auch wenn sie von den Leuten natürlich so genannt wurden. Drei gute Ernten, damit man die Scheune decken lassen kann, sagten die Standesgenossen zwischen dem Fränkischen und dem Westfälischen über das Land zwischen Spree und Oder, da sie doch selber auf wirklichen Schlössern und in Wasserburgen saßen.

In die Mark zu heiraten, hieß nicht gerade Karriere machen, die Dohnas waren nie auf den Gedanken gekommen und die Donnersmarcks schon gar nicht; da verschwägerten sich die Dönhoffs doch lieber mit dem polnischen Adel und die Finckensteins mit dem baltischen. Bei den Stackelbergs und den von der Osten-Sackens herrschten andere Verhältnisse, als sie zwischen Barnim und Fläming zu Hause waren, wo eigentlich alles klatrig war, vor allem die Schulhäuser.

Was für ein Mißverständnis, daß die neuen Machthaber das alles abrissen. Zu Hunderten fielen die Herrenhäuser der Marwitzens an der Oder und die der Bismarcks an der Elbe, die alten Gemäuer von Friedersdorf und Schönhausen.

Zwingburgen der Junker – ach, wie sah die Welt für jene aus, die so von den Landsitzen in der Mark sprachen. Oft genug waren sie baufällig und nur mit Mühe halbwegs instand gehalten; Elbchaussee-Villen glichen sie nicht gerade. Wenn der

Efeu stirbt, stürzen die Mauern, spottete der alte Zastrow über das eigene Haus. Keiner von denen, die hier die Macht ergriffen, stammte von hier, kannte das Land, hatte jemals Rüben verzogen oder Disteln gestochen. Großstadtwerk war die Bauernbefreiung, vor der die Bauern zu Hunderttausenden über die Grenze gingen.

KOLONISTENLAND IST DAS ALTE BRANDENBURG, den Heiden und der Wildnis abgewonnen, das Römerland hinter dem Limes liegt weit. Aber so ganz von gestern ist es auch nicht. Überall schimmert das dreizehnte und vierzehnte Jahrhundert durch das Preußische hindurch, und hinter Askanier-Steinen und Hohenzollern-Mauern wird die Epoche Ottos des Großen sichtbar. Wo die Mark am preußischsten ist, fällt es am meisten in die Augen: der Klassizismus ist die Tünche auf dem alten Land, auch hier ist immer schon etwas vorausgegangen. Man muß nur zu sehen verstehen, auch mit der Erinnerung, nicht nur mit den Augen.

In Paretz zum Beispiel, dem Lieblingssitz Friedrich Wilhelms und Luises, die Havel schimmert durch die Bäume herauf, wird ein barockes Gutshaus in ein klassizistisches Landhaus von der so biederen Nüchternheit verwandelt, daß es selbst Fontane zu weit ging. Die Feldsteinkirche aus der Ordenszeit gleich nebenan brachte der ältere Gilly mit ein paar Handgriffen aus dem Mittelalterlichen ins Neugotische, wenn auch im Spielzeugformat. Die Königsloge, »Königsstuhl« genannt, mißt drei mal vier Meter, das Maß einer Leutestube. An der Westwand hängt noch heute Schadows Relief für die tote Königin mit der ungelenken Trauer des Spruchs »Den 19. Juli 1810 vertauschte sie die irdische Krone mit der himmlischen.« Natürlich ist die Tafel aus Ton, für Marmor oder Bronze hatte man nach Jena und Auerstedt keine Mittel.

So geht es allerorten in der Mark zu, überall ist das Klassische aufgepfropft aufs Märkische wie das Preußische aufs Brandenburgische, nicht nur in Neuhardenberg, wo das klassizistische Schloß des Fürstkanzlers auf die barocken Grundmauern des friderizianischen Gutshauses gestellt wurde. Sein altes Gutshaus Glienicke hatte Hardenberg dafür an Prinz Carl, den Sohn des Königs, verkauft. Schinkel machte aus dem alten Gemäuer das Juwel des Klassizismus, das neue Klein-Glienicke.

Ist es irgendwo anders? Erinnern bei Humboldts Tegel die dummen Ecktürme nicht an den alten Renaissance-Kasten, der hier zur Residenz des Humanismus umgebaut wurde? Das Königshaus spart am meisten, selbst nach der Wiederherstellung des Staates durch Leipzig und Waterloo. Als Friedrich Wilhelm III. 1825 seinem ältesten Sohn im Park von Sanssouci ein Gelände schenkt, läßt sich der Kronprinz ein altes Bauernhaus zu einer italienischen Villa umbauen, das Miniaturschlößchen Charlottenhof von der halben Größe eines Dithmarscher Bauernhofes.

Aber man soll auch nicht immer nur an Gilly, Schinkel, Persius und Stüler denken und in der Mark nichts als das Humanistische suchen. Das Klassisch-Ästhetische ist ja überall dem Christlich-Poetischen aufgepfropft, und durchwandert man die stillen Landstädte und die alten Kirchhöfe, so triumphiert für das Gefühl nicht selten die alte Welt über die neue. Der geheimnisvolle Zauber des Schwermütigen trägt dann den Sieg davon über die Schinkel-Chose, die überall Tempel aus Thessalien in die

Uckermark verpflanzt und selbst dem Molkenhaus im Oderbruch die Gestalt einer Basilika gibt.

Man sitzt in Weimars »Elephanten«, wird von der Menge durch Friedrichs »Neues Palais« geschoben, trinkt einen klebrigen Saft im Restaurant »Witebsk« in Frankfurt, ißt die obligate Soljanka, die überall zwischen Oder und Elbe die alte Erbsen- und Linsensuppe verdrängt hat, wie ja auch der Wodka den Steinhäger ersetzt. Kulturen sinken, andere steigen auf. An den Abrechnungsbüchern der Klosterküchen im späten Merowingerreich läßt sich ablesen, wie in wenigen Jahrzehnten die römische Zivilisation durch die fränkische abgelöst wird; plötzlich verschwinden die Positionen für Wein und Oliven, an deren Stelle Ausgaben für Met und Honig treten. Merkwürdige Gedanken kommen einen an, wenn man im Restaurant »Puschkin« in Dresden seine Pirogge ißt.

Soll man so auch auf das Land schauen, das eben noch das eigene war? Damals, als unsere Kultur anhob, gab sich der tiefe Einschnitt in allem Bestehenden auch im Bagatellhaften zu erkennen. Europas Kerzenindustrie verdankt ihre Entstehung der Sperrung des östlichen Mittelmeeres durch die neuen islamischen Staaten im Mittleren Osten. In die westlichen Teile des Römischen Reiches kommt im 8. und 9. Jahrhundert kein Öl mehr von den Oliven des Orients, mit dem man seit Jahrhunderten die Öllämpchen in den Kirchen der Christenheit speist. So erfindet man sich die Wachskerze, und in Zukunft wird in der Hagia Sophia in Konstantinopel die Öllampe brennen und in der Peterskirche in Rom die Kerze.

Sind es solche Zeichen, auf die man achten muß, wenn man den fremden Herrschaftsbereich betritt, der vor unserer Haustür beginnt?

Am Nebentische die Bürger des Arbeiter- und Bauernstaates. Was ist es, das jede Begegnung mit den anderen Deutschen zu einer so bewegenden Sache macht? Kommt das Gefühl daraus, daß sie soviel mehr Deutsche als wir sind, oder rührt ganz im Gegenteil die Betroffenheit daher, daß jenes andere Frankfurt an der Oder dem polnischen Kalisch schon näher ist als der Zwillingsstadt am Main? Trifft man Freunde oder begegnet man Fremden, so fühlt man sich ihnen nahe verwandt. Aber spielt da nicht auch ein wenig die Empfindung hinein, die jene Amerikaner deutscher Herkunft hatten, als sie nach dem Untergang der Gewaltherrschaft in das Land der Vorväter kamen? Ja, wir sind ihr, und ihr gleicht uns, aber doch in einer Manier, wo es die Nähe ist, die die Fremdheit offenbar macht.

Alles Zufälle, solche der Politik und solche der Geographie. Drei alte Männer sitzen in Jalta und Teheran und zeichnen auf einem Schulatlas Linien. Ein halbes Jahrhundert später bewegt die Enkel die Frage, wie es wohl gekommen wäre, wenn damals der rote Strich drei Zentimeter weiter nach Osten gezogen worden und Erfurt plötzlich ununterscheidbar von Passau wäre, und Leipzig gliche Hannover. So weit war es doch gar nicht, daß es dahin gekommen wäre. Ganz zum Schluß, als er alle Fehler gemacht hatte, wollte es Churchill so; da war es zu spät.

Ja, die anderen Menschen. Ist es Bescheidenheit, ist es Unbeholfenheit, wie sie sich in den Restaurants bewegen, fast um Entschuldigung bittend, wenn sie nach Plätzen und Speisekarten fragen? Oder fehlt ihnen nur die Allerweltssicherheit der

Reisegruppen zwischen Ischia und Sri Lanka? Oder ist auch das verkürzt gedacht, gibt sich der Greifswalder in Warna wie der Bochumer in Rimini? Alles nur Perspektivenwechsel, Frage der Optik, nur daß die einen tatsächlich keine Grenzen kennen zwischen Seychellen und Spitzbergen und die anderen, die Sache beim Namen genannt, auf den Bereich angewiesen bleiben, wo die Rote Armee zu Hause ist.

Der Verleger und Schriftsteller Wolf Jobst Siedler (geb. 1926 in Berlin) studierte Geschichte, Philosophie und Literatur und wurde 1955 Feuilletonchef des »Tagesspiegel«. Von 1963 bis 1979 leitete er die Verlage Propyläen und Ullstein, bis er 1980 seinen eigenen Verlag gründete.

Thomas Kling

stempel griebnitzsee I

kein rausch?
ins neon grenzneon gelauscht: es
ist stille totnbetong;
zusteigende,
die jüngeren die abgefackeltn
dienstgesichter und tonlos
hingewinkt (setzn.) unter her
anrollender schneller
werdender normaluhr

(für Manfred Peter Hein)

Thomas Kling

stempel griebnitzsee 2

passierend;
bei supre bei hin-
gekipptem SUPREMATISMUS-MOND:
bandstättn (»reisepaß!«) trabant-
städte passierend, auf freier strecke flie-
ßend, rücklichter angeschliffn DIE MARK
GEHEND, STACHEL IM FLEISCH MIT HEINER-
MÜLLER-ZIGARRE;
super: der belgische
waggon (»kann passiern«) war nur
ein mu .. ein stück .. mit einer fixn
nadel nur; ei muse!, war nurn
musemsstück

(für Andreas F. Kelletat)

Der Lyriker Thomas Kling (geb. 1957) lebt in Köln. Der Bahnhof Griebnitzsee bei Potsdam war – vom Westteil Berlins aus gesehen – der erste Bahnhof auf DDR-Gebiet.

Günter Eich

Oder, mein Fluß

Oder, mein Fluß,
der keine Quelle hat:
In Tropfen sickert es
aus Gebirgen von Zeit,
Wasser, das nach Kindheit schmeckt.

Oder, mein Fluß,
eine Breite, um Holüber zu rufen,
ein November für Regen.

Schleier über die Rübenäcker gezogen,
nicht unterscheidbar Wiesenufer und Bergufer,
Stimmen auf Buhnen und Treidelweg,
bei den strähnigen Weiden und dem Schilfrohr,
Glocken aus Frankfurt und die Sagen der Reitweiner Berge,
die Fähre in Lebus und das Haus
rechts der Oder, wo ich geboren bin,
die Schmiede in Podelzig und die Erzählungen
der Großmutter, die den Mörder Sternickel sah,
die Ferne fährt in Kähnen vorbei,
gleichgültig und mit Flaggen am Bug.

Günter Eich, ca. 1957

Unruhe bei Windstille und Wind,
eine Besonderheit im Klang der Uhren,
das Mehl des Holzwurmes als Hieroglyphe,
die Brennereien in den Gutshöfen,
Unzufriedenheit, die sich in Schnaps ertränkt.
Wer kommt, geht bald wieder fort.
In Küstrin sah Friedrich, wie Katte enthauptet ward.
In Freienwalde besuchte Fontane seinen Vater.
Zerstört ist das Haus,
wo Kleist seine Kindheit verbrachte.

Unruhe in Ackerfurchen und Holundergebüsch,
Unverständliches in den Herzen.
Das Vollkommne gedeiht nicht,
hier bändigt keiner zu edlem Maß das Ungebärdige
und das Dunkle ist wie vor der Schöpfung
ungeschieden vom Hellen.

Günter Eich wurde in Lebus an der Oder, auf der heute polnischen Seite, geboren. Von dem Gedicht »Oder, mein Fluß« gibt es zwei Fassungen. Hier wird die zweite abgedruckt, die vermutlich, wie auch die erste, 1951 entstand.

Lutz Rathenow

Hochwasser in Brandenburg

Sind die Deiche dicht,
kommt das Wasser nicht.
Deichläufer Risse melden,
Sandsäcke, Helfer: Helden.
Menschen steigen auf ihr Dach,
sehen nach dem Wasser nach.
Oder weinen in die Kamera –
alle Sender sind schon da.

Lutz Rathenow, geb. 1952, bezieht sich in seinem Gedicht auf das Oderhochwasser 1998.

Frank-Wolf Matthies

Die Hexe

für Peter Huchel

das summen entweicht
der duft steht auf & zieht
durch die zimmer. ein hauch
von wärme entfernt sich
vom ofen –
hin zu der schönen, lachend
am fenster

das haar: sie flicht sich
den rettenden zopf.

vergiß mich
murmelt der nebel & haucht
die feder
schwarz auf die weiße
brust. vergiß ihn
echot die wärme –
hin zu der schönen, lachend
am fenster.

Frank-Wolf Matthies, geb. 1951, lebt in Friedrichsthal. Das Gedicht entstand 1978.

Lutz Seiler

grossraum berlin, ein

letzte-kolonien-geruch & schwerer
einsatz an den lauben: manche
        hängten schlitten glocken, an
den taschen hart & gross gestossne spät-
heimkehrer mäntel, wir
hatten noch stanniol, mal stores in
den kirschen, flaschen, wo man hintrat, auf
        die kurzen, braunen hälse. dort

        hockten wir zu tisch mit über
spreiztem scheitel paar
pfund augen welpen unterm lid: jäger
zäune, wellasbest für immer oder
ein der-tut-nichts-pitbull im luden
        gewirr & kristall-

        klare flaschen, erst schwer
vom körper zu trennen, doch leer
in die löcher der ratten
        zu graben, die pfeifenden hälse

gegen den westmond. wie gut
tat dann das ratten-klatschen bei
        nordwest & was
wir hier jetzt immer haben: dieses

patroullieren aus den schädel spitzen, tags
wenn unser sinnen sorgsam seine schläfen
bettet in der luft lamellen, blanke
nerven an den rinden, wenn

        im frühlicht kopf
& leben eines vogels auf
einander schlagen

Lutz Seiler, geb. 1963, lebt in Wilhelmshorst.

Marian Nakitsch

In den Sommerkleidern der Ruppiner Schweiz

An heißen Tagen
waren wir gehüllt
nur in einen blauen runzeligen See.
Und wir machten über der Tiefe
die Bewegungen von Vögeln.

Dann, schattenummantelt,
folgten wir den Kiefern
durch einen dichten Buchenwald
bis in die Garderobe der Sonne.

In einer Wassermühle,
die keine Mühle mehr war,
kleideten wir uns in Sackleinen
wie das Korn.

Marian Nakitsch, geb 1952 in Kroatien, lebt seit 1994 in Deutschland, seit 1996 in Berlin.

Gerald Zschorsch

Fläming

Schlafmond Schlaf Schlafmohn.
Wenn ich bei dir wohn.
Ziehen Himmelstiere da droben;
und thron ...

I.

See der Kindheit Kossin.
Inmitten Blau Gelb Grün:
des Himmels
der Felder
von Baumkronen.

Badestelle;
Meßtischblatt groß
und märkisch schön.

Schmeckt Wasser
nach Schlamm
und Moos;
und ein rotblonder Abend
nach einer gemusterten Nacht.

II.

So Sand:
so fein im Schilf
streifen Hände
Essenkehrer.

Rinnt unterm Kleinen Wagen;
der steht,
nicht fährt
Zeit hin
und altes Weh.

Also komm:
bleibe
oder geh.

Gerald Zschorch, geb. 1951 in Elsterberg/Vogtland, wurde 1968 verhaftet, weil er Flugblätter gegen die Niederschlagung des Prager Frühling verteilt hatte; nach einer zweiten Verhaftung kam er im Dezember 1974 in die Bundesrepublik. Zschorsch lebt heute in Frankfurt am Main.

Anhang

Nachwort

Die Literatur aus der Mark Brandenburg hat, blickt man auf die deutsche Literatur im ganzen, stets ein bescheidenes Ansehen genossen. Während andere Landschaften die Kulisse für bedeutende Werke hergaben, eine Zeitlang zum Mittelpunkt des literarischen Lebens in Deutschland wurden, einflußreiche Dichterschulen oder doch wenigstens eine Mundartdichtung hervorbrachten, die über die Region hinausstrahlte, ist von der Literaturgeschichte Brandenburgs auf den ersten Blick – mit Ausnahme der großen Solitäre Heinrich von Kleist, Achim von Arnim und Theodor Fontane – wenig in den »Hausschatz deutscher Dichtung« eingeflossen. Abgesehen davon, daß es einen solchen allgemein akzeptierten Kanon immer nur in vagen Umrissen gab, wird schnell deutlich, daß die Kleist und Fontane, Kasack und Heimann, Huchel und Eich lediglich (und manchmal auch nur im Rückblick) die auffälligsten Erscheinungen eines literarischen Lebens waren, das in seiner Breite von einer ganzen Schar Minder- oder Unbekannter getragen wurde.

Daß doch einmal ein Schlaglicht auf die Literatur aus der Mark fiel, hängt mit dem Wirken des Dichterpfarrers Friedrich Wilhelm August Schmidt zusammen, an dessen idyllischer Dichtung sich eine ästhetische Diskussion entzündete, die von den zeitgenössischen Protagonisten des deutschen Geisteslebens geführt wurde. Schmidts Lyrik wurde von Wieland und Jakob Grimm gelobt, von Tieck verworfen und von August Wilhelm Schlegel verhöhnt. Gleich ein halbes Dutzend Parodien auf seine Verse sind zu Lebzeiten des Dichterpfarrers erschienen. Reizpunkt war vor allem der Ton einer als platt und einfältig empfundenen Naturschilderung, in der es von »unpoetischen Gegenständen« wie quakenden Fröschen und meckernden Lämmern nur so wimmelt. Am bekanntesten ist die Parodie von Goethe geworden, die ihren Titel den Schmidtschen Gedichtbänden »Kalender der Musen und Grazien« (1796) und »Almanach der Musen und Grazien« (1802) entlehnte: »Musen und Grazien in der Mark«.

Was eigentlich hat man unter »brandenburgischer Literatur« zu verstehen? Wenn schon das im Laufe der Zeiten sich wandelnde Verständnis von dem, was Literatur sei, keinen allzu festen begrifflichen Boden bietet, gilt dies für dessen geographische Eingrenzung um so mehr. Man könnte sich darauf einigen, die hier entstandene oder die auf die Region bezogene Literatur darunter zu verstehen – unabhängig von der Herkunft der Autoren. Alexis war bekanntlich Schlesier, Fontane entstammte einer Hugenottenfamilie, und die Kleists sind alter pommerscher Adel. Freilich greifen die Bezüge, die für die Bewertung von Autoren und Werken von Bedeutung sind, stets über das Regionale hinaus. Die regionale Literaturgeschichtsbetrachtung findet ihre Rechtfertigung nicht in der bloßen Fokussierung des Blicks auf die Region, der der Autor oder die Autorin entstammt oder in der das Werk entstanden ist, sondern in der Aufhellung jener biographischen oder literarischen Bezüge, die für das Werk prägend gewirkt haben.

In diesem Sinne ist unser Lesebuch als Anregung zu verstehen, den Affinitäten von Landschaft, Geschichte und hier entstandener Literatur nachzuspüren. Der Grundton der Literatur aus der Mark ist elegisch-melancholisch. Horst Krüger schreibt von der »schönen Melancholie« der östlichen Landschaft. Sie findet sich in der Literatur über Brandenburg wieder. Den Gegenpol dazu bildet ein volkstümlich derber Ton, wie wir ihn etwa in den Geschichten über Hans Clauert, in Ehm Welks »Heiden von Kummerow« und bei Erwin Strittmatter finden. In besonders gelungenen Fällen verschmilzt beides, in einigen Liedern Paul Gerhardts etwa, bei Klabund oder in den Reisefeuilletons von Hans Scholz. »Die Literaturgeschichte ist die große Morgue, wo jeder seine Toten aufsucht, die er liebt oder womit er verwandt ist«. Heines Feststellung aus der »Romantischen Schule« gilt auch für unser Vorhaben, und so sollte denn wenigsten skizziert werden, worum es uns bei der vorliegenden Auswahl ging. Zunächst einmal ist Repräsentanz durchaus angestrebt. Die wichtigsten Autoren sollten ebenso vertreten sein wie auf Ausgewogenheit der Regionen und der geschichtlichen Epochen geachtet wurde. Mit Ausnahme des Dramas sind alle literarischen Formen vertreten. Am Beginn steht die erstmalige schriftliche Erwähnung des Namens »Brandenburg« in den Aufzeichnungen des 1004 gestorbenen Mönches Widukund. Brandenburgische Literatur in dem Sinne, in dem wir sie heute verstehen, beginnt mit den Gedichten Markgraf Otto IV., der unter dem Namen Otto mit dem Pfeile in die deutsche Literaturgeschichte eingegangen ist.

Mit der Stiftungsurkunde der Viadrina von 1505 und dem Toleranzedikt von 1685 werden zwei Dokumente vorgelegt, die nicht nur für die geistige und künstlerische Entwicklung in der Region von großer Bedeutung sind, sondern darüber hinaus wirtschaftliche und politische Bedeutung besitzen. Das Edikt, das den »der evangelisch-reformierten Religion zugetanen Glaubensgenossen« aus Frankreich Aufnahme und Förderung zusagte, leitete die Einwanderung von etwa zehntausend Hugenotten während der nächsten fünfzehn Jahre in die Mark Brandenburg ein. Unpolitisch ist die Brandenburgische Literatur nicht gewesen. Davon zeugt neben dem Toleranzedikt, das selbstverständlich auch staatspolitischem Kalkül entsprang, Armin T. Wegeners Offener Brief an Adolf Hitler ebenso wie die Gedichte von Sarah Kirsch und die Lebenserinnerungen von Margarethe Buber-Neumann und Eduard Claudius. Wenn auch Repräsentanz angestrebt wird, wenn auch ein Grundbestand brandenburgischer Literatur in diesem Lesebuch neuerlich überliefert wird, so sind sich die Herausgeber durchaus bewußt, daneben eine subjektive und der unmittelbaren Gegenwart verpflichtete Auswahl getroffen zu haben. Schon die Frage, welcher Autor wichtig sei, unterliegt weitgehend subjektiven Kriterien. Der Reichtum der Überlieferung entzieht sich dem objektivierenden Zugriff.

Zwei Hinweise seien noch angefügt: einer betrifft die große Anzahl von Sagen. In diesen vorliterarischen Zeugnissen ist viel historische Erinnerung aufbewahrt, die andernorts nicht mehr auftaucht, etwa an die teilweise blutigen Auseinandersetzungen mit den Slawen. Zum zweiten wurde Literatur aus und über Berlin bewußt nicht aufgenommen. Das hat konzeptionelle Gründe und nicht vorrangig solche des Umfangs. Die Wiederspiegelung des Lebens in der Residenz- und späteren Großstadt

Berlin ist ein Thema, das eine eigene Behandlung erforderte. Auch haben Berlin und die Mark bei aller Verwandtschaft und stets lebendiger Wechselbeziehungen doch grundsätzlich verschiedene literarische Ausdrucksformen hervorgebracht. Wenn das Gesetz der geistigen Gravitation dafür gesorgt hat, daß ein Großteil der Kreativität durch die Großstadt Berlin aufgesogen wurde, blieb, überspitzt formuliert, für die Mark als eigenständige Ausdrucksform das Unzeitgemäße, die Existenz jenseits der wechselnden literarischen Hochform, der Rückgriff auf die Geschichte im Spiegel der Landschaft.

Die Schmidt-Parodie von Goethe gibt unserem Lesebuch zugleich den Titel. Damit ist nicht gemeint, daß die in Brandenburg entstandene Literatur nur mit Spott bedacht werden soll. Goethes Parodie zielte auf das Unzeitgemäße, auf die selbstgewählte Beschränkung des Horizonts in der Schmidtschen Dichtung und auf den zum literarischen Topos gewordenen Minderwertigkeitskomplex, der einer Landschaft galt, deren Reize sich allein in ihrer Kargheit erschließen würden. Was Goethe jedoch Jahre später über Schmidt von Werneuchen schrieb, mag stellvertretend fur die Vielzahl der Schriftsteller gelten, die im Schatten der weniger Großen gelebt und geschrieben haben: »Jedermann hat sich über ihn (Schmidt) lustig gemacht, und das mit Recht; und doch hätte man sich über ihn nicht lustig machen können, wenn er nicht als Poet wirkliches Verdienst hätte, das wir an ihm zu ehren haben.«

Die Herausgeber

Quellen- und Rechtsvermerke

Abzählreime: Gustav Schäfer, Die Mark und Berlin im Spiegel der Dichtung, Berlin 1926; Karl Nase, Die Mark. Meine Heimat im Gedicht, Berlin 1927; Paul **Albers**: Schäfer 1927; Willibald **Alexis**, Die Hosen des Herrn von Bredow. Vaterländischer Roman, Berlin 1924; Erich **Arendt**, »Villon«: Gedichte. Auswahl und Nachwort von Gerhard Wolf, Leipzig 1973; »Hohlraum«: entgrenzen. Gedichte, Leipzig 1981; Ingeborg **Arlt**: Erstdruck mit freundlicher Erlaubnis der Autorin; Achim und Bettina in ihren Briefen. Briefwechsel Achim von **Arnim** und Bettina Brentano, hrsg. Von Werner Vordtriede, Frankfurt am Main 1961; Achim von **Arnim**, Mir ist zu licht zum Schlafen. Gedichte, Prosa, Aufsätze, Stücke, Briefe, hrsg. von Gerhard Wolf, Berlin 1983; Gottfried **Benn**, Sämtliche Gedichte, Klett Cotta, Stuttgart 1998 (Abdruck mit freundlicher Genehmigung des Klett Cotta Verlags); Henryk **Bereska**, Auf einem Berg aus Sand. Märkische Gedichte, Berlin 1996 (Abdruck mit freundlicher Erlaubnis des Autors); **Bericht** des Wirts Zum Stimming: Heinrich von Kleist, hrsg. von C. F. Reinhold, Berlin 1919 sowie Heinrich von Kleist, Dokumente und Zeugnisse, hrsg. von Roland Reuß und Peter Staengle, Heidelberg 2000; Johann von **Besser**, Des Herrn von B. Schriften, Leipzig 1720; Horst **Bienek**, Die Zelle, Roman, München 1968 (© 1968 Carl Hanser Verlag, München-Wien; Abdruck mit freundlicher Erlaubnis des Verlags); Otto von **Bismarck**, Gesammelte Werke, Berlin 1924–1932, Bd. 15, S. 178ff.; Bertolt **Brecht**, Gedichte, Band 2. Hrsg. von Jan Knopf. Berlin, Weimar, Frankfurt am Main 1988; Friedrich **Brunold**: Schäfer 1926; Margarethe **Buber-Neumann**, Von Potsdam nach Moskau (© 2002 Ullstein Taschenbuchverlag); Friedrich Rudolf Ludwig von **Canitz**, Des Freyherrn von Canitz Gedichte. Berlin, Leipzig 1734; Giacomo **Casanova**, Geschichte meines Lebens, hrsg. v. Günther und Barbara Albrecht, Leipzig und Weimar 1987; Adelbert von **Chamisso**, Herbst: Werke in zwei Bänden, Bd. 1, Leipzig 1981; Brief an Hitzig: Adelbert von Chamissos Werke, 5. Bd., Leipzig 1852; Eduard **Claudius**, Ruhelose Jahre, Halle/S. 1968; Günter **de Bruyn**, Pastor Schmidt von Werneuchen. Aus: ders., Mein Brandenburg. Fotos von Barbara Klemm (© 1993 S. Fischer Verlag GmbH, Frankfurt am Main. Abdruck mit freundlicher Genehmigung des Verlags); Richard **Dehmel**, Gesammelte Werke in drei Bänden, Berlin 1913; **Drohbrief** Quitzow: Adolph Friedrich Riedel, Codex diplomaticus Brandenburgensis, Supplement, S. 266; Übersetzung des mittelniederdeutschen Textes in: Quellen zur brandenburgisch-preußischen Geschichte, hrsg. von Hans Bahr, Leipzig o. J. (1914), Bd. 1, S. 103f. (Voigtländer Quellenbücher Bd. 79); Günter **Eich**, Die Gedichte. Die Maulwürfe (Gesammelte Werke Bd. 1), hrsg. von Axel Vieregg. Frankfurt am Main 1991 (© Suhrkamp Verlag, Abdruck mit freundlicher Genehmigung des Verlags) (Erstdruck: »Oder, mein Fluß«: Mitteilungen des Deutsch-Japanischen Kulturinstituts, Doppelheft 12/13, 1963; »Wiepersdorf«: Die Gegenwart. Eine Halbmonatszeitschrift. [Freiburg] 1 [1946], Nr. 20/21 [Oktober]; »Nicht geführte Gespräche«: Das Atelier. Zeitgenössische deutsche Lyrik. Hrsg. von Klaus Wagenbach. Frankfurt am Main 1963);

Eroberung von Brandenburg an der Havel: Widukind, Res gestae Saxonicae I, 35 (zitiert nach: Bahr 1914; Karl **Foerster**, Ferien vom Ach, Berlin 1974 (Abdruck mit freundlicher Genehmigung von Marianne Foerster und des L & H Verlags, Hamburg); Theodor **Fontane**, Sämtliche Werke, Band 20, hg. von E. Groß und K. Schreinert. München 1962; **Fouqués** Werke, Auswahl in 3 Teilen, Teil 1, Gedichte – Erzählungen, Berlin, Leipzig, Wien, Stuttgart 1908; Poetische Seitensprünge: Gedichte von **Friedrich II.** von Preußen, Berlin 1990; Franz **Fühmann**, Im Berg. Texte und Dokumente aus dem Nachlaß, hrsg. von Ingrid Prignitz. Rostock 1993 (© Hinstorff Verlag GmbH, Abdruck mit freundlicher Erlaubnis des Verlags); **Geibels** Werke, Band 1. Hrsg. von Wolfgang Stammler. Leipzig, Wien o. J. (1918); Paulus **Gerhardts** geistliche Lieder, Bern 1974 (= Nachdruck der Ausgabe Stuttgart 1853); Hermann **Graebke**, Prignitzer Kamellen un Hunnenblömer, Zürich 1896; **Günthers** Werke in einem Band, hrsg. von Hans Dahlke. Berlin, Weimar 1977; Paul **Gurk**: Elisabeth Emter, Paul Gurk – ein vergessener Dichter aus Frankfurt an der Oder, Frankfurter Buntbuch 15, hrsg. von Wolfgang Barthel, Frankfurt (Oder) 1995 (dort Erstdruck nach der Handschrift im Deutschen Literaturarchiv in Marbach) (mit freundlicher Erlaubnis von Gudrun Selinka und des Deutschen Literaturarchivs in Marbach); **Haude-Spenersche Zeitung** (Zum Regierungsantritt Friedrich des Großen): Eberhard Buchner, Anno Dazumal. Versuch einer Kulturgeschichte in Dokumenten und Anekdoten, Berlin 1927; Gerhart **Hauptmann**, Das Abenteuer meiner Jugend. Zweites Vierteljahrhundert, Leipzig 1980; Albrecht **Haushofer**, Moabiter Sonette, München 1976 (Sonett XXII); Moritz **Heimann**, Die Mark, wo sie am märkischsten ist. Novellen und Betrachtungen, hrsg. von Günter de Bruyn, Berlin 1996; Martin **Heinsius**: Paul Alfred Merbach, Literaturgeschichtliche Entwicklung der Mark Brandenburg. In: Landeskunde der Provinz Brandenburg, Band IV, Berlin 1915; Luise **Hensel**: Lieder. Vollständige Ausgabe, hrsg. von Hermann Cardauns, Regensburg 1923; Georg **Hesekiel**: Schäfer 1926; Theodor **Heuss**, Von Ort zu Ort. Wanderungen mit Stift und Feder (© 1959 Deutsche Verlags-Anstalt GmbH Stuttgart); Ludwig Christoph Heinrich **Hölty**, Werke und Briefe, hrsg. von Uwe Berger. Berlin, Weimar 1966; Arno **Holz**, Ewige Melodie. Hundert Deutsche Gedichte, hrsg. von Ilse Langner, Erfurt 1949; Ricarda **Huch**, Neue Städtebilder. Im alten Reich, Band 2. Leipzig, Zürich 1929 (Erstdruck und Quelle); Peter **Huchel**, Gesammelte Werke in zwei Bänden, Band 1, hrsg. von Axel Vieregg, Frankfurt am Main 1984 (© Suhrkamp Verlag, Abdruck mit freundlicher Genehmigung des Verlags, außer »Damals« und »Wiepersdorf«: © Piper Verlag GmbH, München 1967) (Erstdruck: »Damals«: Aufbau 11 [1955]; »Wiepersdorf«: Peter Huchel, Gedichte. Berlin 1948; »Todtmoos«: Die neunte Stunde, Frankfurt am Main 1979); Bettina **Hürlimann**, Sieben Häuser. Zürich 1976 (Erstdruck und Quelle); Ulrich von **Hutten**: Übersetzung von Ernst Münch zitiert nach: Merbach 1915; Georg **Kaiser**, Briefe, Frankfurt am Main, Berlin, Wien 1980 (© Propyläen Verlag, jetzt Berlin); Anna Louisa **Karsch**, O, mir entwischt nicht, was die Menschen fühlen. Gedichte, Briefe, Stimmen von Zeitgenossen (Märkischer Dichtergarten), hrsg. von Gerhard Wolf, Berlin 1981; Hermann **Kasack**, Märkischer Abend: Erstdruck nach einem Typoskript im Deutschen Literaturarchiv in Marbach mit freundlicher Genehmigung von Wolfgang Kasack; Höhere Dämmerung: Die Insel, Gedichte (Nachdruck der Ausgabe Berlin 1920); Kanon zu Loerkes Gedächtnis: Hermann Kasack, Wasserzeichen. Gedichte, Frankfurt am Main 1964; Marie Luise **Kaschnitz**, Gesammelte Werke, hrsg. von Christian Büttrich und Norbert Miller, Band 3, Frankfurt am Main 1982; Alfred **Kerr**, Werke in Einzelbänden, Band II, Liebes Deutschland, Gedichte (© Argon Verlag GmbH, 1991. Alle Rechte vorbehalten S. Fischer Verlag GmbH, Frankfurt am Main); **Rainer Kirsch**, Kunst in Mark Brandenburg, Rostock 1988 (© Hinstorff Verlag GmbH, Abdruck mit freundlicher Erlaubnis des Verlags); **Sarah Kirsch**, Wiepersdorf: Werke in fünf Bänden, hrsg. von Franz Heinrich Hackel (© 1999 Deutsche Verlags-Anstalt GmbH, Stuttgart) (Erstdruck: Rückenwind. Gedichte, Berlin 1976); **Klabund**, »Ich hab am lichten Tag geschlafen«: Gesammelte Werke in Einzelausgaben, Bd. 6, Wien 1930; »Ode an Crossen«: Werke in 8 Bänden, hg. von Ch. von Zimmermann, Band 4, Teil 2, Heidelberg 2000; **Ewald Christian von Kleist**, Ihn foltert Schwermut, weil er lebt, hrsg. von Gerhard Wolf, Berlin 1982; **Heinrich von Kleist**, Werke und Briefe, Bd. 4, Briefe, Berlin, Weimar 1978; Jochen **Klepper**, Der Vater (© 1957 Deutsche Verlags-Anstalt GmbH, Stuttgart, Abdruck mit freundlicher Erlaubnis des Verlags); Thomas **Kling**, geschmacksverstärker. Gedichte, Frankfurt am Main 1989 (© Suhrkamp Verlag, Abdruck mit freundlicher Genehmigung des Verlags); Gertrud **Kolmar**, Das Wort der Stummen. Nachgelassene Gedichte, Berlin 1978; August **Kopisch**: Schäfer 1926; Hans Clauert, der märkische Eulenspiegel. Nach dem Volksbuch des **Bartholomäus Krüger** bearbeitet von Karl Pannier, Leipzig 1900; **Horst Krüger**, Tiefer deutscher Traum, Hamburg 1983 (© 1983 by Hoffmann und Campe Verlag, Hamburg, Abdruck mit freundlicher Erlaubnis des Verlags); **Lehninsche Weissagung**: J. G. Th. Grässe, Sagenbuch des Preußischen Staates, Bd. 1, Glogau 1868; Johannes **Lepsius**, Bericht über die Lage des armenischen Volkes in der Türkei, Potsdam 1916; Im Geist bleibe ich bei Euch. Texte und Dokumente zum 100. Geburtstag von Hermann **Maaß**, hrsg. von Sigrid Grabner und Hendrik Röder, Potsdam 1997 (Abdruck mit freundlicher Erlaubnis der Familie Maaß); Friedrich August Ludwig von der **Marwitz**, Lebensbeschreibung, hrsg. von Friedrich Meusel, Berlin 1908; Frank-Wolf **Matthies**: Erstdruck: Morgen, Reinbek bei Hamburg 1979 (© Rowohlt Verlag GmbH Reinbek bei Hamburg); Helmuth Graf von **Moltke**, Werke, 3. Bd., Berlin 1925; Christian **Morgenstern**, Alle Galgenlieder, Leipzig o. J. (1971); **Ewald Müller**, Heimat. Ausgewählte Gedichte, Cottbus 1922; **Inge Müller**, Irgendwo; noch einmal möcht ich sehn. Lyrik, Prosa, Tagebücher, hrsg. von Ines Geipel, Berlin 1996 (Abdruck mit freundlicher Genehmigung des Aufbau Verlags); Wilhelm **Müller-Rüdersdorf**: Schäfer 1926; Mariam **Nakitsch**: Die politische Meinung 44 (1999), Heft 352 (Erstveröffentlichung und Quelle), Abdruck mit freundlicher Genehmigung des Autors; Helga M. **Novak**, Silvatica, Frankfurt am Main 1997 (© 1997 by Schöffling & Co. Verlagsbuchhandlung GmbH, Frankfurt am Main, Abdruck mit freundlicher Erlaubnis des Verlags); **Otto IV.**: Minnesinger, hrsg. von Friedrich Heinrich von der Hagen, Teil 1, Berlin 1838; Übersetzung in: Ernst Berner, Geschichte des Preußischen Staates, München/

Berlin 1891; **Potsdamer** Edikt: Max Beheim-Schwarzbach, Hohenzollernsche Colonisationen, Leipzig 1874; Hermann Fürst von **Pückler**: Heinrich Conrad (Hrsg.), Frauenbriefe von und an Hermann Fürst von Pückler-Muskau, München/Leipzig 1912; Leopold von **Ranke**, Friedrich der Große, Leipzig 1927; Walther **Rathenau**, Gesammelte Schriften, Band 6: Schriften aus Kriegs- und Nachkriegszeit. Berlin 1929; Lutz **Rathenow**, Der Wettlauf mit dem Licht, Weilerswist 1999 (Abdruck mit freundlicher Genehmigung des Autors); Eberhard von **Rochow**, Der Kinderfreund. Ein Lesebuch zum Gebrauch in Landschulen, Teil 1, Frankfurt am Main 1776 (Neudruck Potsdam 1995 [Quellen und Studien zur Berlin-Brandenburgischen Bildungsgeschichte, Bd. 1]); **Sabinus**: Übersetzung nach: Schäfer 1926; Karl Friedrich **Schinkel**, Aus Tagebüchern und Briefen, Berlin 1967; Die **Schlacht** am Kremmer Damm: Die historischen Volkslieder der Deutschen vom 13. bis 16. Jahrhundert, von Rochus v. Liliencron, Bd. 1; Einfalt und Natur. Gedichte von Friedrich Wilhelm August **Schmidt** (Märkischer Dichtergarten), hrsg. v. Günter de Bruyn, Frankfurt am Main 1982; Reinhold **Schneider**, Verhüllter Tag, Köln, Olten 1955; Hans-Joachim **Schoeps**, Preußen. Geschichte eines Staates, Frankfurt am Main/Berlin 1966 (© 1966 Propyläen Verlag, Abdruck mit freundlicher Erlaubnis der Econ Ullstein List Verlag GmbH & Co. KG); Hans **Scholz**, Wanderungen und Fahrten in der Mark Brandenburg, Bd. 1, Berlin 1973 (Abdruck mit freundlicher Erlaubnis des Stapp Verlags); Rudolf Alexander **Schröder**, Gesammelte Werke in 8 Bänden, Frankfurt am Main 1952–1965; Gustav **Schüler**, Auf den Strömen der Welt zu den Meeren Gottes, Gedichte, Leipzig 1908; **Heinrich Seidel**, Glockenspiel, Stuttgart 1889; **Heinrich W. Seidel**, 3 Stunden vor Berlin, hrsg. von Ina Seidel, Göttingen 1954; **Ina Seidel**, Aus den schwarzen Wachstuchheften. Ungewöhnliche Texte einer großen Schriftstellerin (© 1980 Deutsche Verlags-Anstalt GmbH, Stuttgart); Lutz **Seiler**, pech & blende, Frankfurt am Main 2000 (© Suhrkamp Verlag, Abdruck mit freundlicher Genehmigung des Verlags); Joachim **Seyppel**, Ein Yankee in der Mark, Berlin/Weimar 1969 (Abdruck mit freundlicher Genehmigung des Autors); Wolf Jobst **Siedler**, Wanderungen zwischen Oder und Nirgendwo: das Land der Vorfahren mit der Seele suchend, Berlin 1988 (Abdruck mit freundlicher Erlaubnis des Siedler Verlags); Mme. de **Staël**, Über Deutschland, hrsg. v. Anna Mudry, Berlin 1989; Die **Stiftung** der Universität zu Frankfurt an der Oder: Adolph Friedrich Riedel, Codex diplomaticus Brandenburgensis Teil 1, Bd. 23, S. 318 (zitiert nach Bahr 1914); Erwin **Strittmatter**, Der Umschlag: Schulzendorfer Kramkalender (© Aufbau Verlag Berlin und Weimar 1967); Briefe von Hermann **Sudermann** an seine Frau (1891–1924), Stuttgart/Berlin 1932; **Tannhäuser**: Minnesinger, hrsg. von Friedrich Heinrich von der Hagen, Teil 1, Berlin 1838; Ludwig **Tieck**, Schriften in zwölf Bänden, Bd. 7, Frankfurt am Main 1995; Johannes **Trojan**: Schäfer 1926; Kurt **Tucholsky**, »Der alte Fontane«, »Fontane und seine Zeit«, aus: Gesammelte Werke (© 1960 by Rowohlt Verlag GmbH, Reinbek bei Hamburg, Abdruck mit freundlicher Genehmigung des Verlags); Rahel **Varnhagen**, Briefe und Aufzeichnungen, Leipzig, Weimar 1985; Denkwürdigkeiten aus dem Leben des Herrn de **Voltaire**, aufgezeichnet von ihm selbst. Deutsch von Hans Balzer, Berlin 1958; Aber ein anderes Vaterland findet man nicht so leicht. Der Schriftsteller und Menschenrechtsaktivist Armin T. **Wegner**, hrsg. v. Peter Böthig, Rheinsberg 1999; Abdruck mit freundlicher Erlaubnis von Sibyl Stevens, Michele Wegner und des Peter Hammer Verlags; Ehm **Welk**; Mein Land, das ferne leuchtet, Rostock 1952 (© Hinstorff Verlag GmbH, Abdruck mit freundlicher Erlaubnis des Verlags); **Wichmann** von Arnstein: Fritz Bünger, Zur Mystik und Geschichte der märkischen Dominikaner, Berlin 1926; Mina Witkojc; Ein sorbisches Lied: Sorbisces Lesebuch, hrsg. von Kito Lorenc, Leipzig 1981; Die **Zerstörung** Havelbergs und Brandenburgs (983): Thietmar, Chronicon III; 17, 18, 19. (zitiert nach Bahr 1914); Hanns von **Zobeltitz**, Im Knödelländchen und anderswo, Bielefeld und Leipzig 1916; Gerald **Zschorsch**, »Fläming«: Erstdruck in »Sinn und Form« 50 (1998), Heft 5 (Abdruck mit freundlicher Genehmigung des Autors).

Sagen

Das **allererste** Gericht »Erbsensuppe mit Schweinsohren«: Paul Kunzendorf, Sagen der Provinz Brandenburg, Cottbus 1911; Der **Aufruhr** zu Stendal: Adalbert Kuhn, Märkische Sagen und Märchen, Berlin 1843; Die **Bittschriften**-Linde: Grässe 1868; Folg altem **Brauch**: Müller, Sagenschatz des Landes Friedeberg. Sagen, Bräuche, Sprüche, Friedeberg 1924; Die Herkunft derer von **Bredow**: Kuhn 1843; Wie **Ferch** entstand: Oskar Brachwitz, Sagen aus dem Kreise Zauch-Belzig, Belzig 1937; Die rote Heide bei **Frankfurt**: Veckenstedt, Wendische Sagen, Märchen und abergläubische Gebräuche, Graz 1880; Der alte **Fritz** geht um: Heinrich Lohre, Märkische Sagen, Leipzig 1921; Der Name von **Jüterbog**; Kuhn 1843; Die **Keule** am Tor zu Jüterbog: Adalbert Kuhn, Wilhelm Schwartz, Norddeutsche Sagen, Märchen und Gebräuche, Leipzig 1848; Die **Koboldschmiede** in Senftenberg: Veckenstedt 1880; Das **Königsgrab** bei Seddin: Günter Wermusch, Rätselhafte Mark. Berlin 1995; Die **Ludki**: Veckenstedt 1880; Der **Mohriner** See: Kuhn 1843; Die **Nachzehrer**: Kuhn 1843; **Nowawes**: Kunzendorf 1911; Der **Oderberger** Drak: Rudolf Schmidt, Märkisches Sagenbuch. Sagen und Geschichten aus Barnim und Uckermark, Charlottenburg 1909; Die versunkene Stadt im **Paarstein**; Kuhn 1843; Die **Pest**: Veckenstedt 1880; Das Straßenpflaster von **Potsdam**: Lohre 1921; Die **Stimme** im Gohlitzsee: Kuhn 1843; Der Riesenstein auf dem **Stolzenhagener** Felde: Lohre 1921; **Treuenbrietzen**: Wilhelm Schwartz, Sagen und alte Geschichten der Mark Brandenburg, Berlin 1922; Von dem Wendischen Abgott **Trigla**, der vorzeitten in diesen Landen ist geehret und angebetet worden: Grässe 1868; Die Sage von dem falschen **Waldemar**: Kunzendorf 1911; Der **wendische** Bauernkönig: Grässe 1868; Der **Wendenkönig**: Veckenstedt 1880; Der **Werwolf**: Kuhn 1843; Der Ursprung derer von **Ziethen**: Kuhn 1843

Trotz intensiver Recherche ist es uns nicht in jedem Fall gelungen, den oder die Rechtsinhaber zu ermitteln. Nachträgliche Ansprüche werden im üblichen Rahmen abgegolten.